"十二五"职业教育国家规划教材
经全国职业教育教材审定委员会审定

汽车制造物流管理

主　编　龙少良
副主编　龙科宇　陆　薇　吴仲夏

北京理工大学出版社
BEIJING INSTITUTE OF TECHNOLOGY PRESS

内容简介

"十二五"职业教育国家规划教材《汽车制造物流管理》充分考虑了现代职业教育的学生的实际和特点，按照"实用为重，够用为度，趣味为辅，难度适中，实例丰富"的原则，注重培养学生的综合能力；同时合理控制理论知识，力求突出应用型学科教材的有效性、实用性和可操作性特色。以汽车制造物流规划、汽车制造物流管理常用工具、汽车制造物流运作管理和汽车制造物流关键绩效评价等内容为主线，兼顾汽车制造物流质量和安全管理、汽车制造物流系统信息化、汽车物流未来发展趋势与展望等。本书共 8 章，以大量汽车整车制造商和物流服务商的相关项目作为案例，以拓展学生视野，激发学习兴趣，使学生在轻松愉悦的情境下掌握汽车制造物流运作与管理的基本原理和实务。

本书的编排深入浅出，由表及里，循序渐进，易教好学，可供开设汽车制造、汽车服务工程、汽车交通与运输、汽车物流、汽车营销、工业工程、物流管理等相关专业的高等院校使用，也可以作为我国成人高等教育、技术职业培训汽车制造与物流等相关课程的培训教材，也可以作为其他各类院校的物流与供应链管理类专业和非经济类专业的选修课教材。

图书在版编目（CIP）数据

汽车制造物流管理／龙少良主编. —北京：北京理工大学出版社，2015.6（2021.5 重印）
ISBN 978-7-5640-9870-4

Ⅰ. ①汽…　Ⅱ. ①龙…　Ⅲ. ①汽车制造厂-物流-物资管理-教材　Ⅳ. ①F407.471.6

中国版本图书馆 CIP 数据核字（2014）第 235591 号

出版发行／北京理工大学出版社有限责任公司
社　　址／北京市海淀区中关村南大街 5 号
邮　　编／100081
电　　话／（010）68914775（总编室）
　　　　　（010）82562903（教材售后服务热线）
　　　　　（010）68948351（其他图书服务热线）
网　　址／http：//www.bitpress.com.cn
经　　销／全国各地新华书店
印　　刷／三河市天利华印刷装订有限公司
开　　本／787 毫米×1092 毫米　1/16
印　　张／19.5　　　　　　　　　　　　　　　　　　责任编辑／张慧峰
字　　数／450 千字　　　　　　　　　　　　　　　　文案编辑／张慧峰
版　　次／2015 年 6 月第 1 版　**2021 年 5 月第 2 次印刷**　　责任校对／周瑞红
定　　价／49.00 元　　　　　　　　　　　　　　　　责任印制／马振武

图书出现印装质量问题，请拨打售后服务热线，本社负责调换

出 版 说 明

"十二五"时期是我国实施发展现代职业教育的关键时期，国家出台的《汽车产业调整和振兴规划》和《物流业调整和振兴规划》，以及国发〔2014〕42 号文《国务院关于印发物流业发展中长期规划（2014—2020 年）的通知》明确提出：物流业是融合运输、仓储、货代、信息等产业的复合型服务业，是支撑国民经济发展的基础性、战略性产业。加快发展现代物流业，对于促进产业结构调整、转变发展方式、提高国民经济竞争力和建设生态文明具有重要意义。推进九大重点工程建设之一的制造业物流与供应链管理工程。支持建设与制造业企业紧密配套、有效衔接的仓储配送设施和物流信息平台，为制造业企业提供供应链计划、采购物流、入厂物流、交付物流、回收物流、供应链金融以及信息追溯等集成服务。加快发展具有供应链设计、咨询管理能力的专业物流企业，着力提升面向制造业企业的供应链管理服务水平。

因此，我们要快速发展制造业的龙头企业——汽车生产性物流服务业，采取多种形式，加快汽车物流人才的培养，发展多层次教育体系和在职人员培训体系，鼓励企业与大学、科研机构合作编写精品教材，把提高技术技能型操作能力强化职业技术技能教育，开展物流领域的职业资质培训与认证工作列为主要措施加以保障，这为我国汽车制造业和汽车物流业的人才培养指明了发展方向。

目前全国已有 417 所本科院校、824 所高等职业学校和 2 000 多所中等专业学校开设了物流专业，在校学生突破 100 万人，每年大约有 30 万物流专业毕业生走向社会。而我国物流业（2005—2020）平均每年需新增 100 万~105 万物流从业人员。但现在全国高校几乎没有开设汽车物流大专或本科专业。造成我国现有的从事汽车物流专业技术人才大部分是从汽车整车厂脱胎而来，汽车物流服务专业化人才紧缺，特别是领军人才奇缺，已经成为制约我国汽车物流发展的瓶颈。

本系列教材的编著思路是针对汽车专业学生教学特点，充分考虑面向高等职业院校以应用型和创新型人才培养为目标，注重高职教育与本科教育的衔接，吸纳了企业一线专家参与，体现了产学研相结合的思想，教材选取与实际工作紧密相关，内容理论知识浅显精练，注意技术技能型实操培养。教材采用项目引领、任务驱动结构，以服务学生、服务社会、服务行业、服务企业为基础，以提高学生能力为本位。注重培养学生的综合能力，同时合理控制理论知识，适度介绍本专业的前沿技术，以增强学生的成就感和进取心。

本系列教材的开发是我国高等职业院校汽车专业汽车物流技术的第一套系列规划教材。其特色主要体现在编著团队拥有 30 多年的汽车制造企业和汽车物流企业的丰富经验、由众多的汽车物流项目成果汇集而成。理论与项目实践紧密结合，可操作性强是该套教材的鲜明特色。

本系列教材可供高等职业学校汽车制造、汽车服务工程、汽车交通与运输、汽车物流、汽车营销、工业工程、物流管理等相关专业使用，也可以作为成人高等教育、汽车产业以及物流产业从业人员和企业在职人员的职业培训教材。

本教材经北京理工大学出版社汽车类汽车物流技术专业委员会专家评审并做了适当的修改，使内容更具体、实用，特推荐出版，同时我们也期待读者和同行与我们进行研讨、交流。

龙少良　博士　教授

中国物流与采购联合会汽车物流分会副会长

北京理工大学出版社汽车专业类汽车物流技术专家技术委员会主任委员

前　言

近年来，随着我国汽车产业快速发展，汽车产业已成为我国国民经济的支柱产业。汽车的销售量每年都大幅增长，2012 年我国全年汽车产销分别为 1 927 万辆和 1 931 万辆，2013 年我国全年汽车产销突破 2 138 万辆大关，2014 中国汽车产销量超过 2 300 万辆，创全球历史新高，连续六年蝉联全球第一。预计 2015 年中国汽车总销量为 2 513 万辆，包括出口 86 万辆，增速为 7% 左右，汽车刚性需求依然存在。未来几年中，我国经济保持数年稳定增长。至 2015 年中国汽车保有量将达到 1.5 亿辆，未来几年中汽车消费将呈现出快速增长趋势。

汽车产业的高速发展为汽车物流产业提供了巨大的增长空间，一汽、东风、上汽都已经形成了上百万辆的汽车生产规模，快速推动了我国汽车零部件物流业从传统运作方式向现代运作方式过渡。主机厂对零部件配送高效率、优质量、低成本和专业化管理的追求，促进了我国第三方零部件物流企业的诞生和发展。通过十年的发展，我国汽车行业的几大集团中，一汽与长春陆捷汽车物流，上汽集团与安吉汽车物流，东风公司与东风车城汽车物流、广州风神汽车零部件物流，重庆长安与长安民生汽车物流等都得到了快速的发展，建立了零部件物流战略合作伙伴关系。

汽车产业的蓬勃发展为汽车整车物流及零部件物流的发展提供了历史性的契机和动力，国际汽车物流巨头也纷纷抢占中国汽车物流市场，将触角延伸至中国境内各大城市。譬如，欧洲最大的汽车物流服务商捷富凯在北京与中国大田集团组建了捷富凯—大田汽车物流公司，意欲成为中国最大的汽车物流企业；原英国 EXEL（现被 DHL 并购）、奔驰在德国的配套物流企业 BLG 集团均进入中国开展汽车物流的全面竞争。同时一批国有大型企业，如中远、中海、中邮、中铁也纷纷将业务扩展到汽车物流领域。中国现代汽车物流的发展已进入以整车物流为主，向零部件入厂物流、零部件售后物流以及进出口物流方向延伸的竞争新格局。

我国汽车产业的迅猛发展，为汽车物流行业带来了巨大的市场需求，也对物流行业提出了更高的服务要求。而汽车零部件物流是与汽车生产联系最为紧密的物流环节，是各个环节衔接十分紧密的高技术行业，是国际物流业公认的最复杂、最具专业性的物流领域。

但是与国外相比，我国汽车制造物流的绝大部分零部件物流仍然产生在厂房内的工序间或近距离的厂房间，相应物流管理也都封闭在企业内部，物流业务基本上依靠生产计划的推动和人员的协调才能维持生产的正常进行。近年来，随着我国汽车生产规模化的发展，零部件供应量高速增长。目前，我国现有汽车生产企业约 117 家，零部件企业超过 5 000 家。由于汽车零部件入厂物流技术含量高，作业环节复杂，服务能力要求高，因此我国汽车制造物流无论是物流技术还是管理、服务，与国外发达国家的汽车制造物流相比都还存在着很大的差距，存在着服务质量参差不齐、服务流程规范缺失等问题，致使物流资源无法有效利用，物流成本远高于国外同行。在急需赶上国外技术水平，实现差异化竞争的要求之下，如何提升我国汽车物流管理与运作水平，增强核心竞争力，汽车物流服务供应商必须进一步帮助客户降低成本，为客户提供更多的附加值和增值服务，建立现代物流服务体系，规范物流系统等。我国汽车物流产业要转型升级，首先是汽车物流专业人才培养转型升级，这是促进我国汽车物流战略转型升级的根本保障。

为了满足社会对汽车物流服务业发展的需求，湖南财经工业职业技术学院在 2015 年 1 月成立了汽车物流学院、汽车产业与供应链发展研究院，并在全国高校第一个开设了国际工程物流管理专业（汽车物流方向、汽车物流与供应链方向），开创了我国汽车物流专业化职业教育人才培养的创新模式。通过作者 30 多年的实践经验和多年的政产学研教学与科研一体化人才培养实践平台，作者已为我国汽车物流行业培养了大量的应用型和创新型人才，同时也荣获了众多的汽车物流技术创新奖项，包括荣获 2014 中国物流与采购联合会科技进步奖 10 大科技创新人物大奖和中国汽车物流 10 年特别突出贡献专家奖等。

为加快我国汽车专业类，汽车物流技术专业建设，根据汽车专业职业能力要求确定课程建设方向，重视学生的职业能力的培养，兼顾学生终身发展，体现人本主义教育理念。由北京理工大学出版社，湖南财经工业职业技术学院中国汽车物流领军教授龙少良博士联合组织我国汽车物流行业知名专家，学校知名学者、教授和企业专家根据各自长期从事汽车物流专业的教学知识的积累和企业项目的研究成果，编著了一套汽车类汽车物流技术系列规划教材共计 7 本，分别是《汽车制造物流管理》《汽车物流与供应链管理》《汽车物流运营管理》《汽车物流质量管理》《汽车物流项目管理》《汽车物流标准化》《汽车物流技术与创新》。本书是本系列规划教材的第一本。

本教材以汽车制造物流规划、汽车制造物流管理常用工具和方法、汽车制造物流运作管理技术和汽车制造物流关键绩效评价等内容为主线，兼顾汽车制造物流质量和安全管理、汽车制造物流系统信息化等汽车制造物流领域的主要方面。采取理论与项目实践相结合方法，融合了汽车设计与制造、SAP、ERP 企业资源信息管理、工业工程、物流与供应链等学科所涉及的广泛的交叉和边缘知识，并加以综合和理论化，系统阐述了汽车制造物流管理领域的业务流程、制造物流规划、制造物流关键业绩指标考核评价方法、质量安全管理系统、制造物流标准化和操作方法及运作模式和特点等，内容丰富，信息量大。书中介绍的大量项目研究成果都可以直接转化为生产力，使项目研究成果能够帮助企业解决某一领域的技术难题；书中介绍的各种管理工具，能够帮助读者或学生科学有效地运用到实践中去，形成科学的方法论，快速形成实践能力并在实践中应用提高，通过不断改进获得企业生产系统效益；本教材介绍的管理技术理论方法可以帮助企业管理人员更好地提高自己的管理技能，同时，也能够为汽车制造业和汽车物流业提供职业教育培训教材，促进应用型、创新型人才的培养，并对于中国汽车制造物流业在今后较长一段时间内汽车专业化人才的培养都具有十分重要的指导意义和参考价值。

本系列规划教材的开发是我国高校汽车制造物流技术类专业第一套系列教材。它的特色主要体现在作者团队通 30 年来的汽车制造和汽车物流管理的经验及众多的项目研究成果集成编著而成，在我国高校汽车物流专业教育和汽车物流行业尚属首次。该书具有理论与实践相结合的鲜明特色。

本书可作为高等学校汽车制造、汽车服务工程、汽车交通与运输、汽车物流 汽车营销、工业工程、物流管理等相关专业的教材或参考书，也可以作为我国成人高等教育、汽车产业以及物流产业从业人员的培训资料和工具书。

　　参加编著本书的主要人员有（按章节顺序）吴仲夏（第 1 章），龙科宇（第 2 章、第 6 章），陆薇（第 3 章、第 4 章、第 5 章），龙少良（第 7 章、第 8 章）。我们要特别感谢在本书编写审阅等过程中做出贡献的澳大利亚 JAMESCOOK 大学汽车物流行业专家龙科宇先生，东风神龙汽车供应链集成规划总监、研究员级高级工程师陆薇女士，南京大学吴仲夏博士，北京福田汽车股份有限公司杨建新高级工程师等。特别感谢东风裕隆汽车有限公司商用车公司总经理景伟高级工程师对全书进行了认真审核，还有其他对本书编写提供了帮助的学者和专家，在此一致以由衷的谢意。

　　本书在编写的过程中，得到了湖南财经工业职业技术学院党委书记邹国富、院长陈春泉教授、副院长戴旻研究员、北京理工大学出版社有关领导以及中国汽车工程学会有关领导、中国物流与采购联合会有关领导、中国物流与采购联合会汽车物流分会有关领导的支持，编写中参阅了有关的文献和资料，在此，谨向上述人士、有关单位以及参考文献的的原作（著）者们，一并表示真诚的谢意。

　　汽车物流技术的发展日新月异，本书虽然力求全面紧跟其发展趋势，但由于编者水平和时间的限制，书中难免存在不足之处，敬请同行和读者批评指正。

　　　　　　　　　　　　　　　　　　龙少良　博士　教授　湖南财工院汽车物流学院院长
　　　　　　　　　　　　　　　　　　2015 年 7 月于湖南财工院

目　　录

第1章

汽车制造物流绪论

本章知识点

1. 掌握汽车制造物流的概念、分类及要素。
2. 掌握汽车制造物流管理的概念、特征及一般的管理方法。
3. 掌握汽车制造物流供应链的基本知识、概念、分类、要素及特点。
4. 了解汽车制造物流的发展与国内外研究进展状况，了解汽车制造物流供应链的发展趋势。

1.1 汽车制造物流概述

汽车物流是指与汽车生产、销售有关的流动过程，是根据实际需要，将运输、储存、装卸、搬运、包装、流通加工、配送、信息处理等基础功能实施有机结合的活动，包括汽车零部件入厂物流、生产物流、整车销售物流、售后服务备件物流，以及汽车整车和零部件的进出口物流几大部分。

汽车制造物流一般包括原材料供应物流和零部件供应物流两类，是汽车供应链管理中非常重要的一个环节。对于具体的汽车生产来说，零部件入厂物流是指供应部门在采购部门完成零部件采购活动后，将生产所需的零部件及原材料从仓库取出，搬运到各车间的物流活动；生产物流是指汽车企业在原材料和零部件进入车间后，由生产流程和工艺所决定的物流活动。汽车制造物流是整个汽车物流系统的源头，是汽车物流系统良性运作并持续优化的环节，也是国际物流业公认的最复杂、最具专业性的物流领域。

1.1.1 汽车制造物流概念

在汽车生产过程中，一切都是围绕着生产过程这个核心运转的。因而，汽车制造物流也是围绕生产这一环节展开的。在这个环节中，物流的关键在于如何使工人能够在最短时间内方便地寻找到所需装配的零件，并将其最方便地装配到整车上。为了达到这一目标，就必须合理规划叉车数量、零件放置位置、生产计划与排序等。为了保证生产的顺畅进行，则必须将零部件材料源源不断地运送到确定的工位，这就提出了在物料准备方面的要求。在这一环节，物流必须明确分类标示并放入规定的物料架。然而，物料并不会自动进入生产现场，因而就必须建立整套有效的物料调度系统。为了与零部件厂商进行物料的交流，就产生了零部件仓库这一内外部交流环节。这一环节，主要负责零部件的装卸与分装。当然，为了使整个系统顺畅运行，运输车辆的安排以及与零部件厂商的物流系统的衔接都是必不可少的。由此可见，在汽车企业中，一个成功的物流系统，绝不是只关注到一个单一环节，而应该考虑到整个系统的各个方面。任何环节的不稳定，都将对整个系统产生巨大的影响，从而给生产造成重大损失。

1.1.2　汽车制造物流分类

按照汽车产业价值链，汽车物流分为以下四大板块：零部件入厂物流，也可称为供应物流，包括本地循环取货和远程循环取货，以及干线运输；生产物流，也叫上线物流，包括接收、储存、再包装、排序、分装、配送上线等业务；销售物流，也叫整车物流，包括配载场地规划、运输模式规划、运输过程管理等；售后物流，即汽车备件物流。对于汽车制造企业而言，主要关注零部件入厂物流和生产物流。

从国内汽车制造商的实际生产流程来看，汽车制造物流分为以下三大板块：入厂物流、在制车身物流以及线边配送物流。下面简单介绍这三类汽车制造物流。

1. 入厂物流

入厂物流（Inbound Logistics）是指接收、存储并为生产提供资源的相关活动，包括物料的搬运与存储、库存控制、车辆调度及物料容器返回供应商处等活动。汽车零部件入厂物流是指汽车制造企业按照采购订单不断组织的供应商的零部件，以不同的物流服务方式进入制造企业指定的物流配送中心及生产车间的整个物流过程。日本汽车制造企业通常将零部件的入厂物流过程称为调达物流，而美国汽车制造企业则将其称为集并物流。对汽车制造企业而言，入厂物流的主要功能是采集供应商的零部件，并按照主装厂的要求，以最小的成本准时送到主装厂，满足其生产要求。

目前，汽车制造业入厂物流的主要方式已从传统的直接配送方式，转变为直接配送与循环取货（Milk-run）相结合的方式。

2. 在制车身物流

在制车身物流包含了车身焊装、涂装和总装等三大工艺过程中实物移动的主线物流和总成分装机械化输送的辅助物流。辅助物流还包含了同步配送零件（轮胎、线束、保险杠、座椅）物流。在制车身物流涉及汽车生产流程的大部分车间，给物流的设计与实施带来了很大的难度。

3. 线边配送物流

线边配送物流是汽车制造物流的组成部分，它的范围是从零部件原材料进入整车制造工厂的缓冲区或仓库，到按照生产作业计划指令配送至总装生产线边为止。线边配送物流直接影响车间的生产节拍，务必做到物流的流畅。

1.1.3　汽车制造物流要素

汽车制造物流的概念，就是物流定义中的产品或商品——特指汽车的制造过程，包括汽车零部件供应与上线物流。所以，汽车制造物流的要素与一般物流相类似，但是拥有独特的

　性质。

汽车制造物流有六要素：

（1）物流劳动人员，指从事物流的各种人员，包括物流管理人员；

（2）物流劳动对象，指各种"物"；

（3）物流劳动资料，指物流劳动需要的各种装备；

（4）物流劳动环境，指与物流劳动有关的各种自然、社会和政治环境；

（5）物流劳动空间，指各种物流劳动场所和占地；

（6）物流劳动时间，指各种物流设施的建设和运行时间。

与汽车制造物流六要素相对应的有汽车制造物流六力：

（1）人力，从事物流劳动的人员；

（2）物力，从事物流劳动需要的能源和原材料；

（3）财力，从事物流劳动需要的固定资产和流动资产等；

（4）运力，从事物流劳动需要的运输和交通工具；

（5）自然力，从事物流劳动需要的水、土地、空气等自然资源；

（6）时力，从事物流劳动需要的时间。

以上六要素和六力对于汽车制造物流缺一不可，这是物流工程的六元结构理论。六要素和六力在本质上是一样的，但是表达方式不同。有的"要素"和"力"是完全一致的，如人的要素和人力，时间要素和时力完全一致；有的要素和力不完全一致，如财力不但指厂房、机器设备、固定资产这些劳动资料"要素"，还指流动资产的占用，即劳动对象"要素"，所以"力"和"要素"不完全一致。但是六要素和六力都是独立的基本元，每个要素之间、每个力之间是不重复的，都有自己的独立性。

1.1.4　我国汽车制造物流的演进与发展

汽车供需两旺为汽车物流的形成和发展创造了良好的市场环境。我国经济持续高速增长带动汽车消费大幅度增长，汽车工业摆脱了前几年的徘徊局面进入快速发展时期。汽车制造业的产能和产量大幅度增长，新产品也不断推出，即使如此，个别车型仍出现供不应求的局面。

1. 进口汽车物流最早发展

1998 年之前，中国汽车行业处于缓慢增长阶段，国内无论是汽车的生产还是销售都没有应用物流的概念，只有进口汽车整车物流与进口汽车散件物流缓慢发展并日趋成熟。据海关统计资料，2001 年和 2002 年汽车进口数量分别为 7.14 万辆和 12.8 万辆，2002 年同比增长 79.5%。2002 年汽车零部件进口金额为 33.9 亿美元，较 2001 年的 29.9 亿美元同比增长 44.11%。

进口整车必须经历从国外到国内的多个物流环节，其物流服务提供者主要是特定的港口、保税区及相关企业。例如，在全国 15 个保税区中，只有广州保税区、天津保税区等 5 个保税区可以从事进口汽车整车和生产用汽车配件的经营，这些企业由于提前介入汽车物流领域而快速发展起来，如天津港保税区开展汽车贸易近十年，目前已成为我国最大的进口汽车物流中心。

散件进口物流是为适应 CKD 和 SKD 生产方式而发展起来的。中国汽车行业发展之初，大量采用 CKD 和 SKD 方式加快生产和开发周期。CKD（Completely Knocked Down），即从国外进口全部零散的汽车零配件直接组装汽车；SKD（Semi Knocked Down），即从国外进口已经模块化的汽车部件，然后组装成汽车。进口 KD 件的运输方式主要是经海运后由公路运输进厂，紧急情况下，也通过空运再由公路运输进厂。如北京现代合资项目从立项、建厂、设备安装到新车下线仅 8 个月，创造了汽车生产行业的最快速度，主要是由于采取 CKD 方式。整个装配线建成后，中韩之间的零部件进口物流成为新车量产的重要环节，承担该物流项目的中远汽车物流公司顺利完成了该项任务。

2. 销售快速增长拉动整车物流和汽配物流

2011 年，我国汽车市场呈现平稳增长态势，产销量月月超过 120 万辆，平均每月产销突破 150 万辆，全年汽车销售超过 1 850 万辆，再次刷新全球历史纪录。据中国汽车工业协会统计，2011 年我国累计生产汽车 1 841.89 万辆，同比增长 0.8%，销售汽车 1 850.51 万辆，同比增长 2.5%。2011 年，乘用车产销分别完成 1 448.53 万辆和 1 447.24 万辆，同比分别增长 4.2% 和 5.2%。

汽车产销量的快速增长，首先使销售领域的汽车物流快速发展。其突出表现一方面是"零公里运输"概念所引发的整车物流发展，另一方面是为提高售后服务水平所引发的汽配物流的发展。

零公里概念出现之前，汽车生产厂家销售汽车是由销售商到厂家提货，如今汽车一下生产线，直接由第三方汽车物流公司将车辆运送到各地经销网点，实现了零公里运输；同时，第三方汽车物流已将生产企业的固定仓库变成流动仓库，大大促进了汽车商品的流通效率。零公里运输迅速成为汽车生产销售的标准服务形式，并且相当长时间内成为汽车物流服务竞争最激烈的领域。专门提供整车物流服务的企业迅速发展，如上海安吉汽车物流有限公司为上汽提供整车物流服务，北京福田物流有限公司为北汽福田提供整车仓储和运输服务，安达物流有限公司为天津夏利提供销售和物流一体化服务等。并且，整车滚装物流技术也相应快速发展，由汽车—汽车模式向铁路运输滚装、沿海运滚装和内河航运滚装技术发展。

销售领域客户服务观念的改进和服务水平的提高，直接促进了汽配物流的形成和发展。汽配物流的发展经历了两个主要阶段：一是单一企业的汽配物流网络的形成，如一汽—大众的全国汽配网络；二是综合各汽车制造企业配件的物流汽配中心的形成。汽配物流主要是维修零配件的库存管理、包装、配送，按照汽车企业配件销售规模，中国主要大型车厂零配件售后服务物流也是一个相当大的市场。

3. 汽车行业持续增长使汽车物流向 JIT 供应领域延伸

2003 年后，中国汽车行业持续增长。汽车市场连续多年高速发展，汽车消费需求全面启动。2003 年全国累计生产汽车 444.37 万辆，同比增长 35.20%；销售汽车 439.08 万辆，同比增长 34.21%。2012 年，汽车产销分别为 1 927.18 万辆和 1 930.64 万辆，同比分别增长 4.63% 和 4.33%。其中乘用车产销分别为 1 552.37 万辆和 1 549.52 万辆，同比增长分别为 7.17% 和 7.07%；商用车产销分别为 374.81 万辆和 381.12 万辆，同比下降分别为 4.71% 和 5.49%。可以预见，未来的汽车市场将保持继续增长的态势，产销量、进出口量仍将继续扩大，并且不会存在明显的周期性或季节性波动。

汽车产量的持续增长，使汽车物流服务领域向 JIT 供应领域延伸，这也是现代汽车生产方式的必然要求。按国际汽车生产制造企业的运作模式，整车厂为了提高自身的市场竞争力，采购供应体系基本上采用 JIT 供应方式。整车生产厂为了实现零库存，要求零部件生产供应商按其生产节奏和生产需求量进行供货，实施"直送工位"的 JIT 供应。由于在装上车以前，零部件都是属于零部件生产厂的，从而最大限度地降低了整车生产企业的风险。

第三方物流服务没有普及以前，汽车制造的 JIT 供应都是由供货商或整车生产厂的供应部门完成的。由于受地理空间的限制，成百上千的零部件生产、供应商在整车生产厂附近自建或租用仓库，以满足整车生产厂的需求。如此庞大的零部件供应群体和相应的运输、配送环节，构成了库存量大、层次繁多、结构复杂的采购供物流体系，增加了整车生产的成本和生产组织的难度。汽车市场竞争日趋激烈，迫使整车厂将零部件 JIT 供应物流交给服务更专业的第三方物流企业手中。

1.1.5　国外汽车制造物流的研究与进展

1. 美国高度协作的业务外包模式

虽然通用和福特与专业第三方物流服务公司合作的具体目标和方式方法不一样，但其中都蕴含了一条不变的主线——企业间是高度互动协作的。之所以使用"高度互动协作"这一术语而不是简单的使用"协作"，从企业物流运作外包的本质上来看，第三方物流服务协作可以有不同的层次，但"第三方物流"这个术语实际上已经特指企业外购物流服务的高级形态。

信息共享和共同制订物流解决方案是企业高度互动协作的重要标志，也是第三方物流运作高级形态的显著特征。在物流运作方面，企业把它的内部功能外化，并建立起高度协同的运作体系是市场经济体系发育成熟的必然结果。美国 Armstrong 和 Associates 发布的一份报告指出，通用汽车使用了 37 家第三方物流企业，福特汽车使用了 27 家第三方物流企业。同时，福特和 Exel、通用汽车和 Vector 之间建立的第四方物流（4PL）方式取得了成功。

2. 日本自成体系的 JIT 精益物流模式

所谓精益物流，指的是运用精益思想对企业物流活动进行管理，消除生产和供应过程中非增值的浪费，提高客户满意度。

日本汽车厂商为了实现精益物流的目标，采用以下 IT 手段促进物流合理化。

利用 ITS 使道路和汽车信息化：通过 GPS 准确掌握运行中车辆的位置；运用 AHS 技术来获取道路和车辆的信息；利用 ID 附签使各种货物信息化。同时，日本的汽车物流更加倾向于自成体系，丰田、本田、日产等汽车制造厂商之间的物流协作相对较少，不像美国汽车公司之间，不但建立了零部件采购联盟，而且还使用同一个电子商务系统进行交易。

3. 欧洲以整车厂商交易平台为核心的聚散型物流模式

以奔驰、大众、宝马为代表的汽车厂商纷纷建立了自己的数据公共平台，让零部件供应商、第三方物流商、第四方物流商、汽车经销商和其他相关厂商都通过数据公共平台来获取需要的相关数据和信息。数据公共平台一般具有如下特点：

1）电子数据交换（EDI）技术的应用

对于戴姆勒—克莱斯勒来说，汽车整车生产厂家、汽车部件厂、零部件供应商、物流企业都受令于位于德国斯图加特市的戴姆勒—克莱斯勒总部的数据公共平台 MBCC 系统，各单位通过该系统接收总部的生产计划与配送订单，并及时反馈执行情况。

2）服务方式灵活多样，为客户提供个性化服务

不同国家对汽车整车、部件的进口关税不同，为合理避税，降低汽车的进口成本，对发往不同国家的汽车组装实行不同的包装和不同的供货模式，如成套批量化包装部件供货模式（Completely Knocked Down，CKD）、批量化包装供货模式（Part-By-Part，PBP）、整车拆分部件供货模式（Semi Knocked Down，SKD）。

3）仓库管理系统和条形码技术的应用

组装一辆汽车需要零部件上万件，针对如此繁多的品种和频繁的出入库，必须采用仓库管理系统对库存零部件进行控制管理，及时了解库存品种、数量，无限地靠近零库存，从而降低库存成本，进而降低汽车生产成本。

4）包装技术实用、环保

汽车零部件物流品种繁多、形状各异、大小不一，在运输、装卸过程中，对物品的安全性、无损坏性要求很高。为保证物品在运输、装卸过程中不受损伤，提高装卸速度，包装就显得非常重要。

5）高效的运输组织管理和快速的反应能力

基于 IT 与汽车生产总部的信息即时交换，现代化的仓库管理系统，成熟的包装技术，经验丰富的海运及两头运输的组织，使得复杂的汽车供应链以流畅的工作流程高效运行，从而实现随时向全球的汽车生产工厂配送的功能。

1.2　汽车制造物流管理模式

全球经济一体化的发展，要求企业的物流系统能够通过先进的物流管理手段的改进提供更优质的服务，这就需要基于生产制造企业物流发展现状，对比分析物流管理模式的优劣势，找出适合生产制造企业的物流管理模式。

目前国内很多企业都在对企业的"第三利润源"——物流系统进行研究和改进，以进一步增强企业的物流服务能力，提高企业竞争力。当前国内生产企业正处于经济一体化的大环境中，制造业生产物流系统更加复杂，必须通过现代物流管理手段来加强企业自身的物流管理，以满足物流量的增大、流速的提高的要求，从而达到流程更加有效的目的。

1.2.1　汽车制造物流管理概念

汽车制造过程包括将原材料、外购件投入生产后，经过下料、发料、运送到各个加工点和储存点，以在制品的形态，从一个生产单位流入另一个生产单位，按照规定的生产工艺进行加工、储存，最后得到整车。整个生产过程的计划、组织、指挥、协调、控制和监督就是汽车制造物流管理。

汽车制造物流管理是指企业合理地组织物资流通，使汽车制造所用物资在生产的全过程中，达到环节最少、时间最短、路程最短、费用最省的要求。它包括合理包装、合理仓储、合理运输、合理保管等。随着物流技术的发展，有些生产商已经开始按行业或商品类型来推进物流合理化，如推进包装方式、托盘、集装箱等标准化，使货物易于连续装卸、搬运；建立托盘、集装箱租借企业，使托盘、集装箱能在企业之间联合使用；建立共同仓库（如储

运中心、流通中心），便于对货物进行计划配送和混载运输；建立批发中心，等等。同时，以信息技术为基础，促进物流管理的现代化。

1.2.2 汽车制造物流管理特征

1. 综合性

从汽车制造物流管理的内容可以看出，汽车制造既是人力、机器设备、料物、法律规章、环境等诸生产要素的结合点，也是生产、技术、质量、成本、物资、设备、安全、劳动、环境等各项专业管理的落脚点。因此，汽车制造物流管理具有十分鲜明的综合性，是一项纵横交错的立体式的综合性管理。

2. 基础性

汽车制造物流管理属于作业性质的基层管理，是企业管理的基础。从汽车制造物流管理的要求可以看出，它以管理基础工作为依据，离不开标准、定额、计量、信息、原始记录、规章制度和教育等基础工作，充分体现了它的基础性。所以，加强汽车制造物流管理可以进一步完善管理的基础工作。

3. 动态性

汽车制造要素的配置是在一定的生产技术组织条件下、在投入与产出的转换过程中实现的，这是一个不断变化的动态过程。汽车制造物流管理应根据变化了的现状，不断提高生产现场对环境变化的适应能力，从而不断提高企业的市场竞争能力。

4. 直观性

由于制造是企业各项专业管理的集结点，是从事生产活动的主要场所，因而它是一个开放性的系统，能够综合反映企业的素质，企业各方面素质的优劣在现场均处于"曝光"状态。

5. 全员性

汽车制造物流管理的核心是人，生产的一切活动都要由人去掌握、操作、完成。这就要求与生产现场有关的所有员工参与管理，积极开展各项民主管理活动，实行自我管理、自我控制，不断提高员工的素质，激发广大员工的积极性和创造性。

1.2.3 汽车制造物流管理方法

1. 从物流主导方划分

从物流主导方来看，可以分为供应商主导物流模式、汽车制造企业主导物流模式和第三方物流（3PL）模式。

1）供应商主导物流模式

供应商主导物流模式是指零部件供应商接受汽车制造企业的采购订单后，与第三方物流公司签订物流服务合同，由第三方物流公司将零部件送到汽车制造企业工厂。汽车制造企业对第三方物流公司的物流改进需求，必须通过供应商再与第三方物流公司沟通，汽车制造企业没有物流控制能力。目前，部分国内民族品牌及中小汽车品牌企业基本上采取这种物流模式，甚至部分大型汽车制造企业也部分保留这种物流模式。

2）汽车制造企业主导物流模式

汽车制造企业主导物流模式主要体现在产业集群方面，从技术方面则体现在 Milk-run 上门取货与集并运输控制方面。产业集群是汽车制造业发展的重要形态，是指围绕一个或多个核心汽车制造企业，在一定地理区域内形成一个汽车制造及供应配套十分集中的区域，形成一个汽车产业的集群。近年来随着我国汽车产业的迅速发展，一批大小不等的产业集群正在形成，在环渤海湾、长三角、珠三角等几个汽车生产集中区域初露端倪。在汽车产业集群中，核心汽车制造企业占主导地位，供应商零部件入厂物流基本上严格按照汽车工厂的要求进行运作，汽车厂采取 Milk-run 上门提货的方式或要求供应商之间进行横向联合，按照汽车厂的要求开展集并运输和共同配送。在这种物流模式下，汽车制造企业与供应商签订的采购合同是离岸价格，即汽车制造工厂上门取货的价格。汽车制造企业大大增强了对零部件入厂物流过程的控制与物流成本的控制，为汽车制造企业营造了较好的物流环境。

3）第三方物流模式

第三方物流模式是近几年随着我国汽车市场的迅猛发展而逐步得到应用和推广的物流模式，其主要目的在于突出汽车制造企业的核心竞争力，降低零部件入厂物流成本，提升物流服务对离散制造的柔性配套能力。

第三方物流模式是指汽车制造企业作为采购者，同时也是发货人，与供应商签订离岸价格采购合同，即汽车制造工厂上门取货的价格，同时，将供应商零部件入厂物流业务委托给第三方物流公司，并与第三方物流公司签订物流服务采购合同，由第三方物流公司向汽车制造企业提供并执行零部件入厂物流解决方案，采取各种物流方式和物流技术完成零部件入厂物流任务，从而实现了商流、物流的分离；汽车制造企业可以直接就入厂物流过程中的路径优化、时间窗口、配送频率、质量控制、供货保障等直接与第三方物流进行沟通并共同改进。同时，生产制造企业还可以建立物流服务考核的 KPI 体系，对第三方物流公司提供的入厂物流服务进行绩效考核。这样，汽车制造企业就大大增强了对物流过程的控制能力和对物流成本的掌控能力，同时也有利于汽车制造厂与其供应商建立一种信息透明的信任关系。在汽车制造企业面临竞争压力而要求零部件供应商提供一定范围降价支持时，供应商提供的是一种双方可视的通透的零部件本身的降价，而不是变相的物流成本的下降与物流服务水平的降低。

2. 从物流需求方式划分

从物流需求方式的角度看，可以分为推式物流模式和拉式物流模式。

1）推式物流模式

在推式物流（Push Logistics）模式下，汽车制造企业的生产计划占有十分重要的地位，而且生产计划的编制更侧重于参照 TU 的生产能力、上级任务指标和以往市场销售情况等。在生产计划编制完毕后，开始编制物料计划，并进行分解和组织供应商零部件。在这种物流模式下，一方面可能造成成品汽车面临市场滞销后带来的成品库存大量积压的问题；另一方面也可能造成供应商零部件的提前采购带来的库存积压问题，特别是采购周期长的远程供应商零部件和进口 KD 件。因此，这种物流模式可能带来的库存资金积压风险是很大的。

2）拉式物流模式

在拉式物流（Pull Logistics）模式下，生产计划的编制更侧重于参照分销网络从客户那里获得的购买订单、市场销售预测等信息的处理和分析，然后结合工厂生产能力，编制物料需求计划和采购订单，这样就基本上形成了一个最终客户需求拉动生产、拉动物料、拉动物流的生产及物流模式。在基于拉式的零部件入厂物流模式下，供应商零部件必须按照汽车制造企业的实际消耗按需及时、准确地送达汽车工厂，实现生产制造与成品车销售的"零库存"，这样就产生了 JIT 配送的需求，也就产生了专业的汽车物流供应商，为汽车制造企业及其供应商提供专业的拉式物流解决方案，从而大大降低汽车制造企业的库存资金压力，提高了资金周转率，提高了企业的市场竞争力。这种以市场拉动生产、以生产拉动物流的拉动物流模式，也是一种入厂物流模式的发展趋势，已经成为越来越多汽车制造企业的物流优化方案。

3. 从具体入栈物流运作方式划分

从具体入栈物流运作方式的角度看，可以划分为 JIT 看板模式、JIS 看板模式、VMI 仓储配送模式、Milk-run 调达模式、Cross Docking 模式、直供上线模式等。

1）JIT（Just in Time）看板模式

这是一种从日本丰田汽车引进和推广而来的物料拉动模式，其基本原理就是用看板跟踪生产物料实际消耗情况，并根据消耗完毕的看板由物流人员进行拉动循环补料，尽量减少生产线边及库房物料积压。

2）JIS（Just in Sequence）看板模式

这是汽车制造业为了适应大规模柔性化生产而发展起来的物料拉动模式，其基本原理是，在车间生产线同时生产多车型、多颜色、多配置汽车的情况下，对各种专用件、颜色件要求按上线车身顺序组织物料。在具体操作上，事先向物流部门提供上线车身顺序，物流部门通过系统将车身顺序分解为物料需求顺序，并将这些物料按顺序放在专用的工位器具内，以便车间工人按顺序拿取零部件进行装配。

3）VMI（Vendor Management Inventory）仓储配送模式

这是目前汽车制造企业为了降低自身库存压力和市场风险，同时也是零部件供应商为了提高 JIT、JIS 供货能力，由供应商在汽车厂附近租用库房，或使用统一由第三方物流管理的物流配送中心，通过供应商零部件的 JIT 仓储配送为制造企业生产提供物料上线服务。供应商的零部件在交达汽车生产车间前的资产所有权仍归供应商。也就是说，在这种模式下，零部件在送达汽车生产车间之前，供应商对其零部件库存拥有管理权利。

4）Milk-run 调达模式

这是一种流行于日本汽车制造企业的零部件入厂物流模式，即由汽车制造企业自己或委托第三方物流公司按照生产需求和采购订单，根据事先的时间安排与物流线路规划，到多个供应商工厂上门循环取货，最后回到汽车制造工厂。通过这种模式，降低了工厂库存，也提高了物流资源利用效率，降低了物流成本。

5）Cross Docking 模式

这种零部件入厂物流模式主要是针对进口 KD 件、航空快件和远程小批量零部件的生产供应，零部件运输到物流配送中心后，进行简单的换装处理或不做处理，就马上转运到汽车制造工厂的生产车间。这种零部件入厂物流模式的主要优势在于提高了物流反应速度，提高了物流配送中心的物流处理能力。

6）直供上线模式

这也是汽车生产制造企业常用的一种零部件入厂物流模式。它主要是针对那些产业集群范围内的零部件，而且零部件有体积大、容易损坏、专用性强等特点，比如玻璃、座椅、保险杠、轮胎等，由供应商直接从自己的生产线装入物流包装内，并直接按照汽车制造企业的生产需求，甚至生产顺序送到汽车制造企业工厂的生产线边。这种从生产线到生产线的直供模式，大大降低了此类物料在物流过程中的损耗，也减少了车间物流面积的需求，受到了广大汽车制造企业及其相关供应商的青睐。

实际上，以上汽车制造物流模式在实际应用中并不是独立存在的，它们之间可以进行排列组合，形成更多更具有实际可操作性的物流解决方案，这是我国汽车制造物流模式的重要特点。同时，一个汽车制造企业，特别是国内自主民族品牌的汽车制造企业，更有可能使多种物流模式同时并存。长安汽车公司作为国内微型车制造企业的典型代表，其制造物流模式就是上述各种物流模式的综合。尽管长安汽车公司的零部件入厂物流业务交由其控股的长安民生物流进行第三方物流运作，但仍存在一定供应商主导物流的成分；同时在拉式物流为主导的情况下，也对部分物料（例如标件、微小橡胶件等）进行推式物流；在具体物流运作方式方面，更是兼容了 JIT、JIS、VMI、Milk-run、Cross Docking、直供上线等物流运作模式。这种融合上述多种制造物流实际应用模式的物流解决方案，是与我国地理、人文条件和传统生产习惯相适应的，在今后较长一段时间内，也是汽车制造物流的发展趋势之一。

1.3　汽车制造物流供应链

供应链是围绕核心企业，通过对信息流、物流、资金流的控制，从采购原材料开始，制成中间产品以及最终产品，最后由销售网络把产品送到消费者手中，是将供应商、制造商、分销商、零售商直到最终用户连成一个整体的功能网链结构。

汽车供应链是最为复杂的供应链系统。在由制造—销售—服务组成的汽车供应链系统中，整车生产厂为供应链的核心企业。虽然整车生产厂供应部门工作内容单一，但供应商的仓库繁多且管理水平参差不齐，配送质量不高，工作效率低下，从而形成高额的运行成本，这部分成本终将划转到整车的价格上。而在采购供应中，整车生产厂可根据企业的产品生产计划进行，因而较易控制。采购供应体系组织得好，可以大幅缩短产品生产周期，降低物流成本，提高供应链的敏捷度和柔韧度，因此，它是汽车工业增强核心竞争力的重要环节。

1.3.1　汽车制造物流供应链的概念

汽车工业发展到今天，已经没有哪家汽车制造商能够独立完成从零件生产、整车装配到最终把汽车卖到客户手中的全过程。提高新产品的开发速度、降低生产成本，已不再是一个企业自身的内部问题，而是一个全球化的供应链网络问题。目前，国际上各大汽车公司都在探索如何通过供应链管理来提高整个供应链的效率与竞争力，纷纷实行全球采购、全球生产、全球合作开发和全球销售的全球经营策略。汽车工业从专业化的原材料供应、汽车零件加工、零部件配套、整车装配到汽车分销乃至售后服务，已经形成了一整套汽车制造—销售—服务供应链。

汽车物流供应链的中游是整车生产企业，即汽车制造物流供应链。随着时代的不断变迁，汽车的生产方式经历了从大规模生产、精益生产到现在的"模块化生产"的演变。

1. 规模生产

20 世纪初，福特公司在制造 T 型车时创造出影响整个世界工业的生产工艺——生产流水线，大幅降低了生产周期和成本，同时也降低了售价，从而造就了世界汽车生产巨头福特汽车公司。在那个时代，采用流水线这种大规模生产方式已经成为汽车生产方式的主流，这种方式一致延续到 20 世纪 80 年代。当时的汽车生产都是以"大而全"的汽车生产厂商为中心，围绕少数几种车型来进行的，零部件生产依附或从属于汽车厂商。

2. 精益生产

精益生产是起源于日本丰田汽车公司的一种生产管理方法，其核心是追求消灭包括库存在内的一切"浪费"，并围绕此目标发展了一系列具体方法，逐渐形成了一套独具特色的生产经营管理体系。精益生产通过准时化生产、少人化、全面质量管理、并行工程等一系列方法来消除一切浪费，实现企业利润的最大化。精益生产中最具有特色的方法是在组织生产中对消灭物流浪费的无限追求，即对物流环境的需求和内部的分权决策。进一步分析精益生产可以发现，拉动式准时化生产及少人化之所以能够实现，全面质量管理与并行工程之所以能够发挥比大批量生产更大的作用，其核心在于充分协作的团队式工作方式。此外，企业外部的密切合作环境也是精益生产实现的必要且独特的条件。

3. 模块化生产

模块化生产方式"集成与共享"的特点改变了传统的采购体系和整车生产方式，基本省去了冗余的中间环节，在降低运营成本的同时，整车质量更有保证。同时，模块化生产方式充分调动了零部件商的主观能动性，使他们拥有更广阔的发展空间。整车企业可以集中精力做品牌和市场开发，以"强而精"的内部资源配置替换"大而全"的生产布局；零部件企业则在技术创新上下功夫，具备更强的独立开发能力，与整车厂的关系由"受制"转为"互动"。

随着人类社会进入信息时代，社会生活的时空概念将发生巨大变化。消费品的设计、制造和销售要求进一步满足高质量、短时间、个性化、智能化等要求，甚至按照用户的具体要求进行生产。在这样的形式下，汽车的模块化生产将大行其道。在模块化生产方式下，汽车技术创新的重心在零部件方面，零部件要超前发展，并参与汽车厂商的产品设计。而汽车生产厂商则应以全球范围为空间，进行汽车模块的选择和匹配设计，优化汽车设计方案，将汽车装配生产线上的部分装配劳动转移到装配生产线以外的地方去进行。采用模块化生产方式有利于提高汽车零部件的质量和自动化水平，提高汽车的装配质量，缩短汽车的生产周期。

1.3.2 汽车制造物流供应链的分类

根据不同的划分标准，可以将汽车制造供应链分为以下几种类型。

1. 根据范围不同划分

根据物流范围，可分为内部供应链和外部供应链。

1）内部供应链

内部供应链是指企业内部产品生产和流通过程中所涉及的采购部门、生产部门、仓储部门、销售部门等组成的供需网络。

2）外部供应链

外部供应链是指企业外部的，与企业相关的产品生产和流通过程中涉及的原材料供应商、生产厂商、储运商、零售商以及最终消费者组成的供需网络。

3）内部供应链和外部供应链的关系

二者共同组成了企业产品从原材料到成品到消费者的供应链。可以说，内部供应链是外部供应链的缩小化，如对于制造厂商，其采购部门就可看作外部供应链中的供应商。它们的区别只在于外部供应链范围大，涉及企业众多，企业间的协调更困难。

2. 根据稳定性不同划分

根据供应链存在的稳定性划分，可以将供应链分为稳定的和动态的供应链。基于相对稳定、单一的市场需求而组成的供应链稳定性较强；基于相对频繁变化、复杂的需求而组成的供应链动态性较高。在实际管理运作中，需要根据不断变化的需求，相应地改变供应链的组成。

3. 根据容量和需求不同划分

根据供应链容量与用户需求的关系，可以划分为平衡的供应链和倾斜的供应链。一个供应链具有一定的、相对稳定的设备容量和生产能力（所有节点企业能力的综合，包括供应商、制造商、运输商、分销商、零售商等），但用户需求处于不断变化的过程中。当供应链的容量能满足用户需求时，供应链处于平衡状态；而当市场变化加剧，造成供应链成本增加、库存增加、浪费增加等现象时，企业不是在最优状态下运作，供应链则处于倾斜状态。平衡的供应链可以实现各主要职能（采购/低采购成本、生产/规模效益、分销/低运输成本、市场/产品多样化和财务/资金运转快）之间的均衡。

4. 根据功能性不同划分

根据供应链的功能模式（物理功能、市场中介功能和客户需求功能）可以把供应链划分为两种：有效性供应链（Efficient Supply Chain，ESC）和反应性供应链（Responsive Supply Chain，RSC）。

1）有效性供应链

有效性供应链主要体现供应链的物理功能，即以最低的成本将原材料转化成零部件、半成品、产品，以及在供应链中的运输等。

2）反应性供应链

反应性供应链主要体现供应链的市场中介的功能，即把产品分配到满足用户需求的市场，对未预知的需求做出快速反应等。反应性供应链还主要体现供应链的客户需求功能，即根据最终消费者的喜好或时尚的引导，进而调整产品内容与形式来满足市场需求。

5. 根据企业地位不同划分

根据供应链中企业地位不同，可以将供应链分成盟主型供应链和非盟主型供应链。盟主型供应链是指供应链中某一成员的节点企业在整个供应链中占据主导地位，对其他成员具有很强的辐射能力和吸引能力，通常称该企业为核心企业或主导企业。非盟主型供应链是指供应链中企业的地位彼此差距不大，对供应链的重要程度相同。

6. 供应链三类协同模式的划分

物流与供应链专家杨达卿根据东西方企业文化差异和商业模式的差异，在《供应链为王》一书中把全球供应链协同模式分为三类。

1）美国和欧洲等西方发达国家狮式供应链

它是以基金等金融资本主导的企业群所建立的"1+N"供应链模式。其中1代表基金和银团等金融资本链主（1 是资本化的自然人或法人，下面亦同），N 是供应链上的各环节。1 的角色冲在前面，往往是强势的，个人英雄主义比较明显，也被称为狮式企业，其供应链模式也被称为狮阵供应链模式。这类企业的代表如微软公司、苹果公司、大众汽车等，背后基金分别是梅琳达—盖茨基金、伊坎合作基金、保时捷家族基金。

2）日本和韩国等东方发达国家狼式供应链

它是以商社等商业资本主导的企业群所建立"N+1"供应链模式。其中 N 是供应链上的各环节，1 代表商社等商业资本链主。1 的角色隐身在后面，往往是低调的，群英主义比较明显。这类企业也被称为狼式企业，其供应链模式也被称为狼阵供应链模式。这类企业的代表如日本三井财团、三菱财团、一劝财团，分别拥有商社三井物产、三菱商事、伊藤忠商事；韩国的三星财团、现代财团，分别拥有商社三星物产、现代商社。

3）以中国为代表的羊式供应链

它是以国有资本主导的企业群组成的"1+1+N"的供应链模式。其中第一个 1 是国有资本的代表党委书记，国有资本往往是企业真正链主；第二个 1 是国家聘请的高端职业经理人董事长；N 是供应链各环节的企业。代表企业如一汽集团、广汽集团、中储粮集团、中粮集团、中石油集团等企业。

1.3.3　汽车制造物流供应链管理的要素

实现汽车制造物流供应链管理，首先应弄清楚汽车制造物流供应链管理的关键要素。一般来说，汽车制造物流供应链管理由供应链计划、供应链信息、客户服务管理、库存管理、运输管理、设施选址决策、合作关系管理、企业组织结构、供应链的绩效评价与激励机制和供应链管理的风险防范机制 10 个关键要素所构成。

供应链管理技术与方法的采用目的是寻求效率和响应速度之间的平衡，以便取得与企业竞争策略的吻合。因此，企业必须充分地认识到这 10 个决定供应链管理的关键要素的重要性。对于每个关键要素，企业都必须在效率和响应速度之间寻求平衡，因为这 10 个关键要素的联合作用决定了整个供应链的效率和响应速度。

1. 供应链计划

供应链计划在整个供应链系统中处于中心位置，是联结企业内部制造系统与外部市场供销的枢纽，是供应链管理中决定管理技术与方法最重要的关键要素之一，它的主要功能包括以下几个。

（1）定义供应链。

（2）规划供应链。

规划供应链的内容主要包括供应链承诺能力（ATP）、多组织物料计划、分销需求计划、集中与分散规划和缩短周期时间。

（3）制订主时间表。

制订主时间表的内容主要包括预测和需求管理、主生产时间表、Configure-to-Order 制造支持、混合式制造支持、减少库存投资、联机交互式规划、高级模拟功能、图形化供应链需求反查功能、项目制造支持等。

供应链计划发出指令，整个供应链按照供应链计划的指令运行。供应链计划优化整个供应链，包括从原料资源直到交货发运到最终顾客的全过程。

在建立了供应链计划后，接着是供应链计划运作阶段。这一阶段的决策时间是周或天，公司根据既定的供应链计划作出具体实现客户订单的有关决策，其目的是以尽可能好的方式实施供应链计划。在这一阶段，公司分派订单给库存或生产部门，设定订单完成日期，生成仓库提货清单，指定订单交付模式，设定交货时间表和发出补货订单。由于供应链运作是短期决策，通常具有更小的需求不确定性。因此，运作决策的目的就是要利用这种不定因素的减少，在供应链配置和计划政策的约束下取得最优性能。

2. 供应链信息

由于计算机网络的兴起和不断发展，现代化的信息技术已越来越多地应用于社会各个领域，发挥着巨大的作用。在供应链中企业应用的信息技术主要包括条形码、电子数据交换（EDI）、销售时点信息系统（POS）、电子自动订货系统（EOS）和 Internet/Intranet 等。供应链管理是从一个全新的高度对信息流进行有效管理，它以顾客的需求信息为起点，强调供应链中各公司之间或公司内部之间的信息共享，是对供应商、制造商、批发商、零售商和最终消费者的集成管理。

信息就是微机中"供应链计划"发出的指令和其他关键要素相互之间传递的数据流。信息包含了整个供应链中有关库存、运输、绩效评价与激励、风险防范、合作关系、设施和顾客的所有数据和分析。由于信息能直接影响其他的关键要素，所以它是供应链性能改进中最重要的关键要素。信息为企业取得响应更快、效率更高的供应链提供了可能。

信息作为供应链各组织之间的连接，允许各组织协同运作，从而获得最大的供应链赢利。信息对供应链各组织内部的日常运营也至关重要，例如生产计划系统使用有关需求的信息来制订计划，保证工厂以有效的方式生产正确的产品；仓库管理系统为管理人员提供仓库的库存信息以决定是否填充新的订单。

因此，信息往往对整个供应链的运作发挥着引导和优化作用。信息技术的发展改变了企业应用供应链管理的竞争优势的方式，成功的企业往往通过应用信息技术来支持和发展其经营战略，它对整个供应链产生重大的影响。

3. 客户服务管理

随着技术的进步和经济的发展，生产力水平不断提高，生产能力不足和商品短缺的状况逐步改善，商品极大丰富并出现了过剩。与此同时人们的消费水平日益提高，消费方式和消费观念也发生了深刻的变革，价格和质量已经不是影响竞争力的关键要素。在目前买方市场的环境下，客户选择空间及选择余地显著增大，客户需求开始呈现出个性化特征。客户需求的多样性越来越大，对时间的要求也越来越高，不但要求厂家要按期交货，而且要求的交货期越来越短。客户也已不再满足于从市场上买到标准化生产的产品，他们希望得到按照自己要求定制的产品或服务。只有最先满足客户需求的产品才能实现市场销售，市场竞争变得异常残酷。因此，企业管理必须从过去的"产品"导向转变为"客户"导向。只有快速响应并满足客户个性化与瞬息万变的需求，企业才能在激烈的市场竞争中得以生存和发展。标准化和规模化生产不得不让位于多品种小批量的生产方式。企业取得市场竞争优势最重要的手段不再是降低成本而是技术的持续创新，企业管理最重要的指标也从"成本"和"利润"转变为"客户满意度"。为了提高客户满意度，企业应当将潜在客户和现有客户作为管理的中心，将企业的运营围绕着客户来进行，企业必须要完整掌握客户信息，准确把握客户需求，快速响应个性化需求，提供便捷的购买渠道、良好的售后服务与经常性的客户关怀等。这就是客户服务、客户关系管理。

供应链管理的产生就是为了应对当今社会高新技术迅猛发展、市场竞争日益激烈、产品寿命周期缩短和产品结构越来越复杂、用户需求的不确定性和个性化增加的复杂环境，因此供应链管理必然也是以客户为导向的。供应链管理改造和集成业务流程、与供应商以及客户建立协同的业务伙伴联盟、实施电子商务的根本目的，就是使整个供应链协调一致的高效运作，以建立起快速有效的客户响应和客户服务，只有这样，才能提高整个供应链的竞争力，在激烈的竞争环境中立于不败之地。供应链管理中的客户关系管理有多个层次，涉及客户的客户，如分销商的客户等，直到终端客户。

4. 库存管理

供应链管理的主要目的是保证供应链中的物流和信息流的有效流动。但在企业的实践活动中，经常由于各种不确定性问题而导致物流和信息流的流动出现障碍，如原材料延迟到达、机器故障、交货延期、订单取消等。这些不确定因素均使企业管理者被迫增加库存。管理者试图通过建立一定容量的物料、工件和最终产品的库存来克服这种不确定性，库存成为抗击不确定性的一种保险措施。因此一直以来，企业为了达到服务客户的目的，常常要维持足够的库存量（安全库存），这样，即使上游企业出现问题也不致过于影响服务。然而库存增大必然带来成本的提高，从而削弱了供应链的竞争力。库存以原材料、在制品、半成品、成品的形式存在于供应链的各个环节。由于库存费用占库存物品的价值的 20%~40%，它对供应链效率与响应速度都有重大影响，因此供应链中的库存控制是十分重要的。

库存决策的内容集中于运行方面，包括：生产部署策略，如采用推式生产管理或是拉式生产管理；库存控制策略，如各库存点的最佳订货量、最佳再订货点、安全库存水平的确定等。绝大多数制造业供应链是由制造和分销网络组织的，通过原材料的输入转化为中间和最终产品，并把它分销给用户。最简单的供应链网络只有一个节点企业（单一企业），同时担负制造和分销功能。在复杂的供应链网络中，不同的管理者担负不同的管理任务。不同的供应链节点企业的库存，包括输入的原材料和最终的产品，都有复杂的关系。供应链的库存管理不是简单的需求预测与补给，而是要通过库存管理获得用户服务与利润的优化。其主要内容包括采用先进的商业建模技术来评价库存策略、提前期和运输变化的准确效果，决定经济订货量时考虑供应链企业各方面的影响，在充分了解库存状态的前提下确定适当的服务水平。

5. 运输管理

运输管理对供应链来讲是十分重要的，这种关键作用主要体现在对其供应链成本、响应速度和一致性的影响上。同其他供应链关键要素一样，运输选择对供应链响应和效率有很大的影响。而运输在竞争策略中的作用同样十分显著，尤其体现在公司优先考虑最终客户需求的时候。

1）运输的功能

运输的功能相当于微机主板上的"通信物理链路"，起"纽带"作用，也就是说供应链管理通过通信物理链路——运输，把产品快速、高效地送到客户手中。如果通信物理链路出现中断，那么整个微机将会瘫痪，根本无法运作。因此，保证通信物理链路——运输状况良好是供应链运行的关键。

2）运输成本

运输成本是指为两个地理位置间的运输所支付的款项以及与行政管理和维持运输中的存货有关的费用。运输成本在供应链全部物流费用中占有很大的比例，运费高低在很大程度上决定整个物流系统的竞争能力。因此供应链中物流系统的设计应该利用能把系统总成本降到最低程度的运输。

3）运输速度

运输速度是指完成特定的运输所需的时间。在供应链管理环境下，速度已上升为最主要的竞争手段。要提高客户对产品的可得性水平，在仓库等设施布局确定的情况下，运输将起决定性作用。运输是物流过程中需要花费较多时间的环节，尤其是远程运输，在全部物流时间中，运输时间占绝大部分，所以运输时间的缩短对整个流通时间的缩短有决定性的作用。

运输速度和成本的关系，主要表现在以下两个方面：

（1）能够提供更快速服务的运输商实际要收取更高的运费。

（2）运输服务越快，运输中的存货越少，无法利用的运输间隔时间就越短。因此，选择期望的运输方式时，至关重要的问题就是如何平衡运输服务的速度和成本。

4）运输的一致性

运输的一致性还影响着供应链的稳定性和可靠性。运输的一致性是指在若干次装运中履行某一特定的运次所需的时间与原定时间或与前 n 次运输所需时间的一致性。它是运输可靠性的反映。多年来，运输经理们已把一致性看作是高质量运输的最重要的特征。如果给定的一项运输服务第一次花费 2 天、第二次花费了 6 天，这种意想不到的变化就会造成严重的后果，为了克服这种不一致性的缺陷，企业就需要安全储备存货，以防预料不到的服务故障。

6. 设施选址决策

设施是指生产和运作过程得以进行的硬件手段，通常是由工厂、车间、设备、仓库、配送中心等物质实体所构成。供应链管理中的设施选址，是指如何运用科学的方法确定设施的数量、地理位置、规模，并分配各设施所服务市场（服务对象）范围，使之与供应链的整体经营运作系统有机结合，以实现有效、经济的供应链运作。好的设施选址应考虑所有的产品移动策略及其相关成本，寻求总成本最低的需求分配方案或利润最高的需求分配方案。无论哪种类型的设施，有关定位、能力及设施柔性的决策对供应链的效率与响应速度都有很大的影响。

设施选址决策有规划设计、统筹的功能，也就是说供应链管理通过物流系统的布局和功能的配置——设施选址决策确定供应链的物理布局和流程结构。如果物流网络的布局和配置不当，将造成供应链系统运行不正常，甚至会发生瘫痪，根本无法运作。因此，保证设施选址决策的合适性和正确性是供应链运行的前提。

设施选址包括两个层次的问题。

（1）选位。即选择什么地区（区域）设置设施，沿海还是内地，南方还是北方，等等。在当前全球经济一体化的大趋势之下，或许还要考虑是国内还是国外。

（2）定址。地区选定以后，具体选择在该地区的什么位置设置设施，也就是说，在已选定的地区内选定一片土地作为设施的具体位置。

设施选址还包括这样两类问题：一是选择一个单一的设施位置；二是在现有的设施网络

中布置新点。

设施选址对设施建成后的设施布置以及投产后的生产经营费用、产品和服务质量以及成本都有重大而长久的影响。一旦选择不当，它所带来的不良后果不是通过建成后的加强和完善管理等其他措施可以弥补的。因此，在进行设施选址时，首先必须充分考虑到多方面因素的影响，慎重决策；其次，除新建企业的设施选址问题以外，随着经济的发展，城市规模的扩大，以及地区之间的发展差异，很多企业面临着迁址的问题。可见，设施选址是企业普遍面临的一个重要问题。

7. 合作关系管理

企业为了适应新的竞争环境，整合好内部资源与外部资源是企业实现竞争力的关键之一，这也是企业与业务伙伴形成战略外包关系的根源。

供应链战略合作关系的形成，是为了降低供应链总成本、降低供应链上的库存水平、增强信息共享水平、改善相互之间的交流、保持战略伙伴相互之间操作的一贯性、产生更大的竞争优势，以实现供应链节点企业的财务状况、质量、产量、交货、用户满意度以及业绩的改善和提高。显然，供应链企业间的战略合作关系的建立是为了保证供应链的整体竞争力。

企业间的战略合作体现了企业内外资源的集成与优化利用，也加强了业务外包策略的利用。传统"纵向一体化"的管理模式已经不能适应目前技术更新快、投资成本高、竞争全球化的制造环境。现代企业应更注重于高价值生产模式，更强调速度、专门知识、灵活性和革新。与传统的"纵向一体化"控制和完成所有业务的做法相比，实行业务外包的企业更强调集中企业资源于经过仔细挑选的少数具有竞争力的核心业务，也就是集中在那些使他们真正区别于竞争对手的技能和知识上，而把其他一些重要的但不是核心的业务职能外包给世界范围内的"专家"企业，并与这些企业保持紧密合作的关系。这些企业就可以把自己企业的整个运作提高到世界级（world class）水平，与此同时，还往往可以省去一些巨额投资。最重要的是，实行业务外包的公司出现财务麻烦的可能性仅为没有实行业务外包公司的1/3。把多家公司的优秀人才集中起来为我所有的概念正是业务外包的核心，其结果是使现代商业机构发生了根本的变化。企业内向配置的核心业务与外向配置的业务紧密相连，形成一个关系网络（供应链）。企业运作与管理也由"控制导向"转为"关系导向"。

供应链的良好运作是以供应链成员企业相互间充分信任和相互合作为基础的。供应链上的企业甚至可以了解到另一个合作企业的生产作业计划，由此可见供应链中的企业相互间是相当信任和合作的。缺乏这种信任和强烈的合作愿望，供应链的有序运作是不可能的。但是，供应链不可能永远是一团和气的。供应链中的企业都是独立的利益个体，相互间存在战略伙伴关系，同时存在自身的利益，而这些企业加入供应链的最根本的想法也是为了获得更多的利益。由于存在利益的分配问题，不免存在着异议、矛盾，甚至冲突。要保证供应链良好的信任和合作，就必须意识到这些问题的客观存在和找到相应的解决办法。

在知识经济时代，供应链所面临的核心挑战是随着供应链形成和实施其战略决策而获得"节点企业"积极的和自愿的合作。

8. 供应链企业的组织结构

按职能专业化分工的企业组织结构，是一个多层次、多部门的"金字塔"结构。由于一个完整的工作被分解得支离破碎，要跨越多个职能部门，所以各部门之间存在大量的协调与沟通工作，有限的人力资源和时间都消耗在不能创造价值的协调工作上了。在这样的组织模式下，即使采用了供应链管理，其效果也是十分有限的，甚至不能推行下去。企业应该根据其在供应链中的角色，重新设计企业的组织结构。

在经济全球化、网络化和市场化日益加剧的背景下，企业为有效提高其竞争力，必然会利用外部资源以快速响应市场需求，这将促进企业组织结构形式向虚拟化和网络化发展。企业组织结构由内部一体化向虚拟化、网络化发展，首先应强化内部信息网络化和标准化建设，构建基于 Internet/Intranet 网络实现消费者与企业、企业间、企业内部信息的有效交换，这是企业组织结构虚拟化和网络化的基础；其次要以现代企业组织理论为指导，梳理企业业务流程，以培育企业的核心竞争力和重塑业务流程为主导构建企业组织结构，这是虚拟化和网络化的前提。交易费用经济学将企业组织视为规制交易的结构，由此看来物流组织创新就是物流组织规制交易的方式、手段或程序的变化，其动力是节省企业内部管理交易和外部市场交易的物流费用。从发展趋势来看，矩阵型、团队型、联盟型、虚拟型、网络型等企业组织结构形式在未来的企业中将越来越常见。

9. 供应链绩效评价与激励机制

供应链管理建立的是一种跨企业的协作，覆盖了从原材料到最终产品的全部过程，居于同一供应链的厂商之间的协议对各方都有好处。日益激烈的竞争迫使制造者和供应者集中精力开发高效率、高效益的物流资源，消除整个供应链中不必要的动作和消耗。

供应链绩效评价必须与企业的激励机制结合起来实施。绩效评价的最终目的是要优化供应链的整个流程，绩效评价的黏合剂作用正是通过激励机制而得到企业各阶层以及供应链各节点企业的重视。此处的激励机制突破了企业内部的范围，扩展到供应链管理各节点企业的相互激励。激励的依据是绩效评价的结果，各节点企业相互激励是共同进步和利益重新分配的过程，通过谈判建立统一的激励标准或通过客户投票可以实现这一过程。

1）供应链绩效评价

从系统分析角度来看，绩效评价是整个供应链系统分析的一个有机组成部分。该作业活动是系统分析与决策活动的结合点。绩效评价的目的主要有两个：一是判断各方案是否达到了各项预定的性能指标，能否在满足各种内外约束条件下实现系统的预定目标；二是按照预定的评价指标体系评出参评方案的优劣，做好决策支持，为进行最优决策、选择系统实施方案服务。

2）供应链企业激励机制

激励机制并不是一个新话题。将激励的概念和范围扩大到了整个供应链及其相关企业上，从广义的激励角度研究供应链管理环境下的激励和激励机制的建立问题。

从供应链的委托—代理特征来理解，所谓激励，就是委托人拥有一个价值标准，或一项社会福利目标，这些标准或目标可以是最小个人成本或社会成本约束下的最大预期效用，也可以是某种意义上的最优资源配置或个人的理性配置集合。

供应链激励的目标主要是通过某些激励手段，调动委托人和代理人的积极性，兼顾合作双方的共同利益，消除由于信息不对称和败德行为带来的风险，使供应链的运作更加顺畅，实现供应链企业共赢的目标。

供应链管理模式下的激励手段主要有正激励和负激励两大类。正激励是指一般意义上的正向强化、正向激励，鼓励人们采取某种行为；而负激励则是指一般意义上的负强化，是一种约束、一种惩罚，阻止人们采取某种行为。通常的激励方式基本上都是正激励，负激励被作为约束机制。

10. 供应链管理的风险防范机制

产业的供应链是环环相扣的，任何一个环节出问题，都可能影响供应链的正常运作。而这些事件的发生具有不确定性和偶然性，是无法预知的。因此，供应链风险防范机制应该引起企业管理者的充分重视。供应链的风险来自多个方面，简言之，有自然灾害这种不可抗力的因素，如地震、火灾、暴风雨雪等；也有人为因素，主要包括以下几个方面。

1）独家供应商问题

供应链上出现独家供应商，采取独家供应商政策存在巨大风险，一个环节出现问题，整个链条就会崩溃。

2）信息传递方面的问题

当供应链规模日益扩大，结构日趋复杂时，供应链上发生信息错误的机会也随之增多。信息传递延迟会增加供应链的风险。

3）企业文化方面的问题

不同的企业一般具有自己的企业文化，这就会导致对相同问题的不同看法，从而存在分歧，影响供应链的稳定。

4）经济波动的风险

经济高速增长容易导致企业原材料供应出现短缺，影响企业的正常生产；而经济萧条会使产品库存成本上升。

另外，还有其他不可预见的因素，小的如交通事故、海关堵塞、停水停电等；大的如政治事故、战争、恐怖袭击事件等。

针对供应链风险，必须建立相应的防范机制进行控制。

1）发展多种供应渠道、多地域的供应渠道，加强对供应商的情况的跟踪评估

为确保产品供应稳定，供应链上应发展多个供应渠道，不能单单依靠某一个供应商，否则一旦该厂商出现问题，势必影响整个供应链的正常运行。同时，在对某些供应材料或产品有依赖性时，还要考虑地域风险。比如，战争会使某些地区原材料供应中断，如果没有其他地区的供应，势必造成停产。除建立多地域、多个供应商外，还需对每个供应商情况进行跟踪。如果欲与供应商建立信任、合作、开放性交流的供应链长期合作关系，必须首先分析市场竞争环境，必须知道现在的产品需求是什么，产品的类型和特征是什么，确认用户的需求，确认是否有建立供应链合作关系的必要。如果已建立供应链合作关系，则根据需求的变化确认供应链合作关系变化的必要性。同时分析现有供应商的现状，分析、总结企业中存在的问题，对供应商的业绩、设备管理、人力资源开发、质量控制、成本控制、技术开发、用户满意度、交货协议等方面也要做充分的调查，这些很可能会成为影响供应链安全的因素。一旦发现某个供应商出现问题，应及时调整供应链战略。

2）企业应制订处理突发事件的应急措施

供应链是多环节、多通道的一种复杂系统，很容易发生一些突发事件，如恐怖袭击事件等。在供应链管理中，对突发事件的发生要有充分的准备。对于一些偶发但破坏性大的事件，可预先制订应变措施，制订应对突发事件的工作流程，建立应对事件的小组。

3）充分利用现代科学技术，降低供应链的风险

现代科学技术的应用可以有效地降低信息传输错误，并能够及时对风险进行控制。充分利用互联网技术、GPS 技术、EDI 技术等可以大大降低供应链的风险。

1.3.4 汽车制造物流供应链的特点

1. 以整车装配企业为供应链的核心企业

整车装配企业作为供应链的物流调度与管理中心，担负着信息集成与交换的作用，在产品设计、制造、装配等方面具有强大优势，不但可以拉动上游供应商的原材料供应，也可以推动下游分销商的产品分销及客户服务。

整车装配企业作为核心企业，可以整合和协调供应链，构建战略合作伙伴关系，创新供应链物流模式，协调和控制零部件供应商与分销商的管理以及产、供、销关系等。整车装配企业是连接供应链上下游企业的枢纽，发挥着供应链的驱动和控制主导作用。

2. 供应链管理侧重于打造和维护优质供应链

核心企业专注于对供应链的优化整合、协调推进和战略合作伙伴关系的构建、供应链物流模式的创新、供应链上下游即供应商与分销商的管理，以及产、供、销关系的协调与控制等方面。

3. 供应链上各节点企业之间关系密切

汽车制造商和供应商伙伴间形成共同开发产品的组织，持久合作。供应商提供具有技术挑战性的部件；伙伴成员共享信息和设计思想，共同决定零部件或产品以及重新定义能够使双方获益的服务。

4. 采购和生产的全球化

汽车零部件成本占汽车总成本的六七成，削减零部件成本是汽车厂商普遍关注的问题。全球采购就是汽车整车厂商为降低成本而采取的供应链管理上的一个战略性变化。汽车的零部件有三万多种，各零部件厂家分布在全球各个地方。为了节约成本，提高质量，整车装配商采取零部件在全球生产，由整车装配商进行集成的全球生产过程。

5. 信息技术的广泛应用

信息技术被应用于规划汽车供应链中的信息流、资金流、物流，构建电子商务采购和销售平台，通过应用各类先进的信息技术，做到供应链中的每个成员都能及时并有效地获取需求信息，从而做出及时响应，以满足顾客的需求。

1.3.5 汽车制造物流供应链管理的发展趋势

1. 汽车制造业与汽车物流服务业联动发展的趋势

随着我国市场经济行为的大范围渗透、市场机制的逐步完善和产业结构的调整升级，汽车制造业和现代物流业的互动关系越来越密切，越来越增强，越来越为企业界、学术界和各级政府部门所关注。信息技术的不断发展，也使物流业迅速成为在全球具有巨大潜力和发展空间的新兴服务产业，并成为衡量一个国家或地区经济发展水平、产业发展环境和企业竞争力的重要标志之一。

在国内汽车企业中，合资品牌占了绝大多数。组成整车的零部件成千上万，而汽车的核心零部件多为进口 KD 件，采购渠道遍及全球。随着供应链管理的深入人心和自主品牌发展的突飞猛进，我国已经成为全球汽车零部件的制造采购基地，物流活动遍及全世界。据国际权威咨询机构 Merge global 分析，2012 年，亚洲到欧洲的汽车零部件出口物流业务以年均 10.5% 的速度增长，北美的业务以年均 6% 的速度增长。2009 年，国内汽车年产量已超过 1 300 万辆，全球汽车保有量也超过了 10 亿辆。如此可观的市场需求，将极大地促进汽车制造业和汽车物流服务业的联动发展。

2005 年，我国汽车工业产值已经超过了 10 000 亿元人民币，按照社会平均物流成本约占总成本 18% 的水平估算，汽车物流总额为 1 800 亿元人民币。汽车企业经营战略要求其物流与供应链的战略定位，必须提高企业内部供应链与外部供应链所有资源（供应商、分销商）协同运作的综合效率，实现对"以主机厂为核心"的供应链整体的精益敏捷管理和严密控制为宗旨，以集成供应链的整体优势来降低物流运作和管理的综合成本，并规避风险，在物畅其流的过程中，促使价值链的逐级增值。如果全国物流成本降低了 1%，就会获得 100 亿元人民币的收益；如果降低到 8% 的国际水平，就会得到 1 000 亿元人民币的收益。

2009 年以来，全球汽车巨头对我国市场充满了信心，这个信心可以从 2009 年当年的产销计划与实际业绩中反映出来。

1）丰田汽车公司

（1）日本丰田销售目标 70 万辆，同比增长 10%。实现销售 70.9 万辆，同比增长 121%。丰田汽车公司正在加强对雷克萨斯在我国业务的拓展和管控，力图稳定和拓展该目标市场的份额。

（2）一汽丰田销售目标 38.4 万辆，同比增长 8%。实现销售 44 万辆，同比增长 26%。这得益于产品战略的迅速调整，卡罗拉、花冠、锐志的相继推出，使后劲十足的一汽丰田已经具备了冲击年销售 50 万辆的实力。

（3）广汽丰田随着产能的扩充，将会按照预定计划引进新的车型。

2）通用汽车公司

通用汽车公司将向中国市场推出雪佛兰和别克两个品牌旗下共计 10 款以上的新车型，并与中国第一汽车公司合资成立商用车公司。该公司斥资近 20 亿元人民币建设上海通用汽车试车场。

（1）上海通用销售目标 48 万辆，同比增长 7%。实现销售 72.8 万辆，同比增长 58.0%。截至 2009 年底，上海通用已经完成了沈阳北盛、烟台东岳、上海金桥等三大生产基地的建设，并分别在三大基地建立了不同的生产平台。

（2）上汽通用五菱销售目标 70 万辆，同比增长 10%，实现产销 100 万辆。该公司将在渠道管理方面推出一系列先进实用的管理方法，促进销售网络的健康发展，并在进一步提升产品质量的基础上，与供应链合作伙伴结成更为紧密的合作关系。

3）大众汽车公司

大众（中国）发布"2018 计划"，确定其在 2018 年之前的中国发展战略：2018 年之前，大众在全球范围内销售 1 120 万辆汽车，其中在我国销售 240 万辆汽车，占预计总销量的 21.4%。在未来 10 年，大众汽车品牌、奥迪品牌和斯柯达品牌将根据市场需求，陆续引进 10 余款新车型。在未来 10 年中，每年至少向中国市场引入 4 款新产品。

（1）一汽大众销售目标 56.43 万辆，同比增长 10%。实现销售 68.2 万辆，同比增长 33%。截至 2009 年底，一汽大众的战略重点放在华南市场，众多新车型密集推出，第六代高尔夫、新捷达、大众 CC 等新车型的密集投放，是一汽大众保持高速发展的助推器。

（2）上海大众销售目标 49.5 万辆，同比增长 15%。实现销售 72.8 万辆，同比增长 48.6%。上海大众不仅为中国轿车年度总销量再度树立了新标杆，还成了 2009 年度中国轿车销量的双冠王。2010 年之后，上海大众继续增强企业在品牌、研发、技术、产品、市场、销售等方面的核心竞争能力，不断创造新的奇迹。

4）PSA 汽车集团公司

尽管由于全球金融危机导致汽车销量不振，标致—雪铁龙 2009 年全球业绩继续报亏，但中国市场盈利。该集团在华合资公司神龙汽车在 2009 年推出了 3 款新车型。

（1）东风标致 2009 年实现销售 11 万辆，同比增长 44%。根据东风标致的产品布局，三厢加两厢的市场策略正在逐步推进，两厢 207 已经面世。

（2）东风雪铁龙在 2009 年连续推出两厢爱丽舍、三厢世嘉、雪铁龙 C5 等 3 款新车型，随着雪铁龙公司的全球换标，2009 年东风雪铁龙公司迎来了品牌提升的高潮。

5）日产汽车公司

2009 年销售目标 57 万辆，同比增长 19%。实现销售 75.6 万辆，同比增长 39%。截至 2009 年 12 月，日产汽车销量已经跃居在华日本汽车厂商销售排行榜榜首。

6）现代汽车公司

实现销售 57 万辆，同比增长 94%。北京现代以远远高于市场"大盘"54%的增长率，创下了合资企业最大增幅，这是北京现代精准的战略判断、灵活的产销管理及合理的市场策略的必然结果。

我国汽车产业集群的分布特征为汽车物流服务需求创造了巨大的空间。

1）生产基地布局高度集中

从空间分布上看，生产基地集中于华北、长江中下游流域以及东南沿海城市。从订单总量来看，生产厂家可以分为京津、辽吉、长江和两广四条线，这四条线的产量占到了总产量的 80%。2007 年，83%的汽车产量都集中于 10 个汽车集团。其中，长春圈：覆盖吉林、黑龙江、辽宁，2007 年生产整车 139.8 万辆；京津圈：覆盖北京、天津、河北，2007 年生产整车 148.7 万辆；上海圈：覆盖上海、江苏、浙江，2007 年生产整车 127.9 万辆；武汉圈：覆盖湖北、湖南，2007 年生产整车 78.6 万辆；广州圈：覆盖广东、广西、福建，2007 年生产整车 148.1 万辆；重庆圈：覆盖四川、重庆，2007 年生产整车 78 万辆。

2）零部件生产基地以整车制造企业为轴心

零部件生产基地分布在汽车整车企业所在的主要省市及周边地区，而非汽车整车生产地区的汽车零部件制造企业较少。汽车零部件产业基本形成了以整车制造为轴心的空间布局，集中分布在上海、广州、长春、武汉、京津、重庆六大产业圈，产业规模在我国汽车零部件生产中占绝对主体地位。其中覆盖吉林、辽宁的零部件生产企业共 538 家，占全国的 8.3%；覆盖北京、天津、河北的零部件生产企业共 576 家，占全国的 8.9%；覆盖湖北、湖南的零部件生产企业共 553 家，占全国的 8.5%；覆盖江苏、浙江的零部件生产企业共 2 510 家，占全国的 38.7%；覆盖四川、重庆的零部件生产企业共 486 家，占全国的 7.5%；覆盖广东、福建的零部件生产企业共 569 家，占全国的 8.8%。

3）供应链体系呈现高度的垂直分布式结构

一方面形成了以整车厂为利益中心，汽车零部件厂被动配合或者在中心厂周边组建仓库的空间布局；另一方面，由于目前的汽车工业高度纵向一体化，整车厂往往都有自己配套的零部件生产厂，使得汽车产业的供应链集群效应更为明显。

4）汽车消费市场的区域分布呈扩散和下沉的特征

区域分布呈向二三线城市转移、向中西部地区转移的趋势，销售重心自沿海发达地区、中心城市向中小城市和西部地区辐射，整车销售网络布局下沉到这些城市。从销售总量来看，销售市场比生产厂家的分布还要分散，广东、山东、浙江、江苏、北京、河北、四川、上海、河南、辽宁十省市的销量占全国总销量的64%，其他都相对较小，全国各地都有，呈现了全国各省市的汽车产销量不均衡的局面。

除华东地区流量出入基本平衡以外，其他地区都不均衡，最不均衡的是东北地区。产销的不均衡预示着运输流量的不均衡。由于一定时期内销售的不均衡性，区域内运输商的多元化，使整体市场内的运输更难以统筹兼顾，这就进一步扩大了运输的不均衡性，运输强度必然持续走高，这是由资源分布和现阶段的经济结构决定的。我国是资源分布很不均匀的国家，资源分布越不均匀，运输强度越高。

5）公路运输竞争力提升

仅就乘用车运输业务而言，按年均20%比例的增长速度，2008年全国乘用车出厂形成的物流市场规模突破100亿元人民币。

巨大的需求空间，使越来越多的汽车制造企业将其物流与供应链管理的战略定位为"集成精敏战略"。具体来说，就是将采购、生产、销售和服务过程中的所有物流活动有机地集成起来，并对之进行系统性优化；对市场预测、订单需求、计划供应、国产化推进、制造工艺流程、生产组织模式、物流运作与管理等过程进行集成分析，并对其进行系统化的协调和提升。集成精敏战略的目标就是使物流与供应链系统更具柔性、更易持续改进、更能适应市场需求的动态变化，使企业更加具有市场竞争力。

可以这样说，汽车制造业的高速发展释放了汽车物流需求的巨大能量，而现代物流业的发展又推动了汽车制造业的改造升级和快速发展。汽车制造业的发展历程，也是其物流与供应链的发展历程。

2. 汽车制造业由预测推动转变为订单拉动生产（BTO）的趋势

全球汽车行业普遍存在着产能过剩、产销率显著下降的问题。美国汽车经销商的整车平均库存大约为60天的产量，欧洲汽车经销商的整车平均库存大约为8周的产量，我国汽车行业产能过剩率约为25%。另一方面，市场趋于成熟，消费者趋于理性，传统的面对库存（BTS）预测推动的生产方式已经不能适应激烈的全球竞争环境，汽车行业面临着前所未有的困境。

BTS模式基于"准确预测"的假设，但这个假设并不符合或不太符合我国汽车市场的真实情况。于是，因预测失真，造成了企业的盲目生产和盲目扩大产能的行为。BTS模式的诸如便于企业资源准备、均衡生产、运行效率高、实物成本低和客户等待时间趋近于零等优势也会被抵消。

当前，企业面临着"3C"（顾客、竞争、变化）的外部环境，顾客需求更趋个性化，在市场全球化、技术更新速度加快的背景下，竞争更加激烈。汽车行业也不例外，各汽车制造企业在成本、质量、服务上呈现同质化的趋势，而在买方市场环境下，顾客需求正日趋多样化。"以顾客为中心"的企业管理要求企业能够对顾客的多样化需求做出快速的响应，速度在很大程度上决定了竞争优势。在这种情况下，只依靠一个企业来对顾客进行快速响应是不现实也不经济的，从而要求企业善于利用外部资源和公共资源，联合相关企业来共同满足顾客的需求，进而形成新的组织形式——供应链。供应链模式与生产模式密切相关，供应链管理战略也要与生产模式相适应，只有这样，企业才能从供应链管理的过程中实现预定的战略目标。

随着全球经济一体化进程的加快，市场竞争正在由企业之间的竞争转向企业在供应链之间的竞争。如何提高供应链的整体竞争优势是企业普遍关心的问题。供应链管理的精髓就在于企业间的合作。供应链上成员企业战略合作伙伴的选择必须建立在对供应链内外环境详细分析的基础之上，根据不同的环境选择不同的合作方式，使链上的每个企业都集中自身有限的资源于核心业务，从而最大限度地发挥企业自身的优势，最终提高供应链的整体优势。因此，从理论上研究汽车企业供应链管理理论，构建汽车企业精益供应链体系及其绩效评价体系，对于更加有效地指导我国企业，特别是汽车企业的物流供应链管理实践，具有积极的意义。

随着竞争环境和竞争方式的改变，汽车生产模式的演变趋势愈加明朗，从面向库存到面向订单的演变已经开始。两种模式都需要进一步深化研究，并适时地做出演变，这是企业制胜的保证。

而生产模式的转换也不能一蹴而就，需要逐渐过渡。面向库存的生产模式需要优化，需要针对生产周期，从三个方面进行深入、系统地思考：商务与生产合同制、库存系数研究和整车出库均衡化的订单制生产方式（BTO）。

在优化的过程中，应重点关注：业务流程再造、延伸到销售商的需求管理、产品定义/BOM 的优化、以产品特征为单元进行计划管理、实现用户个性化订单和预计交付日期的可靠性和产能协调。

3. 汽车制造企业物流与供应链管理精益化的趋势

据统计，整个制造业的物流总额占社会物流总额的比重超过了 75%。汽车制造业物流的需求正在随着汽车及其服务需求的快速增长而迅速变大，高速增长的我国汽车制造业正在越来越深入地伴随着汽车物流业迅猛发展。

汽车物流业务的范围已经从过去单一的运输和仓储拓展到采购、生产、销售、服务和逆向物流等领域，企业物流的目标已经从过去单纯降低库存、提高运输效率提升为通过集成优化，降低物流综合成本和提高企业运作效率；物流管理已经从过去的粗放型模式演变为以关键绩效指标为依据的精细化模式；客户对物流服务速度的要求已经出现了从过去的大约式精致到了以小时为单位来衡量满意度的变化。如此的演变和进步，给建立于适应企业经营战略的物流运作模式提出了新的课题。

制造企业是其供应链的管理者，核心企业要根据供应链管理的需要，与战略合作伙伴一起，以满足顾客需求为宗旨，不断修正和设计供应链的内外结构及业务流程，组合资源要素。也就是说，对外通过业务外包实现企业外环资源的综合利用，对内则集中优势资源对主营业务进行提升，以供应链的优势支持企业保持和扩大持久竞争力。

对以主机厂为龙头特征的汽车企业物流与供应链而言，其运作模式的建立必须综合思考以下主要因素。

（1）充分认识物流工艺和物流系统运作的特点及其重要性，将产品规划、工业化规划、供应商布局、工厂设计、物流节点选址、制造工艺、物流运作以及管理视为一个完整系统来研究。

（2）充分关注几个协调，营造和谐物流。这几个协调包括：物流运作模式与工业化目标的协调，商务需求与制造工艺及物流准备周期的协调，生产计划柔性与执行过程刚性的协调，在制品整车流按预定顺序生产与零件流配送的协调，国产化推进和供应保障的协调，工艺更改启动与零件断点管理的协调，成本、期限和质量的协调，等等。

（3）充分考虑物流的规模效应。它包括物流节点设施的选址和布局，社会物流资源的综合利用、供应链结构、地区经济和国民性特征、地理位置、标准化程度以及相关法律法规等。

（4）充分利用社会物流资源，控制管理环节，外包非主营业务，提高物流业务产业化和社会化程度，企业物流与社会物流的联营形成资源共享格局。越来越惨烈的行业竞争，使汽车制造企业在不得不越来越关注自身成本控制的同时，对供应链的成本控制诉求也日渐强烈，于是，汽车制造企业之间供应链竞争的时代便如期而至。都说物流是企业的"第三利润源泉"，而开发这个利润源泉的基础就必须让隐藏在"冰山下"的成本透明化，必须对物流与供应链实施精益化管理，这已经成为共识。

汽车制造企业的物流和供应链管理能力在企业经营战略中的关键地位已经确立。因此，各类企业对物流成本的管理和绩效评价的关注必然与日俱增，大家不约而同地迫切希望能够找寻到可以量化企业物流成本的途径和方法，并予以标准化、持续化。

各汽车制造企业希望通过建立一整套适应于本企业经营战略目标和管理模式的物流系统绩效评价体系，使企业在切实掌握自身物流和供应链管理环节的物流总成本的基础上，识别主要矛盾，开展物流与供应链持续改善行动；在优化业务流程的过程中，改善运作模式，利用先进技术和手段来实现对物流和供应链进行精益化动态管理的目的，以降低成本、提高效率和效益来加强企业的竞争力。同时，也希望能够通过行业协会，建立相关方法、标准和指标体系。借助规范、科学的指标体系和方法，能够便于企业实施"标杆管理"，也为全行业及社会物流成本分析部门提供一套科学的物流统计方法和计算模式。

令人欣喜的是，有些企业正在进行该领域的项目研究和实践：以系统观点和系统工程的方法作为指导方针，建立项目研究目标和工作模式，以项目管理的方式推进和实施；以企业经营战略为项目研究基础，建立与之相适应的物流运作模式，从而确立物流与供应链系统的战略和战术方案，创建符合企业经营战略和管理模式的物流关键绩效指标体系。

4. 供应链管理促进物流行业整合和业务流程重组的趋势

随着经济发展速度的减缓，汽车市场的竞争更加激烈，成本和效益的双重压力迫使汽车制造企业不得不注重向管理要效益。

随着汽车价格的不断下降，原材料价格、人力资源成本的不断上升，汽车制造企业更加关注通过供应链管理来降低成本，不可避免地会将一部分压力转移至第三方物流服务商，致使已经面临能源涨价压力的物流服务商不堪重负。在这样的压力下，国内资源雄厚、专业化水平高的大型汽车物流企业兼并中小规模的物流企业、导入外部资本、实现资源整合已经势在必行。

管理的特点就是关注过程，即流程。如今，现代物流与供应链管理的理念正在逐步深入人心，物流新技术和新的管理工具不断推出，为物流业务流程重组打造了坚实的基础和应用环境。遵循"物畅其流"这一物流科学宗旨，业务流程重组的原则就是在流程中实现增值。流程重组包含了内、外两个领域。

对内，应主要关注组织流程的优化，让物流在组织内部以最短的时间流程实现目标，整合过去分散在不同部门的物流各个阶段的活动，把它们集成在一个组织中。

对外，应关注物流在流动中实现增值，对物流的流速、流向和流量进行精细分析，从而形成业务流程重组的解决方案。在流程有序和均衡中"提速"；在简单和快捷的基础上设计流向，保证"高效"；在促进规模形成的过程中，保证供应链实现"增值"。

业务流程重组需要企业的信息系统进行适应性演变，而系统的演变又会对规范物流和供应链管理的业务流程、运作效率和管理精益化起到促进作用。通过提升信息系统在生产计划、零部件供应、生产过程跟踪控制、库存管理、线边在制品控制、工业资源分析、选装件管理和信息自动采集技术方面的流程优化和功能拓展，在信息和流程集成的基础上有效发挥信息系统对物流业务流程的指导作用。

重组后的业务流程借助新的信息支持系统和自动化数据采集技术，能够及时和准确地提供对企业决策有帮助的信息，提高决策的科学性和可行性。

5. 汽车制造业与物流服务业共同提升的趋势

物流业务外包的原则是掌控管理，尽可能外包一切可以外包的操作业务，在外包非核心业务的过程中，追求形成规模效应，培育社会化和专业化程度。物流业务外包的目的是期望通过获得更好的物流服务品质、附加的增值服务和资源整合来进一步降低企业物流系统综合费用，提高物流效率，使企业物流的综合成本最低。

在现阶段，很多汽车制造企业已经将能够外包的所有物流操作业务都进行了外包，包括外部供应链的上游零部件中间库的保管和包装更换业务、内部供应链的冲压车间板料配送业务、焊装车间和总装车间线边配送业务；外部供应链的新车和备件的仓储、包装、干线运输和城市配送业务等。

但在外包实践过程中，也给汽车制造企业带来了一些困惑，如成本并未降低，质量水平下滑，期限控制未见精准，供应链管理水平没有循环提升。如此一来，汽车制造企业对汽车物流服务业的信心产生了动摇。汽车消费市场需求的不断上升，促进了汽车制造业的规模发展；汽车制造业规模的发展需要外包业务，而外包需求的快速增长，必然会促进汽车物流服务业的发展。同时，汽车制造企业会越来越注重对社会物流资源的整合利用，越来越注重对物流服务商的培训，通过对物流服务商在组织、人员、流程和设施等方面的优化整合，提高其自身各类资源的利用率和社会资源的综合利用率，与物流服务商建立一种相互依托、相互促进、协调共进的战略合作伙伴关系。总而言之，根据市场竞争的需要和汽车制造业发展的要求，汽车物流业的管理及业务范围必将迅速扩大，需求将会涉及整个供应链的全方位管理和运作。新的物流业务领域逼迫汽车制造企业要毫不懈怠地积极研讨和采取新的策略，以便应对挑战。

毫无疑问，制造业和物流业联动发展必将是一种新的经济发展模式，新的经济发展机遇已经展现。在各级政府、企业界、学术界的共同努力下，在新的历史时期，新的经济发展需求必将为地区经济发展和企业经营发展开拓新的利润空间。

6. 汽车销售及售后市场服务导入电子商务新模式的趋势

千千万万的中国民众，通过"淘宝"了解了电子商务，体会了电子商务带来的便捷，并随电子商务的广泛应用而改变了生活方式。电子商务在促进经济发展方式转变、保持经济创新活力等方面发挥着越来越重要的作用。传统的三维体系借助电子商务的普及让时间与空间得到集成，逐渐形成了四维体系。四维空间给人类社会带来了巨大的生机和活力，经济社会与人文社会正在发生根本性变革。

2013 年，中国电子商务市场交易额突破 10 万亿元人民币，同比增长 26.8%，消费品零售总额的 10.9%。由此可见，电子商务在改变零售业格局的同时，正在向所有领域渗透，正成为中国经济的支柱产业。大众消费行为的变革必然会导致企业发展模式的变革。虽然电子商务不会改变经济运行机制，但电子商务肯定会促使所有领域改变传统的经营模式。

毋庸置疑，电子商务正以一种前所未有的速度，深刻地改变着汽车经营环境和市场运作模式。汽车产业可以比以往任何时候更直接地面向顾客终端（企业对客户 B2C），更及时地联络供应商和企业客户（企业对企业 B2B），更密切地关注员工和企业内部进程（内部商务 IB）。

毫无疑问，线上传播、线下体验、数据库营销和物流配送的四位一体化电商辅助实体物流的创新模式将逐渐成为汽车销售及售后市场服务的主流。

物流是贯穿经济发展和社会生活全局的重要活动，是电子商务发展的基础，没有实体物流的强大保障，电子商务就是"水上浮萍"。对汽车企业而言，强大的汽车物流保障体系是企业发展的主干根基，发达的电子商务是企业发展的神经网络，打造电子商务与实体物流协同发展的汽车供应链新模式将是汽车企业的发展方向与新的利润源泉。

知识拓展

物流与供应链概念及管理发展

一、物流概念

物流的概念最早起源于 20 世纪初的美国，它是从第二次世界大战期间军事后勤（Logisties）的概念演变而来的，"后勤"是指把物资生产、采购、运输、配给等活动作为一个整体进行统一部署，以求物资补给的费用更低、服务更好。

最初"物流"的含义是将产品从制造商送到用户过程的保管、输送（Physical Distrbution，PD）。现代物流是"Logisties"，其含义更为宽广，它包括"物"流和"信息"流，即：物流包括从到达企业的原材料开始一直把成品送到用户全过程"物"流的监测与控制。因而物流存在于生产、营销、流通、顾客服务全过程。

我国对物流的认识受到日本和美国的影响较大，20 世纪 80 年代随着中国改革开放，我国引进了大量的国外先进技术和理念，物流的概念也从日本引进到中国。

二、物流定义

（1）1980 年美国后勤管理协会的定义："物流是有计划对原料、半成品及成品由其生产地到消费地的高效流通活动，这种流通活动的内容包括：为用户服务、需求预测、情报信息联络、物料搬运、订单处理、选址、采购、包装、运输、装卸、仓储管理及废物处理等。"

（2）美国物流经营全国会议（NCPDM）提出：物流是产品从生产线的终点到达消费者的有效移动以及从原材料的供应者到生产线起点的移动这样一种广泛范围的活动，是在制造业和商业中的语言，这一活动包括货物运输、储存、包装、装卸、搬运、库存管理、工厂或仓库布局、订单处理、市场预测以及对顾客的服务信息活动等。

（3）日本流通综合研究所的定义："物流是物资从供应地向需求者的物理移动，是创造时间性、场所性价值的经济活动。"

（4）我国 GB/T 18354—2006《物流术语》定义："物品从供应地向接收地的实体流动的过程，根据实际需要，将运输、储存、装卸、搬运、包装、流通加工、配送、信息处理等基本功能实施有机结合。"

（5）物流的主要内容：运输、存储、包装、物料搬运、订单处理、预测生产计划采购、客户服务、选址等。

三、物流发展的四个阶段

1. 物流概念的孕育第一阶段（20世纪初到20世纪50年代）

1905 年美国少校京西（Chauncey B. Baker）提出 Logistics 的物流概念，他是从军事后勤角度提出的，可以说是市场营销学和军事后勤孕育了物流学。

1915 年美国市场营销学者阿奇（Arch W. Shaw）提出物流概念（Physical Distribution），他是从市场分销的角度提出的。

2. 分销物流学第二阶段（20世纪50年代至80年代）

这一阶段分销学物流的概念占据了统治地位，从美国走向世界，形成了世界公认的统一的物流概念，诞生和发展了物流管理学，形成了物流学派、物流产业和物流领域。

分销物流学，主要是把物流看成是运输、储存、包装、装卸、加工（包括生产加工和流通加工）、物流信息等各种活动的总和。研究这些活动在分销领域的优化问题，应用和发展了诸多理论，例如系统理论、运输理论、配送理论、仓储理论、库存理论、包装理论、网络布局理论、信息化理论以它们的应用技术等。

3. 物流学发展第三阶段

1961 年斯马凯伊（Edward W. Smykay）等人撰写了《物流管理学》，这是世界上第一本物流管理的教科书，建立起了比较完整的物流管理学科。20世纪60年代初期，密歇根大学以及俄核俄州分别在大学部和研究院开设了物流课程。

1965 年美国 Dr. Joseph A. Orlicky 提出独立需求和相关需求概念，并指出以点分布的顶货法是一种独立需求，可以应用物资资源配置技术，而企业内部的生产过程相互之间的需求是一种相关需求。MRP 技术在 MRP 思想原理的启发下，20世纪80年代又产生了应用于分销领域的 DRP（Distribution Requirements Planning）技术，在 MRP 和 DRP 发展的基础上，为了把二者结合起来运用，20世纪90年代又出现了 LRP（Logistics Resource Planning）技术。

这一时期日本丰田公司创造的准时化生产技术（Just In Time，JIT）以及看板技术，被誉为生产领域物流技术的一朵奇花，在物流的各个领域得到应用。它不光在生产领域创造了一种革命性的、哲学的技术，而且也为物流管理提供了一种思想理论与方法。同时，企业内部另一个重要物流过程是设施规划与工厂设计，包括工厂选址、厂区布局、生产线布置、物流系统设计等。所有这些企业内部物流理论和技术的强劲发展，促使了物流活动进一步向集成化、一体化、信息化发展，改进物流概念的想法就更加强烈了，于是就进入了物流概念发展的第三个阶段。

4. 物流学发展的第四阶段现代物流（20 世纪 80 年代中期到现在）

这一阶段的主要特征是：集成化物流、信息化物流、一体化物流、第三方物流的产生及供应链理论的诞生。例如，MRP Ⅱ 是把生产管理与仓储管理、车间管理、成本管理、采购管理等集成起来；DRP 是把分销计划、客户管理、配送管理、车辆管理、仓储管理、成本管理等集成起来；LRP 是把 MRP 和 DRP 集成起来。第三方物流的产生进一步导致物流向专业化、技术化、网络化、一体化和集成化发展，实现了生产和物流的分工合作，提高了各自的核心竞争力，20 世纪 90 年代供应链管理系统的形成进一步导致物流管理的联合化、共同化、集约化和协调化。

四、供应链概念及发展

1. 供应链管理的含义

（1）供应链：是在相互关联的部门或业务伙伴之间所发生的物流、资金流和信息流，覆盖从产品（或服务）设计、原材料采购、制造、包装到支付给最终用户的全过程。

（2）供应链管理：在以最小成本并满足客户需要的服务水准下，对从供应商、制造商、分销商、零售商直到最终用户间的整个渠道的整体管理。

2. 供应链管理的发展趋势

与电子商务协同发展的供应链管理包括：

（1）电子实现：研究如何通过互联网完成订货或购买的产品或服务送到企业或最终消费者手中的过程。

（2）电子情报：研究如何利用互联网鉴别、收集和使用内部和外部数据支持电子采购的活动。

（3）电子化采办：通过互联网采购和办理产品和服务的活动。

（4）电子集市：通过互联网把具有共享采购成本和联合采购能力目标的企业组合起来。

（5）员工中心门户：能够从一个集中的地方获取为企业员工使用的所有工具、信息和资源。

（6）电子化支付：通过互联网支付产品或服务的费用。

（7）电子指令：通过互联网发出的订货指令。

（8）电子拍卖：借助互联网，通过竞标以获得产品或服务的电子采购技术。

（9）电子采购：研究如何利用互联网自动下达订单。

（10）电子合同：研究直接通过 Web 辨别供应来源和签订合同。

（11）电子化制造：利用互联网和企业内部网实现制造过程集成以及和外部供应链的集成。

3. 供应链系统的设计及优化

（1）供应链管理的战略计划：供应链/物流网络的设计，每一个节点企业的工作设计。

（2）供应链管理的战术计划：库存策略、配送渠道、运输和转运方案的选择。

（3）供应链管理运作优化：订单及作业计划，同步制造（生产）、准时物流（Just in Time）、车辆送货路线。

4. SCOR（供应链管理模型）的产生

SCOR（Supply-Chain Operations Reference）：为了帮助企业实施供应链管理，以两个咨

询公司——PRTM 和 AMR 为主，加上其他美国的几个领先的企业，组成了一个小组，并于1996 年宣布成立了供应链理事会（Supply-Chain Council，SCC）。SCC 选择了一个参考模型，经过发展、试验、完善，于 1997 年发布出了供应链参考模型——SCOR。SCC 将供应链参考模型（SCOR）看作描述和改进运作过程效率的工业标准。SCC 成员支持 SCOR 作为供应链管理的标准模式。

本章小结

本章主要介绍了汽车制造物流及其管理与供应链的概念、特征、组成要素等方面的知识，并结合国内外汽车产业和汽车物流发展现状，简单介绍了汽车制造物流的演进与供应链的发展趋势。其中，汽车制造物流及其管理的基本概念是结合现代国内汽车行业的生产实际的总结，而汽车制造所需的上万种零件必须通过供应链来实现。

思考与习题

1. 汽车物流的基本概念及定义是什么？
2. 汽车制造物流的基本概念及定义是什么？
3. 汽车制造物流供应链的要素主要有哪些？
4. 汽车制造物流供应链有哪些特点？
5. 汽车制造物流管理模式有哪些？
6. 请你阐述一下物流理论学派经历了哪几个阶段的发展。
7. 谈谈你对汽车制造物流的理解。

第2章

汽车制造物流规划与设计

本章知识点

1. 汽车制造物流规划的基本概述。
2. 汽车制造物流系统的规划方法。
3. 汽车整车物流规划概念及决策因素。
4. 汽车零部件物流网络规划。
5. 汽车制造物流项目规划案例与实践。

2.1 汽车制造物流规划与设计概述

2.1.1 汽车制造系统物流规划基本概念

汽车制造物流系统通常指汽车零部件入厂物流及生产物流系统，它包括汽车零部件从供应商处到生产流水线旁的整个操作过程，包括汽车零部件的运输、仓储和流水线旁的喂料，以及整个操作流程的规划、设计、管控、执行和操作。汽车制造物流系统中涉及的主体有原料供应商、多级零部件供应商、整车制造商、分销商、维修服务站、汽车用户、第三方物流公司以及物流分供方等多个方面（如图2-1所示）。

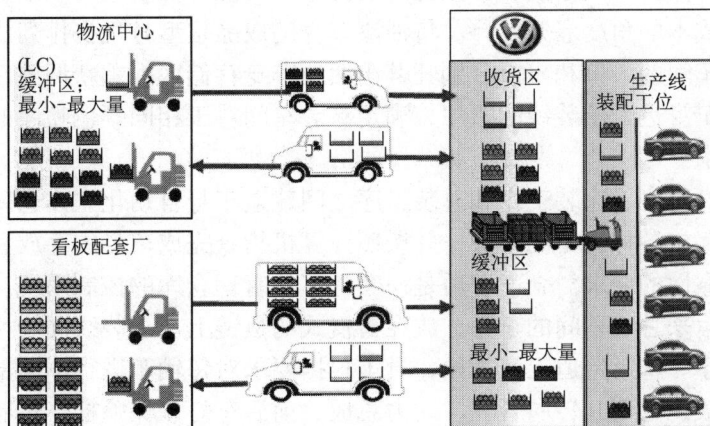

图 2-1　汽车制造物流系统看板中心的生产线供货方式概念规划

目前，在汽车行业里出现了许多提高生产柔性和响应能力的技术（混线生产技术），在一条装配线上同时组装多个车型，整车生产系统由冲压（stamping or press shop）、焊装（welding or body shop）、涂装（paint shop）和总装（assembly or trim shop）四大生产工艺车间构成，前三个工艺负责完成车身制造，然后在总装车间进行车身和零部件的装配。

冲压车间是将车身制造的各个金属部件冲压成型，送至焊装车间进行车身制造，整卷的冷压板在开卷中心剪裁落料后，送冲压中心冲压成型。钢板本身有韧性容纳度，需多次冲压方能符合参数性能的要求。

在焊装车间，车身两边的侧围、前后围及车身底板等几大总成先在这里进行总拼；然后送定位焊接处，将部件焊接在一起；最后到四门两盖焊接区域，完成车门、发动机盖和行李箱盖的焊接。采用流水线生产，每种产品要用全部车种的平均节拍时间来制造。那么均衡生产是在当月里，用与各种车型的平均销售速度同步的速度生产每一件产品。

特别是整车厂的零部件库存从以工作日计算到以工作班次计算，再降到以工作小时计算时（见表2-1）。零部件的库存已被大幅降低，使其应付物流意外情况的缓冲时间变得非常有限。而"各自为政"的零部件供应商自行送货的模式造成了整车厂无法对其运输过程进行全面而有效的控制和管理。从整车厂方面来看，每个大型整车厂的外围，都有由数目庞大的零部件供应商所构成的层次繁多、结构复杂的采购供应物流体系。

表 2-1　按品种的数量均衡和节拍时间

车型	月产量/辆	班产量/辆	节　　拍
A	9 600	240	2 min＝480 min/240
B	4 800	120	4 min＝480 min/120
C	2 400	60	8 min＝480 min/60
总计	16 800	420	1.14 min＝480 min/420

车身在涂装车间要经过清洗车身、电泳漆和喷涂漆以及着色多道程序。首先要洗去车身钢板的锈迹、存放在仓库时涂刷的防锈油和冲压成型时的拉延油，进入电泳；烘干车身，开始中涂和烘干、面漆和烘干等工序，完成涂装，准备进入总装车间。

车辆涂装技术需要在高才能、多颜色的前提下尽可能降低成本和缺陷。涂装车间围绕着降低总装线人工成本的角度展开设计。将油漆车身的成品按型号规格排列成固定的顺序送往总装线，在涂装车间的入口和出口分别开辟出两块车身存储区，重新调整白车身进入涂装车间的顺序和油漆车身进入总装线的顺序，满足涂装车间对于相同颜色喷漆的批量要求和总装线的固定顺序要求。

整车厂在车身工序、涂装工序和总装工序之间建造车身自动化立体仓库，将两块存储区合二为一，可以存放各种类型的车身，并按照计算机指令完成车身的存放和提取，非常灵活地满足批量和可靠性的要求。仓库背后是一套计算机管理仓库的控制系统。

从涂装车间运来总装车间的车身，放在雪橇式的板链上与总装线同步移动，逐一流过总装线上的不同工序。从第一道工序开始，员工根据要求对每辆车进行不同部位的安装，包括电器线束、仪表板、空调、转向管柱、动力总成、前后车灯、保险杠、轮胎，等等，加注转向液、防冻液、制动液、汽油等。

进入调整线进行检查，对变速箱控制器、发动机控制器等进行检测，这时，所有的监测数据都会自动保存。至此，进入整车测试区，进行车轮定位、灯光调整、转鼓试验、道路测试、雨淋试验等，经过清洗烘干和最后一道终检后，制造好的新车走出生产线（如图 2-2 所示）。

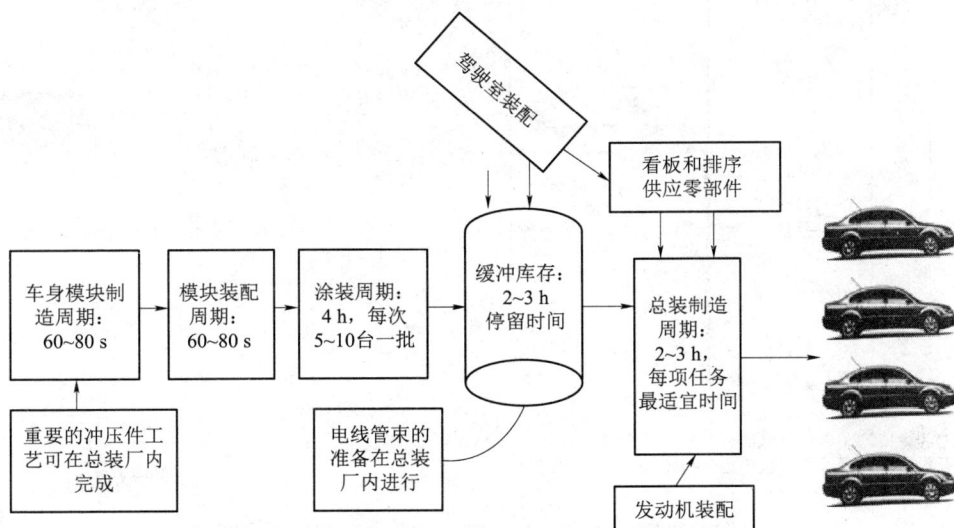

图 2-2　轿车 4 大工艺过程柔性制造线与物流系统同步设计概念规划流程图

理想的生产排序是销售顺序，均衡生产是生产排序的基本原则，排序优化的目标是追求最高生产效益。汽车细分市场开发了涂装新技术（动态柔性颜色系统），通过计算机编程，由一台机器人对各种颜色的色素加以混合，得到各种颜色，不需要考虑批量概念，而色素的混合是在特定的空腔中完成的，更换颜色时，只用压缩空气清洗空腔顶端即可。

随着成组技术的发展，出现以单元制造结构布局取代直线结构的趋势。整车的模块在一组相互独立布局的工作站或工作单元的子装配站中制造和装配，有利于实现按订单生产。延迟战略的主要目的是缩短交货提前期、提高柔性化水平和让客户有较多时间修改车型配置要求。

对于汽车制造业，汽车零部件物流管理包括生产计划制订、采购订单下放及跟踪、物料清单维护、供应商的管理、运输管理、进出口、货物的接收、仓储管理、发料及在制品的管理、生产线的物料管理等。零部件物流供应商就是要实现各个流通环节的有机结合，促进原材料供应商、零部件供应商、汽车制造商的物流配送体系与其主业剥离，逐步完善社会化、专业化的物流体系。

从整车制造商的立场考虑，汽车物流一般可分为进口 SKD、CKD 的入厂物流；国产件的入厂物流、厂内物流、厂际物流、整车分销物流、售后备件物流、国际采购出口零部件物流以及相关逆向物流等几个主要方面。汽车整车物流和零部件物流服务是各个环节必须衔接得十分流畅的高技术物流行业，是国际物流业公认其为最复杂、最具专业性的物流领域。特别是零部件的入厂物流更体现出极高的专业性和复杂性（见图 2-3）。

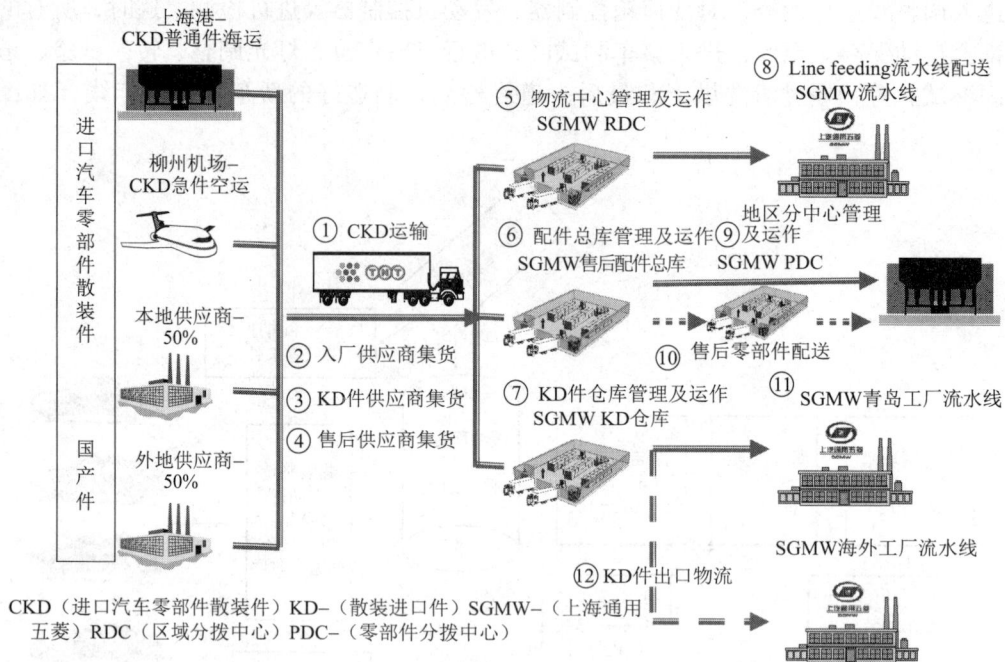

图 2-3　汽车制造物流系统一体化管理规划概念图

2.1.2　汽车制造物流规划模型

世界各大汽车制造厂商都十分重视汽车零部件运输路径规划与设计研究与实践，千方百计降低成本，拓展利润的空间，在欧美，福特汽车公司、通用汽车公司、克莱斯勒汽车公司在零部件运输路径规划与设计方面普遍采用了 Milk-run、地区配载和按需直送等模式，根据零部件供应商的地理位置、货量优化路径进行零部件配送，有效地降低了运输物流成本，减少了零部件库存成本。

我国最初是上海通用汽车 2003 年开展了 Milk-run 模式项目研究与实践，使上海通用汽车零部件库存降低 30%，仓库面积节约了 10 000 m²，总运输车次降低 20%，综合物流成本降低 30%。2003 年 7 月安吉天地物流开始为上海大众汽车生产商提供零部件物流服务，现已开发了车辆配载技术和车辆路径优化技术系统。

重庆长安民生物流在汽车零部件运输路径规划研究方面也是采用 Milk-run 模式，一汽大众、东风神龙汽车、北京福田物流等企业也相继开展了汽车零部件运输路径规划研究。研究数据表明：汽车零部件物流成本占整个汽车物流供应链成本的很大部分，是降低整个供应链运作成本的关键领域，已引起世界各大汽车制造厂商的广泛关注。

工厂柔性化生产对零部件的宏观需求总量是相对确定的，但具体需求时间和需求批次是波动的；构成零部件物流运输的路线是确定的，但影响其零部件物流运输的其他各种因素是波动的。由这些确定的和波动的因素，再加上料箱料架（装运零部件用的料箱），再乘以不同的零部件供应商和不同的零部件品种，就共同构成了一个零部件物流极为纷繁芜杂的供应链体系。

运输商构成了运输链；仓库构成了仓储点；零部件配送部门构成了配送层。在零部件配送到生产线之前，所有零部件均由供应商自己负责，增加了供应商的压力，而整车厂由于要面对许多仓库，其配送管理难度很大。配送效率和及时性低，已成为整车厂零部件物流系统的最大问题。

1. 运输路径规划与设计原则

由于目前我国汽车制造供应商送货延误和零件误送，导致整车厂生产停线风险大大增加；单个供应商的多频次、低装载率的运输，造成了运输资源的严重浪费，所有这些问题都意味着高额的物流运行成本，导致我国汽车产品的市场竞争力减弱。实践证明，先进合理的供应链模式可以有效地降低生产成本、提高生产效率、增加利润及更好地服务顾客，最终极大地提高企业的竞争力。

所以，大力推进现代化的物流管理和运作系统，对于提升我国汽车业的综合竞争力极其重要。为突破我国汽车零部件物流运作中的瓶颈，进一步满足整车厂的精益生产（Lean Manufacture）的需求，我国三大汽车集团、汽车物流领军企业都急需在汽车零部件物流运输路径规划与设计方面，实施标准化的精益物流运作模式。

这里的供货体积是根据一个典型主机厂的数据，给出原则如下：

（1）按区域进行供应商归簇。

（2）计算每个供应商的供货体积。

（3）利用路经规划软件设计满车装运方案及 Milk-run 运输路线。

（4）为成本计算准备数据。

（5）路径最优、频次合理。要充分考虑到路线最优原则，合理情况下，相应增加频次设定，确保路线结构、路径、频次设定最优化，运行公里数最经济。

（6）充分考虑实际情况，包括客户的工作时间、生产方式、采用系统（推动、拉动系统相结合），供应商产能、工作时间、产品质量、网络流量等实际情况，确保设计符合实际情况。

（7）装载率最大化。每次运送装载率做到最大化，一般是以固体装载率为 85% 左右为原则，确保车辆满载运行、成本最低。采用三维空间分割算法进行计算，在满足零部件需求（包括时间和数量需求）的基础上使空间利用率达到最优。

2. 循环取货的配送模式优化设计模型

实现配送网络整合优化，建立多层级配送体系，降低物流运作费用。配送中心通过MR、Cross dock 的整合来实现多整车厂的配送零部件循环取货入厂物流模式，作为一种优化的运输方式，实现了供应商向汽车制造厂高频率、小批量的 JIT 供货，达到降低物流运作成本、提高物流效率的效果。

目前我国每个大型整车厂的外围，都有由数目庞大的零部件供应商所构成的层次繁多、结构复杂的采购供应物流体系。其中生产线上所需零配件，目前大部分整车厂采用了零部件供应商按照整车厂生产计划自行进行运输，这样零部件供应商构成了物流的起点，运输商构成了运输链，仓库构成了仓储点，零部件配送部门构成了配送层，见图2-4（b）。传统入厂供货运输方式特点——零件供应商供货设定：整车厂物流部需自行设计零件供应商窗口时间、供货频次；运输方式：供应商根据整车厂需求计划自行安排零件运送；车辆规格多种：供应商往往根据不同零件类别以及成本情况，不同供应商采用多种不同规格车辆；装载率偏

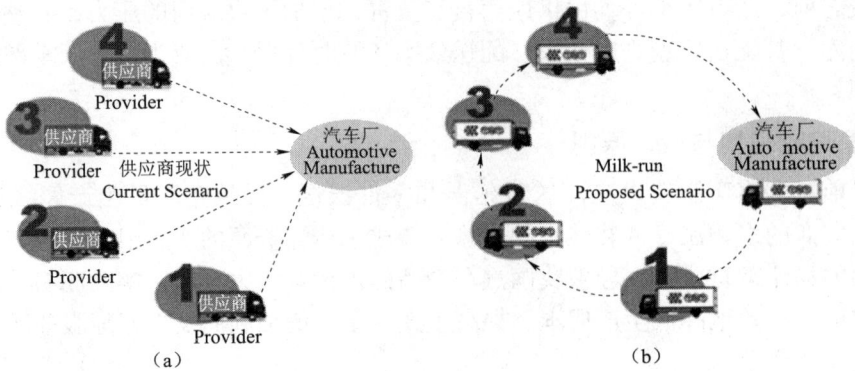

图 2-4　零部件供应运输方式比较

（a）Milk-run 运输方式；（b）传统运输方式

低：由于供应商只负责自己物料运送，所以无法调整物料配载。

上海通用汽车公司早在 2000 年就针对传统运输方式进行了革新，并在 2003 年在安吉汽车物流有限公司作为第三方物流服务商支持下正式大规模启动从国外引进 Milk-run 运输模式，短短半年时间将 80% 国产供应商入厂运输体系一体化。Milk-run 具有以下特点。

1）Milk-run 网络最优化模型

就设计理论而言，循环取料的实质是：网络最优化模型（Network Optimization Models，NOM）设计问题，主要解决零部件如何从供应商集合点运输到汽车公司生产线集合点的问题（见图 2-5）。

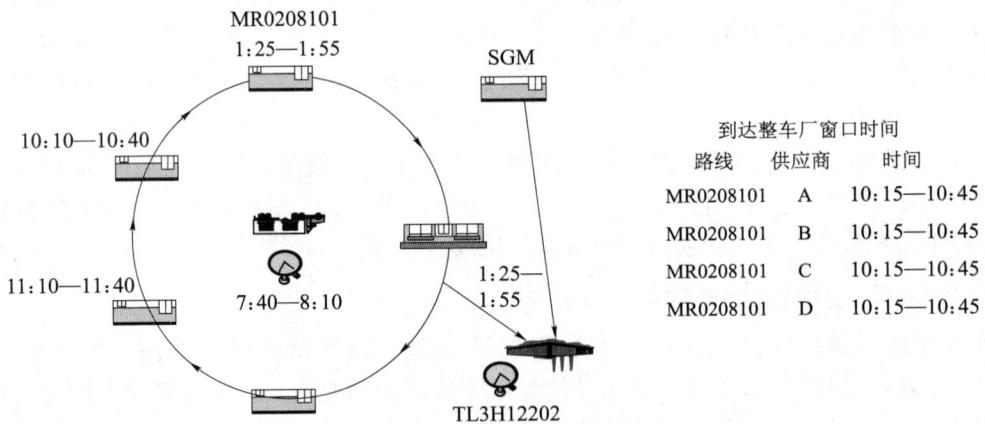

到达整车厂窗口时间		
路线	供应商	时间
MR0208101	A	10:15—10:45
MR0208101	B	10:15—10:45
MR0208101	C	10:15—10:45
MR0208101	D	10:15—10:45

图 2-5　Milk-run 运输方式原理设计概念模型图

通常在上述问题的研究中一般假定零部件的需求是确定的，或是用历史数据中获得的基本值去代替可能出现的需求波动，但这样求得的最优结果在实际应用中往往不能达到令人满意的效果。在实际应用背景中，汽车公司除了受到各种约束条件的限制以外，往往还要面对生产需求的不确定性，这就需要我们以一种更灵活的网络设计方法加以解决，即需求不确定的有容量限制网络设计问题（Capacitated Network Design Problem with Uncertain Demand）。

配载的设计和计算主要采用三维空间分割算法。该算法通过零部件在三维空间中的各方向利用率的组合选取一种主件，同时设定该主件的包装与其他件包装之间的逻辑关系（如是否可叠放，可堆放的层数等），然后通过改变这种主件在一个方向上的数量来与其他件进行组合，从而使空间实际利用率达到最优；再通过空间的整合处理剩余的零散空间，以满足最优化装载的要求。Milk-run 频次往往要大于供应商自送频次；小批量：每次供应商送货数量要小于供应商自送数量；料箱、料架参与循环周转：料箱、料架随着 Milk-run 不断循环取料而随之周转。

2）Milk-run 所带来的优点愈显重要

（1）降低运输成本。Milk-run 采用不同供应商物料集合在一条路线、一辆车，充分利用车辆装载率，利用优化设计路径。

（2）降低运输成本，降低库存。增加供应商频次，小批量物料在多个时间点到达，可以大大降低零件库存，原固定库存转为流动库存。

（3）增加物流跟踪透明度。供应商自送情况，上海通用物料计划员跟踪近 180 家供应商物料状况不具有可操作性，故在无法确认零部件全程状态下，最好的办法是增加库存确保生产。而采用 Milk-run 后，由于对运输状态采取全程跟踪，计划员有足够信心降低库存。同时，如有异常情况，作为 LLP 安吉天地物流公司会及时同计划员沟通，根据实际情况采取相应行动。

（4）减少库位及空箱需求。在库存不变的情况下，对于库位需求是必随产量增加而增加，为保证增个精益物流策略有效实施，在增加频次等一系列动作后，可以降低单位零件库存需求，同时释放料箱、料架压力。

（5）贯穿整个入厂供应链。Milk-run 贯穿整个入厂供应链，故在每个环节，如 CMC（空箱管理中心）、RDC、道口（卸货道口），对供应商都有相当严格的要求，这对提高整个供应链服务水准起到关键作用。

（6）采用标准化车辆。Milk-run 运输车辆采用标准化，使用 8 m、12 m 厢式飞翼车，既考虑供应商处装载可操作性，同时又考虑整车厂各道口卸货高效性，同时对于零件质量有了保障，不再出现以往平板车送货在雨季影响零件质量的现象。

（7）均衡利用资源。这里主要包括整车厂周围道路资源、配送中心、各车间道口及铲车资源。随着整车厂的产量增加，整车厂周围道路资源是有限的，如仍然采用供应商送货，在单位时间内，运输流量的增加，使之成为瓶颈，同时卸货道口、铲车资源无法均衡利用，而 Milk-run 则有效均衡利用每个时间段，使各资源得到最大化利用。

3）Milk-run 带来经济效益分析

（1）运输费用。整合各供应商货运量进行集中配载，在增加频次同时保证装载率及最优路径，使得运输成本降低。

（2）仓储成本。频次增加、直送零部件项目启动，有效降低了库存及库位需求，缓解了整车厂新增车型增加仓储面积的压力。

（3）料箱、料架。增加频次，降低库存，释放高库存占用料箱、料架数量；多次周转，降低单位时间对料箱、料架的需求。

（4）库存占用资金。库存有效降低，将缓解高库存暂用运作资金及滞销车型零部件库存费用。经过上海通用汽车对该项目数年跟踪及评估，单运输及仓储成本平均每年节省 800 万元人民币左右。

3. 运输车辆路径优化设计

在一个存在供需关系的大系统中，以配送中心为需求点，多台取货车辆从配送中心出发，分别到不同供应商处取货；要求在给定的约束条件下合理安排取货车辆的行走路线，使得总的取货成本最低。基于上述分析，对循环取货车辆路径问题可做如下假设：

（1）配送中心唯一且位置确定，所有的取货零部件最后都送往配送中心，零部件到达配送中心有时间限制；

（2）所有的车辆都从配送中心出发，并最终返回配送中心，并且不允许超载，所有的车辆的行驶速度相同，容量相同。

① 每组路线上的供应商的取货频次一致，且任意一辆车只对一条路径上的供应商取货，要遍历路径上所有的供应商。

② 每组路线上的供应商取货量总和不允许超过车辆的最大容量。

③ 供应商的位置已知，取货量已知。

④ 各供应商货物在仓库的安全库存量已知。

⑤ 所有供应商的取货量不能超过最大的允许库存总量。

⑥ 每条路径的取货频次不能超过最大取货频次限制。

循环取货车辆路径优化问题要决策的变量为：

① 每条路径需要访问哪些供应商。

② 路线上供应商的访问次序。

③ 路径的取货频次，也即为每天取货卡车到一个供应商处的次数。

④ 路径上每个供应商的单次取货量。

1）模型的符号描述

变量或参数	描　　述
S	供应商集合 $S = 1, 2, \cdots, s$
R	路径集合 $R = 1, 2, \cdots, r$
(X_i, Y_j)	第 i 个供应商的地理坐标位置，$i \in S$；（当 $i=0$ 表示配送中心）
DR_{ij}	第 i 个供应商到第 j 个供应商的距离
DN_i	对第 i 个供应商的货物需求量（件/天）
S_i	对第 i 个供应商的安全库存（天）
MG_i	第 i 个供应商的单位货物重量（kg）
VG_i	第 i 个供应商的单位货物体积（m³）
MC_k	路径 k 上的单次取货的最大装载重量（kg）
VC_k	路径 k 上的单次取货的最大装载体积量（m³）
CI_i	第 i 个供应商的单位货物库存成本（元/件）
CTU_k	路径 k 上的单位运输成本（元/m）
ct_k	路径 k 上的单次取货成本（元/次）

变量或参数	描　述
SL	配送中心的最大允许的库存量（m^3）
b_{ik}	供应商 i 是由第 k 条路径来取货时为 1，否则为 0
f_k	路径 k 上的取货频次（次/天）
cf	配送中心的货物周转周期（当配送中心的货物与某天配送中心的货物完全一致时为一个周期）
sa_m	在配送中心的货物周转周期第 m 天的配送中心库存总量，$m \in \mathbf{Z}^+$ 且 $m \le cf$
tn_i	在单次取货中，对第 i 个供应商的取货量（件/次）
p_{ijk}	在路径 k 中，车先经过供应商 i 再经过供应商 j 时为 1，否则为 0

2）运输车辆路径优化的数学模型

目标函数：
$$\min Z = \sum_{K \in R}(ct_k \times f_k)$$

约束条件：

$$\sum_{tes}(tn_t \times b_{tk} \times MG_t) \le MC_k \qquad \forall k \in R \tag{2.1}$$

$$\sum_{tes}(tn_i \times b_{ik} \times VG_t) \le VC_k \qquad \forall k \in R \tag{2.2}$$

$$\sum_{k \in R} b_{ik} = 1 \qquad \forall i \in S \tag{2.3}$$

$$2 \times p_{ijk} \le b_{ik} + b_{jk} \qquad \forall i, j \in S \cup \{0\} ; \quad \forall k \in R \tag{2.4}$$

$$\sum_{tes} p_{0ik} = 1 \qquad \forall k \in R \tag{2.5}$$

$$\sum_{tes} p_{i0k} = 1 \qquad \forall k \in R \tag{2.6}$$

$$f_k \le \max F \qquad \forall k \in R \tag{2.7}$$

$$\sum_{tes}\left\{\left[S_i \times DN_i + tn_i \times b_{ik} \times \mathrm{mod}\left(m, \frac{1}{f_k}\right)\right] \times VG_i\right\} \le SL \qquad \forall m \in \mathbf{Z}^+, \ m \le cf \tag{2.8}$$

目标函数是取货运输成本最小，其次单次取货成本的计算方法为：

$$ct_k = \sum_{tes \cup (0)} \sum_{jes \cup (0)} CTU_k \times \sqrt{(X_i - X_j)^2 + (Y_i - Y_j)^2} \times p_{tjk}, \quad \forall k \in R$$

（2.1）式和（2.2）式确保一条取货路径上所有供应商的取货量在重量和体积上的总和不能超过该路径上单次取货的最大装载量；

（2.3）式保证每个供应商只经过一条取货路径；

（2.4）式表示只有同在一条路径中的供应商才存在先后经过的关系；

（2.5）式和（2.6）式代表每条路径的起点和终点为配送中心；

（2.7）式为最大取货频次限制；

（2.8）式是循环取货车辆路径问题的关键特征，保证所有的供应商单次取货量之和不能超过配送中心的最大库存量限制 SL。计划周期内的取货量的计算公式为：

$$\sum_{k \in R}(f_k \times cf \times tn_i \times b_{ik}) = DN_i$$

式中，$\forall i \in S$，cf 为集合 $\{1/f_k \mid k \in R\}$ 的最小公倍数。

4. 模型算法求解

本模型采用改进后的蚁群算法求解。基本蚁群算法中，蚂蚁在搜索时，只有在不能满足下一个供应商的需求时才返回起点，常常使得车辆还没有装满，或者在离原点较近时，就会主动返回原点。考虑到循环取货路径优化问题的复杂性，为了更快更好地得到最优解，从遗传算法中得到启发，采用全局更新规则，增强全局最优解的路径中的信息素强度，每次对全局最优蚂蚁进行变异操作，从而得到改进的蚁群算法，较之基本蚁群算法做如下改变：

（1）在每次循环迭代结束后，更新最短路径上的信息素；

（2）每次都使用全局最优蚂蚁更新，使最短路径上的信息素保留较大值，提高收敛性。

为了有效求解循环取货车辆路径的问题，对算法的规则做了如下要求：

（1）初始化，蚂蚁以配送中心为起点开始搜索；

（2）每只蚂蚁通过"赌轮法"选择决定去下一个节点；

（3）运用全局规则优化蚂蚁所构造的路径；

（4）更新环境信息素。

具体求解算法如下：

1）初始化各参数

设置最大搜索迭代次数 N_c、参与优化的蚂蚁数目 m、启发因子 α、期望因子 β、信息素残留因子等参数，初始化环境信息素，建立禁忌表等。

2）开始搜索

蚂蚁的数目 $k=k+1$，第一只蚂蚁从配送中心出发，根据状态转移概率公式（2.1）计算蚂蚁 k 从节点 i 移动到 $Allowed_k$ 中每一个节点的概率 P_{im}^k，使用轮盘选择下一个节点 j，将蚂蚁 k 从供应商 i 移动到供应商 j，其中 $Allowed_k$ 是蚂蚁本次循环还未经过的供应商节点的集合。

（1）判断蚂蚁所到达的节点是否满足容量约束和时间约束，如果满足，即当前车辆超过容量限制或者行驶时间限制，则令前一个节点为该段路径上的最后一个点。该蚂蚁返回配送中心，转到步骤（2.2）式继续搜索，如果没达到限制条件，则继续搜索，前往下一个供应商，直到该条路径上的所有供应商满足约束条件。将车辆经过的路径保存至禁忌表。

（2）比较当前蚂蚁标号与蚂蚁总数 m 的大小，如果 $k \leq m$，则 $k=k+1$，转到步骤（2.2）式开始搜索，重复至所有的禁忌表满，直到蚂蚁群体中所有个体完成一次循环搜索。

（3）计算所有蚂蚁走过的路径长度。

（4）更新环境信息素，根据信息素更新公式（2.2）计算新增加的信息素，保存到临时数组里面。计算每只蚂蚁留下的信息素，仅对搜索成功的蚂蚁更新信息素，每次都使用全局最优蚂蚁更新，使最佳路径上的信息素保留较大值，提高收敛性。

（5）把最优蚂蚁的路径长度设置成一个很大的值，保存各次迭代平均路径长度，保存各次迭代最佳路径长度，读取各个城市的需求量。

（6）对所有蚂蚁中表现最好的个体进行变异操作，具体操作方法如下：保存所有蚂蚁中搜索效果最好的蚂蚁，计算本次迭代的平均路径长度和最佳路径长度，随机生成变异次数 N 对最优蚂蚁进行变异，看是否可以产生更优解。比较变异前后的结果，如果变异后的蚂蚁更好，替换全局最优蚂蚁。

（7）重新计算最优蚂蚁走过的路径长度，如果得到的路径比原来短则保存变异个体并更新环境信息素。

（8）更新最短路径，得到目标函数值，如果满足算法的终止条件，则输出全局最优解，包括最小成本的路径顺序、最短路径的距离、每条路径的取货频次以及取货量，退出循环。

2.2 汽车制造物流系统规划

2.2.1 汽车制造物流系统规划基本方法及要求

汽车制造系统包括收验货、搬运、储存、装卸、分拣、配货、送货、信息处理以及供应商、汽车制造车间等环节的连接。如何使它们之间十分均衡、协调地运转是极为重要的。其关键是做好物流量的分析和预测，把握住外流的最合理流程。由于运输路线和物流据点交织成网络，物流运作中心的选址也非常重要。

1. 物流系统布置设计方法（SLP）

R·缪瑟的系统布置设计方法（Systematic Layout Planning，SLP）是从"工厂设计"发展而来，它使工厂布置由定性阶段发展到定量阶段，相关技术也广泛应用于各种生产系统与服务系统，从而使设施规划与设计从工业工程中分支出来，形成了一个完整的科学体系。应用 SLP 对汽车制造物流运作系统进行规划与设计，能有效地利用设备、空间、能源和人力资源，最大限度地减少物料搬运，力求投资最低。

1）设施规划与设计范围

设施规划与涉及的研究范围非常广泛，从工业工程的角度考察，设施规划由场址选择与设施设计两个部分组成。设施设计又分为布置设计、物料搬运系统设计、建筑设计、公用工程设计及信息通信设计五个相互关联的部分。

（1）场址选择。任何一个汽车制造物流系统不能脱离汽车主机厂而单独存在。外界环境对生产或服务系统输入原材料、劳动力、能源以及科技和社会因素；同时，生产或服务系统又对外界环境输出其产品、服务、废弃物等。因此生产系统或服务系统不断受外界环境影响而改变其活动；同时，生产或服务系统的活动结果又不断改变其周围环境。为此，生产或服务系统所在的地区和具体的位置对系统的运行是非常重要的。所以场址选择就是对可供选择的地区和具体位置的有关影响因素进行分析和评价，达到场址最优化。

（2）布置设计。生产系统和服务系统都是由许多部门组成的。各种系统内各组成部分相互之间的位置关系又直接决定了系统的运营效率。对系统的各组成部分进行位置布置是设施规划与设计中的中心内容。布置设计就是通过对系统物流、人流、信息流进行分析，对建筑物、机器、设备、运输通道和场地做出有机的组合与合理配置，达到系统内部布置最优化。

（3）物料搬运系统设计。物料搬运系统设计就是对物料搬运路线、运量、搬运方法和设备、储存场地等做出合理安排。在物料搬运系统设计中，物料搬运系统分析（SHA）是一种重要的设计分析方法，其分析方法、分析程序与系统布置设计（SLP）非常相似。

（4）建筑设计。汽车制造物流系统的设施规划与设计，需要根据汽车主机厂建筑物和构筑物的功能和空间的需要，同步设计满足汽车主机厂安全性、可靠性、经济性、适用性的建筑和结构。建筑设计需要土木建筑各项专业知识。

（5）公用工程设计。生产或服务系统中的附属系统包括热力、煤气、电力、照明、给排水、采暖通风及空调等系统，通过对这类公用设施进行系统、协调的设计，可为整个系统的高效运营提供可靠的保障。

（6）信息网络设计。随着计算机技术的应用，信息网络的复杂程度也大幅提高。信息网络系统设计也就成了设施设计中的一个组成部分。

2. 物料搬运系统分析方法（SHA）

物料搬运（Material Handling），就是对物料、产品、零件、介质或其他物品进行搬动、运输或改变其位置。物料搬运是物流系统中承上启下的重要环节。在物流系统中各环节的前后或同一环节的不同活动之间都有装卸搬运活动的发生。搬运系统分析方法（Systematica Handling Analyse，SHA）适用于一切物料搬运项目，是一种条理化的分析方法。每个搬运项目都有一定的工作过程，从最初提出目标到具体实施完成，SHA可以分成四个阶段。

第 I 阶段是外部衔接。这个阶段要弄清整个区域或所分析区域的全部物料进出搬运活动。在这之前，先要考虑所分析区域以外的物料搬运活动，就是把区域内具体的物料搬运问题同外界情况或外界条件联系起来考虑。这些外界情况有的是我们能控制的，有的是不能控制的。例如，对区域的各道路入口、铁路设施要进行必要的修改，以与外部条件协调一致，使工厂或仓库内部的物料搬运同外界的大运输系统结合成为一个整体。

第 II 阶段是编制总体搬运方案。这个阶段要确定各主要区域之间的物料搬运方法。对物料搬运的基本路线系统、搬运设备大体的类型以及运输单元或容器做出总体决策。

第 III 阶段是编制详细搬运方案。这个阶段要考虑每个主要区域内部各工作地点之间的物料搬运，要确定详细物料搬运方案。例如，各工作地点之间具体采用哪种路线系统、设备和容器。如果说，第 II 阶段是分析配送中心内部各区域之间的物料搬运问题，那么第 III 阶段就是分析从一个具体储位到另一个储位或者从一台设备到另一台设备的物料搬运问题。

第 IV 阶段是方案的实施。任何方案都要在实施之后才算完成。这个阶段要进行必要的准备工作，订购设备，完成人员培训，制订并实现具体搬运设施的安装计划。然后，对所规划的搬运方法进行调试，验证操作规程，并对安装完毕的设施进行验收，确定它们能正常运转。

上述四个阶段是按时间顺序依次进行的，但是为取得最好的效果，各阶段在时间上应有所交叉重叠。总体方案和详细方案的编制是物流系统规划设计人员的主要任务。

3. 汽车制造物流系统分析

物流分析是汽车制造物流系统设计的前提。唯有对物流现状中的各项数据进行详尽的调查和分析，才能科学、系统地规划汽车制造物流中心。

汽车制造物流的配送产品都是汽车零部件。以某中外合资企业生产轻型客车共有 6 种车型为例，每种车型约有 1 200 种零件，除去共用件，共需配送约 3 500 种零件。物流系统的配送方式有多种，如下所述。

1）定时配送

定时配送是按规定时间间隔进行配送，比如数天或数小时一次等。而且每次配送的品种及数量可以根据计划执行，也可以在配送之前以商定的联络方式（比如电话、计算机终端输入等）通知配送的品种及数量。这种配送方式时间固定，易于安排工作计划，易于计划使用车辆，也易于安排接货的力量（如人员、设备等）。

2）定时定量配送

定时定量配送是规定准确的配送时间和固定的配送数量进行配送，这种方式在用户较为固定，又都有长期的稳定计划时，采用起来有较大优势。但这种方式特殊性强，计划难度大，适合采用的对象不多。

3）即时配送

即时配送是不预先确定不变的配送数量，也不预先确定不变的配送时间及配送路线，而是完全按用户要求时间、数量进行配送的方式。这种方式是以某天的任务为目标，在充分掌握了这一天需要量及种类的前提下，即时安排最优的配送路线并安排相应的配送车辆，实施配送。这种配送可以避免上述两种方式不足，做到每天配送都能实现最优的安排，因而是水平较高的方式。

4. 货源渠道及供货方式分析

1）货物物流要求分析

按物流配送汽车零部件的性质不同，可以分为四大类：非金属件（塑料和橡胶件）、金属件（轴承、螺钉、螺母等金属件）、电器件和辅件。各类配件对物流环境的要求见表2-2。

表2-2　某中外合资企业生产的商务车配件的物流环境要求（部分）

配件类别		运输要求	保管条件	集装器具	储存方式	分拣作业方式	配送要求
非金属件	轮胎	普通	温度>0 ℃，通风	无，5个一组	普通	无	直送工位
	塑料、橡胶件	普通	温度>0 ℃，通风	纸箱	普通	拆包装，摆工位器具	直送工位
	玻璃	防破损	普通	特殊夹具	单独储存	无	直送工位
金属件	标准件	普通	普通	集装箱	普通	拆包装，摆工位器具	直送工位
	变速器、轴承等	普通	普通	集装箱	普通	拆包装，摆工位器具	直送工位
	弹簧、冲压件	普通	普通	集装箱	普通	拆包装，摆工位器具	直送工位
	油箱	普通	普通	纸箱	普通	拆包装，摆工位器具	直送工位
电器	车灯、电器件	普通	温度>0 ℃	纸箱	普通	拆包装，摆工位器具	直送工位
辅件	泵、柴油机等	普通	普通	纸箱	普通	拆包装，摆工位器具	直送工位

2）货物来源及供货渠道分析

根据零部件的来源，某中外合资企业生产商务车分为两大阶段：整套进口CKD件装配阶段及逐步国产化生产阶段。进口CKD件装配阶段从韩国进口3 006套CKD件；国产化阶段计划在第一年实现国产化率40%，第二年实现国产化率60%。

进口汽车零部件的物流配送渠道：集装箱堆场—配送中心—生产工厂。本地（仪征）国产零部件的物流配送渠道：零部件供应商—生产工厂。异地国产零部件的物流配送渠道：

零部件供应商—配送中心—生产工厂。

3）供货方式分析

本地零部件供应商采用直接供货到线的方式。进口和异地零部件供应商，将零部件集中在配送中心存储并管理，由配送中心按生产需要直接运送到总装车间（见图2-6）。

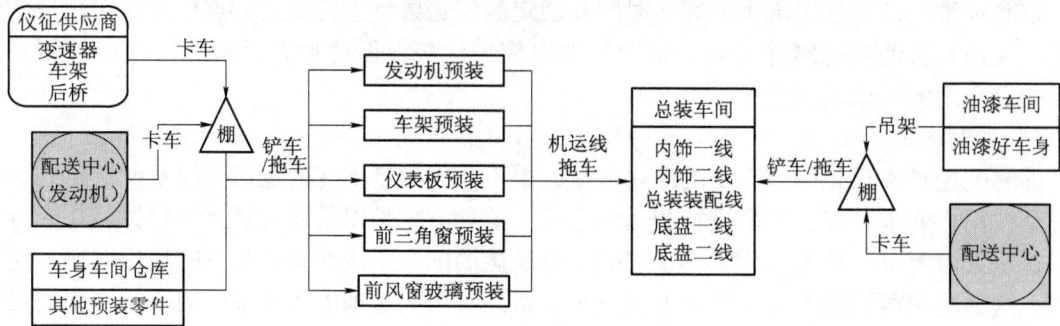

图2-6 供货方式

物流中心进货的主要运输方式是汽车运输（厢式卡车和集装箱卡车）。货物的运输单元主要有集装箱、标准箱（塑料或铁制周转箱）、托盘、专用工位器具。

5. 物料保管形态

根据零部件的体积大小及包装情况，配送中心的零部件可分为大件、中件、小件三类，具体入库及配送包装情况见表2-3。

表2-3 零部件包装情况表

零件类别	类别定义	进口件入库包装	国产件入库包装	配送包装	容器编号	容器规格/mm
小件	体积较小，使用塑料周转箱或托盘存放的零件	木箱+纸箱	托盘+塑料周转箱	塑料周转箱	A	300×200×148
					B	400×300×148
小件	体积较小，使用塑料周转箱或托盘存放的零件	木箱+纸箱	托盘+塑料周转箱	塑料周转箱	C	400×300×280
					D	600×400×148
					E	600×400×280
中件	需要开箱清点数量，并装入专用工位器具内的零件。如前后灯、装饰条、排气管等	木箱	专用工位器具	专用工位器具	Z	订制
大件	体积较大，包装特殊，不需开箱即可目测数量的零件，如车身、发动机、变速箱、车架等	特殊包装	专用工位器具	专用工位器具	Z	订制

零部件物料入库后将以平面存放、高位货架存放和流利货架存放这三种方式进行存储保

管，见表2-4。

表 2-4 汽车制造物料储存方式表

存放方式	物资类别	说　明
高位货架	进口零件	开箱后以托盘形式存放
流利货架	进口零件	理货后以周转箱形式存放
平面存放	进口零件、国产零件	进口件开箱前以木箱方式堆叠；国产件指需翻专用工位器具的零件

6. 作业内容

汽车制造物流系统的核心任务是生产车间提供及时、有效的物流配送服务。具体包括以下作业内容：

1）进货作业

将供应商送来的货物从卡车、集装车上卸下，开箱，检查其数量、质量，对货物进行分类，并将有关信息书面化，为批次管理做好准备。

2）流通加工

拆箱、拆包、改包装（装入专用工位器具或者塑料周转箱）、贴标签，以及拆座椅等辅助作业。这些作业是提升配送中心服务品质的重要手段。

3）仓储保管

为保证车间生产的正常进行，配送中心必须有一定的安全库存，并做好在库零部件的防护工作。

4）分拣配送

配送中心就是为了满足车间多品种、小批量的生产需求而成立的，因此必须根据生产车间的要求进行分拣配货作业，并在指定的时间内配送到流水线的各工位。分拣配送效率是衡量物流质量的关键指标，是配送中心最重要的功能。

5）运输作业

配送中心必须按生产车间需要的运输方式，在规定的时间内将汽车零部件安全、迅速、低成本运输到指定地点。

6）信息提供

向供应商提供发货信息；向车间及其他部门提供在库零件查询服务（如品种、数量、状态等）；进行基础数据的收集和统计，以供制订管理策略时参考。

7. 信息处理方式

汽车制造物流系统包括外部网络系统和内部网络系统。外部网络系统直接接入 Internet（国际互联网络），生产部门和供应商均可通过 Internet 访问外部网络系统，随时掌握库存量、制造流程变更等信息。对配送中心而言，为了向生产部门和零部件配套供应商提供优质的服务，需要严格控制内部作业流程，准确掌握系统信息，才能提高内部运行效率。

一个现代化的汽车制造物流系统规划需有入库管理、出库管理、储位管理、财务会计、运营成绩等管理系统功能。

2.2.2 汽车制造物流系统的规划内容

按现代汽车制造物流系统的要求进行设计，以满足客户要求，设计内容包括：总占地面积、库区建筑面积、货物占地面积；平均库存周转期时间，满负荷运行要求；每日集装箱的吞吐量，符合客户最高年产量（台/套）的生产需求。

（1）建立满足客户的零部件物流中心。物流系统配置合理，高效的搬运、存储设备，提高仓储容量和配送作业效率。

（2）建立信息管理系统。开发、装备物流信息传输与管理控制软件，实现上下游信息共享，便于配送信息指令的下达和查询。

（3）对配送中心的服务功能、业务流程和作业标准进行设计，制订和实施统一标准的物流业务流程和严格、合理的作业操作标准。

汽车制造物流系统的总体功能包括进货、装卸、流通加工、仓储保管、分拣、配送、运输、信息处理等。除了提供传统的物流服务外，物流中心还可以提供许多增值性的物流服务。具体包括以下内容：

（1）从信息到物流的全方位物流服务。提供规范的物流服务和作业标准；提供各种配送相关服务，如自动订货、传递信息和转账、物流全过程追踪等服务；提供免费培训、免费维护及各种物流代办业务。

（2）JIT 配送服务。该配送中心可以根据客户要求的装配线生产节奏和物流需用量标准，定时定量地将零部件送到装配线上，完全保证与生产系统的同步。另外还可根据客户需求提供各种特殊配送服务，如即时配送、配套或成套配送以及夜间配送、假日配送等。

（3）延伸服务。物流配送中心还可提供各种物流延伸服务，例如向上可以延伸到采购及订单处理，向下可以延伸到物流咨询、物流方案的选择与规划、库存控制决策建议、货款回收与结算（替供应商向客户结算货款）、教育与培训，等等。

1. 物流规划及汽车制造物流模式

建立一个完全透明的精益物料管理系统，融合了简捷的方式和高度的制约。当客户需要时及时提供物料，且只提供客户所需要的数量。福田汽车各主机厂生产物流与工厂设计的同时，不断探索供应物流业务的整合，从发动机、车桥等大件开始运作，并根据零部件产业分布，在供应商集中地建立集货中心，开展循环取货+干线运输的运作模式（见图 2-7）。

2. 生产计划、物料计划及拉动系统

拉动式生产的特点是，每一道工序的生产都是由其下道工序的需要拉动的，生产什么，生产多少，什么时候生产都是以正好满足下道工序的需要为前提，坚持一切以后道工序需求出发，宁肯中断生产，也不搞超前超量生产。拉动式生产的核心就是准时化，就是要求在需要的时候，生产需要的产品和需要的数量，所以又把它称为准时化生产（Just In Time，JIT）。生产指令不仅仅是生产作业计划，而且还用看板进行调节。看板成为实施拉动式生产的重要手段。

通过精益方式下的生产计划分解和相应的精益物流供货能力，Milk-run 线路的合理规划，目前我国汽车制造物流领先企业 50% 的大件实现了 JIT 供货，通过 GPS 定位系统及可视

福田欧曼二厂生产物流模式

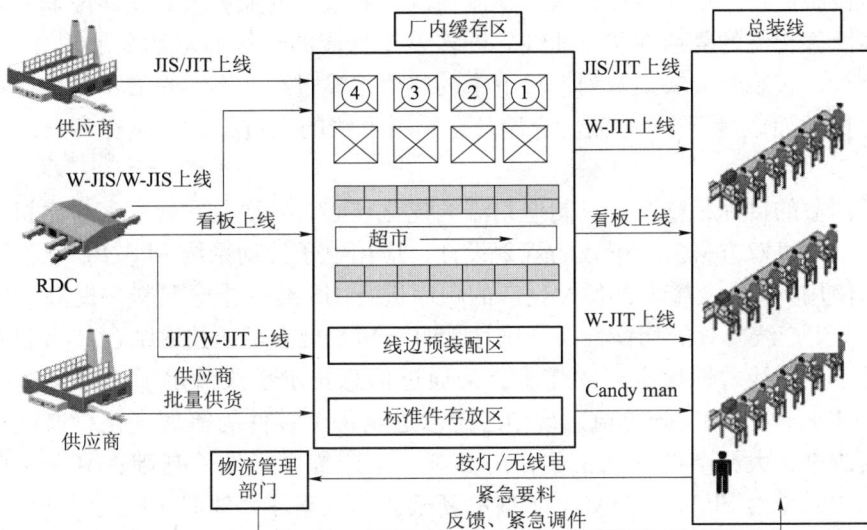

图 2-7 汽车物流系统生产物流模式运行规划图

化系统的应用，提高了 Line Feeding 运作效率，并同时减少产品质损率，帮助客户大大降低了库存。

提高对日常运作的实时管控和供应链的可视化能力，帮助整车厂把供应链管理推到供应商的发运端，称为汽车物流零部件入厂物流，它使整车厂取得了低库存量（Low Inventory），简捷的系统（Simple Systems），计算机化（Computerization），最小的占地空间（Minimal Floor Space），最少的设备（Minimal Equipment），对操作人员的支持（Support for Operator），减少搬动（Low Handling），支持制造质量（Support for Built-In-Quality）。汽车精益生产物流 JIT 模式见图 2-8。

注：生产计划平稳，准确，提前期长，指导意义强；包装容量设定成模数关系以形成配送节拍，均衡送货。

图 2-8 汽车精益生产物流 JIT 模式

精益生产使得在流水线上生产的每一辆车在颜色、款式和配置上均有可能不同，精益生产对库存的要求很严，要求尽可能地降低库存水平。

汽车精益制造物流规划零部件入厂物流与汽车制造厂的业务模式相匹配非常重要，最能体现汽车零部件物流的复杂性和专业性。许多整车物流的运作形态基本是"背对背"，商品车装上轿运车、滚装船或铁路专列，接下来的整个运输过程，客户是看不见的。零部件制造物流则是"面对面"，零部件运输、仓储乃至物料上线的全过程，都是在客户的眼皮底下开展服务的。

安全、精益的目标是整个汽车制造物流的优化核心，主要是在核心客户主机厂物流部的大力支持下，通过双方科学、细致的规划设计，应用电子拉动系统 EPS/PPS 代替传统看板/按灯系统；使用 SPS，实施零部件按生产的顺序进行 JIS 准时排序配料，提高了配送效率近20%，提升了生产线要货的均衡性及准确性 15%；SPS 台套配送技术结合 PTL 目视化拣选系统，既满足了生产线柔性化生产的需求，又通过信息技术手段满足了配料操作简约化的要求；PFEP（Prepare for Every Part）规划思想渗透至每个零件的梳理优化，通过在线料架及上线包装的改进，大幅节约在线工位，为多车型生产提供了硬件基础；AGV（自动导航小车）的应用以及结合 SPS 配料+AGV 上线的新模式。汽车零部件需在极短时间内进行多次运送，实现了汽车制造物流向自动化技术发展的飞跃。

3. 按订单排序混线生产的看板实现方法

20 世纪 80 年代产生了应用于分销领域的 DRP（Distribution Requirements Planning）技术，在 MRP 和 DRP 发展的基础上，为了把二者结合起来运用，20 世纪 90 年代又出现了LRP（Logistics Resource Planning）技术。这一时期日本丰田公司创造的准时化生产技术（Just In Time，JIT）以及看板技术，被誉为生产领域物流技术的一朵奇葩。它不光在生产领域创造了一种革命性的、哲学的技术，而且也为物流管理提供了一种思想理论与方法。在物流的各个领域得到应用。神龙公司座椅直送案例见图 2-9。

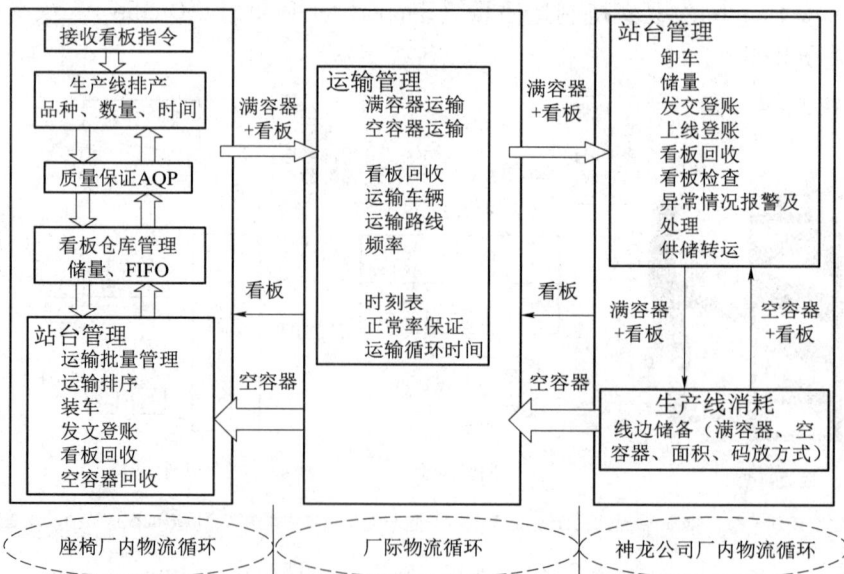

图 2-9　神龙公司座椅直送看板生产管理示意图

改革之前，座椅供应商与神龙公司的生产节拍不一致，神龙公司座椅库存水平 240 套左右，实施物流供应链看板运输后，库存水平降低到 24 套。

看板的出现是丰田公司实施拉动生产以避免生产过剩的结果。在实际使用中看板就是一张装入长方形塑料袋中的卡片，领取看板记载后工序从前工序领取产品的种类和数量，生产指示看板指示前工序生产的产品种类和数量。

看板显示牌显示每一种物料、每一个需求或供应区里全部正在循环使用的料箱，包括以下情况：

（1）没有信号触发的空料箱、新料箱；

（2）看板信号已经触发过的空料箱；

（3）处于"在制品"或"在途中"状态的料箱；

（4）可以提供物料消耗的"料箱"。

看板显示牌向工作人员显示各个料箱的全貌，说明料箱的状态，有利于解决或避免问题的发生（见图 2-10）。

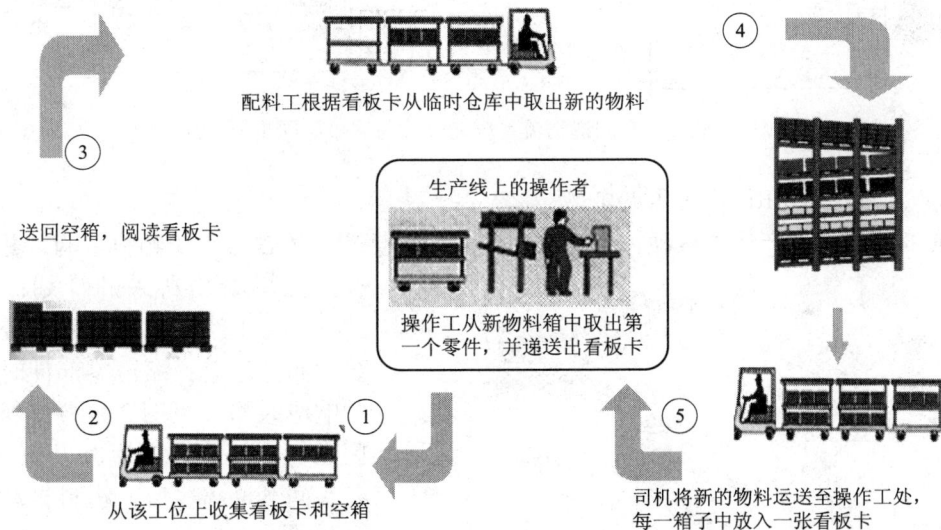

图 2-10　汽车制造物流看板的控制循环规划流程图

拉动流程必须文件化，同时描述不同种类的物料是如何在物料需求时采用何种适当的信号、拉动方式来正确补充物料。物料的配送是以物料的消耗为基础的，配送的需求是根据特定的拉动信号产生。

物料工按标准化的流程操作，流程目视化张贴以方便新员工或轮岗员工培训掌握，及时准确地将状态良好、数量正确（整包装）的物料在第一需求时间补充至正确的位置以满足安装用料的需求。

在每一个循环补充送料到位的同时将空的料箱和内衬、衬垫等物撤离线旁，应有一套有规则的监控，维持和改进每种拉动信号的流程（例如检测和补充遗失的看板卡，拉动式间段调整等）。

1）汽车制造物流系统设施规划与工厂同步设计实现方法

同时，企业内部另一个重要汽车制造物流系统设施规划与工厂设施规划同步设计，包括工厂选址、厂区布局、生产线布置、物流系统设计等。福田汽车制造物流设计案例见图 2-11。

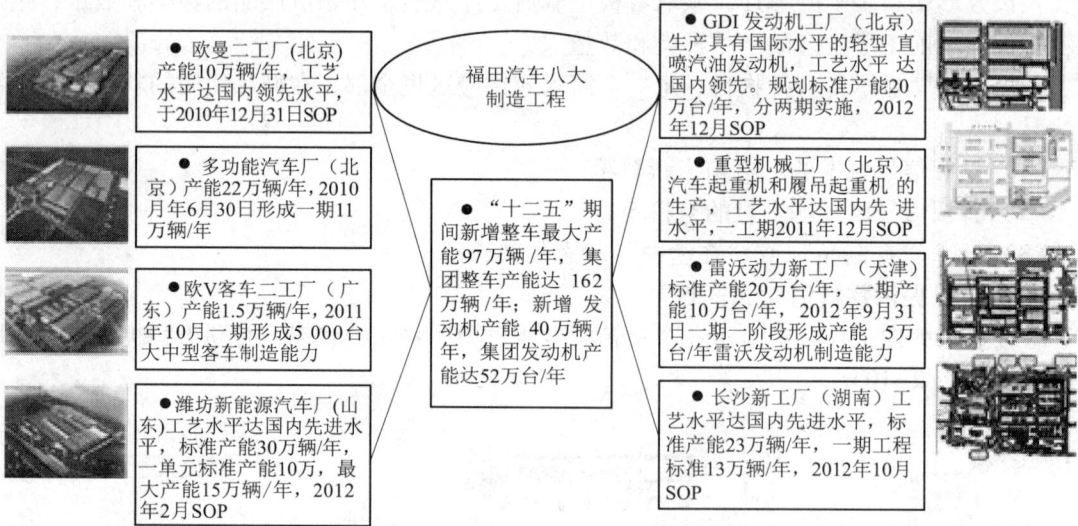

- ●欧曼二工厂（北京）产能10万辆/年，工艺水平达国内领先水平，于2010年12月31日SOP
- ●多功能汽车厂（北京）产能22万辆/年，2010月6月30日形成一期11万辆/年
- ●欧V客车二工厂（广东）产能1.5万辆/年，2011月10月一期形成5 000台大中型客车制造能力
- ●潍坊新能源汽车厂(山东)工艺水平达国内先进水平，标准产能30万辆/年，一单元标准产能10万，最大产能15万辆/年，2012年2月SOP

福田汽车八大制造工程

- ●"十二五"期间新增整车最大产能97万辆/年，集团整车产能达162万辆/年；新增发动机产能40万台/年，集团发动机产能达52万台/年

- ●GDI发动机工厂（北京）生产具有国际水平的轻型直喷汽油发动机，工艺水平达国内领先。规划标准产能20万台/年，分两期实施，2012年12月SOP
- ●重型机械工厂（北京）汽车起重机和履吊起重机的生产，工艺水平达国内先进水平，一工期2011年12月SOP
- ●雷沃动力新工厂（天津）标准产能20万台/年，一期产能10万台/年，2012年9月31台/年一期一阶段形成产能5万台/年雷沃发动机制造能力
- ●长沙新工厂（湖南）工艺水平达国内先进水平，标准产能23万辆/年，一期工程标准13万辆/年，2012年10月SOP

图 2-11 福田汽车制造物流系统的设计与主机厂同步设计规划图

2）物流系统与 ERP 系统集成实现

根据工厂年度生产计划滚动，原材料生产准备；生产计划锁定组织物料采购，并根据库存信息更新物料采购计划；订单制造，总装上线计划通过系统控制，系统发布排序单；缩短零部件时区配送的响应时间（见图 2-12），加大按时区送货比例，减少库存及资金占用；各车间车辆离线后，物料自动从系统中扣除。

（1）e-schedule 电子采购系统。物料计划跟踪系统，零部件采购及跟踪（根据生产计划滚动跑出物料需求计划，并根据物料到货接收、车辆下线更新物料需求计划，同时在网上实现计划的发布及供应商确认，采购单发布及按订单收货、问题交流、索赔、付款信息发布等）。

图 2-12 ERP 与物流系统集成控制生产计划排序零件物流总装上线规划图

（2）物料盘点及账务管理系统。物料收发控制，盘点及账务处理（每日对实物进行小批次抽盘，同系统对账，及时发现问题，大件日盘日核，小件一个月形成一个循环，半年进行停产清资大盘），可疑物料、返修、报废物料的账务处理。

（3）看板拉动系统。线旁设置 2 小时库存（根据线旁物料使用情况产生物料拉动需求信息，物料配送上线后账务自动转移，线旁物料按仓库进行出入库核账），采用目视化的方式对流程进行控制（如 min/max、拉动时间段、溢库等）。

根据车辆制造顺序指示所需选装的零部件，使零部件按序配送得以实现，减少线旁空间占用，同时便于员工装车，使用看板拉动系统和物料暗灯拉动系统。使用物料排序看板拉动系统和条形码扫描系统，见图 2-13。

型号：HPC-4110A及以上
支持A3幅面打印

线旁标签

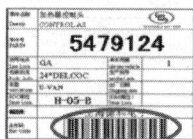

物料包装标签

看板卡
1. 条形码的编码方式采用128码或39码（任选一种）
2. 条形码内容定义：*内容*
例如：零件：10039236条形码：*10039236*
3. 条形码尺寸要求：宽度≥40 mm,高度≥10 mm
4. 条形码下可不带字符

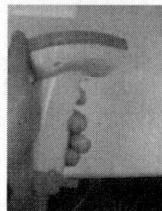

型号：SYMBOLLS 4004-1000

图 2-13　物料排序看板拉动系统与条形码扫描系统示意图

（4）物料拉动系统。看板系统（适于拖车或人工发送）取出：当取用第一个零件时，取出箱子中看板卡。如果其中没有看板卡，不要使用零件，并应叫来班组长。核对：看板卡上的数据与箱子上的标签及货架上的标签是否符合，如果数据不符，应叫来班组长查看板号码、箱子类型、每个箱子中的数量、生产线沿线地址放置。看板卡人看板筒、暗灯系统（物料索取信号系统）按钮：当剩最后 X 个零件时，操作工将按动按钮。根据暗灯指示牌规定的数量进行补货。

（5）排序系统。核对：当取用第一个零部件时，操作工核对排序单车辆起始总装编号是否相符。如果线旁料架数据都不符，应叫来班组长进行快速处理。

（6）受控的外部运输过程方法。物流供应商提供一个主要的执行检验标准，并定期进行评估考核。供应商配备专人驻厂提供操作服务，物流供应商提供并维持战略路线规划，物流商保证将其目标汇总融入企业的商业规划中，且保证企业的安全规章制度得到严格执行。所有的零部件都送到工厂或物流再分配中心的指定接收地点，到工厂的运输是按照小时、天、周的水平来操作的，以平衡生产和设备，同时将库存降到最小。固定每条运输线路的装卸及挂靠港口，采取适当措施保证各段负责人履行预先确定的检查。采取合理方式返空集装箱，需有流程规定额外运输费用的承担方，提供一个适当的流程以确保承运人能够迅速将运输延误或其错误问题通知工厂，如因供应商延误时的紧急应急方案、特殊或紧急情况的处理方案（见图 2-14）。

4. 生产计划及生产制造、控制系统

MRP Ⅱ 的优点在于集中式的信息管理方法，较强的生产计划功能，因此采用 MRP Ⅱ 作为生产与物料的计划系统是适宜的。然而，JIT 缩短准备时间与制造周期、降低存储与减少

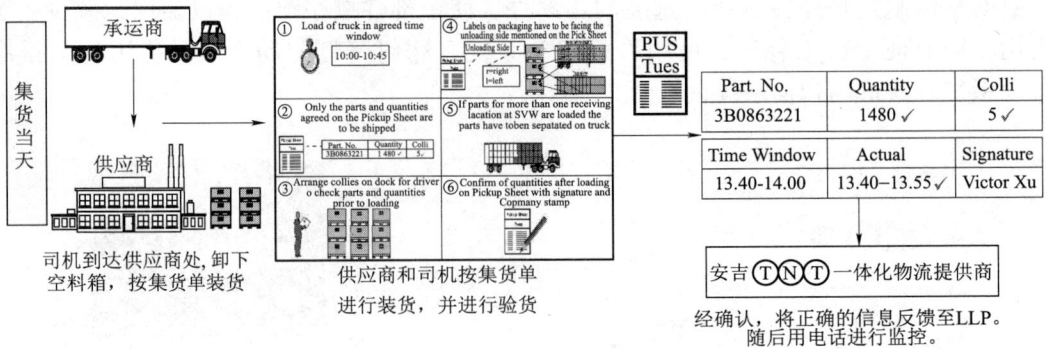

图 2-14 汽车制造物流系统承运商质量过程控制图

浪费的方法都是十分可取的, 于是提出了将 JIT 嵌入到 MRP Ⅱ 的设想, 即用 MRP Ⅱ 作为企业的计划系统, 而用 JIT 作为计划的执行系统——生产控制系统 (见图 2-15)。

图 2-15 生产控制系统

1) 计划排序系统

实现订单均衡生产, 考虑车身、油漆种类的经济批次, 同时考虑计划的均衡性。

2) 车辆识别、跟踪、监控系统

车辆制造的跟踪、控制, 缺件及新产品的控制, 同时跟踪所有车辆的建造状态, 便于计划调整, 同时实现对滞留车辆跟踪控制。

3) 装车指示单系统

总装车辆装车指示单、指示选装零部件图号, 便于员工选件操作, 同时便于新产品的跟踪。

4) 停线跟踪控制系统

自动控制并跟踪机运线的开停, 异常情况的跟踪、产量跟踪。

2.2.3 汽车制造物流系统的规划方法

1. 汽车制造物流网络规划理论

汽车零部件物流是集现代运输、仓储、保管、搬运、包装、产品流通及物流信息于一体的综合性管理，包括生产计划制订、采购订单的下放及跟踪、物料清单维护、供应商的管理、运输管理、进出口、货物的接收、仓储管理、发料及在制品管理、生产线的物料管理等。包括的零部件主要有以下几部分。

发动机系：包括发动机、发动机悬置及副车架，汽缸体及汽缸盖，活塞及连杆，曲轴及飞轮。

底盘系：包括自动变速器、传动轴、前悬架、前桥、后悬架、后桥、车轮、前后制动器等。

电气系：包括电器、灯具、开关、线束等。

专用配件：包括轴承、油封及密封件、模块、传感器、执行器及控制器等。

现在汽车制造物流规划所要考虑的范围和复杂程度都已大大增加，主要是：供应链结构性要求，生产系统要求，产品的复杂程度和个性要求，工厂之间的安排及 JIT/JIS 模式要求等。

网络规划的决策目标：按照公司基准货币计算的每年全球税后利润（扣除时间因素）最大化。

网络规划方法：仿真模型、优化模型、启发式模型。

约束条件：在每个计划期内考虑以下条件。

工厂和配送中心的生产和物流能力；客户需求的限制；各运输渠道和运输方式的运输能力；工厂、生产线和运输渠道中物料清单和流量平衡的限制；生产线和工厂设施之间，物流和设施、运输渠道之间的衔接上的限制。

1）决策变量

Global Supply Chain Forum（GSCF）的模型，为建立网络规划模型提供了理论参照，使用时根据情况修订。网络规划必须处理库存成本、生产成本、运输成本和扩大生产能力成本之间的权衡，相应的产量、运输量和存储量必须在计划过程中确定。其中产量主要由生产成本和生产能力确定，运输能力是由从 A 地运到 B 地的运货量确定框架并考虑运输成本，根据产量和运输量计算库存成本。决策变量是：每种产品、每一时期、每家工厂的产量；从工厂到配送中心的每条运输路线上每种产品、每一时期的运输量；每种产品、每一时期、每段时间配送中心的最终库存水平（假设工厂的产品都送往配送中心）；每家工厂、每一时期的加班工作量。

2）网络规划所需的数据

网络规划要有详细的数据清单，主要有需求数据、能力数据和成本数据。对产品需求量的预测数据就是需求计划模块的输出结果。以下数据主要来源于 ERP 的业务运作、财务报告、研究和人为判断产品线中所有产品的清单；客户、仓库、工厂、供应商的位置；运输费用或运输成本；处于不同位置的客户对各种产品的需求；仓储费用或仓储成本；送货时间、订单传输时间和订货履行率；采购、生产成本；不同的地点产品的库存水平，控制库存方法；不同产品的运输批量；订货频率、订单规模、季节特征和订单内容；资金成本；订单处

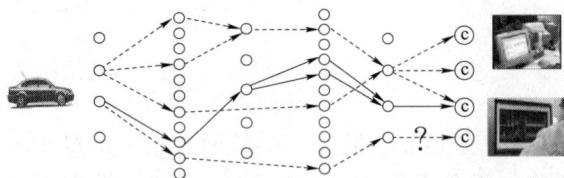

图 2-16　汽车制造物流网络规划示意图

理成本以及产生订单处理成本的环节；客户服务目标；现有设备和设施以及处理能力限制；当前满足销售需求的分拨方式（见图 2-16）。

还有如下数据：

每家工厂的最大加班工作量；每个时期的每个销售区的销售和产品预测；每家工厂生产产品的效率；每间配送中心产品的现有/最低库存水平；每家工厂（机械设备）和每个时期的可实现正常的生产能力。

制订运输计划通常是供应方的责任，基于规模效应既可降低零部件供应商的成本，也可降低整车厂的采购成本。

基于 Telematics 的车队精益管理一体化解决方案（见图 2-17）是"车队管理专家"，可以帮助物流企业在日趋激烈的物流运输市场竞争中获得更多收益。

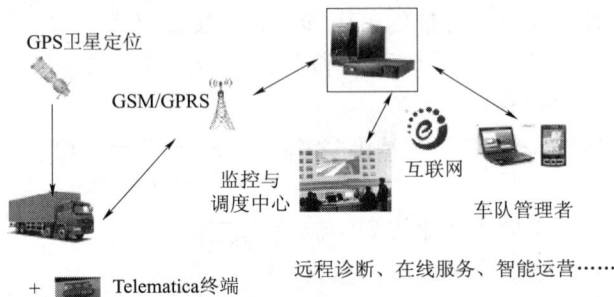

图 2-17　车队精益管理一体化解决方案

图 2-18 是安吉物流公司每天通过 254 条遍布全国的运输路线，将 426 家零部件工厂的货物送到整车厂进行上线总装的运输网络规划图。

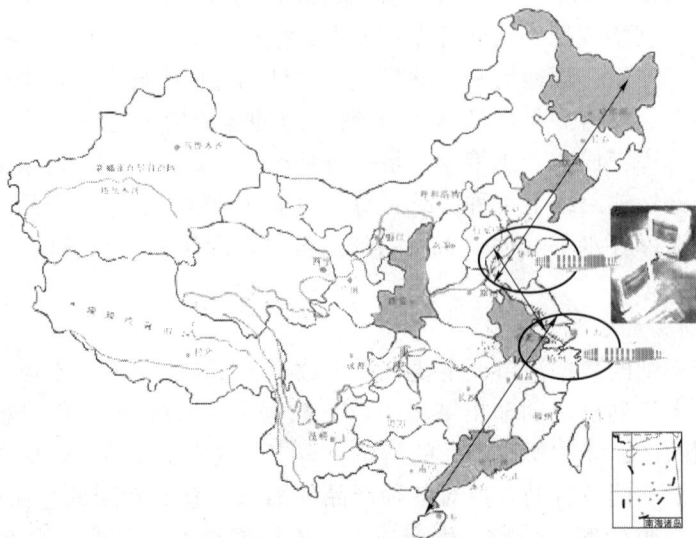

图 2-18　254 条遍布全国的零部件物流运输路线图

2. 汽车制造物流系统规划模型

1）汽车制造物流信息平台框架结构

汽车制造物流信息平台框架结构由各基础功能子系统组成，通过基础功能子系统实现与 IT、排序、预装配、要货信息管理、路径规划、运输管理、仓库管理、路程安排、资源分配、MIS（管理信息系统）/KPI（主要性能指标）、财务管理等与主机厂物流管理部门信息分系统结口；与港口、铁路、机场及其他物流园区等相关物流枢纽信息系统，与银行、保险公司等相关服务机构信息系统建立信息沟通渠道，构成汽车制造零部件物流信息系统平台。汽车制造物流信息平台的框架结构原理见图 2-19。该信息平台框架结构是安吉物流为上海大众汽车制造零部件物流而设计开发的。

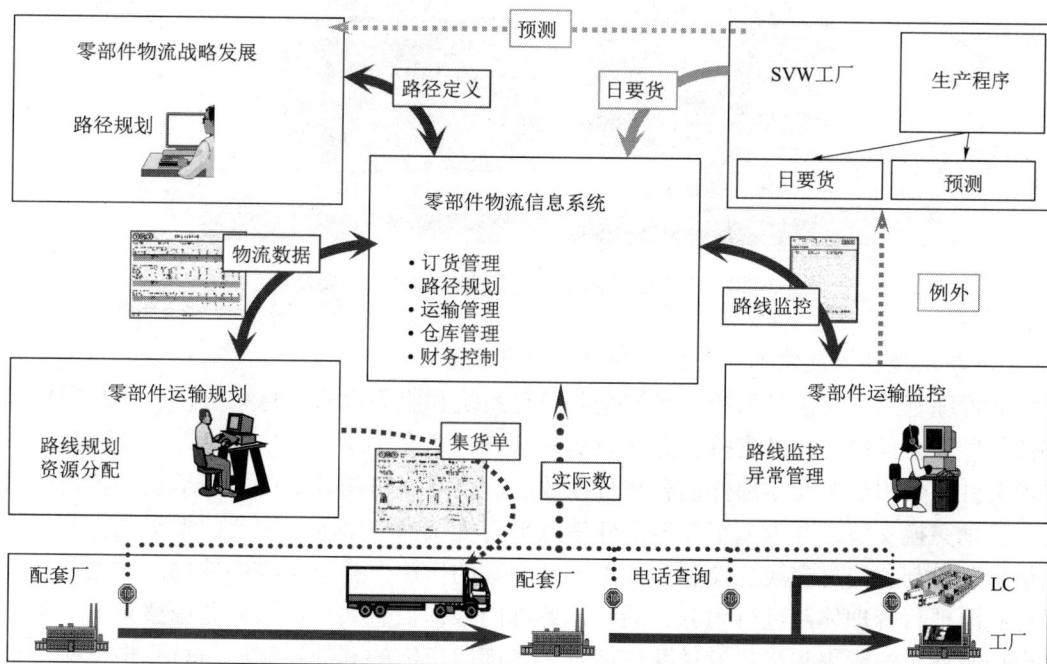

图 2-19　汽车制造物流系统信息技术平台框架结构

安吉物流零部件入厂物流业务收入来源，主要靠核心资产规模运作（仓储/运输、增值业务服务）。目前该公司有上千辆运输车辆、24 个整车仓库、10 个售后仓库和 7 个零部件入厂仓库，为 450 家左右的供应商提供运输服务。150 条运输线路，每天约 800 班次的运输（包括从港口/堆场至仓库的 CKD 运输）。控制中心和管理人员 140 名。仓储：7 家仓库，总面积 46.5 万 m²，员工约 3 000 名，位于上海、烟台、沈阳、重庆、柳州和青岛等地，为 10 家整车厂、3 家发动机厂提供服务，每天接收 750 家供应商的供货。工厂 LOC 配送：每工作班 700 车次。CKD 海运集装箱掏箱作业：每天 27~44 个。每天料箱业务量：10 万箱。安吉物流 2011 年零部件物流收入 32 亿元人民币。

2）汽车制造物流信息技术平台的主要功能

汽车制造零部件物流信息平台的主要功能是通过基础功能子系统，包括 PARAGON 路径规划、运输管理、客户网上查询系统、Vector21 运输管理系统、CAPS 供应链设计、仓库定位系统等，为参与各方提供一种信息沟通的技术手段，建立一套完整的共用数据采集、分析、处理系统，满足物流企业及政府相关部门对汽车制造零部件物流信息平台的需求，对不同用户的需求提供相应层次上的信息等（见图2-20）。

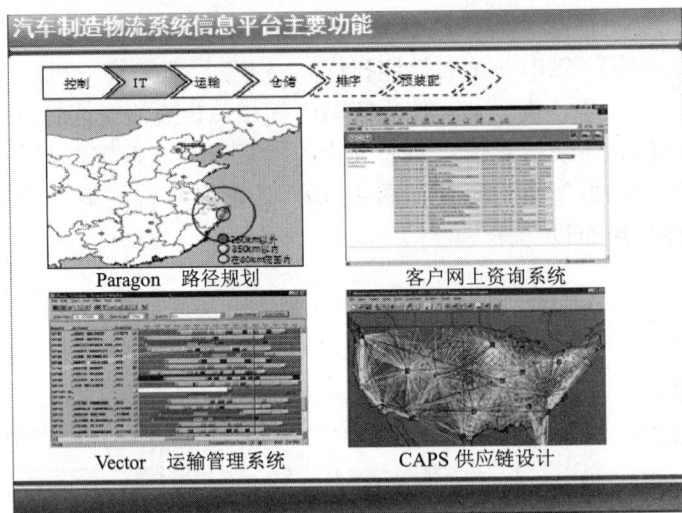

图2-20　汽车制造物流系统信息技术平台主要功能

3）汽车制造物流及零部件物流共用作业信息平台

行业管理基础项目信息系统、物流企业信息系统和服务机构信息系统，利用共用整车及零部件信息平台提供的技术支持，方便地实现与任一方信息系统建立联系，实现信息沟通。从技术上讲，共用整车及零部件信息平台在政府、企业、机构等部门之间承担着各信息系统之间的信息交换支持，并为整车及零部件信息平台提供信息服务。因此，整车及零部件物流共用信息平台起着信息交换、控制和技术支持中心的作用。整车及零部件物流共用信息系统则根据我国现行管理体制进行划分，同时，各部门根据信息共享协议向共用整车及零部件信息平台按照特定的频率和格式发送共享信息，各部门所需的其他系统的信息则根据接口规范从共用整车及零部件信息平台获取。园内物流企业通过共用整车及零部件信息平台提供的技术支持，可共享"共用基础系统"提供的服务功能，如GPS车辆跟踪/定位系统、CIS地理信息系统、EDI数据交换系统等。图2-21是安吉物流为上海大众汽车、上海通用汽车开发的整车及零部件物流共用作业信息平台运行模式，包括呼叫中心系统、统计报表系统、网上查询系统、仓库管理系统、分供应方管理系统、物流中心选址系统、智能调度系统、路径规划优化系统、GPS系统等。

整车及零部件物流作业信息平台的功能需求分析：不同类型的整车及零部件物流信息平台的功能需求各不相同，本技术方案对系统主要功能需求做出概念性规划设计，通过选用不同功能模块的叠加组合，以满足不同类型汽车物流园区作业整车及零部件信息平台的主要功能需求。经过技术分解，作业整车及零部件信息平台由多个分系统组成，其主要分系统的功能需求描述如下：

1）仓储管理信息系统

整车及零部件仓储管理信息系统的主要功能为：可以对所有的包括不同区域、不同属

图 2-21 整车及零部件物流共用作业信息平台运行模式

性、不同成本的仓库资源，实现集中管理。采用条形码、射频等先进的物流技术设备，对出入库货物实现联机登录、存储检索、容积计算、仓位分配、损毁登记、状态报告等，并向系统提交图形化的仓储状态显示图等。

图 2-22 是安吉物流为上海大众汽车、上海通用汽车开发的汽车仓储一体化管理服务系统，由仓储质量管理、仓储业务流程、信息系统支持、仓储规划、仓储业务流程改进等模块组成。

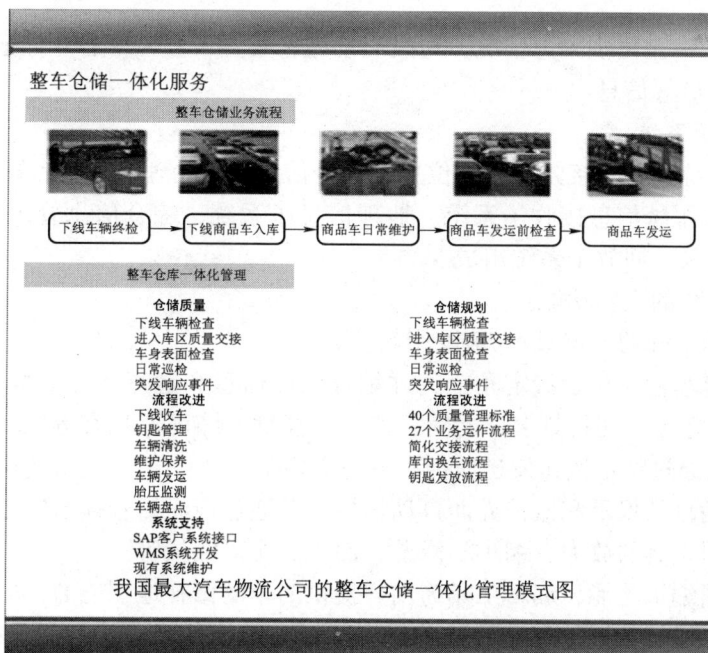

图 2-22 整车及零部件仓储物流一体化服务管理模式

2）GPS 车辆监控调度系统的组成

该系统是 GPS 定位系统、GIS 地理信息系统、Web 系统、数据库系统、消息接口系统、电子地图系统、GPRS 无线通信终端 Lenz 8713i DTU 系统几部分的有机结合。

（1）GIS 系统。基于 Internet 网络，通过浏览器提供地图显示、车辆位置显示、查询等功能。

（2）Web 系统。基于 Internet 网络，通过浏览器提供单位查询车辆状况、司机状况等查询功能，以及相应的数据维护功能。

（3）数据库系统。采用 SQL Server 2000，提供车主单位、车辆状况、司机状况等数据库服务功能。

（4）消息接口系统。提供由 Web 终端用户到移动终端的位置信息获取以及控制功能。

（5）GPRS 无线通信终端 Lenz 8713i DTU 系统。车载设备通过 GPS 模块接收卫星信息，该信息通过 GPRS 无线通信终端 Lenz 8713i DTU 传回控制中心后在电子地图上显示出来，确定车辆的地理位置。

（6）GPS 车辆监控调度系统。包括车载子系统。车载子系统的功能是与监控中心通信，将车辆的位置、运行状态等信息发送到监控中心，同时监控中心也可以向车载设备和配送人员发送实时的监控指令。车载子系统的主要功能有以下几个。

① 定位信息的发送功能：GPS 接收机实时定位并将定位信息通过电台发向监控中心。

② 数据显示功能：将自身车辆的实时位置在显示单元上显示出来，如经度、纬度、速度、航向。

③ 调度命令的接收功能：接收监控中心发来的调度指挥命令，在显示单元上显示或发出语音。

④ 报警功能：一旦出现紧急情况，司机启动报警装置，监控中心立即显示出车辆情况、出事地点、车辆人员等信息。

3）监控中心子系统

监控中心子系统主要对接收的车辆位置和报警信息进行处理、显示和管理。根据功能划分，主要由 GPS 和报警信息接收子系统，地理信息子系统，综合信息管理子系统，数据维护子系统，轨迹记录、回放子系统组成。

监控中心子系统的主要功能：

（1）监控移动目标的轨迹显示/清除刷新。

（2）监控特定车辆，显示特定车辆的详细数据库信息和运行状况数据（目标编号、联系电话、车牌号、车型、司机姓名、时间、速度、经度、纬度、状态等），如果出现危急情况，监控人员可以通过特定按钮发送监控车辆熄火指令。

（3）报警车辆自动提示和监控界面自动切换，并通过声光信号提示操作员。

（4）常用地图工具的放大、缩小、漫游，面积、距离测量等。

（5）简单地图编辑功能，编辑工具为用户提供简单的修补地图能力。

（6）监控目标运行数据的存储回放功能，可调出车辆任意时间段的历史数据，在电子地图上重现车辆运行状况。

（7）运行情况远程查询，包括为配送目标商家提供有针对性的 web GIS 查询能力。

（8）运行情况报表，系统自动生成车辆运行信息、周期、季度和年度报表，并能够提供简单的统计分析能力。

4）GPS 监控模块功能

GPS 监控模块功能包括车辆定位、车辆方位查询和自动跟踪功能（车辆状态显示在总部监控中心的电子地图上），调度监控功能，统计分析、报警功能，跨区漫游监控、通信功能，地图编辑功能，实时调度通信功能，通话功能等。

5）条形码数据采集管理系统

条形码数据采集管理系统的主要功能为：采用条形码技术对商品信息采集、录入、分析、处理和归类保存，它是实现快速、准确而可靠地采集数据的有效手段。条形码技术的应用解决了数据录入和数据采集的"瓶颈"问题，为供应链管理提供有力的技术支持。条形码的功能在于极大地提高了成品流通的效率、库存管理的及时性和准确性。条形码是实现POS 系统、EDI、电子商务、供应链管理的技术基础，是物流管理现代化，提高企业管理水平和竞争能力的重要技术手段。

6）射频（RF）数据采集管理系统

射频（RF）数据采集管理系统的主要功能为：采用射频（RF）技术对商品、运载工具和货架等射频标示签的数据进行采集、分析、处理、识别和传输交换等。主要用于商品跟踪、运载工具和货架识别等要求非接触数据采集和交换及需要频繁改变数据内容的场合。图2-23 是安吉物流开发的汽车制造物流射频（RF）数据采集管理系统的系统全过程可视化监控技术优化内部管理系统。

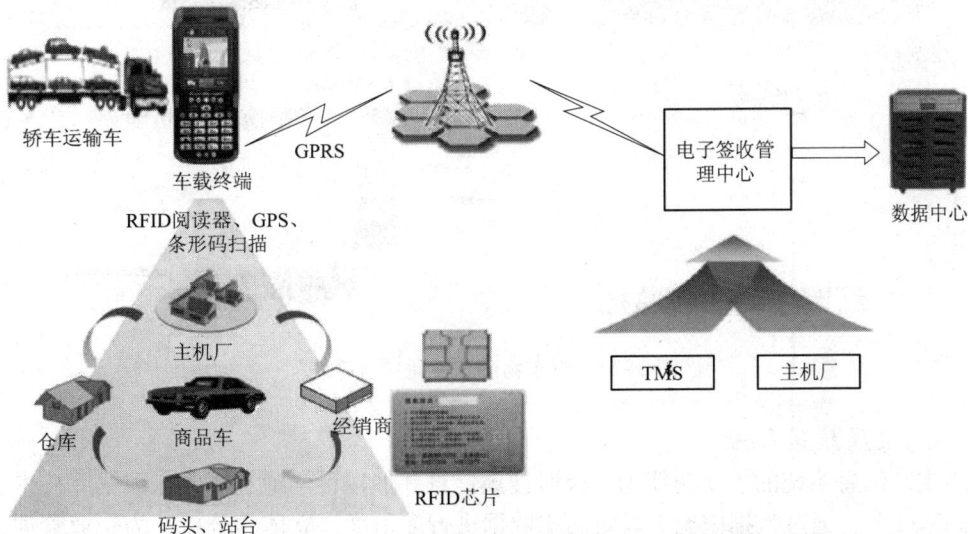

图 2-23　汽车制造物流射频（RF）数据采集管理系统

（1）整车及零部件管理信息系统。整车及零部件管理信息系统的主要功能为：通过对客户资料的全方位、多层次的管理，使物流企业之间实现流通机能的整合，物流企业与客户之间实现信息分享和收益及风险共享，从而在供应链管理模式发展下，实现跨行业界限的整合。

（2）合同整车及零部件管理信息系统。合同整车及零部件管理信息系统的主要功能为：合同是业务开展的依据，系统通过对合同的数字化解析，充分理解甲方的需求，拟定物流服务的实施方案，并以此为依据，分配相应的资源，监控实施的效果和核算产生的费用，并可以对双方执行合同的情况进行评估以取得客户、信用、资金的相关信息，提交调度和政策部门作为参考。

（3）统计整车及零部件管理信息系统。统计整车及零部件管理信息系统的主要功能为：统计工作作为企业管理的基础，按照物流行业的标准，针对物流企业的经营管理活动情况进行统计调查、统计分析，提供统计资料，实行统计监督，从而对企业的经营状况进行量化管理。

（4）结算整车及零部件管理信息系统。结算整车及零部件管理信息系统的主要功能为：充分利用本平台系统的服务功能和计算机处理能力，以大幅降低结算业务工作量、提高结算业务的准确性和及时性为目的，为物流企业的自动结算提供一套完整的解决方案，达到快速、准确、自动地为客户提供各类业务费用信息。图 2-24 是安吉物流开发的可视化技术优化内部管理的全过程监控系统，采用 Flash 技术图表化展示订单、运力、运输、仓储库容等实时信息控制。

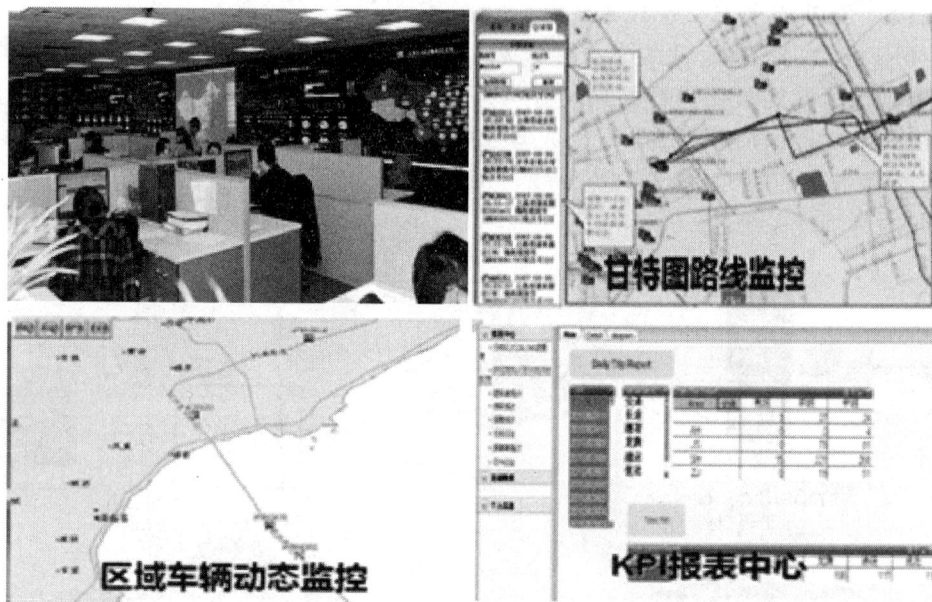

图 2-24　汽车物流可视化信息系统

7）决策支持信息系统

决策支持信息系统的主要功能为：及时搜集信息并加以科学地利用，在数据库技术、运筹学模型的基础上，通过数据挖掘工具对历史数据进行多角度、立体的分析，为企业管理、客户管理、市场管理、资金管理等提供科学决策和依据，从而提高管理层决策的准确性和合理性。

3. 汽车制造物流包装管理

1）零部件料箱、料架的统一使用

目前汽车零部件大多采用集装箱和封闭卡车实现门到门的运输，以在保证料箱和料架的统一之前，选取统一相配的托盘和封闭卡车，提高车辆的装载率。同时，在汽车生产厂商和零部件供应商之间统一料箱和料架的使用，除去少数需要另外包装的零部件，其他的零部件均使用统一标准的料箱或者料架。这样降低了零部件包装费用，减少了废弃物产生，减少了废弃物处理费用，减少了能源消耗，降低了人员、时间和库存成本，同时也提高了零部件入厂物流的效率。

因此，包装设计时应考虑同类零部件系列车型的通用性，同时大件的包装要考虑尺寸的系列化与标准化。建立大件包装通用性指标、特殊料架通用性指标，建立运输包装和上线包装一致原则，提高原包装的上线率，包括车身零件。减少大件方式上线的种类，考虑采用小包装小件方式送料，大件控制在规定种数以下（排序零件排好序后，作为一种大件）。线旁包装应进行优化，通用性强、价值低的小零部件根据线旁情况可采用较大包装数量上线。包装数量不应超过配载量或 3 天的量。冲压件减少使用防锈油。厂内周转用的特殊料架设计带轮子、地刹器及拖钩。包装管理应将供应商自制料架纳入工厂管理中，包括图纸设计、制造跟踪、检验、点检、管理等。

2）零部件分类设计

为进一步加强对零部件及其料箱、料架的管理，采用 ABC 分类法对零部件进行分类。ABC 分类法基本步骤：

（1）对库存零部件进行排序。即编制零部件库存品种累计与全部品种的比例，以及货物占用资金累计与全部资金的比例。

（2）对库存零部件分类。使用频率最高的 C 类零件通常为标准件和通用件，B 类零件为可通过变型设计得到的那部分零件，A 类零件为与订单相关、重用概率不大的零件。大批量订制生产模式下约50%为 C 类，约40%的零部件为 B 类，只有10%是 A 类零件。

（3）对库存零部件实施不同管理和控制策略。具体如表 2-5 所示。

表 2-5　零部件库存管理策略

项目	A 类货物	B 类货物	C 类货物
控制程度	严格	一般	简单
库存量计算	按模型计算	一般计算	简单或不计算
进出记录	详细	一般	简单
检查次数	多	一般	少
安全库存量	低	较大	大

3）零部件周转箱管理系统设计

设计基于 RFID 的周转箱管理系统，对周转包装各流通环节进行跟踪和记录，实现周转包装的实时信息化处理，提高库存管理水平，加强零部件料箱、料架的周转率。

4）零部件周转箱管理系统的功能

（1）基本信息管理。基本信息管理包括周转箱基本信息、流转节点基本信息、零部件包装信息、MR 路线信息等的管理及维护。周转箱跟踪：各流转节点的满、空箱收、发、存信息管理及维护。

（2）周转箱预警。周转箱预警包括整车厂生产计划、零部件运输计划及空箱返程计划，空箱报废消耗预测、空箱库存信息、空箱补充计划的信息导入及管理。空箱订单生成：零部件订购计划、零部件订单信息导入。流转节点周转箱库存管理：最低、最高库存设置，流转节点区域管理。周转箱维护：周转箱维修、保养、报废、点检。统计报表生成：周转箱分布报表，流转节点周转箱收发统计报表，周转率统计报表。信息发布：盘点通知，盘点结果反馈，培训，包装更改，信息交流。

5）空料箱整理发运

空料箱返回区域：

（1）用于收集、整理、发运料箱。

（2）对操作区域做明确的标识和可视化的控制，使其清晰可辨，如整理区、发运区、供应商区、周转区、待处理区等。

（3）按计划的数量发运。

（4）指定由供应商自己负责或集装箱整合运输。

（5）所在位置应满足最小的综合运送距离并有标准化的操作流程。

6）空料箱操作

空料箱操作确保一旦最后的零部件用完后，操作工即把空料箱放置在合适的返回装置中。

遵循有书面形式的内部衬隔处理流程；遵循有书面形式的正确的分类、转运、装卸等的工作程序；避免包装箱挪为他用；确保返回供应商的空料箱内没有杂物；对需要维修和处理的料箱进行标示和发运。空料箱的包装应准备完好和确保返回，例如加盖、分类和堆栈等。外运包装的跟踪：根据运输计划装载准备好的空料箱，通过文件跟踪外运的集装箱和空料箱。

2.3　汽车整车物流规划

2.3.1　中国汽车物流市场规模呈快速增长趋势

2007 年，中国汽车产销保持较快增长，全年产销量达到 800 多万辆，通过第三方物流公司承运的数量，乘用车达到 100%，商用车约为 70%。2007 年保持 15%~20% 的较高增长速度，其中乘用车销量达 625 万辆，与 2006 年的 517 万辆相比，保持 20.7% 的增速。2009 年中国汽车累计产销突破 1 300 万辆，同比增长创历史新高。但是，汽车业作为无国界经济，受到的影响因素越来越具有全球化的特点。

长期以来，美国汽车市场一直是汽车巨头竞争最激烈的市场。然而根据德国一家调研机构的预测，到 2015 年，亚洲地区将拥有全球 1/4 的汽车，也就是 2.8 亿辆。其中中国和印度的市场增长潜力巨大，增长最慢的地区将是北美。这意味着，汽车巨头们对中国、印度等新兴汽车市场的重视程度会越来越高，竞争会越来越激烈，会沿着与国际竞争接轨的势头不断升级。至 2020 年，中国汽车保有量将达到 1.5 亿辆。未来几年中，我国经济保持数年稳定增长，2009 年前后在中国 5 亿城镇人口中汽车将走进 10% 的高收入人群，即约 5 000 万人。未来 15 年中国汽车的增长率将是我国 GDP 增长的 1.5 倍。汽车消费将呈现出螺旋快速增长趋势。

2011 年，中国汽车产销分别为 1 841.89 万辆和 1 850.51 万辆，同比增长 0.84% 和 2.45%。其中：乘用车产销分别为 1 448.53 万辆和 1 447.24 万辆，同比增长 4.23% 和 5.19%；商用车产销分别为 393.36 万辆和 403.27 万辆，同比下降 9.94% 和 6.31%。

乘用车出厂物流市场销售收入主要来源于三个方面：运输收入、仓储收入和 PDI（发运前整车动态检查）收入。其中运输收入占出厂物流市场销售收入的 80%~90%，仓储收入和 PDI 占 8%~10%。中国汽车物流企业在近五年来取得了高速增长，目前汽车生产企业商品车通过第三方物流公司承运的，乘用车达到 100%，商用车约为 70%。汽车产业的高速发展，为汽车物流企业提供了巨大的增长空间。国际汽车物流巨头纷纷抢占中国汽车物流市场，将触角延伸至中国境内各大城市。譬如，欧洲最大的汽车物流服务商捷富凯在北京与中国大田集团组建了捷富凯—大田汽车物流公司，意欲成为中国最大的汽车物流企业；原英国 EXEL（现被 DHL 并购）、奔驰在德国的配套物流企业 BLG 集团均进入中国开展汽车物流的全面竞争。同时一批国有大型企业，如中远、中海、中邮、中铁也纷纷将业务扩展到汽车物流领域。中国现代汽车物流的发展已进入以整车物流为主、向零部件入厂物流、售后服务备件物流以及进出口物流方向延伸的竞争格局。

2.3.2　汽车整车物流概念

近几年来，中国第三方汽车物流企业取得快速发展，涌现了一批优秀的第三方汽车物流公司。可以说，中国汽车物流已经进入理性快速发展时期。同时，国家政府对汽车零部件物流问题也高度关注。

第三方汽车物流具有专业化、规模化和社会化等特点，是物流资源整合的主要承担者。在欧美发达国家和地区，以第三方物流供应商或者领头物流供应方身份加入汽车供应链已成为主流，80% 以上的汽车制造商将汽车物流外包。随着中国汽车产业的发展，汽车供应链的社会分工日趋专业化，特别是面临外资跨国物流集团的威胁，加快第三方汽车物流企业的发展，增强市场竞争力，既是整合汽车物流资源的有效途径，也是应对跨国物流集团挑战的有效途径之一。整车物流是基于时间竞争的敏捷汽车供应链环境中，以整车作为物流服务标的物，按照客户订单对交货期、交货地点、品质保证等的要求进行快速响应和准时配送。

整车物流从简单的商品车运输变化为以运输为主，仓储、配送、末端增值服务为辅的新型物流。

按照整车物流标的物设计和技术特性，整车物流可以分为：乘用车车辆物流、商用车车辆物流、特种车车辆物流、工程车车辆物流等。

按照整车物流标的物车辆使用年限特性，整车物流可以分为：商品车车辆物流、二手车车辆物流、古董车车辆物流等。

按照整车物流运输工具特性，整车物流运输方式可分为：陆路运输、航空运输、水路运输等。其中陆路运输可分为公路运输和铁路运输；水运整车物流又可分为集装箱整车物流运输、滚装船整车物流运输。整车物流在各国及汽车行业内都有不同的说法：日本称为 "车两物流""完成车物流"，旧车物流叫做"中古车物流"；英美等国也称做 "Finished vehicle logistics""Vehicle logistics""Vehicle transport"。

2.3.3　汽车零部件物流的概念

汽车物流是涉及面最广、技术复杂度最高的领域之一，而零配件物流配送又是物流系统良性运作并持续优化的关键环节。汽车制造厂商一般采取的是外协零配件、流水线式装配生产模式，因此范围广，统筹调度难，影响可变成本的因素多，其物流配送具有更高的难度。大型的汽车制造厂商每天都可能有上万个零部件品种、几百辆不同型号的汽车下线。在生产流水线上，尤其是在大批量生产的汽车组装流水线上，要准确地向流水线上不同的车型提供相应的零配件。一旦所需要的零配件没有及时到达生产线上，而导致生产线停止，其后果是很严重的，将造成巨大的损失。汽车制造所需的零配件有一万多种，零配件配送是一项很繁复的工作。汽车制造厂商为了能够实现 JIT 配送，会利用第三方物流公司进行配送，第三方物流公司有丰富的物流管理和运作经验，可以很好地完成配送工作。无论是进口豪华车、合资企业还是自主品牌，几乎没有一辆车是由一个企业独立生产的。汽车产业全球分工产业链条高度发达，我国正处在"日本核心元件—中国组成加工成品—全球市场销售"产业分工链条上的一环。我国汽车产业入世十几年来，一些核心零部件、关键技术上始终还没有真正突破国外的控制。日本等发达国家依靠核心技术攫取产业链条中最大部分利益，而我国自主的零部件体系仍然没有真正建立起来。

我国汽车物流产业要立足自主研发，首先要从技术层面突破，同时还要不断完善国内各地汽车产业分工布局，力争早日建立起我国自主研发的零部件供应体系，提升我国汽车产业的核心竞争力。

在汽车零配件物流配送的过程中，由于汽车零配件种类繁多，根据使用价值和使用频率可分为 A、B、C 三类。A 类零配件价值最高，通常为非通用件，品种不多，例如发动机、车门总成、排气管总成、座椅等。B 类零配件价值较高，品种较多容易混淆，主要有车顶篷、后舱盖、地毯、前底板、后地板等。C 类零配件价值较低，主要为标准件，汽车制造厂商对这种零配件消耗量较大且较为稳定，运输频率低。每次运输都会使用相同的包装容器，相同的运输方式，如室内灯、方向盘、遮阳板、标准紧固件等。三类零配件都由汽车制造厂商交给第三方物流公司进行配送，但三种零配件具体的配送方式不同，尤其是在汽车产业集群环境下，汽车行业在我国的火爆行情必将形成强大的物流市场需求。据有关资料显示，2007 年中国的汽车物流市场成为全球第三大市场；2010 年至 2015 年，中国会成为全球第二大的汽车物流市场。按照中国入世的承诺，允许外资物流企业直接进入市场。国内物流企业如何在汽车物流这块诱人的蛋糕上分食一块，是企业家关注的热点问题。物流企业如何提高企业的物流运作水平，如何让我们的汽车物流更专业、更优秀、更具吸引力，如何提高企业的物流整体效益，是许多物流职业经理的工作目标，也是众多研究者研究的重要课题。

汽车零部件物流是集现代运输、仓储、保管、搬运、包装、产品流通及物流信息于一体的综合性管理，是沟通原料供应商、生产厂商、批发商、零件商、物流公司及最终用户满意的桥梁，更是实现商品从生产到消费各个流通环节的有机结合。

汽车零部件制造物流包括生产计划制订、采购订单的下放及跟踪、物料清单维护、供应商的管理、运输管理、进出口、货物的接收、仓储管理、发料及在制品管理、生产线的物料管理等。

所谓零部件物流，是指零部件完成制造后，通过运输工具将其运往汽车整车厂家、零售销售仓库、各地分销库的一系列物流储运过程。在汽车行业零配件全球采购的背景下，从生产厂家出厂的零配件，从功能上分析，要满足多种用途：一部分提供给整车制造商，作为生产配套件；一部分提供给汽车维修部门或零售商，以满足汽车销售以后的维修需要。提供给整车制造商的部分往往批量很大，而提供给零售商和维修部门的批量相对要小得多。针对同一个运送目的地，要同时满足两方面的需要，这就决定了零配件物流配送的复杂性。另外，零部件品种繁多、外型异大等特点，决定了物流运输和包装的特殊性。

2.3.4 我国汽车整车物流企业运作主要模式

2008 年中国汽车物流逐步进入以企业为主动的，以改进管理控制模式、加快汽车物流行业标准体系建立为标志的，以物流资源整合为纽带的精益化物流管理时代。同时，我国汽车物流的标志性项目从整车物流领域向产前物流、服务备件物流、进出口物流、逆向物流等环节，以及与国际汽车物流供应链相关联的业务方向拓展。随着我国汽车工业的蓬勃发展，3PL 公司（第三方物流）前景也显得格外诱人，国内第三方汽车物流企业也获得了长足的发展。其中有代表性的是安吉汽车物流有限公司（以下简称安吉物流）。该公司主要业务是从事整车、零部件、售后服务备料物流，进出口物流及相关物流策划、咨询、管理、培训等服务，是一家专业化运作，能为客户提供一体化、技术化、网络化、可靠的、独特解决方案的第三方物流服务供应商。其国内市场占有率达到 40%，是国内最大的汽车物流服务供应商。其竞争优势在于拥有丰富的本地资源、稳定的客户资源和一体化管理技术体系。

目前国内整车物流行业普遍遵循"两级分拨发运"体系，即：各生产基地的成品整车由整车分拨中心（Vehicle Distribution Center，VDC）运至各整车仓储中心（Vehicle Storage Center，VSC），然后交付于授权经销商或直销客户；如因业务需要，也会考虑由 VDC 直接发运至经销商或直销客户。其中，VDC 的主要功能是负责商品车下线后的检查并按计划发运至全国各 VSC，或直接向周边区域的经销商进行配送。VSC 的主要功能是接收从各 VDC 运至的商品车，并按照计划将商品车发运至经销商。

目前我国汽车物流行业，在整车物流运行中沿用"两级分拨发运"体系。在整车物流运作模式上，我国最大的汽车物流公司、全程物流行业领军企业安吉物流，创造出了一套适合于我国汽车物流发展的运营管理模式（见图 2-25）——VLSP 整车物流服务供应商管理模式（业界称为 3.5PL 模式）。这种模式既有 4PL 轻资产、资源集成管控的功能，又有核心物流资源自行投资运营的 3PL 特色，它将系统管理和实际运作有机结合，从而保障了该公

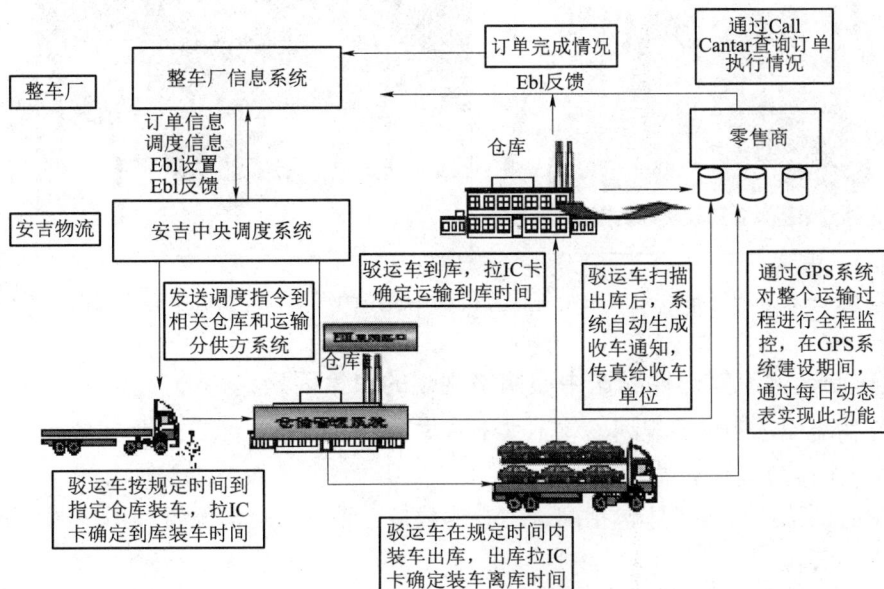

图 2-25 VLSP 整车物流服务供应商管理模式

司的持续、快速、良性发展，为该公司业务平稳发展壮大打下了坚实的基础。在汽车物流服务关键技术领域，通过集成创新与应用形成了安吉物流独特的竞争力和成套创新技术体系，在汽车物流乃至于一般物流行业具有引领和示范作用。

2.3.5 我国汽车制造物流配送中心规划设计

在我国汽车制造物流规划中，上海大众、上海通用在汽车制造零部件物流规划中主要是应用国外 TNT 公司的 Matrix、CAST 等计算机软件，对大型零部件物流仓库的设计采用计算机模拟与仿真技术，具有对物流中心管理、配送和优化等能力。通过 Matrix 软件分析将客户原有的零部件总库转变成一个多功能物流中心，加快物流中心周转效率，降低物流中心库存；通过对物流中心运输管理和规划能力的优化，降低物流成本，提高运营车辆满载率，降低平均运输时间，降低质损率和运输成本，缩短 OTD 时间，还可以优化企业自有车辆利用率，优化企业 CKD 业务和海外零部件订购业务流程，大幅提高汽车制造企业物流运输效率，显著降低企业物流供应链总成本。图 2-26 是安吉物流利用 Matrix、CAST 等计算机软件为上海通用、上海大众设计的汽车零部件物流中心的规划设计模拟仿真图形。

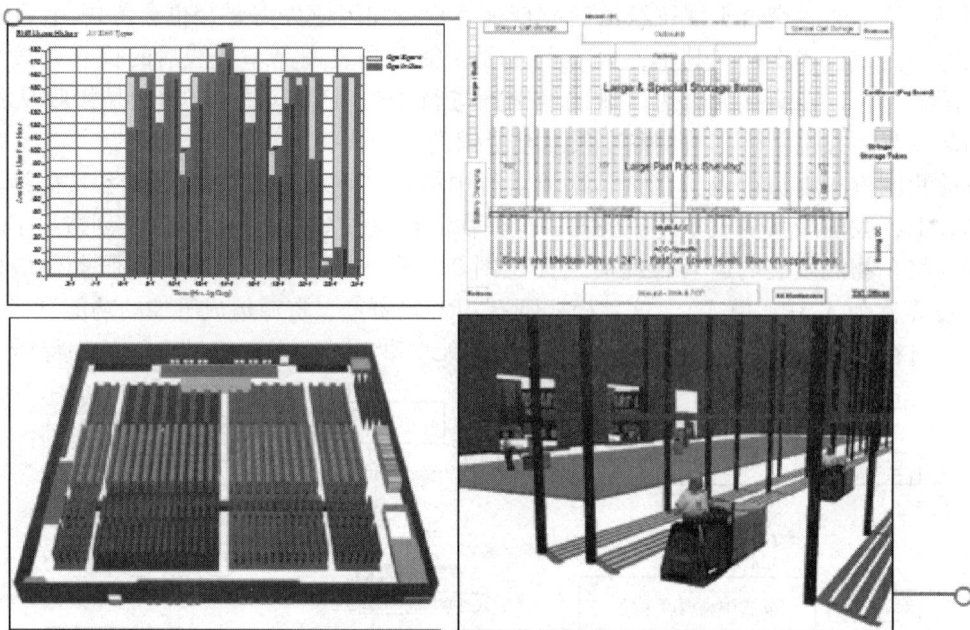

图 2-26 利用 Matrix、CAST 等计算机软件模拟的汽车制造物流中心规划设计图

1. 汽车制造物流零部件配送中心网络规划的决策因素

要做好物流配送网格的规划，就不得不考虑其决策因素，可归纳为三方面。

1）配送中心的选址决策

配送中心的选址决策具体包括配送中心的数量、地址、货源配置和用户区划分以及货物搬运设备选型等。

2）配送网络的货运决策

配送网络的货运决策具体包括货运方式和运输种类、承运商选择和一次配送、指定车载、配送路线或时间表设计以及人力的配备等。

3）配送中心网络的库存决策

配送中心网络的库存决策具体包括配送网络总的存货水平和存货地点的设置，各存货点的存货水平和安全库存量的控制，以及各存货点存货控制的决策依据等。

2. 汽车制造物流网络结构设计需要考虑的问题

（1）快速发展的汽车产业与储运设施的矛盾，与入厂零部件仓库（LOC）或售后区域仓库、4S 店的矛盾：整车厂增产后 LOC 库存压力急剧上升，现有 LOC 面积无法增加，或甚至 LOC 被其他车间征用；追加的 LOC 离现有库距离远，或甚至周边 5 km 内没有符合条件的 LOC；超过数量的零部件被严格拒收。

（2）与零部件运输的矛盾：整车厂增产后运输的准时到达率压力急剧上升；燃油紧张、货源充足时，没有严格合同制约的承运商，甚至纷纷提价；发生货损、丢失（包括返程料架）时的责任扯皮造成生产断线；零部件运输成本和制造成本（A、B 价）没有有效分离，从社会和经济层面看无法分离 A、B 价，或没有激励分离；零部件料箱、料架丢失率和损坏率双高，缺乏独立的料箱管理平台和统一维护、清洗机制；缺少管理周转箱、物流器具标准统一机制。

资源共享时零部件在储运过程中的保险和费率；资源共享时对物流服务的统一质量规范、紧急预案和付款；资源共享时成为独立的 3PL，当资源冲突时客户的利益保障。

（3）涉及各方的观念转变，如政府部门支持、企业的态度、各方的协同合作以及相关政策配套等诸多问题。包括需要使用什么样的设施，设施的数量、设施的位置，如何分配设施，设施之间使用的运输方式，以及如何进行服务。物流网络结构的设计需要确定承运物流工作所需的各类设施的数量和地点，还必须确定每一种设施怎样进行存货作业和储备多少存货，以及安排在哪里对顾客订货进行交付。物流设施的网络形成了一种据以进行物流作业的结构，于是，这种网络中便融合进了信息和运输能力，还包括与订货处理、维持存货以及材料搬运等有关的具体工作。

（4）企业物流网络的设计要考虑设计的空间和时间问题。空间或地理的设计要取决于各种设施（如工厂、仓库、零售点等）的地理位置，在确定各种设施的数量、位置时则要在以地理位置表示的客户服务要求和成本（生产、采购成本，库存持有成本，设施成本和运输成本）之间找到平衡。最初的物流网络设计者在讨论供给与需求的关系时，往往忽视物流设施的地理位置和整个网络设计的重要性，他们一般都假定物流设施的地理位置和运输成本的差异是不存在的或者在竞争对手之间是相等的。然而，随着现代物流的发展，被直接用于执行物流作业的设施的数量、规模，以及地理关系等都在一定程度上影响着向顾客提供服务的能力和成本。市场之间在地理上存在大量差异的事实是很容易说明的，因此一个网络的设计必须考虑地理上的变化。因此，在全国范围内进行营销的企业，必须将物流能力确立在为这些最基本的市场服务上。

类似的地理上的差异存在于材料和零部件来源的地点。当一家厂商涉及全球物流时，有关网络设计的问题就会变得更为复杂。物流网络的构造一般是围绕仓库进行的。企业的仓库数量影响因素较多，变化较大，且往往取决于企业产品的特征和销售方式、客户需求特点。仓库的地理位置对成本、配送效率、服务质量、安全库存、生产提前期等产生重要影响，因此必须精心计算，考虑仓库数量及每一个仓库的位置分布。

仓库的规模取决于对需求的预测和企业的库存战略考虑，也与该仓库的服务区域有较强的联系。企业在不同区域的各种产品销售量是不同的，决定了各个仓库储存的产品种类是各不相同的。因此，应综合考虑仓库总规模以及对不同产品在仓库内部空间分配上的区别。

物流网络设计的时间问题主要指为满足客户服务目标而保持的产品可得率的问题，即，通过缩短生产—采购订单的反应时间或在接近客户的地方保有库存以保持一定水平的产品可得率。制造企业在物流网络设计的时间问题上考虑的首要因素是客户获得产品的时间，而以时间为基础的物流网络决策也会影响物流设施的选址和数量。

3. 汽车制造物流供应链下网络规划内容

配送网络规划主要是运用数学方法对配送中心选址、配送线路优化和配送车辆的配备进行规划，在保证服务水平的前提下，尽可能降低货物在配送过程中的配送成本。配送网络规划的主要工作包括以下几方面。

1) 网络规划结构

网络规划结构是指物品从生产区域到消费区域的空间转移过程中移动（运输）和静止（中转集运、换装、分拣、库存、包装等）的控制策略与组织方式。配送结构决定了不同层次的节点在整个网络规划中承担的任务是不同的。功能不同，其设施条件也必然存在一定的区别。反映在对选址的要求上表现在层次越高的节点，所承担的中转任务越多，承担运距越远。集货、分货、配货单位越大，不同层次间的衔接常常通过不同运输方式的转换完成，因此，高层次的节点在选址上更加靠近交通运输枢纽；反之，最低层节点主要承担周期库存，进出库运输设备基本上都是卡车，适应范围广，选址时主要考虑地价等固定成本。

事实上，节点通常都起着连接不同运输模式的作用。对于网络规划的结构而言，因为竞争的压力和降低成本的期望，企业一般尽量会使其渠道扁平化，也就是说减少网络规划中的层次。所以目前使用的网络规划主要有两种类型。一种是多层次、多阶段的网络结构。目前使用较多的是两阶段的结构，即工厂→分销商→零售商（适用于较为传统的产业，如电器、零部件等），或是工厂→商家配送中心→零售商（多见于零售业，如沃尔玛等）。另外一种是随着电子商务的兴起而出现的一种网络结构，如直销，它是由厂家直接面对顾客，直接通过第三方物流公司来履行顾客的订单，即工厂→顾客（多见于高价值、低成本体积产品的产业）。

2) 网络设施选址

网络设施的选址问题考虑的是某一指定或不定的配送区域内，各需求点已给定的条件，选择配送设施的数量和最佳位置，使配送设施的运作成本及运输成本降到最低。选址决策涉及的影响因素非常多，其中运输成本和效率是配送设施选址决策中要考虑的重要因素。如果配送设施选址决策中各候选点地理环境、市场状况等非成本因素相差极小，可重点考虑运输成本和运营成本。进行设施决策，可建立相应的选址模型用于确定一个或多个设施的位置。在物流系统中，配送站点和运输线共同组成了物流网络，配送站点在网络的"节点"上，运输线就是连接各个"节点"的"线路"，从这个意义上看，节点决定着线路。具体地说，在一个具有若干资源点及若干需求点的经济区域内，物资资源要通过某一个配送站点的汇集中转和分发才能供应给各个需求。因此，根据供求的实际需要并结合经济效益等原则，在既定区域内设立多少个配送点，每个配送点的地理位置在什么地方，每个配送点应有多大规模（包括吞吐能力和存储能力），这些站点间的物流关系应该如何等问题就显得十分重要。而这些问题应该运用设施选址模型合理解决，但现有的选址模型一般只考虑运营费用、固定投资费用和运输费用，而不考虑客户的选择行为。

面向多个客户，需求量的分配也是一个值得研究的问题。设施选址模型也可以加入经济或者其他限定条件，运用模型的目的也可以是使各服务设施之间的距离最大或使其服务的人数总和最大。同时，也可以是在考虑其他已经存在设施影响的情况下，确定新设施的最佳位置。

图 2-27 给出了面向多目标客户的解决方案的技术架构，这是基于 CEVA 全球的运作经验和安吉天地物流公司在中国的物流运作的最佳实践：建立可应用于多客户的供应链管理系统平台；适用于多运作点的仓储、运行的系统化管理；为运作部门与客户提供个性化、功能完善、可视化的信息系统；实现了多客户整合、多业务整合、仓库整合的利益，提高仓库利用率与周转率，降低仓储成本，提高运输装载率与利用率，降低运输成本。

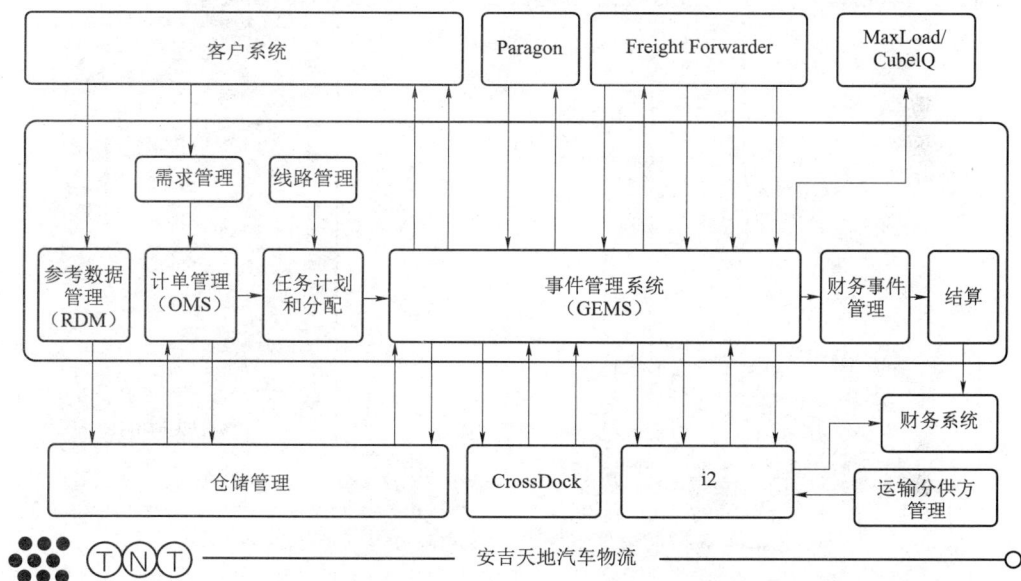

图 2-27　面向多客户的汽车制造物流集成化统一系统架构

3）配送线路优化

配送运输通常面对众多的用户，适合于批量小、种类多的商品的运输，路线短但繁杂。同一路线往返次数多，线路较为固定，即使一条线路一次运输节约费用不多，但由于次数多，总费用能降低很多。正是由于配送运输独有的特点，合理规划配送路线对配送成本的影响要比一般运输大得多，所以必须在全面计划的基础上，制订高效的运输路线，选择合理的运输方式和运输工具，通常把汽车作为主要的运输工具。这也是整个网络规划优化的关键环节。合理确定配送路线就是用最少的动力，走最短的里程，花最少的费用，经最少的环节，以最快的速度把货物运至用户手中。

确定配送路线涉及的因素很多，主要因素有运输距离、运输环节、运输工具、运输时间、运输费用等。合理配送中的路线选择问题实质上往往是多目标的，也就是说，一条从产品供应源的路线要受到一个以上的目标影响。目标可以是运输费用最少、运输风险最小、运行时间最短或需求满足情况最好等。在一般情况下，多目标配送路线选择的各个目标之间常常会发生冲突，例如，配送时间快了，配送费用不一定最省；或配送费用省了，而配送时间却不一定最短。这样就有可能没有任何一条配送路线是最佳的，配送费用最省的路线可能不是配送时间最短的路线。这时，就需要对各种目标进行综合比较分析，确定出其中一种较为满意的方案。在一般情况下，配送时间快、配送里程短、配送费用省是考虑合理配送的几个主要目标，它集中地体现了货物配送的经济效益。

路径规划原则是考虑到路径最优、频次合理、路线最优原则。在合理情况下，相应增加频次设定，确保路线结构、路径、频次设定最优化，运行公里数最经济。充分考虑实际情况，包括客户的工作时间、生产方式、采用系统（推动、拉动系统相结合），以及供应商产能、工作时间、产品质量、网络流量等实际情况，确保设计符合实际情况。

图 2-28 是根据一个供货体积的典型的主机厂的数据给出的物流供应商分类和归簇。

图 2-28　汽车制造物流供应商分类和归簇图

（1）按区域进行供应商归簇；

（2）计算每个供应商的供货体积；

（3）利用路经规划软件设计满车装运方案及 Milk-run 运输路线；

（4）为成本计算准备数据。

图 2-29 是上海通用对汽车制造零部件物流车辆路径进行全过程控制的 GPS 监控信息系统。

4）运输优化

运输优化主要包括运输方式和商品搭载的优化。在配送中心常将生产商送来的商品，按类别、品种分门别类存放到指定位置。进行配送时为了充分利用载货车辆的容量和提高运输效率，配送中心常把一条送货线路上不同用户的货物组合，配装在同一辆载货车上，这样不

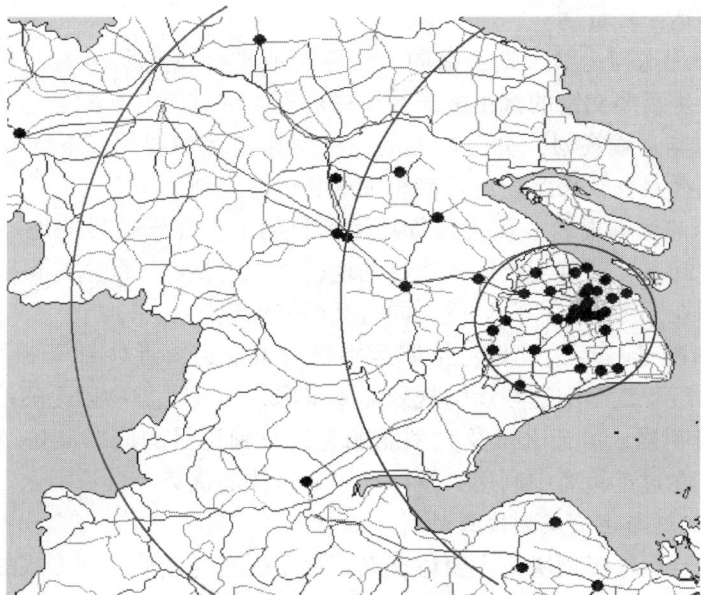

图 2-29 上海通用零部件物流车辆 GPS 监控信息系统

但能降低送货成本，而且可以减少交通流量、改变交通拥挤状况。因此，有必要对配送的产品合理分拣、配载。

在网络规划规划以上四项工作中，以网络规划结构和网络设施选址最为重要。因为配送线路优化和运输优化都是在网络规划结构和设施选址确定了之后，企业根据周围的环境和自己的能力才能做出的。尤其是相对于设施选址来说，只有设置的位置确定，分配给了配送设施之后，才有可能去进行运输路线的优化和运输的优化。一言以蔽之，前两者与后两者的关系比较类似于战略和战术的关系。所以一般情况下，做网络规划主要是做网络规划结构和网络设施选址的工作。

2.3.6 汽车制造物流运输规划、仓储规划

1. 汽车运输

汽车配送与运输规划在整个物流中占有很重要的地位，汽车配送与运输总成本占物流总成本的 35%~50%，占商品价格的 4%~10%。汽车配送与运输规划对物流总成本的节约具有举足轻重的作用。会计学将物流成本分为显性成本和隐性成本。

在我国现行的物流汽车配送与运输规划方式中，无论是自营物流、合营物流还是第三方物流，隐性成本占据了很重要的地位。这些隐性成本在物流汽车配送与运输规划过程中主要包括以下几个方面。

（1）返程或起程空驶：空车无货载行驶，是不合理汽车配送与运输规划的最严重形式。在实际汽车配送与运输规划组织中，必须调运空车。但是，因调运不当、货源计划不周形成的空驶，是不合理汽车配送与运输规划的表现。

造成空驶的不合理汽车配送与运输规划主要有以下几种原因：依靠自备车送货提货；单程空驶的不合理汽车配送与运输规划；由于工作失误或计划不周，造成货源不实；由于车辆

过分专用，无法搭运回程货物。

（2）对流汽车配送与运输规划：在同一线路上或平行线路上作相对方向的运送，而与对方运程的部分发生重叠交错的汽车配送与运输规划，称对流汽车配送与运输规划。

（3）迂回配送与运输规划：舍近取远的一种配送与运输规划。不选取短距离进行配送与运输规划，却选择路程较长路线进行汽车配送与运输规划。

（4）重复配送与运输规划：直接将货物运到目的地，在未达目的地之处，或目的地之外的其他场所将货卸下，再重复装运送达目的地，这是重复汽车配送与运输规划。另一种形式是，同品种货物在同一地点一面运进，同时又向外运出。

（5）过远汽车配送与运输规划：指调运物资舍近求远，近处有资源不调而从远处调，这就造成可采取的近程汽车配送与运输规划而未采取，拉长了货物运距的浪费现象。

（6）运力选择不当：由于火车及大型船舶起运及到达目的地的准备、装卸时间长，且机动灵活性不足，在过近距离中利用，发挥不了运速快的优势，延长配送与运输规划时间。

1）提高汽车配送与运输规划决策的科学性

物流汽车配送与运输规划决策主要体现在：汽车配送与运输规划方式的选择；汽车配送与运输规划服务商的选择；汽车配送与运输规划路线的选择；汽车配送与运输规划计划编制及汽车配送与运输规划能力配备等。

2）最短路径的汽车配送与运输规划路线

在路线的选择中，运用最短路径算法，大多根据距离来进行，但汽车配送与运输规划路线最短并不是最优的选择，要考虑两地交通便利条件、路面状况、两地距离和运送成本。

在算法中引进这样的运算机制：将路径的权数变成一种综合评定指标，对距离、现有的交通条件、交通工具进行综合评估，选择合适的路径。在实际的汽车配送与运输规划过程中可能会遇到下面的一些情况：选择交通工具的时候虽然有着距离上的差距，选择路径要与汽车配送与运输规划交通工具结合起来，并考虑运送的速度和成本的关系。因此，选择期望的汽车配送与运输规划方式时，至关重要的问题就是如何平衡汽车配送与运输规划服务的速度和成本，计算总的成本，按照成本最低的原则选择合适的路线和汽车配送与运输规划方式。开展中短距离铁路、水路与公路分流，从而加大这一区段的汽车配送与运输规划通过能力；充分利用公路从门到门和在中途汽车配送与运输规划中速度快且灵活机动的优势，实现铁路配送与运输规划服务难以达到的水平；尽量发展直达配送与运输规划。直达的优势，尤其是在一次汽车配送与运输规划批量和用户一次需求量达到了一整车时表现最为突出。通过汽车配送与运输规划问题，改进汽车配送与运输规划调运。配送与运输规划中空车汽车配送与运输的事实很难改变，需要通过完善计划来减少这种资源的浪费。但要减少配送与运输规划中空车和无货汽车配送与运输的现象，需将出现空车的地点和需要的地点重新规划。

以成本最小和减少隐性成本为目的，运用运筹学的方法来做决策。当然在实际的运用过程中还要考虑汽车配送与运输规划产品的特性，包装装卸以及运送消耗的时间。这种方法也可以用来确定汽车配送与运输规划所需要的总资源，比如，如果知道配送与运输规划，汽车整车厂的固定的配送与运输规划路线和班次，就可以知道每天需要多少配送与运输规划工具，按照同样的办法来解决。这个方法对于汽车配送与运输规划汽车整车厂的某个项目，或者是固定配送与运输规划路线很实用。为了更好地解决空车运输规划的问题，可以将汽车配送与运输规划工具改进，使它具有更大的柔性。通常情况下，比如在去往 A 地的车辆中可能会运送不同的物品，需要改进，进行集中调运，这需要做好市场需求预测与调配工作，同时要与配送与运输规划供应商保持良好的关系。图 2-30 是安吉物流为上海大众、上海通用汽车制造物流设计的国内的上万条线路的公路运输网络规划图。

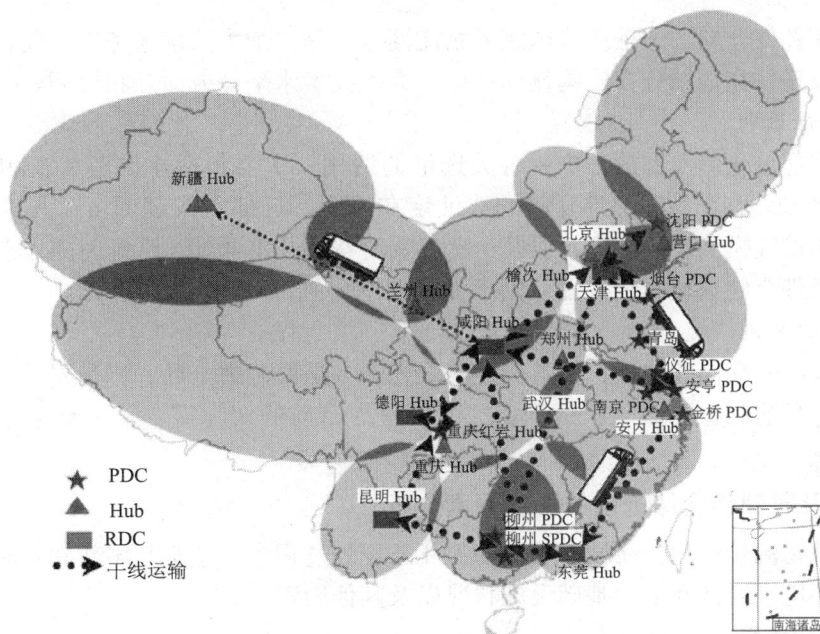

图 2-30　安吉物流为核心客户设计的汽车物流公路运输网络路线规划

3）发展社会化的汽车配送与运输规划体系

汽车制造物流运输规划社会化的含义是发展汽车配送与运输规划的大生产优势，实施专业分工，使社会化的物流形成良好的第三方物流，形成一种物流产业，这不仅能提高整个供应链的效应，而且还能够促进物流产业本身的完善和发展。构建物流集团，增强国际竞争能力。组建配送与运输规划物流集团公司，形成辐射全国铁路、水运、公路联运网络，在速度、成本、管理上占据竞争优势。建成全国商品车物流配送中心，形成全国汽车连锁网点，提供物流配送，同时尝试开展社会化物流配送服务，降低成本，提高竞争能力。组建区域性仓储集团公司，在主要港口码头和交通枢纽建立大型仓储，适应日益扩大的汽车制造零部件物流量，为企业提供仓储服务。建立物流信息网络，为用户提供配送、运输规划，加工、仓储、配送和技术咨询为一体的新型物流信息，形成我国汽车物流业竞争优势，壮大和发展我国汽车制造物流业。汽车制造物流配送与运输规划中的成本问题是我国汽车制造物流管理成本中一项重要指标，解决各项成本必须找出物流中的各种问题。应用科学的方法和手段，先进的信息技术是汽车制造物流社会化的条件，因此科学技术和方法是解决我国汽车制造物流问题的关键。

2. 整车及零部件仓储选址的原则

整车及零部件仓储的选址过程应同时遵守适应性原则、协调性原则、经济性原则和战略性原则。

1）适应性原则

整车及零部件仓储的选址需与国家以及省市区的经济发展方针、政策相适应，与我国物流资源分布和需求分布相适应，与国民经济和社会发展相适应。

2）协调性原则

整车及零部件仓储的选址应将国家的物流网络作为一个大系统来考虑，使整车及零部件仓储的设施设备，在地域分布、物流作业生产力、技术水平等方面互相协调。

3）经济性原则

整车及零部件仓储发展过程中，有关选址的费用，主要包括建设费用及物流费用（经营费用）两部分。整车及零部件仓储的选址定在市区、近郊区或远郊区，其未来物流活动辅助设施的建设规模和建设费用，以及运费等物流费用是不同的。选址时应以总费用最低作为整车及零部件仓储选址的经济性原则。

4）战略性原则

整车及零部件仓储的选址，应具有战略眼光。一是要考虑全局，二是要考虑长远。局部要服从全局，目前利益要服从长远利益，既要考虑目前的实际需要，又要考虑日后发展的可能。

3. 整车及零部件仓储选址的影响因素分析

运用现代物流学原理，在城市现代物流体系规划过程中，整车及零部件仓储的选址主要应考虑自然环境、经济环境、基础设施状况以及其他因素。

1）自然环境因素

自然环境因素主要包括以下几个方面。

（1）气象条件。整车及零部件仓储选址过程中，主要考虑的气象条件有温度、风力、降水量、无霜期、冻土深度、年平均蒸发量等指标。如选址时要避开风口，因为在风口建设会加速露天堆放的商品老化。

（2）地质条件。整车及零部件仓储是大量商品的集结地。某些容重很大的建筑材料堆码起来会对地面造成很大压力。如果整车及零部件仓储地面以下存在着淤泥层、流砂层、松土层等不良地质条件，会在受压地段造成沉陷、翻浆等严重后果，因此土壤承载力要高。

（3）水文条件。整车及零部件仓储选址必须远离容易泛滥的河川流域与上溢的地下水区域。要认真考察近年的水文资料，地下水位不能过高，洪泛区、内涝区、故河道、干河滩等区域应绝对避开。

（4）地形条件。整车及零部件仓储应地势高、地形平坦，且应具有适当的面积与外形。若选在完全平坦的地形上是最理想的；其次选择稍有坡度或起伏的地方；对于山区陡坡地区则应该完全避开；在外形上可选长方形，不宜选择狭长或不规则形状。

2）经营环境因素

经营环境因素主要包括以下几个方面。

（1）经营环境。整车及零部件仓储所在地区的优惠物流产业政策对物流企业的经济效益将产生重要影响。数量充足和素质较高的劳动力条件也是整车及零部件仓储选址考虑的因素之一。

（2）汽车零部件商品特性。经营不同类型的整车及零部件商品仓储，最好能分别布局在不同地域。如生产型整车及零部件仓储的选址应与区域的产业结构、产品结构、工业布局紧密结合。

（3）物流费用。物流费用是整车及零部件仓储选址考虑的重要因素之一。大多数整车及零部件仓储选择接近物流服务需求地，例如接近大型工业、商业区，以便缩短运距，降低物流费用。

（4）服务水平。服务水平是整车及零部件仓储选址的考虑因素。能否实现准时运送是衡量物流服务水平高低的重要指标，因此，在整车及零部件仓储选址时，应保证客户在任何时候向整车及零部件仓储提出的物流需求，都能获得快速满意的解决。

3）基础设施状况

基础设施状况主要包括以下几个方面。

（1）交通条件。整车及零部件仓储必须具备方便的交通运输条件。最好靠近交通枢纽布局，如紧临港口、交通主干道枢纽、铁路编组站或机场。最好有两种以上运输方式相连接。

（2）公共设施状况。整车及零部件仓储的所在地，要求城市的道路、通信等公共设施齐备，有充足的供电、水、热、燃气的能力，且场区周围要有污水、固体废物处理能力。

4）其他因素

（1）国土资源利用。整车及零部件仓储的规划应贯彻节约用地、充分利用国土资源的原则。整车及零部件仓储一般占地面积较大，周围还需留有足够的发展空间，为此地价的高低对布局规划有重要影响。此外，整车及零部件仓储的布局还要兼顾区域与城市规划用地的其他要素。

（2）环境保护要求。整车及零部件仓储的选址需要考虑保护自然环境与人文环境等，尽可能降低对城市生活的干扰。对于大型转运枢纽，应适当设置在远离市仓储区的地方，使大城市交通环境状况能够得到改善，城市的生态环境得以维持和保护。

（3）周边状况。由于整车及零部件仓储是火灾重点防护单位，不宜设在易散发火种的工业设施（如木材加工、冶金企业）附近，也不宜选择居民住宅区附近。

整车及零部件仓储中心在选址时，应根据城市特点，采取不同的策略。

大中城市的整车及零部件仓储应采用集中与分散相结合的方式选址。在中小城镇中，因整车及零部件仓储的数目有限且不宜过于分散，故宜选择独立地段。在河（江）道较多的城镇，商品集散大多利用水运，整车及零部件仓储可选择沿河（江）地段。应当引起注意的是，要防止将那些占地面积较大的综合性整车及零部件仓储放在城镇仓储地带，以免带来交通不便。

不同类型整车及零部件仓储选址时的注意事项包括：

（1）转运型整车及零部件仓储。转运型整车及零部件仓储大多经营倒装、转载或短期储存的周转类商品，大都使用多式联运方式，因此一般应设置在城市边缘地区交通便利的地段，以方便转运和减少短途运输。

（2）储备型整车及零部件仓储。储备型整车及零部件仓储主要经营国家或所在地区的中、长期储备物品，一般应设置在城镇边缘或城市郊区的独立地段，且具备直接而方便的水陆运输条件。

（3）综合型整车及零部件仓储。整车及零部件仓储经营的商品种类繁多，根据商品类别和物流量选择在不同的地段，例如与居民生活关系密切的生活型整车及零部件仓储，若物流量不大又没有环境污染问题，可选择接近服务对象的地段，但应具备方便的交通运输条件。

2.4 汽车制造系统供应链整体规划的策略

2.4.1 汽车制造物流供应链概念

供应链的概念是随着世界物流理论与实践的发展而产生的，传统的流通渠道的概念已不能适应生产、流通与消费之间日益紧密的联系，而供应链管理已成为企业进行渠道管理的新需求。

供应链涉及将产品或服务提供给最终消费者的过程和活动的上游及下游企业组织所构成的网络。比如，衬衣制造商是供应链的一部分，它的上游是化纤厂和织布厂，下游是分销商和零售商，最后到消费者。按定义，这条供应链的所有企业都是相互依存的，但实际上它们却彼此并没有太多的协作。

供应链管理与传统上所讲的渠道成员之间的纵向联合是不同的。通常所说的纵向联合指上游供应商与下游客户之间在所有权上的纵向合并，以前人们认为这是一种理想的渠道战略，但现在企业更多的是注重其发挥核心业务的优势，纵向合并则失去了魅力，"资源外购"则除了自己的核心业务外，其他所需要的产品或服务一律从其他企业采购而来，这成为当今企业发挥自己专长的一种策略。比如，汽车制造商可能生产一辆汽车所需的所有零部件，但现在则将这些零部件的生产任务包给其他专业性制造商，自己只是将这些成品零部件进行组装。计算机制造商更是如此，它们采取 OED（原始设备设计）和 OEM（原始设备制造）方式，将计算机芯片及其他配套器件及设备委托给有实力的专业公司去设计和生产，这些公司可能位于世界上劳动力比较便宜的几大洲，然后通过其高效的全球供应链系统合理、快速地组织物流，将这些计算机组件运往某个洲的装配中心进行组装、检测，再配送给最终客户。

汽车制造物流供应链一体化管理概念运行模式，包括汽车零部件入厂物流、主机厂零部件入厂物流、整车物流、零部件采购物流、零部件售后物流、滚装码头、海外零部件供应商与下游顾客（如分销商、零售商）之间的合作（见图 2-31）。直至今日，许多企业仍然想将自己的成本降低或利润增加计划建立在损害供应链与其他成员的利益的基础之上。这些企业没有认识到将自己的成本简单地从上游转移到下游并不能使自己增强竞争力，因为所有这些成本都要转嫁给最终消费者。因此世界级的公司并不这么做，它们力图通过增加整个供应链提供给消费者的价值，减少整个供应链的成本的方法来增强整个供应链的竞争力。它们知道，真正的竞争不是企业与企业的竞争，而是供应链与供应链的竞争。

2.4.2 汽车制造物流供应链的整体规划设计

在 SAP 的 APO 系统中，网络供应计划（Supply Network Planning，SNP）的层次位于需求计划 DP 和生产计划 PP 之间。如果说 DP 为企业提供了长期决策的依据，那么 SNP 就为有效利用生产能力、运输能力、供应能力、季节性库存以及平衡需求和供给提供了制订中期计划的方法。在 SNP 系统中，主要表现为：

（1）可对整条供应链进行计划，在供应链上各个相关节点上的库存可以被 SNP 综合

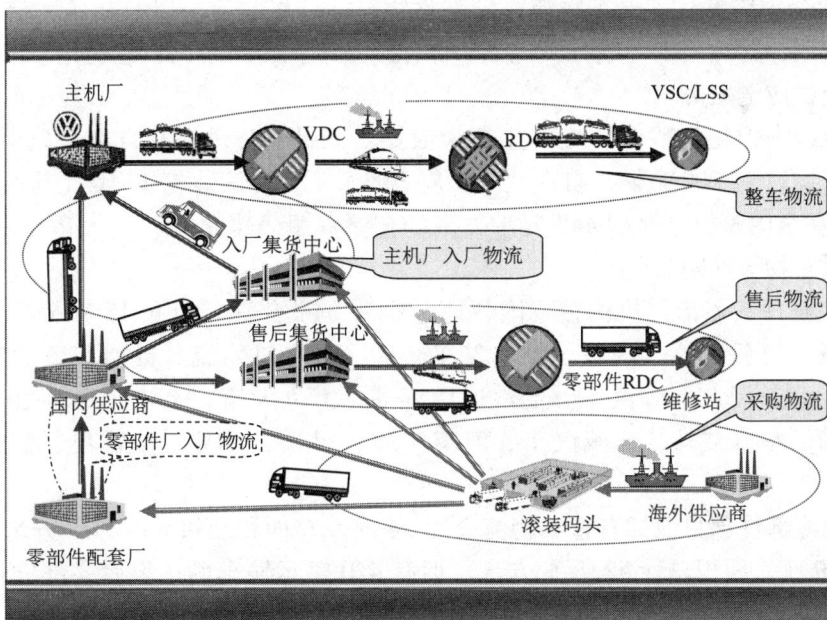

图 2-31 汽车制造物流供应链一体化管理概念运行模式

考虑。

（2）SNP 可以对整条供应链进行计划，并对基于整条供应链上各环节的可用生产能力、运输和仓储资源等进行同步考虑，并对成本进行优化。

（3）根据整条供应链上每天的需求，计算相应的供应并与各环节的瓶颈资源进行对比。

（4）根据订单种类定义不同的优先级，然后制订计划，为计划员提供提示信息。

（5）可以对假设的订单状况进行模拟。

APO 的 SNP 将供应链上的采购、制造、分销和运输等一系列相关活动集成一体，构建一个全局一致的一体化供应模型，来模拟和执行所有的战术计划和采购供应定点的决策。

2.5 汽车制造物流项目规划案例与实践

本节以安吉汽车物流有限公司（以下简称安吉物流）物流规划项目作为案例进行分析讨论。

2.5.1 公司简介

安吉物流成立于 2000 年 8 月，是上汽集团旗下的全资子公司。作为国内从业最早、规模最大的整车物流服务供应商之一，安吉物流目前是上海大众、上海通用、上汽通用五菱和上汽汽车的整车物流总包方，并涉及天津丰田、广州丰田、深圳比亚迪、海南马自达、东风日产、重庆长安、北京现代、中国一汽大众等国内主要汽车生产厂家的部分整车物流业务。

安吉物流是全球业务规模最大的汽车物流服务供应商，共有员工 17 000 人，拥有船务、铁路、公路等 10 家专业化的轿车运输公司以及 50 家仓库配送中心，仓库总面积超过 440 万平方米，年运输和吞吐量超过 570 万辆商品车，并且全部实现联网运营。公司以"服务产品技术化"的理念，从事汽车整车物流、零部件物流、口岸物流，以及相关物流策划，物流技术咨询、规划，管理培训等服务，提供一体化、技术化、网络化、透明化、可靠的独特解决方案的物流供应链服务。

整车物流以安吉物流整车物流事业部为依托，下属子公司拥有自有公路运力 3 000 余辆，加盟公路运力 12 000 余辆，自有铁路车皮 348 节，自有滚装轮 13 艘（其中海轮 10 艘、江轮 3 艘）。在全国管控总面积 440 万平方米的仓储资源，建立了"十大运作基地"，形成了全国性的整车物流网络。

安吉物流管理的零部件机构在全国各地分布着 6 家合资公司和 18 家分公司，核心业务是入厂物流、售后物流、网络运输、整车仓储、进出口物流。目前服务的客户主要有上海大众、上海通用、上海汽车、上汽通用五菱、上汽大通、上汽依维柯红岩、上汽汇众、一汽丰田、华晨宝马、长城汽车、河南宇通、伊顿、TRW、法雷奥、菲亚特、华域等汽车公司。

安吉物流零部件部目前拥有整车物流仓库 24 座，总面积超过 440 万平方米；入厂零部件物流仓库 10 座，面积总计 52 万平方米，拥有 420 辆运输车辆；售后零部件物流仓库 14 座，面积总计 15 万平方米，拥有移动装卸设备近 400 辆。

目前，安吉物流口岸服务的客户主要有上海大众、上海通用、上汽通用五菱、安徽奇瑞、浙江吉利、安徽江淮、海南马自达等国内客户和宝马、奔驰、保时捷、法拉利、宾利、丰田、斯巴鲁、双龙等国外客户。

2.5.2   区域化管理规划

随着安吉物流市场的不断扩大，订单数增多，承运车辆品牌也在不断增加，合作伙伴遍布全国。多种运输方式的协调和整合给安吉物流整车运输带来了新的挑战。为了能够给供应商及时、准确地运输商品车，采用什么样的配载方案，安排哪种运输方式，经由什么路线，什么时候发货使运输时间最短、线路最优、成本最低、回程空载率低等，都是安吉物流面临的问题，针对这些问题安吉物流提出了区域化管理方案。区域化管理可以使安吉物流管理系统化、信息平台网络化、运输线路简单化，有利于安吉物流的全面发展。通过对安吉物流合作伙伴分布的了解，安吉物流在全国划分出七个区域实行区域化管理，对每个区域化中心的基本功能进行建设。尤其是选址，考虑多方面的因素，最后确定以南京、上海为安吉物流公司总中心，沈阳、天津、西安、武汉、重庆、广州、海口等大中型城市为区域化管理中心，其中重点对沈阳进行了细致的研究。区域化管理的实行，无疑将会给安吉物流带来新的发展前景。图 2-32 为物流区域化规划基本功能。

物流区域化管理中心的建设，可以让安吉物流把商品车运到区域化管理中心。商品车在此集中管理，管理中心同时负责区域化中心附近省份的一切商品车需求以及物流活动。物流区域化管理的综合功能还体现在发挥有效衔接作用上，主要表现在要实现公路、铁路、水运等多种不同运输形式的有效衔接。作为一个物流区域化管理中心，它的服务区域不仅仅按行政区域来划分，而且考虑了它的辐射半径，这个半径很可能不再局限于某个行政区域，而是一个经济区域。物流区域化管理除了承担以上功能之外，还包括实现信息系统的构筑、专业人才的培养培训、产业政策的研究制订、物流理论研究探讨，等等。

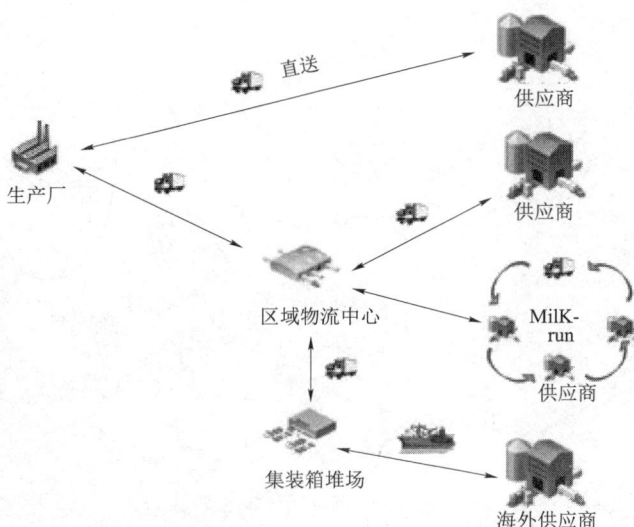

图 2-32 物流区域化规划基本功能图

1. 安吉物流区域化管理中心的设置

1) 安吉物流网络系统优化

为了优化安吉物流运输网络系统，现分析实行区域化管理、区域化管理的中心设置问题。模型设置假设：

（1）忽略地租等因素的影响。认为建立区域化管理的中心固定成本相同，为了达到成本最低，区域化管理中心尽可能覆盖。

（2）不考虑区域内交通因素的影响。设定在所研究的所有网点的最大服务上限一致，超过此上限则达不到时效性的要求。

（3）遵循候选网点的四大基本原则之一——供需求平衡原则。战略一致，效益最大化，微观区域最优原则，商品车的业务量和运输路线对企业的利益最大化起决定性作用，但在业务量不确定的情况下，只考虑网点之间的距离，采取直线距离。

（4）所选的网点皆为大中型城市，交通设施比较完备，各个网点之间的运输方式一般采取航运或大型货车、火车，符合建立中转站的条件。

（5）站在企业未来发展的角度，有些城市之间并没有业务往来，但基于企业扩张的战略，假设在一定区域内与各个网点质检部有业务往来。

基于以上假设，建立最大覆盖模型的目标是对有限的服务网点进行选址，为尽可能多的对象提供服务最大覆盖模型图，见图 2-33。

2) 区域化中心选址模型的建立

覆盖模型符号定义如下：

N——区域内客户群集合点的集合，$N = \{1, 2, \cdots, n\}$；

M——区域内候选网点的集合，$M = \{1, 2, 3, \cdots, m\}$；

d_j——第 i 个需求点的需求量；

D_j——第 j 个候选中该设施点的服务能力（容量）；

p——可以建设的设施项目；

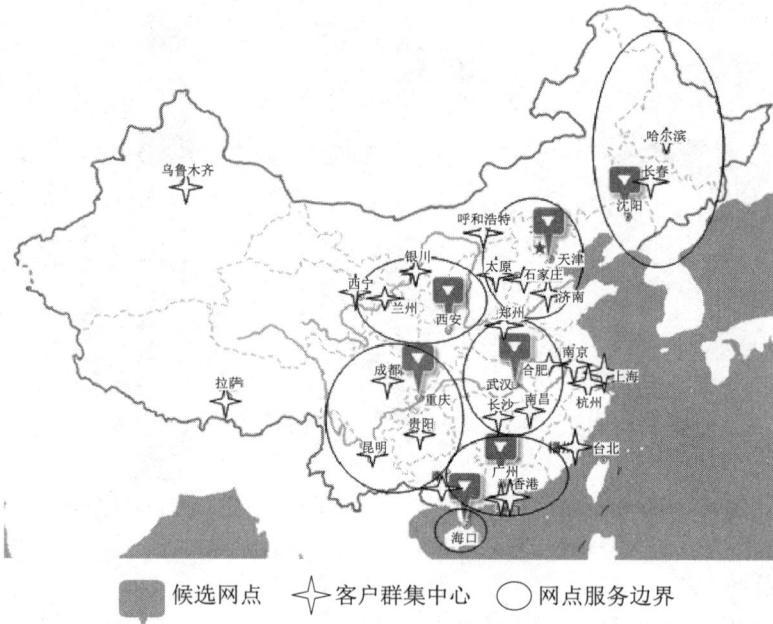

图 2-33　最大覆盖模型图

$A(j)$——设施节点 j 所可覆盖的所有需求节点 i 的集合；

$B(i)$——可以覆盖需求节点 i 的设施节点 j 的集合；

$X_j - X_j = ?$（此时 $j \in M$）

分两种情况讨论：

① 在 j 点建立设施，则等于 1；

② 不在 j 点建立设施，则等于 0；

Y_{ij}——节点需求中被分配设施点 j 的部分。

则数学模型可表示为：

$$\max \sum_{j \subset N} \sum_{i \subset A(j)} d_i y_{ij} \tag{3.1}$$

$$\text{s.t.} \sum_{j \subset B(f)} y_{ij} \leq 1, \ i \in N \tag{3.2}$$

$$\sum_{i \subset A(f)} d_i y_{ij} \leq D_j x_j, \ j \in M \tag{3.3}$$

$$\sum_{j \subset M} x_j = p \tag{3.4}$$

$$x_j \in \{0, 1\}, \ j \in M$$

$$y_{ij} \geq 0, \ j \in N, \ j \in M$$

（3.1）式是满足最大可能的需求提供服务。

（3.2）式是需求的限制，服务不可能大于当前的总和。

（3.3）式是对每个提供服务的网点的服务能力的限制。

（3.4）式则是问题本身的限制，也就是说，最多可能投建设施的数目为 p。

模型求解：

（1）数据搜集。关于各行政分区城市的经纬度如表 2-6 所示。

表 2-6 各行政分区城市的经纬度

行政分区	城市	纬度	经度
东北	沈阳	41.48	123.25E
华北	北京	39.55	116.24
	天津	39.02	117.12
华东	上海	31.14	121.29
	南京	32.03	118.46
东南	厦门	24.27	118.06
华中	武汉	30.35	114.17
	重庆	29.35	106.33
	西安	34.17	108.57
华南	广州	23.08	113.14
	海口	20.10	110.19

（2）安吉物流网点坐标。地球赤道上环绕地球一周共 40 075.04 km，而每一圈分成 360°，而每 1°有 60′，每一度在赤道上的长度为 40 075.04/360 = 111.319 55（km）；每［角］秒在赤道上的长度为（111.319 55×1 000)/60 = 1 855.3（m）

而每一分又有 60 s，每一秒就代表 1 855.3m/60 = 30.92（m）。任意两点距离计算公式为：

$$d = 111.32\cos\{1/[\sin\phi A\sin\phi 3 + \cos\phi A\cos\phi B\cos(\mu B - \mu A)]\}$$

其中，A 点经度、纬度分别为 μA 和 ϕA，B 点经度、纬度分别为 μB 和 ϕB，d 为距离。

例北京到天津的直线距离：

$$d = 111.32\cos\{1/[\sin 39.02\sin 39.55 + \cos 39.02\cos 39.55\cos(117.12 - 116.24)]\} = 118.5(\text{km})。$$

由上述方法，可以精确地计算出安吉物流业务全国城市网点的直线距离。

2. 安吉物流区域化中心的选址

1）东北地区

沈阳，辽宁省省会，东北地区的政治、经济、金融、文化、交通、信息和旅游中心，中国 15 个副省级市之一，中国七大区域中心城市之一，中国特大城市，东北最大的国际大都市。沈阳也是我国最重要的重工业基地，素有"东方鲁尔"的美誉。沈阳位于环渤海经济圈之内，是环渤海地区与东北地区的重要结合部。安吉物流在沈阳沈海物流园区建区域化管理中心，可实现安吉物流对黑龙江、吉林、辽宁三省的区域化管理。安吉物流在沈阳与上海通用沈阳基地有合作，还与长春一汽有合作。在这里进行区域化管理，还能实现对长春一汽的合理配送。

2）华北地区

在天津建物流区域化管理中心。天津，中国北方著名港口城市，交通比较发达，具有地理优势，能从上海、南京通过水运供货。主要负责北京、天津以及河北的商品车的一切供运和各种物流活动。在华北，安吉物流还与天津丰田、北京现代等有合作，返程的时候能将北京、天津的商品车运往途经之地。

3）华中地区

武汉，湖北省省会，华中地区中心城市，长江中下游特大城市之一。长江及其支流汉江横贯市区，将武汉一分为三，形成武昌、汉口、汉阳三镇跨江鼎立的格局。

武汉是长江中下游地区重要的产业城市和经济中心，中国重要的科教中心，也是全国重要的交通枢纽。在武汉建区域化管理中心，能实现对附近省份的区域化管理。建在武汉经济技术开发区物流园区的区域化管理中心，依托武汉开发区腹地产业优势，以汉阳王家湾医药物流港口和常福汽车及机电产品物流集聚区为重要载体，面向开发区及周边大型制造业企业，承担汽车整车及其零部件、配套件、原材料等产品的专业仓储、运输、配送、装卸、包装、加工、信息、商品展示、进出口中转、区域商品分拨、货运代理等物流服务。

4）西南地区

在重庆建物流区域化管理中心。重庆，全国综合交通枢纽之一，公路（见图2-34）、水路、铁路运输都比较发达。长江贯穿重庆，能充分利用水路运输来降低成本。建在这的物流区域化管理中心，通过总公司直接进货，再对附近省份和附近仓库供货。安吉物流还与重庆长安有合作，把上海、南京的商品车运到重庆，返程时将重庆长安的商品车运往湖北、安徽及上海、南京等地。区域化管理中心建在重庆寸滩物流园区内（见图2-35）。

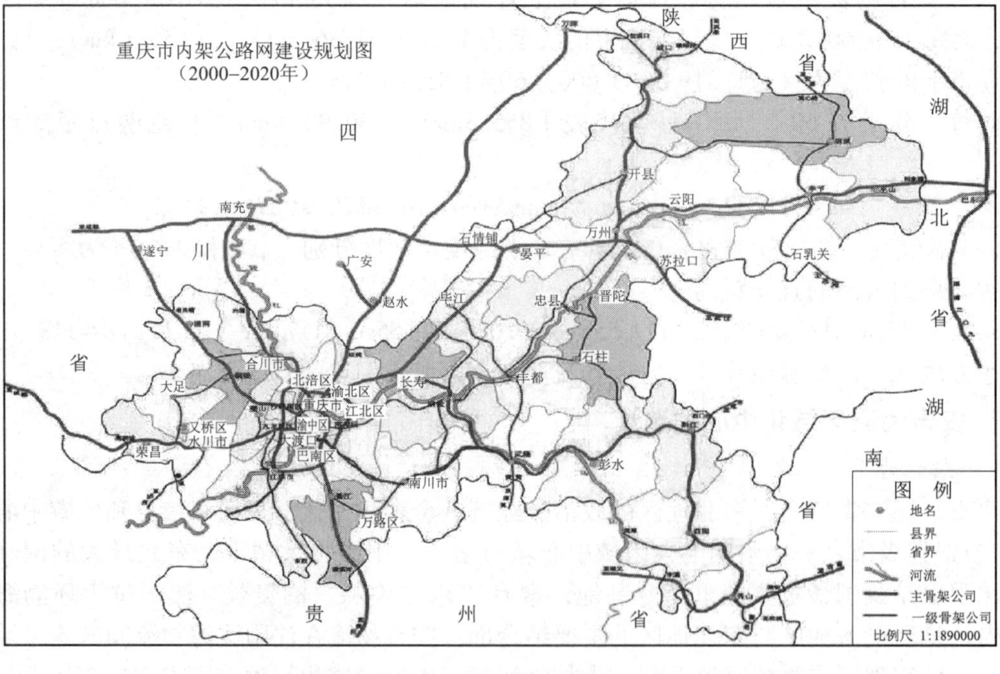

图2-34 重庆市骨架公路网建设规划图（2000—2020年）

（5）西北地区

在西安建立物流区域化管理中心。西安是中国七大区域中心城市之一，亚洲知识技术创新中心，新欧亚大陆桥中国段和黄河流域最大的中心城市。西安建物流区域化管理中心，负责陕西、宁夏、甘肃、山西一切商品车的供运和其他服务。区域化管理中心建设在西安国际港务

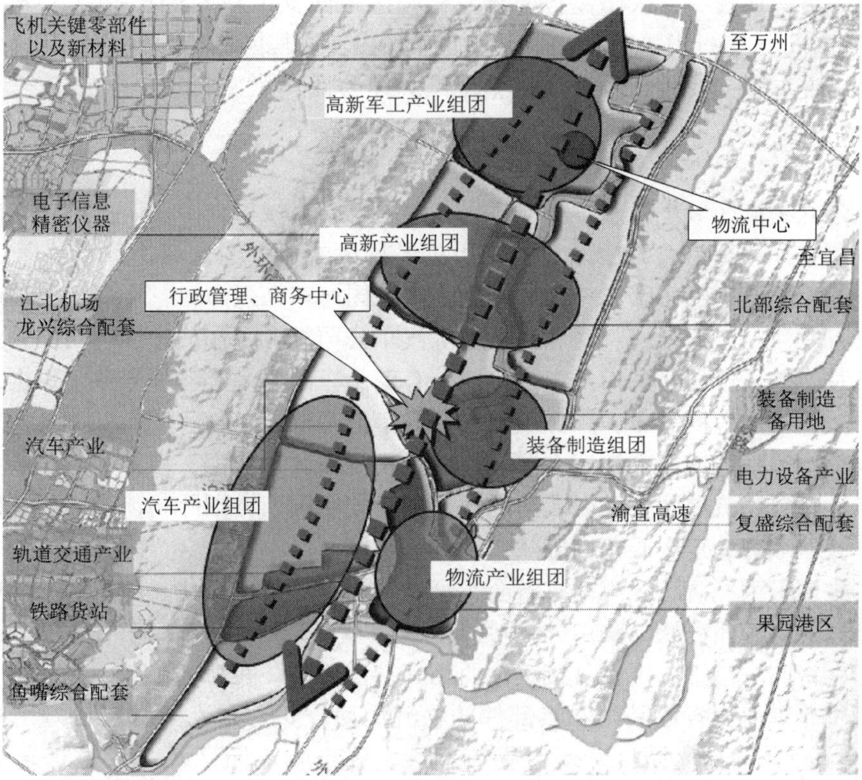

图 2-35　重庆寸滩物流园区建设图

区。西安国际港务区是陕西省"十一五"重大建设项目，地处西安市东北部霸渭三角洲，西沿霸河，北至铁路北环线，东至西韩公路，南至城市三环和西安绕城高速，规划建设范围为44.6 km²，是西安经济社会发展和城市建设"北扩、东拓、西联"的前沿区域（见图 2-36）。

图 2-36　西安国际港务区图

西安国际港务区交通便利，区位优势明显，核心区距西安市新的行政中心 5 km，距西安咸阳国际机场 28 km。窑村飞机场就位于国际港务区内。通往园区的西安绕城高速公路与京昆高速、连霍高速、陕沪高速、包茂高速等全国高速公路网紧密相连，形成了"米"字形高速公路网络。

（6）华南地区

在广州建立物流区域化管理中心。广州是中国第三大城市，中国南大门，华南地区的经济、文化、科技和教育中心，中国最大、历史最悠久的对外通商口岸，世界著名的港口城市。广州地处广东省南部的珠江三角洲，濒临南中国海珠江入海口，毗邻港澳地区，地理位置优越。安吉物流与广州丰田、深圳比亚迪等汽车公司都有合作。建在广州的物流区域化管理中心，负责广东、广西、湖南及海南等地所有商品车的供运及各种服务。根据需要，返程时运载丰田、比亚迪等商品车，降低了返程空载率。

广州拥有空港、黄埔、南沙三大国际枢纽型物流园区，花都、白云、芳村、番禺、增城等五大区域性综合物流园区。三大园区的建立将奠定中国南方国际物流中心的基础地位。通过比较，物流区域化管理中心建在广州黄埔物流园区。

海口，中国最大经济特区海南省省会，全省政治、经济、文化、商贸和交通中心。地处海南岛北部，北濒琼州海峡，隔 18 海里（1 海里 = 1.852 千米）与广东省海安镇相望；东与文昌市相邻，南与文昌市、定安县接壤，西面邻接澄迈县。在海南单独建立的物流区域化管理中心，负责管理海南省商品车和零部件的物流活动。安吉物流同时还与海南马自达有密切合作。海南有金马物流园区、新海物流园区、临空物流园区等。经过综合分析，区域化管理中心设在临空物流园。临空物流园区位于海口市美兰区灵山镇琼秀村，海榆东线 16～17 km 东侧，地处美兰国际机场入口处，距离机场候机大楼 1 600 m，位置得天独厚，交通条件极好，土地成本较低。

综上所述，安吉物流目前建立了一个庞大的区域网，覆盖了国内近 26 个省区、近 200 个大中城市及 900 个县级市或城镇。七个区域化管理中心覆盖范围如表 2-7 所示。

表 2-7 安吉物流七个区域化管理中心覆盖范围

物流区域化管理中心	覆盖范围
沈阳	黑龙江、吉林、辽宁
天津	北京、天津、河北、山东、山西
西安	陕西、宁夏、甘肃、山西、河南、湖北、四川
武汉	湖北、河南、安徽、江西、湖南
重庆	重庆、四川、贵州、云南、湖南、湖北、陕西
广州	广东、广西、湖南、江西、福建、香港、澳门
海口	海南、广东

安吉物流对到西藏、新疆、内蒙古选择了外包方式，没有纳入区域化管理。

知识拓展

我国汽车物流行业发展中的挑战

随着中国经济的持续发展和人民生活水平的日益提高，中国市场的汽车消费迅速增长，为中国汽车物流企业提供了广阔的市场需求空间，促进了中国汽车物流企业的发展壮大。汽车物流是汽车供应链上原材料、零部件、整车以及售后配件在各个环节之间的实体流动过程。广义的汽车物流还包括为废旧汽车回收提供的物流服务。汽车物流在汽车产业链中起到桥梁和纽带的作用，是实现汽车产业价值流顺畅流动的根本保障，也是物流领域的重要组成部分，具有与其他物流种类所不同的特点。

一、我国汽车物流业经历了三个发展阶段

1990—2000 年，我国汽车物流行业开始从整车物流起步，天津安达、上海安达储运和长久等专业从事整车物流的公司成立。当时，企业客户单一，路线单一，大多数企业仅从事运输业。这些企业的产生推动了汽车物流业务逐步从整车厂独立出来，汽车生产企业开始以合同管理方式管理企业物流业务。零部件物流在这一阶段尚未起步，汽车制造企业的零部件物流仍多以自营方式为主。

2000—2008 年，我国整车汽车物流行业进入高速发展阶段，安吉物流和长久物流等建立起集团化管理体系。行业协会的成立促进竞争对手间更多的合作。在这一阶段，整车物流企业的客户逐渐多样化，并形成了网络化布局；国外汽车物流商纷纷通过合资方式积极加入中国汽车物流市场；零部件物流逐步从整车厂独立出来，仓储和运输服务等开始采取外包形式。

2009 年起，整车物流行业进入了渐趋成熟的新阶段。有实力的汽车物流公司进一步强化资源的布控，通过收购和兼并积极推进规模化、网络化、集成化。长安民生等民营物流企业开始通过上市来解决规模化经营面临的资金问题。公路、铁路、水路"多式联运"和增值服务日益得到行业重视。零部件物流也进入了快速发展阶段，各汽车集团内部零部件物流开始整合，出现了区域集散中心、干线运输、支线配送等零部件物流业务模式，竞争对手间的合作逐渐频繁。

经过多年的发展，中国现代汽车物流的发展形成了以整车物流为主，向零部件入厂物流、零部件售后物流以及进出口物流方向延伸的竞争新格局。

二、我国汽车行业的影响

汽车产销的市场规模及变化情况直接影响着汽车物流行业的发展变化。2011 年汽车市场产销的微幅增长，使得多年依靠两位数以上增长的汽车物流行业很不适应。多年来由于市场总额的不断增长，缓解了汽车物流行业劳动力成本上涨、设施设备价格上涨、油价上涨、物流价格持续降低等矛盾。然而 2011 年汽车市场的盘整，使得行业面临的诸多问题在增长放缓的情况下突显了出来，多数物流企业的经济效益较往年都有明显下滑。

汽车生产企业产销所占市场份额出现分化，使得汽车物流企业的市场份额也向两极分化。汽车生产企业同样存在的生产要素成本上升问题，使得低价位车辆价格下探难度越来越大，而中高价位车价在市场竞争中不断下探。在市场产销总量增长很小的情况下，各品牌企业所占市场份额出现明显变化，进而反映为相关物流服务企业营业额的变化。品牌竞争力强的汽车生产企业市场仍旧稳固增长，相应的物流企业仍能得到很好发展；而竞争力弱的汽车生产企业市场份额下降，相应的物流企业随之业务缩减。

汽车产业生产布局变大、变宽的趋势为汽车物流行业带来新机会的同时，也带来了挑战。尽管 2011 年汽车市场产销量变化不大，但汽车制造企业扩张产生的布局却比以往更加分散，物流业务点随之明显增多，这势必增加物流业务的投入，加大物流服务的难度，增加物流企业的管理和运营成本，使得汽车物流企业在需求和能力、投入和产出等方面都面临新的挑战和压力。

三、政策环境的约束

在我国汽车物流行业长足发展的同时，汽车物流发展的政策环境也发生了很大变化。

20 世纪 90 年代中后期，部分沿海地区开始各自制定相关物流政策。2001 年，现代物流第一次纳入国家国民经济和社会发展五年计划纲要，同年原国家经贸委等联合印发了《加快现代物流发展的若干意见》。

十几年来，我国不断出台物流扶持政策。2009 年物流业振兴规划出台后，2011 年国务院办公厅又相继推出了物流"国八条"及"国九条"。

2012 年 7 月 11 日国务院常务会议通过《关于深化流通体制改革加快流通产业发展的意见》。地方政府也出台了一系列支持物流业发展的政策，如《上海市国民经济和社会发展第十二个五年规划纲要》中明确提出了大力发展上海物流产业，苏浙沪二省一市出台了《关于推进长三角地区现代物流联动发展的若干措施》，等等。

然而，前期政策实施效果不及预期。2012 年上半年中国物流与采购联合会对物流"国九条"政策落实情况调查显示，实施效果与国务院文件要求、物流企业所需政策环境有较大差距，存在的问题是：营业税改增值税试点企业（上海）税负增加较多，土地使用税减半征收未全面落实，过路过桥费负担沉重，企业兼并重组与设立分支机构困难较多，等等，诸多政策仍有待细化完善。

首先，汽车物流业大量的用地需求难以得到满足。整车物流运作体系具有规模庞大、场所众多、地点分散、环节复杂、服务多样、流动多变的特性，因此大型汽车集团如上汽集团旗下的安吉物流自 2009 年重组后，一直在全国寻觅土地进行仓储网络的布点，以期获得更大的发展。但与当地政府的谈判难度很大，一方面，物流企业用地比房地产、商业用地的投资强度低；另一方面，物流企业为了使整体网络运营成本最低，对部分业务采取外包形式，落在当地的税收较少。这些因素导致地方政府为物流企业提供土地的积极性较低，影响了汽车物流业的进一步发展。

其次，税收问题。物流各业务环节税率不统一，某些环节税负过重，特别是作为物流基础性服务的仓储业务，其盈利能力远低于运输业务，但却实行高于运输业务的营业税税率。另外，营业税中出现重复征税的现象，在运输、配送、仓储租赁等过程尤为突出。具体表现在：物流企业外包业务引起重复征税；物流代理业务对代垫费用的处理不当引起重复纳税。为了解决这些问题，国税总局公布《营业税改征增值税试点方案》及上海试点的相关政策，确定了增值税扩围的交通运输业和部分现代服务业增值税税率。但是由于各地对物流税收管理相关文件的理解不同，执行中往往会出现一定的偏差。另外，不同地区对地方经济发展的不同观点，使得地方税类的设置与管理产生了一定的差别，最终导致了物流税收政策执行上的差异。例如，上海地区已经在试点差额营业税，广州地区在减免部分营业税收、支持物流业发展上有较大的行动，但西南、西北仍缺乏相应的优惠政策与支持政策。物流企业业务遍及全国，税收政策执行上的地区差异会在一定程度上给物流企业跨地区的经营活动造成不利的影响。部分地区的试点改革也并未给企业带来更多的利润，反而因为试点方案细则没有落实、税率计算繁复等原因，给企业的运营带来了诸多不便。

再次，轿运车问题是一直困扰着汽车物流行业发展的又一块"心病"。国务院出台《公路安全保护条例》引起了整车物流行业对治超工作的期待和焦虑。一方面，长期的罚款治超政策未能解决行业超限问题，反而越治越超，行业已被拖入无序竞争的泥潭，秩序混乱，利润微薄；罚款的常态化使得行业形成"内心痛苦，表面平静"的尴尬局面，行业所有企业都期盼新政从根本上解决这个影响行业健康发展的顽疾。另一方面，混乱的市场使得作为行业主体运输方式的公路运输的运载工具——轿运车全部超限，新政实施后这些既有车辆将面临毁灭性打击。然而这些超限的运输工具却几乎是整车公路运输的全部资产，一旦要求全部更换，企业将损失巨大。对于利润微薄的企业来讲很难承受高额的更新费用，部分企业可能会因此被逼入绝路。

最后是轿运车标准落后于行业实际运作情况。自 2004 年国家颁布《道路车辆外廓尺寸、轴荷及质量限值》以来，关于汽车运输车辆的标准一直没有改变，与国外相比已明显滞后。标准如不做改进，不能跟上国际通行轿运车标准步伐，必然会成为执行政策的障碍，但制定新标准、研制出新车辆很难在短时间内完成。

四、低碳物流的挑战

自哥本哈根会议以来，世界各地纷纷提出环保、绿色、低碳的概念，我国更是允诺降低碳排放。在 2010 年"两会"上，九三学社"关于推动我国低碳经济发展的提案"被列为一号文件，"低碳之风"席卷两会。而早在"两会"之前，致公党、农工党、台盟也纷纷提出《积极应对气候变化，走中国特色低碳发展道路》《关于合理开发新能源发展绿色经济的建议》《关于推进我国低碳产业发展的提案》等众多有关低碳的提案议案。为应对气候变化，我国政府承诺到 2020 年单位国内生产总值二氧化碳排放比 2005 年下降 40%~45%。

物流作为重要服务业门类，也必须走低碳化道路，这是未来物流产业可持续发展的必由之路。在物流过程中要减少物流活动对环境造成的危害，尤其是减少能源耗用，从而降低碳元素排放量，减少对大气的污染，减缓生态恶化。低碳物流的最终目标是可持续性发展，实现该目标的准则是经济利益、社会利益和环境利益的统一。

在美国、日本及欧洲等物流发达的国家，政府对于可持续发展的绿色物流相当重视，通过一系列相关政策法规对发展绿色物流进行引导和调控。如美国在到 2025 年的《国家运输科技发展战略》中规定，交通产业结构或交通科技进步的总体目标是"建立安全、高效、充足和可靠的运输系统，其范围是国际性的，形式是综合性的，特点是智能性的，性质是环境友善的"。欧盟组织为了提高欧洲各国之间频繁的物流活动的效率，也采取了一系列协调政策与措施，大力促进物流体系的标准化、共享化和通用化，以节约资源。例如，全欧铁路系统及欧盟委员会于 21 世纪初提出，在未来 20 年内，努力建立欧洲统一的铁路运输体系，发挥欧洲铁路信号等铁路运输关键系统的作用。

从外部环境看，我国发展绿色低碳物流的挑战主要表现在政策和体制两个方面。首先，尽管我国自 20 世纪 90 年代以来也一直致力于环境污染方面的政策和法规的制定和颁布，但针对汽车物流行业的还不是很多。其次，由于物流涉及的有关行业、部门、系统颇多，而这些部门都自成体系、独立运作，导致物流行业无所适从，造成资源配置的巨大浪费。打破地区、部门和行业的局限，按照大流通、绿色化的思路来进行全国的物流规划整体设计，已成为我国发展绿色汽车物流必须正视的问题。

从行业内部环境看，首先，汽车物流则面临着行业特点和技术方面的制约。由于我国汽车物流企业主要是围绕当地主机厂发展起来，汽车生产企业之间和汽车物流企业之间各自为战的思想依然浓厚，汽车物流企业封闭化运作和市场分割还没有彻底打破，多数企业间缺乏有效合作，造成运力资源浪费。不少中小型汽车物流企业存在着单向载货运输、运输成本高等问题。其次，我国汽车物流业机械化的程度和先进性都与绿色物流的要求有一定的距离，绿色科技的应用和掌握不足。

虽然面临着诸多挑战，但我国最大的汽车物流企业安吉物流践行绿色环保社会责任，充分利用自身已建成的多式联运快速反应网络，稳步提高水路、铁路比例，形成公路运输、水路运输和铁路运输相互配合的低碳绿色立体物流网络。2010年安吉物流与上海通用的合作项目中，安吉物流的水路运输比例上升6%，铁路运输比例上升19%，对环境污染最大的公路运输比例下降了25%。同时，通过提高水路、铁路运输的比例，打造低碳高效物流网络，使单商品车运输的能耗下降了30%以上。

可以说，发展多式联运已成为我国汽车物流企业顺应低碳经济的一个共识，然而公路、铁路、水路之间的契合却成为低碳物流发展之路上的一个外部"瓶颈"。铁路方面，目前我国铁路系统参与汽车物流项目的运作能力较弱，区域分拨能力不足，铁路到发两端受到铁路运转体制限制，快速响应能力差。水路方面，我国一部分高速公路的规划与长江、沿海的水运线路平行，由于水运时间较长，水陆平行制约了汽车物流船运的发展。此外，我国水运项目的分段收费价格倒挂，特别是两端短驳成本和码头费用高，削减了水运的成本优势；航线设计、船舶运力不足等也制约了汽车物流船运的发展。

除了提高铁路、水路运输比例之外，我国汽车物流行业和汽车物流企业也在探索着发展低碳物流的其他途径。需要解决的问题（但不局限于）例如：第一，如何进一步减少行业的碳排放。对于物流企业来说，首先涉及的是车辆动力设备的二氧化碳排放问题，虽然有相关政策也一直在支持开发新能源汽车，但对于大型运输装配车辆，目前并没有特别好的选择，其中还涉及低碳车辆的购置成本问题。第二，汽车物流企业如何通过优化的方式来运作物流系统。这里涉及资源整合，或者说是汽车物流生态系统的构建与配置，即怎样让物流企业建成从物流方案设计、零部件采购、入厂和售后配送到整车销售、回收及进出口这一整套汽车物流生态系统，并且做到最优化。

总之，低碳物流对于我国汽车物流企业来说是一个挑战和机遇并存的选择，传统的高能耗汽车物流企业必须走低碳绿色物流之路，方能在未来立于不败之地。而企业怎样在低碳物流发展中提高服务附加值，怎样实现物流低碳化的转型，决定着企业在未来市场占有多少先机。

五、专业人才的匮乏

我国的现代物流起步较晚，导致国内物流人才的匮乏与产业高速增长不协调。物流行业从业人员受教育程度远远落后于发达国家，大学以上学历的人员仅占21%。人才是汽车物流业发展的最大"瓶颈"之一，主要表现为总量规模小，人员结构老化，专业特色不突出，后劲不足，尤其缺乏具备现代物流观念、熟悉物流运作和通晓汽车领域的复合型专业人才。

汽车物流行业对人才的需求是多层次的，汽车物流企业的人才需求主要包含两部分：一是精通现代物流商务活动，同时具备足够的物流技术知识，善于提出满足物流活动需求方案的行业高端管理人才；二是从事物流设备的操作、维护等工作的基础操作人员（以轿运车司机为代表）。行业高端管理人才和基础操作队伍一直是我国汽车物流企业发展的两大短板，未来几年这个矛盾会更加突出。

首先，在高端管理人才方面，具备一定数量的物流专业人才是实现物流现代化的重要保证，而我国专业对口的物流人才十分匮乏。一个优秀的汽车物流企业，要求管理者必须具备较高的经济学、物流学和汽车类专业知识和技能，精通物流供应链中的每一门科目，并且具有整体规划水平和现代管理能力。汽车物流人才培养滞后于汽车物流业的发展，符合物流企业需要的专业人才的缺乏，既懂信息技术又懂现代物流管理复合型人才的稀缺，制约了汽车物流的可持续发展。

其次，在基础操作人员方面。一方面，随着中国城市化进程的推进和老龄化社会的来临，廉价农民工数量的减少是必然趋势，加之政府近年来连续推出的多项用工制度和社保政策，使得以劳动力密集型的汽车物流企业面临不断上升的人力成本压力。另一方面，汽车物流行业劳动强度高，尤其是轿运车司机，经常要以车为家，吃住都在旅途中，需要注意力长时间的高度集中。如今，"80 后"蓝领已日渐成为物流行业基础操作人员的主力军。与父辈相比，新生代"80 后"蓝领工人个性和自我意识更为强烈，家庭经济条件相对宽裕，因此他们不仅仅将工作视为简单的"饭碗"，还将是否能在工作中得到积极的情感体验和充分的自我发展作为评判工作好坏的标准之一。另外，在中国社会几千年来"重文轻武"的传统观念影响下，"80 后"也很难将轿运车驾驶员之类的操作型工种当成是体面工作，更毋庸说产生真正的职业归属感，他们甚至对整个物流行业也抱有偏见。汽车物流企业招聘中经常碰到的情况是：一个大学生宁愿去主机厂的物流部门从事最基层的工作，也不愿意去汽车物流企业就业，即使后者的待遇高于前者。种种因素使得年轻一代基础操作员工队伍的建设和稳定成为汽车物流企业当前亟待解决的问题。对"80 后"蓝领员工的有效管理需要汽车物流企业在人才激励机制、企业文化建设、人力资源管理方式、社会形象宣传等很多方面做出大的努力。

汽车物流业是一个蓬勃发展的行业，巨大的国内外市场潜力给汽车物流业带来了机遇和挑战，中国汽车物流企业已经到了大变革的关键时刻。那么，应如何改善物流业所面临的外部环境，促进汽车物流企业的可持续发展？汽车物流企业该如何应对上述种种挑战，在当前环境下从自身运作着眼寻求新的突破和持续发展？这都是目前物流业面临的问题。

本章小结

本章主要介绍了汽车制造物流的范围及其定义，汽车制造物流规划的内容，汽车制造物流规划及供应链规划的原理及方法。重点介绍了汽车制造物流的概念、组成、运转模式，详细解读了汽车制造物流规划的步骤、物流节点的选址、信息化优化的关键要素等。

以安吉物流的具体实践作为案例，对汽车制造物流管理的理论与实践进行了分析与探索。

思考与习题

1. 阐述汽车制造物流的组成。
2. 汽车制造物流系统规划基本概念是什么?
3. 汽车制造物流零部件配送中心网络规划的决策因素有哪些?
4. 影响整车及零部件仓储选址的因素有哪些?
5. 安吉物流物流规划实践的启示有哪些?
6. 请你谈谈低碳物流的未来发展趋势。

第 3 章

汽车制造物流管理方法

本章知识点

1. 约束理论体系的组成、思想和工具。定义和消除约束的决策方法。
2. 工业工程的特点、应用成果及其在物流与供应链领域中的应用价值。
3. 准时制的推广动因、思想方法、实现方法和基本工具。准时制物流的三种模式。
4. 物料需求计划的发展演变及其技术的利与弊。
5. 持续改善的重要性及其理论的发展过程。开展持续改善活动的科学方法。

在汽车企业供应链管理领域中，有许多先进并成熟的管理工具被有效采用。在汽车制造物流管理领域中比较常用的方法工具包括约束理论（TOC）、工业工程（IE）、准时制（JIT）、物料需求计划（MRP）以及持续改善（KAIZEN）等。管理实践中，通常需要采用多种方法工具的集成才能有效地解决实践中的具体问题。

3.1 约束理论（TOC）

约束理论（Theory of Constraint，TOC）是近来流行于管理领域的先进工具。该理论由以色列物理学家、企业管理顾问高德拉特（Goldratt）博士独创，是在高德拉特与另外三位以色列籍科学家共同创立的优化生产技术（Optimized Production Technology，OPT）基础上发展起来的管理哲理。创立约束理论的目的是期望找出各种条件下生产的内在规律，寻求一种分析生产经营问题的科学逻辑思维方式和解决问题的有效方法。

约束理论根植于离散型生产方式，是一种通过瓶颈产能最大化来保证生产系统的产销率最大化的生产管理与控制方法。它的思想方法是识别系统中的制约性因素并持续突破这个约束，正视瓶颈的存在，优先安排瓶颈的能力发挥，尽可能地保证系统性能最优，生产提前期随生产实际的变化而变化，同时也综合了推、拉两种方法的优点，实现了生产计划与控制的和谐统一。

3.1.1 约束理论体系的核心内容

约束理论提出了在制造业经营生产活动中定义和消除制约因素的一些规范化方法，以支持连续改进（Continuous Improvement）。同时，约束理论也是对制造资源计划（MRPⅡ）和准时制（JIT）在观念和方法上的发展。它阐述了怎样实施改善来提高企业绩效的管理理念和管理原则，它反映了作为科学家对管理问题的深刻思考。高德拉特博士原本是设计了一套程序复杂、价格不菲的软件来帮助企业提高运营绩效。为了让软件使用者充分理解这个软件的功能，他与科克斯（Jeff. Cox）合著了《目标》（*The Goal*）这本描述企业管理的长篇小说，用生动和充满悬念的故事来解释约束理论的原理和方法，说明以近乎常识的逻辑推演、解决复杂管理问题的应用步骤。不久，这本小说迅速成为畅销书，得到了创建 PDCA 循环的质量管理大师戴明博士的推崇。现在，《目标》已经成为 MBA 教科书，并成为很多企业管理人员的工作"圣经"，被视为改造企业最有效的"利器"。很多企业在运用约束理论开展改进活动，受益匪浅。约束理论被业界评为比准时制更实用、更快速见效的方法，而且投资少。美国福特汽车电子部曾经花巨资实行了两年准时制之后，发觉产品的生产期只缩短了少许，仍然落后于日本，转而改用约束理论开展改进活动，收效超乎想象，一年内就超过了对手。

约束理论体系由三个部分组成。

1. 解决"约束"流程

"约束"就是企业在实现预定目标的过程中的制约因素，识别这些因素并通过改善来消除这些"约束"，从而更有效地实现企业目标。消除这些"约束"需要建立流程，这套流程可以系统地回答任何企业在改进的过程必然提出的三个问题，即什么需要改进（What to change）？改进的目标是什么（What to change to）？怎样进行改进（How to cause the change）？

2. 日常管理工具

改进或者说消除"约束"的工作贯穿于日常管理的所有活动之中。怎样才能有效开展改进呢？这需要一套日常管理工具，以提高管理效能。比如，有效沟通的方法、基于双赢的理念解决冲突、提倡团队协作、合理授权，等等。日常管理工具是解决约束的必备条件和基础性工作。

3. 不断积累充实的约束理论方法实证方案

约束理论的应用领域涉及生产、分销、营销等领域，还应用于项目管理和企业方向的设定等方面。

3. 1. 2　约束理论的思想方法工具

约束理论最初被理解为对制造业进行管理、解决瓶颈问题的方法，经过实践演变，发展形成了以"产销率①、库存、运行费"为基础的指导体系，并逐渐完善成为旨在增加产销率而非传统的单纯减少成本的管理理论和工具。现在，该理论已经覆盖了企业管理的所有职能领域。

随着约束理论的广为人知和实践成果，基于 TOC 理论的逻辑化、系统化解决问题的思维方法形成了新的 TOC 工具，即思维流程（Thinking Process，TP）。所以说，约束理论既是

---

① 产销率：指单位时间内企业获取的利润额，它是 TOC 对企业目标实现程度的关键度量指标。

面向产销率的管理理念，也是系统化的思维工具。

约束理论的思想和工具可以归纳为：

（1）企业是一个系统，它的目标是在当前和今后为企业获得更多的利润。

（2）一切阻碍企业实现整体目标的因素都是"约束"。

（3）用有效产出、库存和运行费等三项指标来衡量企业实现目标的业绩和效果。只有有效产出，企业才有可能不断增长效益。

（4）以系统优势提高有效产出的鼓—缓冲—绳法（Drum-Buffer-Rope Approach，DBR）和缓冲管理法（Buffer Management，BM）。

① 主生产计划（MPS）是"鼓"，根据瓶颈资源和能力约束资源（Capacity Constraint Resources，CCR）的可用性来确定企业的最大物流量，以此作为约束全局的"鼓点"，鼓点相当于指挥生产的节拍。

② 在所有瓶颈和总装工序前要保留物料储备是"缓冲"，以保证充分利用瓶颈资源，实现最大的有效产出。

③ 依据"短板"原理，应按照瓶颈工序的物流量来控制瓶颈工序前道工序的物料投入量。也就是说，上道工序和其他需要控制的工作中心就像用一根传递信息的绳子牵住的队伍，按同一节拍，控制在制品流量，以保持在均衡的物料流动条件下进行生产。

（5）定义和消除约束的决策方法。

TOC强调了三种方法，它们统称为思维流程。

① 因果分析法（Effect Cause Effect Method）：以尽可能少的假设，识别出造成约束的根源，从而找出解决主要矛盾的有效办法。

② 驱散迷雾法（Evaporation Cloude Method）：追根寻源、刨根问底的发现约束，以便确定改进方向。

③ 苏格拉底法（Socratic Method）：群策群力，全员参与改进。

（6）约束理论基本思想的基石。

① 追求物流的平衡，而非生产能力的平衡。

② 以系统的观点识别"约束"。

③ 区别产能和可用产能。

④ "约束"损失就是"系统"损失。

⑤ 局部节约不会增加系统的有效产出。

⑥ "约束"决定了库存和有效产出。

⑦ 运输批量不等于加工批量。

⑧ 批量规模式可变量。

⑨ 系统资源约束是作业计划的基准，提前期是作业计划的结果。

3.2 工业工程（IE）

工业工程（IE）起源于20世纪初的美国，它是以现代工业化生产为背景，在科学管理的基础上发展起来的一门应用性工程专业技术，是以科学的方法，有效地将人、设备、物料、信息、时间和环境等生产系统要素进行优化配置，对工业等生产过程进行系统规划与设计、评价与创新，廉价并及时地提供市场所需要的商品和服务，同时探求各种方法给从事这些工作的人们带来满足和幸福，从而提高工业生产率和社会经济效益专门化的综合技术。它强调综合地提高劳动生产率，降低生产成本，保证产品质量，使生产系统能够处于最佳运行状态而获得最高的整体效益。工业工程是以大规模工业生产及社会经济系统为研究对象，在制造工程学、管理科学和系统工程学等学科基础上逐步形成和发展起来的一门交叉的工程学科，在发达国家得到了广泛应用。

工业工程是一门工程技术与管理科学有机结合的集成技术，在提高企业的生产率和生产系统的综合效率及效益，提高系统的综合素质，增强企业的综合创新能力等方面，具有不可替代的重要作用。

3.2.1 工业工程的特点及应用成果

工业工程直接面向企业的生产运作过程，与数学、人因学、经济管理和各种工程技术有着密切的关系。它以系统工程为哲理，以运筹学等数学方法为理论依据，以工程技术为基础，配合科学管理的技巧来发现问题、解决问题、预防问题；以现代信息技术为工具，用工程量化的分析方法对包括制造业、服务业在内的由人、物料、设备、能源、信息等多种因素所组成的各种复杂的企业或组织系统中的实际工程与管理问题进行定量、系统分析，设计与优化，从而实现系统的最大效率和效益。

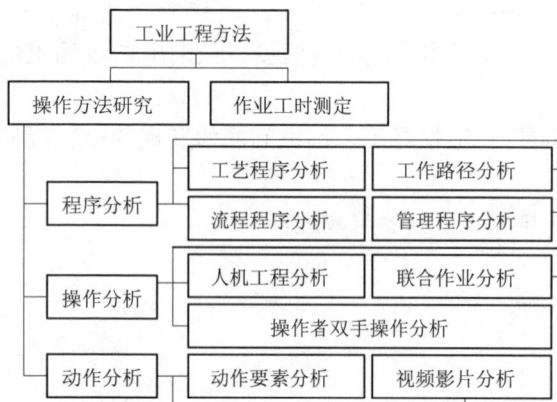

图 3-1 工业工程基本方法体系

工业工程的主要研究对象是工程分析、工作标准、动作研究、时间研究、时间标准、时间价值、价值分析、工厂布置、搬运设计，等等。工业工程的基本方法体系如图 3-1 所示。

工业工程最早期的应用成果就是"福特生产方式"，这种方式以大规模流水生产方式来提高生产效率，降低劳动成本。这种方式主导了长达半个世纪之久的工业进程。近三十年里，工业工程在实践的过程中，又产生了很多新的应用成果，像著名的精益生产方式

(Lean Production)，具有美国信息时代生产制造特征的敏捷制造方式（Agile Manufacturing）以及正在形成趋势的大规模订制生产方式（Mass Customization）。这些生产方式，都极大地影响着整个工业企业的运作效率。应用工业工程的方法来改善企业的业务流程，进而改变和发展了企业的经营方式，从而推动了世界经济近半个世纪的高速发展。

3.2.2 工业工程在物流与供应链领域中的应用价值

工业工程的精髓就是强调"系统观念"和"工程意识"。系统观念重视研究对象的"整体性、目的性和创新性"，它要求人们把所研究的任何一个问题都当作一个系统，强调按系统的性质、从系统的整体出发去考虑问题，解决问题，这就是树立系统观念。工程意识重视运用科学方法，把某些技术知识进行发展，把科学技术转化为生产力。

工业工程的研究目的可以归纳为以下三点。

第一，系统的分析。当前的系统在应该达到而实际没有达到预计的成果时，通过分析来发现问题并进行控制管理。

第二，系统的改善。当前的系统在达到的预期不够充分或由于作业不方便而有必要改善其中的某一部分的时候，研究对其进行改善。

第三，系统的设计。由于发生了新的情况使得当前的系统难以达到充分的预期时，查找需求来研究设计新的系统。

现代物流是工业工程研究的四大重要领域之一。物流系统的组织方式和管理技术，被越来越多的专家、学者和企业家认为是企业在降低物资消耗、提高劳动生产率以外的"第三利润源泉"，是企业发展的新战略。对物流系统进行战略性规划、战略性投资和战略性技术开发是促进企业现代化发展的重要途径之一。物流能力理所当然的被认为是一种核心能力。因此，以系统的观点、系统工程的方法解决物流问题就成了业内、业外有识之士共同关注的热点问题、热门课题。

物流是研究消费者和供应者之间的三个流，即实物流、信息流、资金流的科学和技巧。而欧洲的物流理论家们认为，物流应该由五个流构成，即实物流、信息流、资金流、能源流和人力资源流。也就是说，物流的领域更为广泛。

可以这样说，现代物流理论是现代工程科学和现代经济科学相结合的产物。它涉及科学资源配置、仓储、搬运、运输、营销、信息、流通、环境、再生和系统科学。研究物流的目的就是要以最少的投入获得最大的产出。

系统工程就是把自然科学和社会科学中关于事物之间普遍联系，局部和整体的统一、整体协调和整体优化等系统思想、系统理论和系统方法有机融合而成的综合学科。它的研究对象是系统，研究观点是从整体出发，研究方法是最优化法，研究目的是整体最优。

系统工程与传统工程相比，有以下三个方面的差别。

（1）方法整体化。系统工程研究的对象是系统，是一个整体。研究过程也是一个整体。这种方法的特点是先看整体，再看部分；先看全局，再看局部；先看长远，再看当前；先看宏观，再看微观。

（2）技术应用综合化。系统工程致力于综合各种学科和技术领域所获得的成就，是各种科学技术有机的配合，达到系统整体效益优化。

（3）目标最优化。最优化是系统工程所追求并能够达到的目标。运用系统工程处理实际问题就是运用系统观点和最优化方法对系统进行分析、设计、制作和运转的过程。合理的建立起系统模型并对其进行全面的分析和评价，最终完成系统优化。

日本丰田汽车公司的精益生产方式就是工业工程理论的应用成果。丰田公司在日常改善中，运用工业工程方法，进行了大量的作业研究、动作研究、时间分析技术，使精益生产始终站在科学技术的基础上，所以卓有成效。同时，日本企业在运用工业工程系统理论方面进行了广泛的创新，使得精益生产不仅带来了生产组织方式的根本变化，也带来了产品开发、质量控制、供应链管理、客户关系管理等一系列变革性的企业组织体制、管理体制方面的重大变化，重塑了企业经营价值观和企业文化。

日本从美国导入了工业工程，经过半个世纪应用创新和发展提升，形成了富有日本企业特色的工业工程理论体系，这就是把工业工程理论与企业管理实践紧密地结合起来，重在现场管理持续改善。

工业工程理论也正在被中国的企业界高度关注。

3.3 准时制（JIT）

在消费多样化、个性化的环境背景下，传统的大规模预制生产方式已经无法满足市场多变的需求，以多品种、中小批量、柔性化混流的规模化预制生产方式来快速适应市场需求已经成为必然。源自20世纪60年代丰田生产体系（TPS）的工具——准时制（JIT）理论，为生产方式的演变提供了指导方法，使订单制生产方式的转变成为可能。

准时制根植于重复性大批量生产方式，强调需求拉动、相互合作，消除浪费和降低成本，注重现场改善。它的思想方法是采用看板，逐道工序倒序传递生产中的取货指令和生产指令，各级生产单元依据上游所需，组织生产和进料补货，需求与生产一致。工序间信息反应灵敏，有利于现场改善和在制品库存的降低。

准时制也是一种管理工具，它的基本思想就是按需执行。体现为4R（Rihgt），即：在需要的时间，按需要的数量，将需要的产品，交付给需要的顾客。它的哲学机理就是彻底消除一切无效劳动与浪费，持续不断地降低库存和成本，永无止境地进行改进，充分重视人的作用，不断提升企业竞争力。

有效地降低物流成本，是准时制在现代物流领域中得以应用和快速推广的动因。先进的企业管理理论和实践也正朝着适应竞争环境的精益化方向发展。近几十年来，先进企业在准时制管理的应用过程中，取得了可观的经济效益，并帮助企业获得了经营性收益，形成了市场竞争力。因此，普遍认为，成功运用准时制管理，是世界一流制造企业的标志之一。

准时制的精髓是将用户的需求直接与生产者联系起来，缩短计划管理的流程，增加企业管理的透明度，充分发挥员工的主动性。

在汽车工业供应链管理领域中，准时制管理的目标就是追求无库存或使库存最小化。物流系统通常以"同步配送""看板供货"等方法来实现准时制目标。

3.3.1 准时制物流

准时制物流管理在1972年后被广泛应用于日本汽车制造企业。准时制生产体系要求准时制的物流系统，因此，准时制物流管理是伴随制造业的准时制生产而渐成趋势的。

准时制物流的目的就在于当原材料、在制品及产成品保持最小库存的情况下，生产体系仍然能够保持连续、高节奏的大批量生产。零件从上道工序准时到达下道工序，并被下道工序迅速加工和转移，从而实现了准时制的目标，即在需要的时间，按需要的数量，将需要的产品，交付给需要的顾客，也就是"不多不少不早不晚地满足需求"。

推行准时制拉动式物流管理，要求生产全过程的每一个阶段都必须具有符合质量保证体系要求的质量、有良好的供应商关系和对最终产品需求的准确预测。以市场需求为中心、以供应链中的核心企业，即主机厂总装配线的要求为导向的物流过程控制，能够以足够的柔性去满足企业生产提出的各项要求，去适应多变的市场需求环境。当所有的等待数量变为零时，库存投资实现最小化，提前期大大缩短。企业对需求变化快速反应，质量问题就会迅速凸现。毫无疑问，准时制物流将会得到迅速发展和广泛应用，并改变企业的运作方式。

目前，在汽车制造业中，主要有计划、看板和同步等三种准时制物流模式在实践中被广泛采用。

1. 计划管理

计划管理就是按生产计划组织零部件的供应。这种管理模式以作业计划消耗量为基准来计算需求，所遵循原则是基于第 n 天的需求进行预测，并计算出 $n+x$ 天的供应量，依次循环滚动。原理上比较接近于传统的计划供应方式，之所以也属于准时制物流管理范畴，是因为其预测和计划的周期比较短。计划管理模式适用于零部件品种需求比较稳定、消耗量连续的汽车零部件。它的局限性是当生产计划发生调整时，无法做出快速反应，从而造成库存增加或缺件停线。

2. 看板式管理

准时制的精髓是将客户需求与生产用"看板卡片"联系起来，形成了需求拉动，缩短了管理流程，增加了业务流程的透明度。现代看板管理采用了条形码技术、网络技术等，需求信息主要载体是电子看板指令指导纸质看板输出，在看板上记录着零件号、要货时间、零件名称、零件的储存地点、零件数量、所用工位器具的型号等，以此作为各工序进货、出库、运输、生产、验收的凭证。每一次物料供应都是对实际消耗的合理补充，补货和配送按照纸制看板的要求"恰好"地实施。看板配送模式如图 3-2 所示。

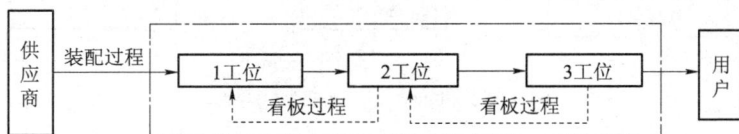

图 3-2 看板配送模式

3. 同步管理

同步管理是准时制物流的封闭期作业计划的推动模式，适用于价值较高、体积大、型号多的总成零件。供应商与主机厂共享同一信息平台，按照主机厂总装线的装配节拍和顺序进行备货，配送到装配线旁边等待消耗。同步零件的备货和发运指令是通过取样点对整车数据下载分析的结果。因为同步零件是按照生产线的节拍直送到装配线旁，没有缓冲库存，这就减少了库存费用和面积占用。

3.3.2 准时制的基本工具

准时制已经被所有汽车制造企业广泛运用于生产管理、物流管理等领域。

准时制的基本要素包括需求拉动、客户同步、连续流程、单件流程、单元布置、多面手工人、看板管理、结合 MRP、柔性资源、快速调整、全面维修、供应商网络和质量根源等。因此准时制的基本工具都是实现上述模式所必需的方法。

准时制是一种思想观念、一种管理哲学，它不仅是一套用于生产管理领域中的方法，而且可以应用于企业管理的方方面面；它是通过全员参与，持续改进，标准化和消除一切形式的浪费和不增值环节等，逐渐获取竞争优势的系统方法。

企业以盈利为目的，只有尽一切可能去消除浪费和不增值环节，才能长期保证企业盈利；准时适量的生产、弹性配置人力资源和运转良好的质量保证体系是消除浪费的基本保证；准时物流体系、精干的人力资源体系和完美的设备设施保障体系是消除浪费的手段。看板管理、标准化和 5S 活动是实现准时制的基本方法，如图 3-3 所示。

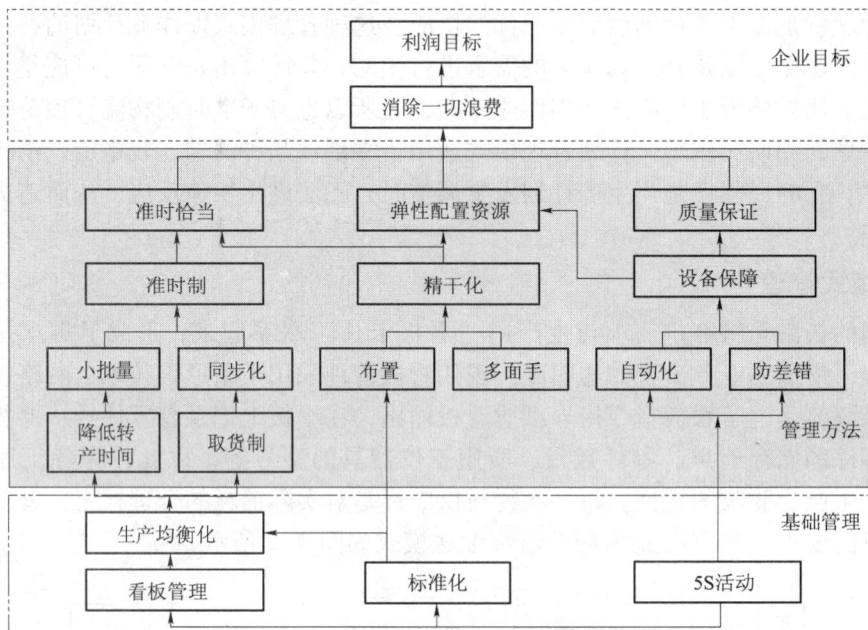

图 3-3　准时制的目标与方法体系

3.4　物料需求计划（MRP）

MRP 是物料需求计划 Material Requirement Planning 的缩写，起源于 20 世纪 60 年代，根植于批量生产方式，是适用于多级加工装配制造企业的一种生产作业计划技术。作为一种生产管理工具，MRP 系统强调计划推动，资源合理利用，物料需求规划及计算机系统整合。它的思想方法是按预先制订的提前期，先忽略能力限制编制作业计划，待计划确认后再利用 MRP 核查能力限制因素。

3.4.1　MRP 的发展演变

MRP 从最初低级的只针对物料计算需求进度和数量，发展成为完全集成的、相互作用的实时系统，已经为全球所有的制造业所使用。这是一个符合逻辑并容易理解的方案，它决定了生产各种最终商品所需要的所有零部件和原材料的数量。MRP 系统的主要目的是控制库存水平，设计物料运作的优先级和计划生产系统的生产能力负荷，实现将正确的物料在正确的时间放在正确的地点，这是一种典型的推动式计划方法。

随着计算机技术的普及推广与应用，MRP 涉及的领域也越来越广泛。MRP 的基本逻辑如图 3-4 所示。

当 MRP 系统从它的输出模块取得反馈信息之后，该系统就叫作闭环（Close-loop）

MRP，这是一个基于物料需求而建立的系统，它包括附加的、对销售和运作的计划职能（生产计划、主生产计划和能力需求计划）。

一旦计划阶段完成并被接受，那么执行职能就开始发挥作用。这些执行职能包括了对投入产出（能力）测量的生产控制

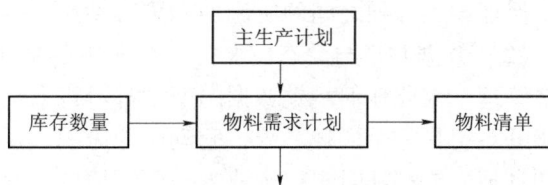

图 3-4 物料需求计划逻辑图

功能、具体的计划与协调、预测供应商和厂方的延期报告、供应商计划，等等。"闭环"一词不单指整个系统中包含的所有要素，还包含执行职能所提供的反馈，如图 3-5 所示。

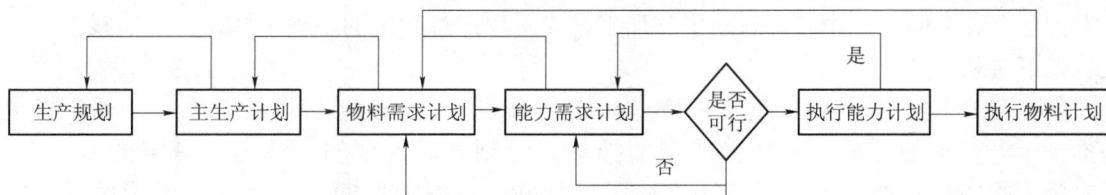

图 3-5 闭环 MRP 逻辑图

MRP 经历了从 MRP、闭环 MRP、MRP Ⅱ、ERP 等多个发展阶段。

1977 年 9 月，美国著名生产管理专家奥列弗·怀特（Oliver W. Wight）提出了一个新概念——制造资源计划，它是指企业对其生产系统和经营活动建立一种计划模型，称为 MRP Ⅱ。作为一种生产管理工具，它是在 MRP 的基础上，将企业其他资源也纳入其中进行统筹考虑。通过这个计划模型的利用，将企业的制造资源与经营目标相结合，哲理就是使预测需求与实际需求（订单）和谐化，生成一个符合实际的主生产计划，用以指导生产组织和解决产供、产销过程中的矛盾，从而获得预期的最佳经济效益，保证企业战略的实现。MRP Ⅱ 是围绕企业的基本经营目标，以生产计划为主线，对企业制造的各个资源进行统一的计划和控制，使企业的物流、信息流、资金流流动畅通的动态反馈系统。

MRP Ⅱ 能理想地提出物料的运行计划、资金的财政计划。它由一系列相互关联的功能组成，如：营业计划、销售和交易计划、需求计划、主生产计划、粗能力计划、原材料计划、生产能力计划和物料的执行支持系统。

MRP Ⅱ 最主要的目的是通过闭环系统产生的财务数据对制造企业中所有的资源（制造、市场营销、财务和工程设计）进行计划和控制，由此可见，MRP Ⅱ 的核心基础仍然是 MRP，尤其是在物料资源与生产能力的平衡方面。总体来说，它仍然局限于企业内部，尚未延伸至企业外部的供应链领域，用以整体能力的平衡领域。

3.4.2 MRP 技术的利与弊

1. MRP 技术的优势

MRP 用于处理生产计划类问题时，具有以下优势。

（1）计划主导性。强调计划系统的一致性及可执行性，计划由粗到细逐层细化，对不同层次、不同领域的计划（生产作业计划，采购、外协供应计划）进行统一考虑，集成编制。在计划下达之前，要反复进行能力平衡，并根据各要素领域的反馈信息及时调整计划基

础，保证各子计划之间的协调性和可行性。

（2）数据共享与动态应变性。企业中的各个职能部门都是依据同一数据库的信息进行日常管理，因此任何一类数据的变动都可以及时地发布给所有部门，实现数据共享。同时，MRPⅡ系统是一个闭环系统，它动态地跟踪和反馈瞬息万变的过程信息，企业内所有相关业务和管理人员都随时根据企业内外部环境的变化迅速做出响应，进行决策调整。

（3）模拟预测性。MRPⅡ系统的信息逻辑具有模拟功能，它能利用现用的逻辑运算运作数据来分析和模拟某些解决方案或决策的可能后果，有利于合理决策和方案选择。

2. MRP 技术的缺陷

尽管 MRP 具有对中长期计划把握的优势，注重前期规划，能够用尽可能周密的计划集中安排各个环节的人、物等资源的生产加工来应对生产过程中的不确定性，但在实践中，存在着以下缺陷。

（1）MRP 计划提前期、批量是静态参数。MRP 通过预定模拟可行的生产计划来指导和推动生产任务的完成，是一种典型的推动式计划。而计划的下达需要一定的提前期，同时为了平衡生产的波动，保持预定能力的均衡，在提前期的设置上通常取用偏保守的指标参数，这就增大了在制品库存。就是 MRPⅡ 系统，也仍然将计划的提前期作为静态参数进行处理。

（2）能力约束考虑不足。MRP 考虑的是物料需求计划，前提是能力不受约束限制。尽管在 MRPⅡ 中加入了粗能力计划平衡和细能力计划平衡，但并不能弥补计划期内无法充分考虑所有限制条件的约束，往往造成计划的物料需求不切实际的现象。在 ERP 系统中，在处理供应商能力平衡的问题上也存在着同样的局限性。能力约束的地位如图 3-6 所示。

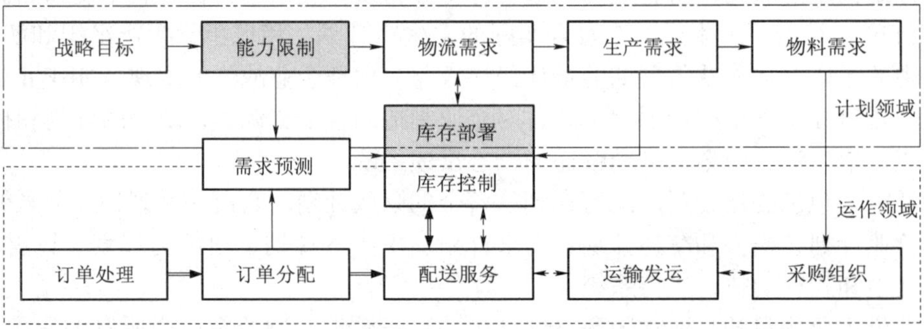

图 3-6　能力约束在供应链管理中的地位

（3）MRP/MRPⅡ是向每一道工序（每个供应商）之间直接下达计划策略，但工序（每个供应商）之间却缺乏协调机制，无法实现动态地保证每一道工序（每个供应商）之间的关联，容易造成工序（每个供应商）之间的产量不均衡，继而造成在制品库存的增加和需求与生产之间的不一致性。

（4）当计划发生更改和调整时，引起所有工序（每个供应商）计划需要全部重新调整制作。从计划制订到将计划传递给各个加工中心或加工工序（每个供应商），并让执行人员领会和执行，时间周期较长，程序过于复杂，不利于计划的严格执行。

所以，单一的 MRPⅡ技术也不能适应 Internet 环境，更不能满足供应链管理的要求。这也说明这样一个道理：解决一个问题，需要用系统的观点，通过采用多项技术来集成进行处理才能获得最优解。

3.5　持续改善

在竞争性环境背景下，企业面临着不断变化、竞争加剧的经营环境，科学技术和管理方法日新月异，经济一体化、危机全球化和市场竞争国际化等因素，都是企业在管理体制和运行机制等方面发生变革的驱动力，这个力量已经颠覆了 20 世纪中叶以来世界经济格局的稳定性。变革的速度加快，使企业的领导者和管理者必须同时具备变革的意识和能力。

20 世纪中期，世界经济呈现由寡头①和独占企业所垄断的局面，全球竞争被各种障碍所切断，变革的动力缺乏、空间有限；产业变化缓慢，组织对变革的需求不大，愿望不迫切。那时，渐进变革是最有效的手段。

在愈渐成熟和相对稳定的现代产业架构下，渐进变革也许在一段历史时期内能够适应环境变迁。然而，在过去的数十年间，组织变革的呼声不断高涨，流程再造、组织变革、策略重建、品质计量、文化变革、并购等众多先进的管理方法相继出现并逐渐得到应用。哈佛商学院终身教授、"领导与变革"领域世界第一权威约翰·科特博士通过调查大量的企业实践案例，研究并提出了一系列领导企业变革的有效方法和科学步骤，形成了科学的方法论。

企业变革是系统工程，需要按照科学的步骤，经过极其复杂的流程并随着环境变化及时调整和改善，才能获得成功。"一蹴而就"不符合事物的客观规律，实践中如果不能遵循科学的步骤，成功就会渺茫。实践证明：在变革的过程中，开展持续改善是成功的可靠保证。

20 世纪 90 年代以来，"持续改善"成了企业发展的重大主题。与环境快速变化和竞争加剧相适应的诸如流程再造、全面质量管理、及时制、时间管理、标杆管理、精益生产和经济价值分析等有关改善的革新性管理思潮风靡全球，并逐渐成为企业改善实践的主流。

"持续改善"基于不断改善、不断完善的管理理念，以企业发展战略为方针，围绕消除企业发展过程的瓶颈问题所开展的重点工作，以全员参与的方式开展各个领域的目标化、日常化、制度化的改善活动，使企业管理水平循序渐进、螺旋上升地改善，促进企业以较快的速度平稳发展。可以说，"持续改善"既是一种可操作的变革模式，也是一种指导实践的管理哲学。

企业为了发展，是进行根本性"变革"，还是开展"持续改善"呢？

一种观点认为，面对急剧变化的世界，企业应该顺应趋势进行彻底变革。对于那些期望迅速摆脱颓势，登上发展快车的企业，激进或迅速的革命（Revolutionary）才是能够即刻见效的创新途径。变革的代表性人物汤姆·彼德斯在其名著《管理的革命》中指出，企业只有两条路，即变革或灭亡。

另一种观点认为，"持续改善"比"变革"具有更广泛的适应性。因为对大多数企业而言，"持续改善"、渐进演变（Evolutionary）才是应该予以重视、大力倡导并持之以恒的有

---

① 寡头是一种市场结构，指某个市场上仅存在着极少数的几个厂商，它们之间互相牵制、彼此关联、互动决策。

效策略。

从哲学①的角度而言，"变革"是切换式的持续改善，"持续改善"是渐进式的变革，它们是矛盾的对立统一。"持续改善"是"变革"的一种形式、一个过程，是渐进的变革。约翰·科特博士曾经把企业变革总结为一个实用的"8 步流程"，即：建立紧迫感、成立指导联盟、制订远景和战略、传播变革远景、授权员工行动、创造短期成果、巩固成果并推行更多变革和深植新做法于企业文化之中。其中的第 6 步（创造短期成果）旨在让"变革"的参与者增强信心，让"变革"的反对者改变观点并成为参与者，这就是"变革"中的一种"持续改善"过程，将不断的"持续改善"嵌入企业文化之中，继而水到渠成地完成"变革"。而切换式"变革"只不过使行动显得毅然决然和轰轰烈烈而已。

时刻关注"变革"和"持续改善"是企业领导人和管理者的责任，不管企业或部门当前是否已经成为优秀。优秀者不可避免地在身处领先地位之后，会导致自我束缚和停滞不前的自满和自大，被对手超越还浑然不知。所以，关注并实施"持续改善"是一刻也不能懈怠的永久性工作。

3.5.1　持续改善理论的发展过程

《改善——日本企业成功的关键》的作者今井正明认为：丰田成功的关键在于贯彻了 Kaizen② 的经营思想。"持续改善"策略是日本管理部门中最重要的理念，全员全过程进行连续不断的改善，是日本企业竞争成功的关键。而 Kaizen 则起源于美国的 TWI③ 和 MT④。

1. TWI 与 MT 的主要内容

TWI 包含了三个方面的主要培训内容和一些相关的辅助内容。

1）JIT（Job Instructional Training）工作指导

它的目的是让领导者认识到使员工得到足够的职业培训的重要性和怎样开展这些培训。

2）JMT（Job Methods Training）工作方法

它的目的是让受训者了解如何进行改善和完善工作方法的思路并予以实践。

3）JRT（Job Relations Training）工作关系

它的目的是让受训者了解怎样建立和改善上下级关系和领导方法。

辅助的培训内容还包括现场团队管理和现场安全管理等。TWI 的培训内容会根据企业或行业发展需要，进行适当的适应性变动，以便更有针对性地培训企业潜在的领导者。

MT 培训的目的是使企业领导获得以下三个方面的知识。

（1）认识员工相互之间关系和个人关系的重要性。

（2）不断对工艺和产品进行完善和改善的方法及价值。

---

① 哲学：研究一切存在之间抽象的相互关系的学科。一切存在至少包括依赖和不依赖我们感觉的、主观和客观的、实在和虚构的，以及一切我们想象得到和想象不到的存在形式。

② Kaizen：日语词汇，Kai 是改变，Zen 是变好，指逐渐连续的改善。它是日本持续改善之父今井正明在《改善——日本企业成功的关键》一书中提出的理念，也是一种生活方式哲学。

③ TWI：Training Within Industries 的缩写，指工业内部培训，20 世纪 40 年代在美国创建，当时的目标是将工业生产提高到以盈得第二次世界大战所需的水平之上。

④ MT：Management Training 的缩写，指管理培训，20 世纪 40 年代由美国空军创建，二战后日本引入，获得 MT 证书是进入日本企业中上领导层的必需手段。

（3）人与工作方法相结合，充分认识到科学合理地使用"计划—执行—检查"的益处。

通过对 TWI 和 MT 的引进、消化和吸收，结合自身的实际情况，日本企业界先后发展和创新了一些新的管理理论，比如：全面质量管理（TQM）、准时生产体制（JIT）等，进而逐渐形成了完整的 Kaizen 方法体系。随着 Kaizen 方法体系在日本企业的广泛采用和成功实践，Kaizen 已经成为一种企业管理战略。

2. Kaizen 的基础理念

1）保持和改善

"保持"包括了所有保证现行技术以及相关标准的活动，还包含了培训和纪律。"保持"要求企业领导者要努力使企业全员按照标准的流程做工作。

"完善"重在对现行标准的改善和提高。Kaizen 强调通过持续努力取得连续不断的小步改善，最终实现大的变革目的。

日本企业中各角色在保持和改善中的作用与工作功能如图 3-7 所示。

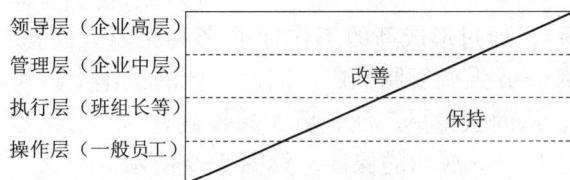

图 3-7　企业角色的 Kaizen 中的工作功能图

Kaizen 与革新和改造在方法上不同，综合收益体现也有所不同。

Kaizen 重在积累连续不断的小步改善，这些低投入、小变化而又非常高效的小步改善，保证企业不断进步，从而实现改善目的。革新和改造（Innovation）则强调采用新技术、新工艺或者新设备的大量投资来大幅提升生产和工艺水平，进而取得巨大进步。普遍而言，在企业现金流相对紧张的情况下，革新和改造较为困难。日本企业关注 Kaizen，也关心革新和改造，企业中各角色在革新和改造中的作用与工作功能与保持和改善有所不同，如图 3-8所示。

图 3-8　企业角色在革新中工作功能图

2）过程和结果

Kaizen 强调过程控制，它认为只有过程逐步改善了，才能得到更好的结果。假如预计的改善结果没有实现，那一定是某个过程出现了未预见的阻碍，重要的是找出产生阻碍的过程并予以消除。Kaizen 更强调人的作用，"以人为本"是 Kaizen 的精髓所在。

导入 Kaizen 的过程就是培养和建立"以过程为主"的思考方式的过程，特别是在应用 Kaizen 的重要策略，诸如 PDCA/SDCA 循环、QCD（质量、成本、交货期）绩效、全面质量管理（Total Quality Management，TQM）、全面生产管理（Total Productive Maintenance，TPM①）以及准时生产体制（Just In Time，JIT）的过程中，如果不注重过程，任何策略都会失效。所以，企业的领导支持并参与到实施 Kaizen 的过程中，是 Kaizen 活动取得成功的重要保证。

3）遵循 PDCA/SDCA 循环

Kaizen 必须基于 PDCA 循环推进，才能获得预期效果。

（1）P 计划（Plan），为了达到改善目的而制订的项目目标或行动计划。Kaizen 是动态的不断完善过程，所以目标也应该进行不断更新。

（2）D 行动（Do），按照行动计划开展工作。Kaizen 强调立即行动，不要追求尽善尽美，60%就是成功。

（3）C 检查（Check），检验各项工作是否按预定计划准确执行，并按预定方向发展。Kaizen 强调过程控制，因此，检查应该贯穿在过程中的每一步骤中，随时纠偏，避免浪费。

（4）A 调整（Adapt），通过形成新的工作标准来避免原有问题的重复发生，并为进一步改善确立新的目标。Kaizen 强调复制推广。因此，新的工作步骤和新的流程必须以标准的形式固化下来以便推广，从而获得更广泛、更大的收益。

PDCA/SDCA 循环是 Kaizen 成功的保证，如图 3-9 所示。

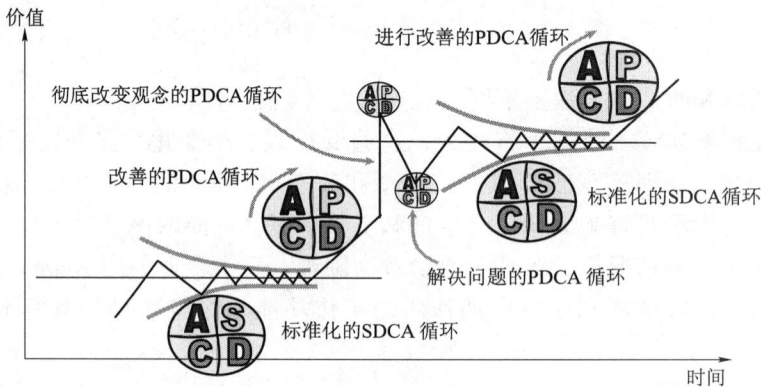

图 3-9 PDCA/SDCA 循环改善图

任何一项新的工作，起步之初或者首次尝试都是不稳定、需要探索的。为了获得良好的工作结果，就必须将新的工作过程固化下来，然后引入 SDCA②/PDCA 循环。SDCA 重在保持，PDCA 重在完善。只有当标准被建立并被遵守之后，现有的工作过程才能稳定，改善成果才会显现。随着时间的推移，改善的效果会出现衰减，这时就要进入新的 PDCA 循环，从而获得持续改善。

---

① TPM：Total Productive Maintenance 的缩写，指全面生产管理，是一种企业管理的方法体系，强调全员参与，不断改善和创新，进而提升企业竞争力，而非仅仅针对生产设备领域的局部改善。

② SDCA：S（Standardisation）标准化，D（Do）做，C（Check）检查，A（Adapt）调整，SDCA 循环的作用将现有过程已标准的形式固化下来，并运用到工作中去。

4）质量优先

通常，质量、成本、交货期这三个反映企业关键绩效状况的指标在企业目标体系中，质量是主导，即便价格和交货期再诱人，如果质量存在缺陷，企业就难以站稳脚跟。

5）量化管理

Kaizen 关注精益。要想解决问题就要弄清这个问题的本质，而要弄清问题的本质就要系统收集和分析相关数据，也就是说必须量化。只有基于量化数据开展的科学分析才能反映客观事物的原貌。因此，对现状进行数据收集、系统检查和客观分析是找出解决问题的途径和建立进一步完善措施的基础。

6）为客户服务

每项工作均由一系列过程组成，每个过程都存在着上、下游。上一个过程是下一个过程的供应商，下一个过程是上一个过程的客户。客户又可以分成内部客户和外部客户两种类型。通常，大多数企业员工仅与内部客户（企业内部相关部门）有工作关系，建立"绝不将有缺陷的工作结果传递给下游（客户）是每位员工的义务"的理念，这也是 Kaizen 的精华。如果每个员工都遵守这个规则，那么市场上的最终客户就会得到高质量的产品或服务，一个真正有效的质量保证体系才真正发挥了作用，实现企业经营目标才有了真正保障。

3.5.2 开展 Kaizen 活动的科学方法

实施 Kaizen 的三大手段是推行标准化、开展 5S 活动和消除流程中的一切浪费。那么，怎样有序地开展 Kaizen 活动才能获得预期效果呢？

首先，要遵循 Kaizen 的五条"黄金"法则：

（1）出现问题即赴现场：现场是了解真相的最好地点。

（2）针对问题仔细检查：开展有针对性的研究活动。

（3）采取措施消除影响："按灯 ANDON"就是这条黄金法则的应用。

（4）调查研究查找原因：强调通过量化分析，识别问题关键。

（5）固化方法形成标准：以避免类似问题再次发生。

其次，要建立 Kaizen 的工作理念，即：

抛开思维定式、拒绝维持现状；寻找成功途径，不能放弃搁置；质疑现有方法，不找借口辩护；不求尽善尽美，马上付诸实施；立即纠正错误，消除不良影响；改善无需花费，争取柳暗花明；彻底追根寻源，寻找治本方案；优先解决 5W[①]，寻找真正原因；提倡集思广益，避免主观武断；改善没有止境，效益无穷无尽；及时衡量进步，注意复制推广。

最后，按照以下步骤开展 Kaizen 改善活动。

第一步，确定任务。

选定研究对象，把握工作任务立项背景。这个工作任务通常是根据企业的经营战略和发展目标确定的，而当企业需要马上改变现状时，也会影响重要性、紧迫性或经济性，需重新确定优先级。

第二步，把握现状。

项目确立前，充分弄清被研究对象的本质，掌握被研究对象的既往信息，并予以量化分

---

① 5W：When，时间；Where，地点；Who，人物；Why，原因；What，事件。

析。运用 Kaizen "黄金" 原则, 立足现场, 掌握第一手资料, 尽可能建立翔实的数据资料。

第三步, 数据分析。

对已经收集到的数据进行科学、深入分析, 识别问题成因。

第四步, 研究解决方案。

在分析的基础上, 运用管理手段、技术方法和现有资源, 以系统的观点和系统工程的方法研究建立合理化的解决方案。

第五步, 实施改善。

在改善中落实解决方案, 并在实施过程中动态完善。

第六步, 跟踪效果。

改善完成后, 对改善效果进行观察, 跟踪数据, 分析改善结果, 建立经验反馈报告。

第七步, 固化成果。

修改或重新制订标准, 按照新的标准行事, 以避免类似问题再次发生。

第八步, 检查固化。

核查步骤一~七的全部过程, 审视是否遵循了 Kaizen 的黄金定律、实践了 Kaizen 的工作理念、运行了 PDCA 循环、固化了改善流程、建立了用于复制推广的标准。

正确的方法是 Kaizen 活动能够取得收益的保证。

知识拓展

看 板 管 理

实现 JIT 生产中最重要的管理工具是看板, 看板是用来控制生产现场的生产排程工具。具体而言, 是一张卡片, 卡片的形式随不同的企业而有差别。看板上的信息通常包括: 零件号码、产品名称、制造编号、容器形式、容器容量、看板编号、移送地点和零件外观等。

一、看板的功能

JIT 生产方式中, 看板的功能如下:

(1) 生产以及运送的工作指令。看板中记载着生产量、时间、方法、顺序以及运送量、运送时间、运送目的地、放置场所、搬运工具等信息, 从装配工序逐次向前工序追溯, 在装配线将所使用的零部件上所带的看板取下, 以此再去前工序领取。"后工序领取" 以及 "JIT 生产" 就是这样通过看板来实现的。

(2) 防止过量生产和过量运送。看板必须按照既定的运用规则来使用。其中一条规则是: "没有看板不能生产, 也不能运送。" 根据这一规则, 看板数量减少, 则生产量也相应减少。由于看板所表示的只是必要的量, 因此通过看板的运用能够做到自动防止过量生产以及适量运送。

(3) 进行 "目视管理" 的工具。看板的另一条运用规则是 "看板必须在实物上存放", "前工序按照看板取下的顺序进行生产"。根据这一规则, 作业现场的管理人员对生产的优先顺序能够一目了然, 易于管理。通过看板就可知道后工序的作业进展情况、库存情况, 等等。

（4）改善的工具。在 JIT 生产方式中，通过不断减少看板数量来减少在制品的中间储存。在一般情况下，如果在制品库存较高，即使设备出现故障、不良品数目增加，也不会影响到后道工序的生产，所以容易把这些问题掩盖起来。而且即使有人员过剩，也不易察觉。根据看板的运用规则之一"不能把不良品送往后工序"，后工序所需得不到满足，就会造成全线停工，由此可立即使问题暴露，从而必须立即采取改善措施来解决问题。这样通过改善活动不仅使问题得到了解决，也使生产线的"体质"不断增强，带来了生产率的提高。JIT生产方式的目标是要最终实现无储存生产系统，而看板提供了一个朝着这个方向迈进的工具。

二、看板五大原则

（1）后工序只有在必要的时候，才向前工序领取必要数量的零部件：需要彻底改变现有流程和方法。

（2）前工序应该只生产足够的数量，以补充被后工序领取的零件：在（1）、（2）原则下，生产系统自然结合为输送带式系统，生产时间达到平衡。

（3）不良品不送往后工序：后工序没有库存，后工序一旦发现次品必须停止生产，找到此品送回前工序。

（4）看板的使用数目应该尽量减小：看板的数量，代表零件的最大库存量。

（5）应该使用看板以适应小幅度需求变动：计划的变更经由市场的需求和生产的紧急状况，依照看板取下的数目自然产生。

三、看板的分类

在实际 JIT 系统中，根据需要和用途的不同，使用的看板可以分为以下几类。

（1）在制品看板（production card）：

① 工序内看板；

② 信号看板：

记载后续工序必须生产和订购的零件、组件的种类和数量。

（2）领取看板（withdrawal card）：

① 工序间看板；

② 对外订货看板：记载后续工序应该向之前工序领取的零件、组件种类和数量。

（3）临时看板。

四、工程内看板操作流程

（1）看板回收人员听到生产线播报后将看板回收并发到配货区。

（2）配货人员领取看板，根据看板上的零件代码和盛装数量、平板车号配货，并对零件箱单上的零件号和看板上的零件号进行确认，进行配货。

（3）把看板放入零件箱看板袋内，将配完零件的平板车放至待发区。

（4）物流发件人员收到生产线播报发件信息后，将待发区配好货的平板车牵引上生产线。

（5）发件人员将零件箱有看板一侧对着操作者方向投货。回收生产垃圾，回到待发区等待下次生产线播报信息。

（6）操作者在拿取零件箱内第一个零件时，将看板取下，确认零件与看板是否相符，将看板放置在看板回收盒内。

五、外协零件领取看板操作流程

（1）看板回收人员按时将收回的看板按厂家分别进行分类。

（2）看板扫描人员将分类后的看板进行扫描，完毕后打印要货清单。

（3）司机将核对无误的看板、要货清单取出送给厂家。

（4）到达厂家后司机将看板、要货清单交给厂家人员，并当场确认。

（5）确认无误后厂家按要货清单进行备货，并把看板插放在零件盛装箱侧面。

（6）到下次送货时，司机按要货零件清单与实物确认，将货物送到公司。

（7）货物到达公司后，接货人员确认货物无误后在要货清单上签字并送到看板室人员手中。

（8）看板室人员将送到的要货清单进行系统内验收，零件清单盖章，并将处理完毕的要货零件清单第一联放入该厂家的看板箱内。

（9）司机在下次送货时将已经验收完毕的要货清单取回返给厂家。

六、确定看板总数量的依据

内物流库存数量（用 A 表示）、生产线在制品数量（用 B 表示）、看板室未发出看板数量（用 C 表示）、协作配套厂家持有看板数量（用 D 表示）。

$$看板总数量 N = A + B + C + D$$

七、看板循环数量的计算方法

$$看板循环数量 = \frac{日使用数量}{器具盛装数量} \times \left[\frac{a \times (c+1)}{b} + 安全库存天数 \right]$$

式中，a 为天数；b 为每天送货次数；c 为隔几次送到。

以看板循环为例。1—8—3：1 表示 1 天；8 表示每天送 8 次货，3 表示隔 3 次送到。

以上公式中 a、b、c 分别指：1（a）—8（b）—3（c）。

八、安全在库小时数转换成天数

每天 16 小时，白班 8 小时、夜班 8 小时。16 小时为 1 天；8 小时为 0.5 天；4 小时为 0.25 天；2 小时为 0.13 天，以此类推。

九、看板循环张数计算示例

假设日使用量为 200／日，零件 A 的看板循环为 1—8—3，安全在库为 4 小时，零件盛装数量为 20，则其看板循环张数为：

$$看板循环数量 = \frac{200}{20} \times \left(\frac{1 \times (3+1)}{8} + 0.25 \right) = 7.5 （张）$$

取整数 8 张。

十、在制品库存建立方法

零件暂存区库存建立计算公式：

$$N = \sum (t_1 + t_2 + t_3) / T$$

式中，N 为库存数量；t_1 为厂家零部件搬运时间；t_2 为从厂家到生产厂运输过程时间；t_3 为到生产厂后往内物流储存区装卸及运送时间；T 为生产线生产节拍。

生产线在制品库存计算公式：

$$N = \sum (t_1 + t_2)/T$$

式中，N 为生产线在制品数量；t_1 为从内物流区到生产线运输时间；t_2 为将零部件从运输车辆搬运到生产线工位器具上的时间；T 为生产节拍。

十一、运行看板的注意事项

一般情况下只在月末或月初时调整一次，但是如果在调整月的生产台数有大的波动时就要根据实际情况进行多次调整，否则，若按最高数量进行调整时，生产数量少的阶段就会出现在库积压的问题。

运行看板的注意事项见表3-1。

表3-1　运行看板的注意事项

序号	注　意　事　项	责任人
1	将零件运送上线时，小心不要把看板弄丢	物流人员
2	摘看板一定要在拿取整箱部件的第一个部件之前	上产作业人员
3	摘掉的看板要及时放到看板回收箱内	上产作业人员
4	发现零件箱上没有插看板或看板与部件不符要及时通知班长	上产作业人员
5	一旦发生晚摘看板的情况不要自行处理，要及时通知班长或物流人员	上产作业人员

十二、看板与JIT

看板管理可以说是 JIT 生产方式中最独特的部分，因此也有人将 JIT 生产方式称为"看板方式"。但是严格地讲，这种概念也不正确。日本筑波大学的门田安弘教授曾指出："丰田生产方式是一个完整的生产技术综合体，而看板管理仅仅是实现准时化生产的工具之一。把看板管理等同于丰田生产方式是一种非常错误的认识。"

因为如前所述，JIT 生产方式的本质是一种生产管理技术，而看板只不过是一种管理工具，决不能把 JIT 生产方式与看板方式等同起来。看板只有在工序一体化、生产均衡化、生产同步化的前提下，才有可能运用。如果错误地认为 JIT 生产方式就是看板方式，不对现有的生产管理方法作任何变动就单纯地引进看板方式的话，是不会起到任何作用的。所以，在引进 JIT 生产方式以及看板方式时，最重要的是对现存的生产系统进行全面改组。

本章小结

本章主要介绍了在汽车企业供应链管理领域中常用的五种管理工具：约束理论（TOC）、工业工程（IE）、准时制（JIT）、物料需求计划（MRP）以及持续改善（KAIZEN）。企业在解决实践中的问题时到底选择哪种工具，这个问题常常困扰着管理者。其实，任何事情都不是简单的一刀切，需要根据实际情况，根据不同的时间段、计划覆盖的范围，采取灵活的方式。比如：

（1）MRP定位在厂级或企业级，负责主生产计划、物料需求及各车间的月、周零部件计划。

（2）TOC定位在车间级，负责车间、工段工序日作业计划与调度、物料投放计划。

（3）JIT定位在生产现场，负责作业计划的执行、生产的控制和现场的反馈。

通常情况下，需要采用多种技术的集成应用才能有效地解决实践中的问题。

思考与习题

1. 约束理论（TOC）的思想和工具有哪些？
2. 如何运用工业工程（IE）的方法改善企业的业务流程？
3. 准时制（JIT）理论如何使订单制生产方式成为可能？
4. 对比分析JIT与MRP，你是否认为其中的一种比另一种重要？并说明你的理由。
5. 怎样有序开展Kaizen活动才能获得预期的效果？

第4章

汽车制造物流运作管理

本章知识点

1. 零部件入场物流的管理难点及其优化改善的主要途径。
2. 在制车身物流的关键流程及管理难点。
3. 线边配送物流的主要模式及其优化途径。
4. 国内外汽车物流标准化的研究与进展。
5. 汽车物流企业标准体系特点及框架结构。
6. 汽车物流标准化体系价值评估模型的研究。

4.1 零部件入厂物流

在汽车供应链中，零部件入厂物流被公认为供应链物流系统良性运作并持续优化的最关键环节，是汽车制造物流最重要的组成部分，也是企业经营管理的重要环节之一。

企业系统活动的基本结构是投入—转换—产出，物流系统活动伴随着该结构模式运行，并渗透到各项经营活动之中。就汽车制造企业物流、供应链而言，相对于投入就是入厂物流；相对于转换就是企业内生产物流，即储存、搬运、输送等物流活动；相对于产出的就是整车和备件的储存、分拨与运输物流。

本节仅描述的对象是处于内部供应链的汽车制造物流的组成环节——零部件入厂物流运作管理问题。

4.1.1 零部件入厂物流的体系结构和功能

一件总成或一辆整车由几个或几千个不同的零部件组成，在这些零部件中，只有很少的一部分是主机厂自制生产的产品，而大多数是外协件。这些外协件来自世界各地，范围广泛、统筹调度难度大，影响可变成本的因素非常多，这就是零部件采购物流管理难度最大的原因。

汽车制造企业零部件入厂物流体系结构如图 4-1 所示。在这个供应链局部体系结构中，运输企业构成了干线运输层，围绕整车生产厂的仓库群构成了仓储层，供应商的配送部门或整车生产厂的供应部门构成了城市配送层；主要供应链节点有原材料供应商、零部件生产厂、中间仓库和整车生产厂；主要的物流环节为仓储管理、容器管理、干线运输、城市配送和上线交付。

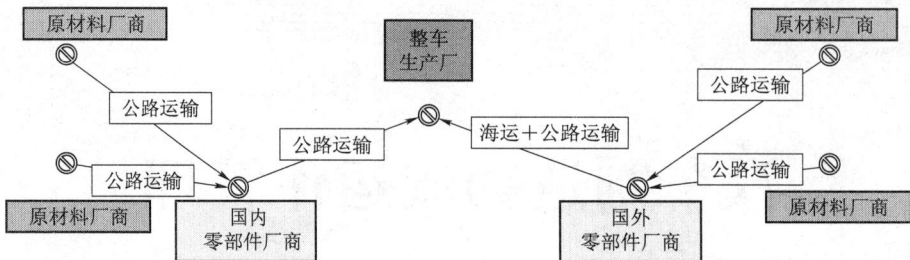

图 4-1　汽车制造企业零部件入厂物流体系结构

整车生产厂为供应链的主导企业，它是信息的控制中心，是供应链的驱动机构；根据需求分析的结果和资源配置的状态，制订自己的生产计划，根据既定的作业计划进行采购和组织供应；为零部件供应商提供信息服务，与供应商信息共享、相互支持、共生共赢。

零部件生产厂是供应链的重要组成部分，它的运行绩效决定了这个局部供应链的整体绩效。供应链整体绩效状况好，就可以大幅度缩短产品的生产周期，提高对市场的反应速度和柔性，降低物流成本，提高供应链的敏捷度及柔性。所以说，零部件采购供应物流系统是汽车制造企业增强供应链竞争能力的重要环节。

目前，各汽车制造企业均建立了相对独立的供应链体系，每条供应链中的核心周围，均聚集着数目庞大的零部件生产、供应企业群所构成的垂直分布的单一配套体系。每个配套体系又由数目更加庞大的原材料生产企业构成。这些企业在其所处供应链核心企业——整车生产厂周围设立了中间仓库，按照整车厂的要货指令，由第三方物流服务商（或由零部件企业自己）以"看板"或"同步"的方式向整车生产厂提供运输和生产线边或准备区供货。如此庞大的零部件供应群体和相应的运输、配送环节，构成了层次繁多、结构复杂的采购供应物流体系。

由于供应商的仓库规模不大、数目繁多，信息化投入不同，标准化难以推行，管理水平参差不齐，配送质量难以保证，加上管理体制等诸多方面的因素，使得物流系统工作效率低，资源综合利用难度大，供应链总成本居高不下。识别零部件采购物流领域中的管理难点，以系统合理化的角度对这些难点进行预测分析，是实施供应链管理的第一步。

4.1.2　零部件入厂物流的管理难点

零部件入厂物流领域的主要矛盾是确定需求与保障供给，入厂物流实物流与信息流交互过程如图 4-2 所示。

研究需求是供应链管理领域中的首要难点。因为需求是拉动供应链良性运转的动力，不能准确识别需求和表达需求，就不能有效开展其他任何活动。而保障供给就需要动态地研究和解决生产什么、使用什么、拥有什么、缺乏什么和怎样满足的问题，保证在合适的时间，将合适的物品，以合适的数量，送到合适的地点。

在实践中，要解决好满足需求问题并非轻而易举。对于汽车制造企业的零部件入厂物流领域，解决好需求与供给的矛盾将面对的困难更加突出。这些难点（除了市场需求预测以

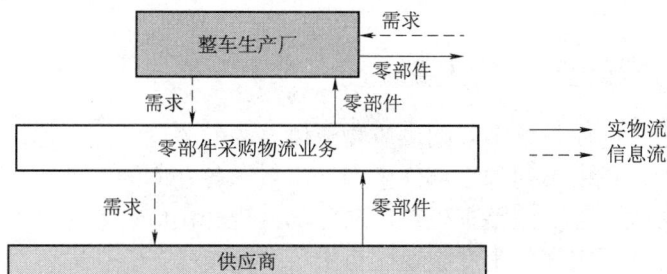

图 4-2 入厂物流实物流与信息流交互过程

外）主要集中在以下几方面。

1. 交付及时性

以轿车生产厂为例，国内整车装配线的生产节拍通常是每小时 20～40 辆车，每种车型的装配零部件 3 000 多种，通常的生产方式是多品种混流。而生产线旁的物流面积有限，因此需要连续不断按照整车生产厂的要货指令向装配生产线边准时供货。供货的及时性决定了生产的准时性。

由于零部件供应厂商的地理位置和物流能力的局限，交付的及时性以在整车生产厂附近建立中间库存来保证。这种模式不能有效降低零部件采购物流环节的总体成本。因此，必须研究并建立新的运作与管理模式来保证交付的及时性。

2. 贯彻标准与标准化

汽车供应链围绕整车生产厂运转，上游企业涉及几百家。由于企业背景不同，产品线不同，经营战略差异，零部件包装单元、运输工具、信息系统、质量体系和管理模式等五花八门，给资源综合利用、提高运输效率、信息交换等带来很大阻碍。因此，实现标准化，是提高资源利用率、减少非增值环节、改善零部件采购物流环节效率的关键保证。

由于推行标准化需要较大的投入，对于发展水平并不整齐的上游企业，也并非易事。

3. 信息化管理

汽车工艺供应链上的所有企业均或多或少，或深或浅地实现了信息化管理，装备了信息化设施，实现了一定水平的信息化管理。然而，各类管理软件相对简单，大部分只是企业内部局部管理软件，软件之间呈孤岛形态，很少有企业建立了整个供应链的综合信息管理系统——全面解决方案。

现代物流以信息化管理为标志。然而，企业对物流信息技术的运用大多还处在初级阶段。由于管理软件供应商与用户之间沟通不畅，IT 技术人员也缺乏系统管理方面的经验，对于供应链管理流程的复杂性认识力不够，开发出来的软件产品很难满足企业的需要。实现信息化管理是优化零部件采购物流的关键。

4. 质量保证体系

汽车由成千上万的零部件组成，汽车整车质量必须由零部件的质量、物流运输的质量、保管配送的质量和装配的质量来保证。没有上游供应商和入厂物流环节的质量保证，整车厂的产品质量就是空中楼阁。工业化水平和管理水平是精益生产的基础保障，决定了质量保证体系的构筑和良性运行，但是，良性运行所涉及的因素众多，而协调平衡的难度制约了实现。

4.1.3 零部件物流优化改善的主要途径

在这个供应链中，仓库是整个采购供应物流体系中的关键节点，但由于这些仓库分别属于不同的零部件生产厂或由不同的零部件生产厂租赁，各仓库的条件不同、管理人员的素质差异，管理难度非常大，起不到整车生产厂与零部件生产供应企业之间的桥梁作用，相反却在相当大的程度上加重了零部件生产企业的负担。而整车生产企业对零部件的资源准备状况也无法掌握，造成要么库存水平高，要么发生缺件引起整车生产厂停产。

这种运行模式的弊病阻碍了精益生产的有效运行，整个供应链的效率不但没有提高，反而在很大程度上削弱了整个供应链的竞争力。

零部件入厂物流环节是供应链成本的密集区，是业内外人士关注的焦点，对这个环节优化途径主要体现在策略调整等方面。

1. 入厂物流操作业务向第三方物流服务商外包

汽车生产的全球化、专业化的趋势，形成了整车生产厂将其发展战略定位在主流业务上，而将非主流业务外包的生产模式，并广泛应用于供应链所有环节。其中，很重要的一个方面就是将企业的采购供应物流业务外包给社会化专业的第三方物流服务商（3PL）。

专业化的物流服务商优势体现在以下几个方面。

1）具有现代化的物流管理理念

优秀的3PL企业由专业精英管理运作，他们具有与国际接轨的经验和良好的知识结构，通过大量实践，掌握着最全面的行业信息和比较前瞻的管理技术。

2）具有完善的物流基础设施

建立了先进的物流信息平台，拥有节点资源并有能力根据需要扩展资源，调动社会资源的能力日益增强，网络四通八达。

3）系统总成本低

通过信息平台，整车生产厂和零部件生产厂形成了信息无缝连接，避免由于信息滞后所造成的"牛鞭效应"。为整车生产厂提供有效的"看板"配送，保障整车生产厂生产的准时性和精益性，降低系统的总成本。

从理论上说，物流业务外包模式可以从总体上降低供应链库存，提高供应链的效率和反应速度，增强整个供应链的竞争力。

从实际出发，整车生产厂由于是供应链中的"龙头"角色，必须全面控制供应链的良性运转，而决不能在运作的过程中，盲目采取诸如"剥离非主流业务""一体化外包""专注化经营"等时髦战略，而逐渐丧失了对供应链的控制力，入厂物流外包只能作为一个生产产品的环节存在于供应链中。否则其后果是，由于供应链的驱动机构失效，造成整个供应链的瘫痪。

因此，汽车制造企业的零部件入厂物流环节的优化，需要慎重考虑如何保持和扩大对供应链的控制力，如何使渠道为整车生产厂服务，如何以市场拉动供应链，如何拓展不完整的产业价值链出现的发展空间，以及如何选择横向一体化和纵向一体化战略等重要问题。

2. 强化信息化管理，效率优先

随着经济全球化和信息技术的迅猛发展，以信息技术为核心的现代物流业在全球广泛兴起。近年来，随着一些企业整体实力的不断增强，经营规模的不断扩大，我国企业对现代物流管理的认识日益加深、需求日益增长，越来越多的企业致力于构筑信息平台，用信息管理工具提高物流管理效率。

物流信息化的目标模式是以提高效率为核心，通过效率的提高实现效益。物流信息化的内涵是对物流的组织与管理，外延是物流服务水平和质量的提高。

物流信息化的基础是引入供应链管理，让链上各企业共同参与制订发展规划，共建信息平台，信息共享，目标一致，协同调度，风险共担和利益共享，先进的理念应用于运作，集流程的优化于客户的服务为一体，提高效率和效益。

目前，很多汽车制造企业在内部供应链管理方面，信息化水平比较低，甚至计划控制体系还是手工管理模式，这是未来改善的重点领域之一。

3. 构筑敏捷、精益的集成化供应链

汽车行业经历多年的激烈竞争历程，企业之间的竞争已进入白热化状态，产品的生命周期愈来愈短，产品更新换代速度愈来愈快，为企业盈利的新产品寿命比工业社会的产品明显缩短了许多。

个性化的需求消费趋势使众多消费者不再满足于毫无个性的流水线产品，他们渴望拥有与众不同的产品来尽可能地张现个性。

面对用户日趋个性化的需求，大规模生产必然不能满足市场的需求。因此，在满足市场需求的前提下，为了求得最低的生产成本，对于汽车制造企业而言，在柔性化生产的过程中，必然需要采用小批量平衡作业。

新的竞争态势要求汽车行业的管理思想、管理理念和管理目标及时地转到"一切满足用户的需求"的宗旨上来。

于是，大规模定生产模式已经转变为规模化订制生产模式。规模化订制生产是汽车企业为适应市场多变且竞争激烈的外部环境而产生的生产方式，规模化订制生产模式下的要求是以敏捷为主的、敏捷与精益相结合的精敏性集成化供应链。这种特性的供应链管理目标就是使汽车企业适应这种动态的、不确定的外部环境条件下形成的内部调整，增强其柔性和敏捷性并降低成本，快速满足顾客的个性化需求。

4. 变计划推动为需求拉动

以用户订单拉动生产，通过"看板"，把供、产、销紧密地衔接起来，最大限度地降低零部件和在制品库存，尽可能消除闲置资源和浪费，提高供货的准时性和质量，从而提高生产效率。

4.2　在制车身物流

4.2.1　在制车身物流的主要业务内容

汽车制造物流的业务内容包含了在制车身（形成白车身到整车下线入成品车仓库）物流和零部件配送物流等两个子领域，处于汽车工业供应链中游，属于企业内部供应链，是汽车制造物流管理的核心内容。前者因其存在于企业内部供应链并与工业领域紧密相连，尚未被供应链管理的研究者知晓和重视；而后者因其处于内部供应链和外部供应链的结合部，是第三方物流服务商的业务重点，已经被业界所广泛知晓。而两者之间密切相关，前者是后者的指导，后者的运作质量是前者绩效的保证，前者的绩效是整个供应链管理水平的体现。在制车身物流是指一个完整的整车制造过程，如图4-3所示。

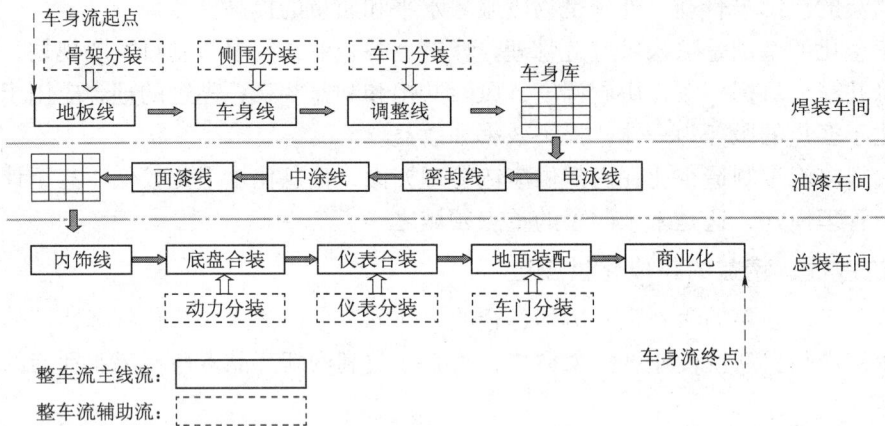

图4-3 在制车身物流全景图

在整车制造过程中，预定装配顺序卡是整个车身流的指导文件，衡量车身流绩效状况的指标就是遵守这个指导文件的程度。车身流装配顺序卡指导范围如图4-4所示。

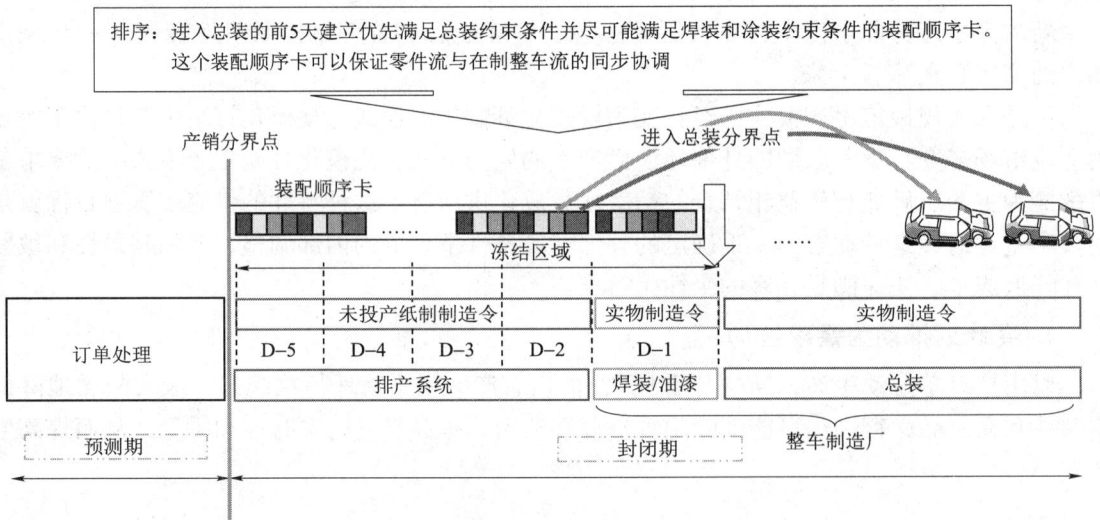

图4-4 车身流装配顺序卡指导范围

车身制造计划的执行阶段，以预定装配顺序卡作为计划执行与控制的指导文件。在这个装配顺序卡中，每一台车都有一个唯一的制造令，一条总装配线对应一个装配顺序卡。焊装车间导入制造令的时间和空间点就是车身流的起始点，用以拉动焊装车间各前端工位进行生产。

在制车身的"一个流"生产方式的工具就是按照预定顺序生产，它的第一要点就是要使产品生产的各道工序做到几乎同步进行，使产品实现单件生产、单件流动，避免生产线的分流和合流。

4.2.2 在制车身物流的关键流程

在制车身物流包含了车身焊装、涂装和总装等三大工艺过程中实物移动的主线流和总成分装机械化输送的辅助流，辅助流还包含了同步配送零件（轮胎、线束、保险杠、座椅）流。

车身物流的管理目标是实现被制造车的实物流与指导生产的信息流高度协调。它的主要业务范围包括了信息流的正确指导和实物流的有序通过等两大部分。具体来说，就是接收和处理商务订单，编制作业排产计划，按照制造订单确定车身的装配身份，安排车身进入生产线进行装配，控制偶然事件对顺序的干扰，再次排序，等等。整个生产制造过程经过了焊装、涂装和总装直至整车商业化入库。在生产过程中有序指导车身的流向，控制遵守排产顺序，在拉动的"准时化"生产模式下，准确地按照装配顺序卡的预定顺序指导零件流的配送，按序实现生产计划目标，保证商务订单的交付期限。

在制车身物流系统的研究范围主要涉及各个车间的工艺设计和各上下游车间之间（焊装车间与涂漆车间、涂漆车间与总装车间）连接环节的工艺需要、生产管理要求和对零件流的配送指导等。

在制车身物流领域有两大类业务内容：第一类属于研究领域，主要内容是通过对整车制造全过程进行模拟分析，对局部工艺流程进行模拟分析，识别生产流程中偶然事件对按序生产的干扰，通过对生产线的设备开动率进行分析来检验工艺设计合理性，计算保证按序生产的库存需求，提出能够保证按序生产的基本要求；第二类属于生产管理领域，主要内容是设立按序生产的绩效指标和持续改善，如图 4-5 所示。

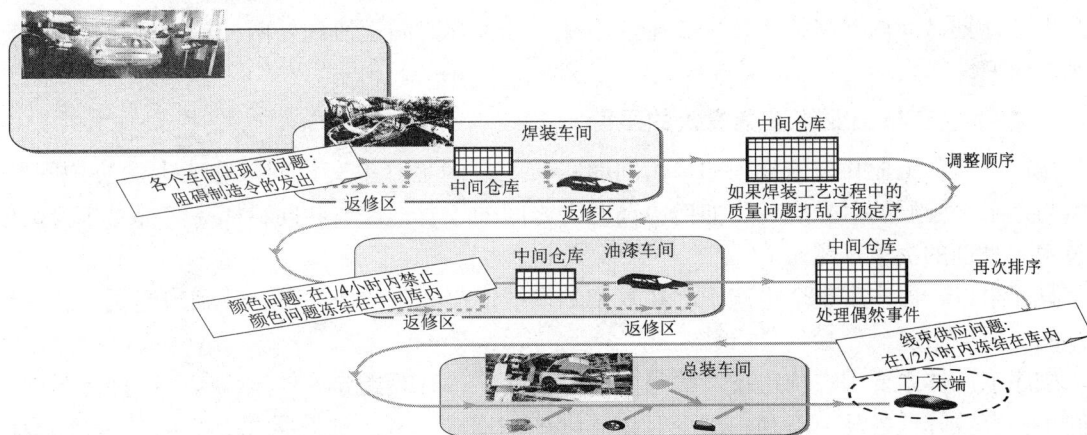

图 4-5 在制车身物流的生产过程

4.2.3 在制车身物流的管理难题

在制车身物流是生产作业计划的实践过程，是零部件配送物流的指导，贯穿整车制造的全过程。在制车身物流既涉及工艺设计领域，也涉及物流设计领域；既涉及生产制造领域，也涉及物流运作领域；既涉及实物流领域，更涉及信息流领域；既与整车厂本身的产能水平相关，也与供应商的产能水平相关；既属于技术范畴，也属于管理范畴。因此，在制车身物流管理过程存在着许多当前难以解决但又亟须解决的问题。

在解决这些难题的过程中，需要理论指导，需要实践经验，需要信息系统，需要先进技术，需要合适的管理方法，需要树立价值流的观念，需要贯彻始终的战略方向，而对这些需要的集成表达，正是难中之难和必须解决的主要矛盾。

1. 计划推动的均衡生产与订单拉动的同步生产之间的时间协调

这个问题一直是车身流领域或者说是供应链管理领域中的难题。均衡生产的目标是平衡需求波动，稳定生产运行；同步生产的目标是按照客户的需求节奏，快速满足订单。它们是一对矛盾的统一体。

均衡生产面向库存，通过企业各个生产环节预先制订的计划进度，完成大致相等或稳步递增的产量或工作量，并达到充分的工作负荷，均匀地按品种、质量、数量和期限均衡地实现计划目标。生产计划确定需要市场需求均衡，生产组织需要资源均衡，按序生产需要生产过程均衡，看板供货需要生产节拍均衡。只有这样，才能使整个供应链成本最低、效率最高。然而，由于均衡的出发点有所不同，均衡的形式和效果也发生了变异：均衡滋生了过度生产，滋生了僵化管理，更令人费解的是简单的均衡还带来了库存。这是因为需求难以预见，预测并不准确，于是生产准备期的"牛鞭效应"必然带来了各种库存。

同步生产是面向客户的订单制生产体系的运作模式。对于生产领域来说，就是面向商务订单。生产计划体系是供应链的时间坐标，特别是超短期生产计划更是同步生产的时刻表，同步生产过程中所有参与者都要按照这个时间表规定的具体时间确定自己的行动计划。当供应链上某一个环节在执行预定时刻上发生了偏差，就会使同步生产无法运行。

快速满足订单必然带来需求的局部波动或称为相对于预定时刻的偏差，而均衡生产要求在合理的计划区间内严格执行预定安排。因此，如何在时间上协调好两种模式的目标，将是未来的研究课题之一。

2. 按序生产与工业化设施投入的平衡

按序生产与工业化设施投入的平衡问题实质上是满足订单交付期限和成本的协调问题。成本与期限是矛盾的对立统一。如何协调两者之间的矛盾，形成共同目标一直都是车身流领域技术与管理的决策难题。

具体来说，即实现整个生产中心在复杂的多线混流生产的条件下，达到产能目标，保证客户的交付期限。

按序生产体系要求在预定排产顺序文件的指导下，有效指导零件流，实现零件流与整车流同步；有效降低各环节库存，减少对物流设施的需求，减少整车批量结束时的零件损耗，大幅度降低物流成本；为物流系统改善创造空间。

在生产过程中，通过排产来保证车身流遵守各个工艺（焊装、涂装、总装）的约束条件，保证各条分装生产线的均衡生产，从而降低工艺设备投资。同样，根据不同车型的装配工时，按照一定的规则间隔上线，均衡总装各个工位的操作工时，从而降低生产运行成本。

通常，汽车制造企业采用智能化的重新排序系统来保证整个生产过程中的按序生产，采用在工艺转换段内设置车身储存区的方式来最大限度地遵守工艺限制条件和恢复排产顺序的目标，即：焊装与涂装车间之间、涂装与总装车间之间。而车身储存区的结构形式涉及工业设施的投入和运行绩效的优劣，因此带来了投资决策和运行绩效管理的难题。

3. 生产排序计划多变量决策

在汽车制造企业内，商务订单进入生产计划封闭期后即成为一车一单的制造令，所有制造令将被排入超短期生产计划，即生产顺序执行文件。实践中，这个执行文件既是整车厂四大工艺制造顺序的控制标准，也是供应商进行零部件生产与物流配送的顺序标准，以此保证同步生产和同步配送。

编制生产顺序执行文件的原则就是"先进先出"。为实现"先进先出"，需要针对制造成本、管理成本和客户服务满足程度等方面的各类要素进行权衡决策，寻求质量、成本、交付期的平衡。这些要素至少涉及车身流的数量、排序优先原则、工艺限制条件（生产节拍、能力匹配、自动化程度、设备可靠性）、产品结构特征（工时标准、轮廓条件）、质量控制（抽查、返修）、生产组织（生产班次、人员调配）、成本控制（装配独立性、安全性、柔性、批量、信息系统），等等。

因此，在编制生产排序执行文件的过程中，如何做出科学合理的决策方案将是汽车制造企业迫切需要解决的难题。

4. 排产算法逻辑的确定

车身流设计与控制的重要工作是对排序逻辑和重新排序的算法逻辑进行系统化设计。目前，汽车制造企业在生产组织领域的运行中所采用的针对排序、约束类型、独立性、安全性等要素的专用算法逻辑是 ARI（Analysis Range Index）模型，但在确定各关键点约束类型优先顺序的决策运算方面，还处在探索过程之中。

4.3　线边配送物流

为了突出重点，本节仅描述汽车整车厂总装工厂的线边配送问题。

线边配送物流是汽车制造物流的组成部分，它的范围是从零部件原材料进入整车制造工厂的缓冲区或仓库到按照生产作业计划指令配送至总装生产线为止。如果线边配送物流不顺畅，则总装生产线就不顺畅；如果线边配送物流中断，总装生产线也将随之停顿。因此，线边配送物流的均衡稳定，是总装生产线顺畅运作的保证，是缩短生产期限的保障。

4.3.1　线边配送的主要模式

在现代汽车制造企业中，准时化生产被广泛采用，而与之相适应的主要有三种基本配送模式：看板（KANBAN）、同步（SYNCHONE）和越库（CROSSDOCK）。看板是需求拉动的配送模式，同步是一种基于计划推动的配送模式。

在生产实践中，还有一些基于基本模式集成化运用的演变模式。

1. 看板

准时化生产方式的主要工具就是单元化（容器）看板。看板配送实现了拉动式送货，能够很好适应生产计划的变化，并且可以安排每天多次送货，提高了送货频次。看板配送是电子技术与现代物流的结合，它采用条形码技术、网络技术进行生产物流管理，是一种反应速度较快、信息较为准确的线边配送模式。

看板上记录着零件号、要货时间、零件名称、零件的储存地点、零件数量、所用工位器具的型号等，以此作为各工序进货、出库、运输、生产、验收的凭证。在看板管理模式下每一次物料的供应都是对实际消耗的合理补充，充分体现了准时制物流的原则。看板可以用于企业生产的三个方面：第一，老产品生产过程看板控制；第二，供应商看板供货；第三，生产线看板供储。

采用看板配送的每个容器内都有一套看板卡片，以看板批量为基准循环（发出看板、准备物料、运输物料、接收物料、消耗物料、发出看板）拉动物料供应。采用看板必须具备两个条件：第一，整车生产厂和零部件生产厂就看板运送条件的确定和实施达成协议；第二，看板卡片制作材料应防水、防油、不易破损，卡片的制作标准规范，严格管理，杜绝丢失，卡片的操作程序严谨。

看板配送零件单元，具有两个特点：其一是每一个看板循环最少有两张卡片（双箱制：线边设置两个容器，一个正在消耗，另一个是缓冲储备）；其二是看板供应是需求拉动，只要有出库就会发出看板。

看板供货以在制车身物流为拉动源，零部件流中的各生产环节都按后工序的需要组织生产和运输。后工序需要什么品种、数量，就在需要的时间向前工序取，不设置多余的库存；前工序仅仅生产后工序所取走的品种、数量，不进行多余的生产。与此同时，要求供应商进行准时供应，在需要的时间和地点供应需要的品种和数量，从而改变传统供应方式中设置大量的库存储备来保生产、保均衡的做法，实现减少库存费用，降低生产和运输成本，使得零部件流与在制车身流协调统一，达到准时生产化的要求。

看板配送模式还有一些演变模式，如中转看板、直送看板等。

2. 同步

同步是指供应链上下两个物流节点间充分利用现代信息技术，上游节点接收下游节点发出的确定的物料实际需求信息，同步组织生产，并同步运送物料到下游节点的物料供应组织方式。同步是一种基于精益管理的方式，它充分地实现了在恰当的时刻生产装配准确数量的产品并将其送达准确的工位，不产生任何多余的库存。同步配送基本流程如图4-6所示。

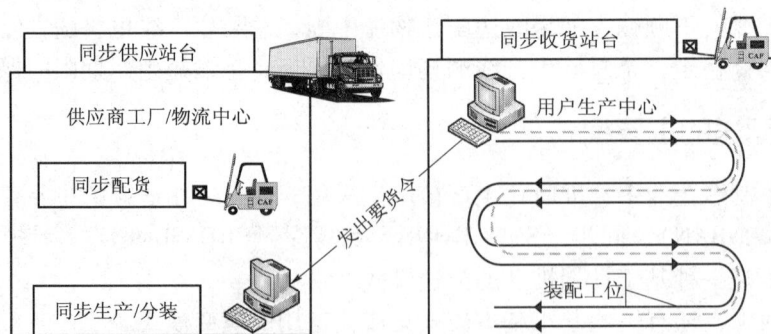

图4-6 同步配送基本流程

同步可以看作是一种基于计划推动的配送模式，它无论对企业自身还是整个供应链来说，都可以降低库存费用和减少对生产面积的占用。

同步不是孤立的物料流动的管理和组织，而是以实时的确定顺序需求信息为主导，它包含了生产计划、需求预测、采购、技术、质量和财务信息的沟通和管理，以实现最大限度地减少无效劳动、资源占用和浪费为目的配送模式。

同步配送的前提条件是企业生产同步。生产同步是实现准时化生产的基础，也是实现零部件同步配送的前提条件。对于生产企业，各车间、各生产线的生产以总装配线为龙头，以看板拉动控制，做到生产同步；生产线内不设立在制品储备，实现了理论"一个流"生产，有效地控制了过剩的生产，同时也避免出现生产等待现象。

根据同步的主体和同步控制程度不同，同步还有一些演变模式，比如企业内部分装同步，供应商与企业计划同步，供应商与企业生产同步等。

3. 越库（定点精准配送）

在定点精准配送模式中，零部件的实物流动有两个环节：上游物流组织和内部上线配送，上游供应商分时段交货（按整车制造厂的要货指令每天分时交货）；零部件交货无须经仓库，而是直接向指定的交货点或线边中转区配送，这种配送模式要求物流操作人员在规定线路上使用小火车（机动拖车拖挂若干节无动力小车）进行零件循环配送。本节仅探讨后者的业务流程。

实现定点精准配送需要对以下几方面进行系统性设计。

1）运输计划

针对供应商的每次交货需要制订运输计划，重点对这几个关键时间节点进行精确计算：一是指定交货站台的接收时间 DHRC；二是离开指定交货站台的时间 DHLV（首个 DHLV 根据 DHRC 和运输安全性确定，其他 DHLV 应根据整车生产工厂的生产时间均匀细分）；三是从供应商处取货的时间及日期 DHEF。运输计划时间关系如图4-7所示。

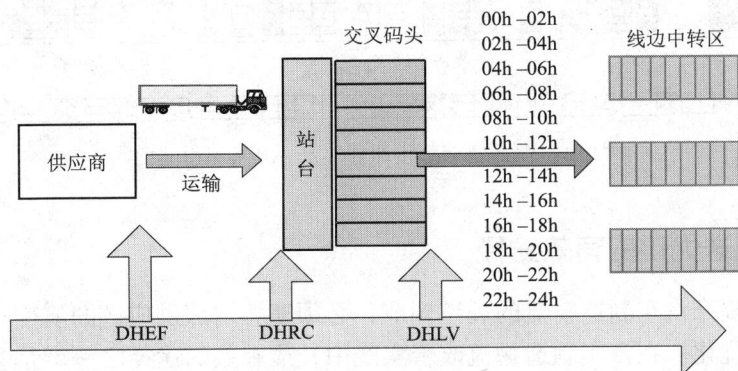

图4-7　运输计划时间关系图

定点精准配送的时间规划基于常规交货频率（大件直送4次/日）设计。为了达到这样的交货频次，其他物流的加速可通过运输规划的适配实现，比如，供应商租赁仓库规划集中至整车生产厂周边、供应商运货时刻表的完善与实施等。

2）中转区规划和管理

基于"零库存"理念实现零部件的快速流动，即快速入库、快速中转、快速出库等，在库内的短暂停留是配载或运输衔接的需要，通常应辅以看板管理及仓库管理信息系统，或在生产线附近设置"过渡配送中心"。

供应商对于中转区的供货是定期供应，一般是每天4次定期交货。中转区设计应重点关注的要素有四点：一是中转区的合理分区，以减少这些区域中每个区域的小火车流运行频次，并有利于现场生产组织及管理；二是中转区通道长度设计，理清货架与小火车车厢之间的对应关系；三是站台之间的空间距离正好是一列车的长度（有效）；四是货架排数是站台数量的倍数等。

3）线边配送

在定点精准配送模式中，小火车布置与生产线边布置应对应，根据装配工位的消耗点来确定零部件在小火车上的布置。线边配送小火车设定了固定循环时刻，其目的是提高包装配送频次和劳动生产率。

小件配送按照预定的分时段路线完成其线边分配和在中转区（超市）单取包装的工作，这些工作主要集中在生产线边及指定交货站台。

定点精准配送是一种全新物流模式，借助视觉管理、信息系统等工具来实现其目标。同时，研究如何制订合理的中转区库存，以保证库存成本降至最低。具体配送模式如图4-8所示。

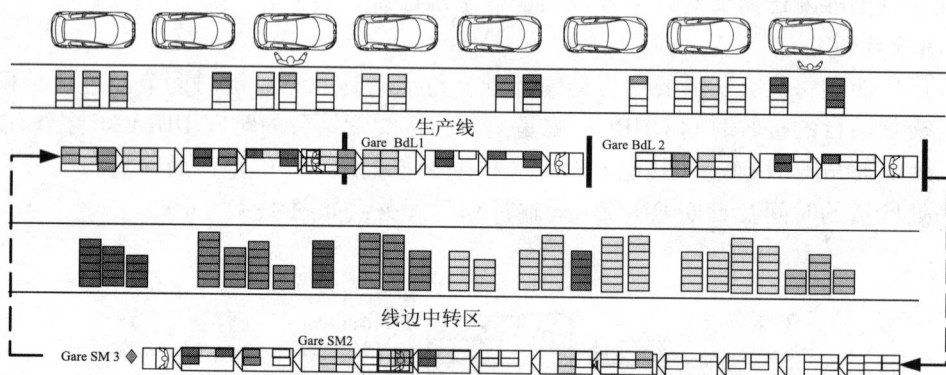

图4-8 定点精准配送模式下的小火车线边配送

4.3.2 线边配送优化的有效途径

线边配送是提升汽车制造物流的关键环节，必须随着内部供应链的演变与生产方式的演变进行持续改善优化。在汽车制造物流改善实践中，最有效的途径之一就是基于业务流程优化的系统改善。通过业务流程优化重组来降低物流运作成本的效果非常显著，具有很好的战略意义。

1. 优化实施步骤

通常，物流业务流程优化项目在立项之后实施的基本步骤分为四个阶段。

1）组织落实

成立跨部门的项目团队，吸纳与业务流程相关的所有部门的人员参加，共同确定改善目标；通过项目组成员全过程的通力合作，保证改善目标的达成，实现多赢。

2）现状调查与诊断

详细描述业务流程现状并以流程图的形式固化，通过对现场操作样本的相关要素的量化分析，运用鱼翅图分析工具，识别出现流程的所有问题；运用约束理论识别瓶颈问题，为建立解决方案和过程管理建立基础。

3）制订行动计划与各阶段改善目标

运用项目管理的方法，按照整体规划、分步实施的原则，细化具体任务，落实工作量及其与完成任务相关的各项资源，建立阶段性目标和评价指标，建立项目推进机制，等等。

4）效果评价与持续改进

阶段性目标达成后，召开项目阶段性回顾会，对上一阶段的经验和成果进行反馈和总结，通过量化评价，为下一阶段的工作构筑基础。项目完成后，对项目完成状况进行整体评价，并建立标准或规范，为持续改善构筑基础。

为了让读者能够深刻体会改善的有效性，了解开展物流配送优化的具体流程，本小节通过某汽车制造企业的真实改善案例来描述实践方法。

2. 改善优化案例

某汽车制造企业的门护板入厂配送物流优化项目

某供应商为某整车生产厂（主机厂）提供两种车型的门护板部件，其中一种车型的门护板在江苏工厂生产，另一种车型的门护板在湖北工厂生产。

业务流程优化前的物流路径是两种门护板在供应商工厂生产完成后，分别送达湖北主机厂附近的第三方物流商仓库储存；然后，按照主机厂要货指令进行包装转换后进入主机厂仓库等待；最后，按照生产计划进行同步排序配送至主机厂总装生产线预定工位旁。物流环节多，零部件质损较大、物流成本高的问题亟待解决。改善前门护板配送物流业务流程如图4-9所示。

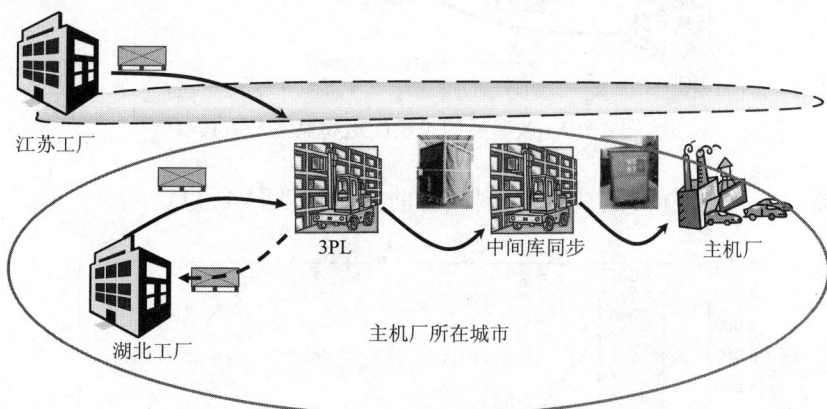

图4-9　改善前门护板配送物流业务流程

改善项目立项后，按照基本步骤实施改善。

第一步：改善项目的组织落实。根据业务流程，由物流工艺部门牵头，成立一体化改善项目工作组。工作组成员包括主机厂各相关部门的人员（物流工艺、业务采购、质量、运行操作）、门护板供应商代表和物流服务商代表等，明确界定项目组所有成员的责任与具体任务。

第二步：现场调研与问题诊断。根据实地调研和数据分析，识别出影响物流绩效的五类问题，即配送物流环节多、零件倒手次数多、包装破损多、标准化作业程度低、安全生产保障差等。

第三步：制订行动计划与各阶段改善目标。根据一次规划、分步实施的原则，确定项目总目标，即"通过优化门护板物流配送业务流程，实现物流运作综合成本的有效降低。"

项目分为两个阶段实施。

第一个阶段为局部改善阶段，主要有两项改善行动：一是控制纸包装的使用次数，通过降低包装破损率来提高物流质量；二是通过完善零件入库质量检查流程，通过来件全检来提高零件交货质量。设立"来件包装质损率"指标来观察跟踪改善效果。

第二阶段为综合改善阶段，主要有两项改善行动：一是优化门护板物流业务流程，通过流程重组来减少环节；二是以耐久容器取代纸包装，有效降低零件转运过程中的零件破损。

第四步：改善效果评价与持续改进。

通过物流配送业务流程优化，有效地提升了门护板配送的关键绩效（QCD）。

具体来说，改善达成了预期目标，改善效果主要体现在效率、质量和成本等三个方面。

（1）物流效率提高了40%。改善后门护板配送物流业务流程见图4-10。

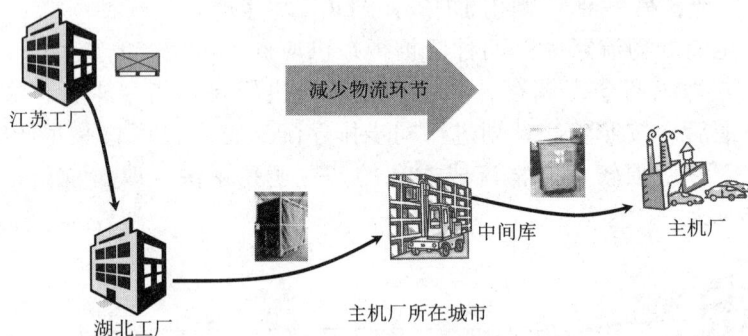

图4-10　改善后门护板配送物流业务流程

（2）物流料废大幅度降低。物流废料改善前后比较见图4-11。

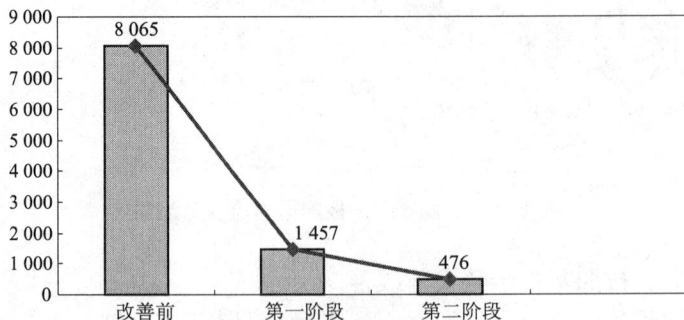

图4-11　物流废料改善前后比较

（3）改善后当年，物流综合成本降低了130万元人民币。

项目完成后，编制生效了岗位标准化作业指导书，为持续改善建立了基准；项目申报了改善成果，为推广改善建立了标杆。

4.4 汽车物流标准化

2006 年 11 月 3 日国家财政部、科技部发布的《公益性行业科研专项经费管理试行管理办法》中，把国家标准和行业重要技术标准的研究纳入其中，为科研带动标准水平跨越式提升提供了保障。2006 年度，中国标准化研究从政府得到的经费为 3 亿元人民币。国家标准化管理委员会结合标准化工作实际制定了《标准化"十一五"发展规划》，规划未来五年我国标准化工作的发展重点是标准化工作要面向国民经济的主战场，加强农业、食品、安全、卫生、环境保护、资源节约与综合利用、高新技术、服务业以及国家核心竞争力的重大产业等领域的标准化工作。因此，加快汽车物流标准体系建设，是确保我国汽车物流业科学、有序、持续、又好又快发展的根本基础，是加快物流核心能力建设的重要技术与管理的保证。

4.4.1 汽车物流标准化概况

1. 国外汽车物流标准化研究与进展

由于国际社会的发展趋势越来越强调自我负责、放宽技术法规限制，因而标准就成为建立社会柔性规则的重要手段。为此欧盟利用其强大的技术力量和区域联盟这一得天独厚的条件，率先研究制定了欧盟区域标准化发展战略，以指导其建立更强大、更完善的欧洲标准体系，并使其在国际标准化活动中形成协调一致的、统一的国际标准提案，从而使欧盟对国际标准化工作产生更强大的影响力。欧盟标准化战略的主要内容是：建立强大的欧洲标准化体系，进一步扩大欧洲标准化体系的参加国（原有 19 个国家，到 2010 年发展到 25 个）；利用标准化工作战略加强欧洲产业在世界市场上的竞争力。

国际标准化组织（ISO）是当前世界上最具影响、最具权威的标准化组织。国际标准化组织现已发布的标准中，与物流相关的标准有 2 000 多条，其中运输 181 条、包装 42 条、仓储 93 条、流通 2 条、配送 53 条、信息 1 605 条，在运输与货物配送领域新增国际标准 126 项。一个典型的成功例子是 ISO 16104—2003 标准，针对全球范围内危险品运输的包装要求提供了国际公认测试方法。合适的包装可以有效地减轻危险品运输事故的危害，从而为业界提供技术评价参考。

1）美国

美国标准可分为 4 个等级：国家标准、政府标准、专业标准、企业标准。为了促进物流信息技术的发展，加快物流信息系统的建设，通过发布国会立法和总统命令的形式来不断加强这一工作。并相继制定了一系列物流信息技术方面的标准、规范和指南，同时对物流标准化也很重视，并形成了较为完善的物流标准体系。该体系包含的与物流相关的标准有 1 200 多条，其中运输 91 条、包装 314 条、装卸 8 条、流通 33 条、仓储 487 条、配送 121 条、信息 123 条。美国在传统上一直采取制定和使用自愿性标准的方式来满足市民的要求和企业的需要。随着全球对健康、安全、环保等越来越关注，世界贸易急剧增加，企业竞争越来越激烈，美国由此感受到了来自国内外的压力。为此美国在 1998 年 3 月召开的国家标准化管理会议上，美国国家标准技术学院院长 Ray. Kammer 提出应该制定美国国家标准化战略。2000

年 8 月 31 日《美国国家标准化战略》诞生。其战略核心是：加强国际标准化活动，使国际标准反映美国技术；承担更多的 ISO、IEC 秘书处工作；建立美国国内的标准化体系，满足客户对一致性要求，提高美国企业的竞争力。

2）德国

德国物流标准化从总体上看，有一套结构合理、层次恰当、协调一致的技术规则（法规、标准、规则）体系。各种标准、技术法规、技术规程、技术条例、技术规格统称为技术规范文件，一般由技术法规，技术规则，一般基准、标准和规范三个层次组成。目前的体系中与物流相关的标准约有 2 480 条，其中运输 788 条、包装 40 条、流通 124 条、仓储 500 条、配送 499 条、信息 499 条。当前德国标准协会 DIS 包括 76 个标准委员会。除此之外，DIS 也和德国汽车工业联合会（VDA）、德国电器工程师协会（VDE）等在标准化方面有广泛的合作，它们紧密配合并实现了与 DIS 自身标准的整合。

3）日本

2001 年 9 月 6 日，日本经济产业省发布了日本的标准化战略。日本的标准化战略的核心是加强国际标准化活动，建立适应国际标准化活动的标准体系。日本是对物流标准化比较重视的国家之一，日本政府工业技术研究院委托日本物流管理协会用了四年的时间对物流机械、设备的标准化进行调查研究。目前已经提出日本工业标准关于物流方面的若干草案，包括物流模数体系、集装箱的基本尺寸、物流用语、物流设施的设备基准、卡车车厢尺寸、包装尺寸等，综合体现在采购、运输、仓储、包装、装卸、搬运等物流环节中，构成了一个有机的物流系统。在日本现有的标准体系中与物流相关的标准有 400 多条，其中运输 24 条、包装 29 条、流通 4 条、仓储 38 条、配送 20 条、信息 300 多条。

4）韩国

韩国政府自 2004 年 7 月 26 日起推行物流标准设施的认证体系。首先是将物流标准认证系统应用于 12 种物流设备上，包括包装机、托盘等，现有 8 个公司采用了此认证。在单元货物运输中，所使用的货物包装必须符合标准，从而有力地提高了运输、装货、卸货、仓储过程的效率。韩国技术和标准机构同时也计划在物流信息领域进行标准规范的认证，如 RFID、EDI，这样可以避免物流过程中信息技术之间不兼容问题。韩国技术标准机构打算基于本国标准和国际标准（ISO、IEC）同时兼顾本国经济条件情况下制定物流标准，一旦建立起来以后，该系统有望每年提高标准率 5%，5 年后达到美国标准化水平的 60%，10 年后达到欧洲标准化水平 85%。因此韩国是世界上第一个推行物流标准体系认证的国家。

在西方发达国家，标准化属于社会公益事业，美国、德国、日本等发达国家每年都提供政府财政支持。政府财政支持有两种模式：一是按每年通过的标准化活动经费拨款；二是提供专项资金支持标准化的研究工作。日本的每年标准化活动经费约 60 亿日元（合人民币 4.2 亿元），美国标准技术研究院每年从政府得到的经费为 7 亿美元。

2. 我国汽车物流标准化研究与进展

1）我国汽车物流存在的问题

在国际市场，80% 的整车企业都是把整车物流外包，而在国内绝大多数的整车物流提供商其实都是整车制造商的下属企业，这种业务关系模式往往制约了管理效率的提升，而且无法与其他不同品牌的整车进行物流方面的合作。表现突出的一点是，这些附属企业对成本、操作时间、信息透明度、运输中的货损货差等一系列重要参数，难以进行准确的评估，结果对市场分析结论产生误导。目前国内整车的运输基本上是"各自为政"，大部分企业是只运送自己某一品牌的整车，运输车的空返率高达 37%。

软件和通信方面还有待改善，如铁路没有建立货运信息跟踪系统，物流供应商无法掌握运输动态，生产商只能扩大库存余量，防止断档。如果货物已在运输途中，而客户要求物流服务商及时跟踪和传递这些信息，那么，采用先进的物流软件和通信系统就显得十分重要。

国内中西部一些地方的道路等级较低，某些路段不能满足运输整车的大型卡车通行需求，只能将整车运至较大的城市，然后由客户自己来提车，无法做到零公里交付。物流商为客户提供跨省服务时，有时候会因为各省政策不一样，遇到一些意想不到的障碍。货运公司经营有地域限制，不能在全国范围内运营，这使运输成品车的大型卡车没有回程货源，物流公司的效益自然要受到影响。物流最重要的一点是快，如果市场环境不统一、不完整，就很难快起来。

整车厂商对整合物流服务的需求正在出现，但应该承认，能够提供一体化物流方案的企业在国内并不多，在这种情况下，整车企业也许会先解决某个环节，如仓储管理、运输管理。有些环节还有待改善，如库存问题。目前的状况是，工厂有库存，在运输、中转过程中有库存，用户也有库存，很多资源投入是重复的；另外，国外的整车物流公司在整车的运输发送中，增加汽车外部对塑料包装、车辆的清洗、设备的调试等内容，这在国内尚未开展；还有就是运输专业化程度不高，运输车辆的通用性较差，运输车辆装载不同汽车的弹性较小。

我国汽车物流企业主要是由四种形式构成：

（1）从传统的国营运输企业介入仓储等物流领域转变而来。

（2）从汽车制造企业中分离出来。

（3）拥有地皮的单位在仓库和物流园区基础上逐步涉及其他物流业务。

（4）中外合资企业的汽车物流企业。

从总体上来分析，国内汽车物流企业提供的物流服务，多限于简单的仓储，运输环节、服务功能比较单一，管理体制也过于粗放，主要体现在中国汽车物流企业的基础管理体系与国外汽车物流企业的管理体系存在很大差距，尤其是汽车物流标准化工作滞后于整个汽车工业的快速增长和汽车物流的飞速发展。汽车物流的基础管理、服务规范及运输工具、装备等均未形成统一标准。当整个供应链环节出现质量问题时，往往显得无所适从，造成顾客抱怨；汽车物流企业管理能力明显下降，致使物流企业信誉降低，成本升高，企业出现亏损，造成市场流失。因此，中国汽车物流企业必须建立一个更为有效的物流标准体系平台，必须整合物流技术标准体系（信息技术等）、管理标准体系（质量、环境与职业健康安全管理、法律法规等）、工作标准体系（岗位标准、作业指导规范等），并将其融合到供应链管理系统中，这是提高服务运作水平和运作效率的有效途径，并且要动员众多的物流企业参与。生产商、物流服务商实现良性互动才能体现供应链管理价值。

2）我国汽车物流标准化发展现状

目前，国际标准化组织相继对质量、环境、职业健康安全、社会责任、制造管理、信息安全、计量、财务、风险管理、工厂服务管理、食品安全等建立了基于 PDCA 循环的管理体系标准，并在企业中广泛实施，这已成为国际企业管理发展的大趋势。国家《物流"十一五"发展规划》将物流信息化和物流标准化作为现代物流发展的关键技术加以重点发掘。

因此中国汽车物流企业要想在国际竞争环境中找到自己的位置,就必须建立一套层次恰当、结构合理、全面成套的汽车物流标准体系。中国汽车物流企业在今后的几年里还将面临着越来越多的与国外汽车物流企业的竞争,因此不断提升我国汽车物流服务质量和核心竞争力,加快构建与国际汽车物流业接轨的世界级汽车物流标准体系平台显得迫在眉睫。

为解决我国汽车物流标准缺失和不足的严重问题,国家急需制定一大批汽车物流标准来规范市场,同时也是汽车物流行业的发展趋势,因此制定的标准既要适合中国国情又要符合国际惯例。在企业内部,要以完善的标准作为各项工作的保障,才能提高企业整体的竞争实力,才能在激烈的竞争中立于不败之地。汽车物流标准化建设是我国汽车物流行业的当务之急。为加速推进汽车物流标准化工作,中国物流与采购联合会汽车物流分会针对我国汽车物流标准化现状,从 2004 年成立起并开始组织国内汽车制造和汽车物流骨干企业共同编制行业标准。到目前为止,经国家发改委批准发布的行业标准有《乘用车运输服务规范》(WB/T 1021—2004)、《乘用车质损判定及处理规范》(WB/T 1035—2006)、《乘用车仓储服务规范》(WB/T 1034—2006)、《乘用车水路运输服务规范》(WB/T 1033—2006) 等几项行业标准,于 2007 年 7 月 1 日正式实施。为了进一步促进行业发展,降低汽车制造企业物流成本,提高我国汽车物流企业的总体水平,建立统一的汽车物流行业标准体系,2007 年年初,由中国物流与采购联合会汽车物流分会牵头组织开展的《中国汽车物流标准发展规划研究》课题研究,由 24 家汽车生产企业和汽车物流企业委派的技术专家组成课题组。调研工作从 2007 年 4 月开始至 2008 年 7 月,课题组对以下几个方面进行了深入的调查研究。

(1) 国内汽车生产企业的物流分包情况,物流量、选择物流运输方式情况,物流信息化状况,物流标准化现状。

(2) 汽车物流企业的年物流量,运输设备情况,运输方式的占有率,仓储设施及仓储情况,物流信息系统建设情况,各企业的采用标准及标准化建设等。

(3) 对国外的汽车物流发展及汽车物流标准化组织、汽车物流标准化发展进行调研。收集了大量的国内外与汽车物流相关的标准及企业制定的标准,包括国际标准、国家发布的国家标准及行业标准、企业标准,为第三阶段的汽车物流标准体系框架的设计及标准体系明细表的研究提供了大量的有效数据(本书作者之一龙少良为第三阶段的汽车物流标准体系结构设计组长)。课题研究目前正处于中国汽车物流标准体系结构的第三次设计修改过程中,项目完成后将对我国汽车物流行业未来五年标准的整体发展规划的编制提供科学指导,并对提升我国汽车物流的整体水平和国际竞争力都将产生巨大的推动作用。

4.4.2 汽车物流标准化体系的建立

1. 汽车物流企业标准体系特点

1) 确定模式,系统优化

安吉天地汽车物流有限公司(以下简称安吉天地)的企业标准化工作在国内汽车物流行业里走在最前列。该公司在 2004 年通过质量管理体系 ISO 9001:2000、环境管理体系 ISO 14001:2004 以及职业健康安全管理体系 OHSMS 18001:1999 一体化管理体系同步认证,成为国内汽车物流行业首家取得三项国际管理标准认证证书的企业。该公司建立一套质量、环境、职业健康安全一体化管理体系来作为企业持续发展的必需要素,并有效运行。

但是随着企业业务的快速发展,仅靠质量、环境、职业健康安全一体化管理体系,没有完善的物流标准体系，使得该公司现有的诸多单项标准没有起到系统效应；同时在实际运作过程中，还缺少很多技术标准、管理标准和工作标准，企业物流成本难以下降，竞争力不能有效发挥。为此编制企业标准体系，首先应考虑整个标准体系应该是什么模式，应当指出的是，整个标准体系主要应从内容上来评价是否符合标准体系的要求，是否符合各项标准体系相互整合的要求，是否符合企业的实际情况。因此，课题研究是建立在目前质量、环境、职业健康安全管理一体化体系基础上的，在建立和实施企业标准体系时充分考虑了与一体化管理体系的结合，并对一体化管理体系评审中需要改进的流程和文件按照企业标准体系四项国家标准的要求加以补充完善，形成一套科学完整的物流企业标准体系。

2）全面成套

整个标准体系，应充分研究当前预计到的经济、科学、技术及其管理中需要协调统一的各种事物和概念，力求在一定范围内的应有标准全面成套，即根据企业活动预先设置，既全面成套，又可逐步扩充。

3）层次恰当

搭建的汽车物流企业标准体系由技术标准、管理标准和工作标准三个子体系组成。每个子体系下分若干层次，若满格设置，有 100 个序列，2 600 个大类，10 000 个小类，共可容纳 2 597 400 项标准。

4）划分明确

（1）在分类编码时，同一标准只允许有一个编码，不应同时列入两个以上子体系内，避免同一标准由两个以上单位同时重复制定，确保标准体系编码的唯一性。

（2）在分类编码时，应按标准的特点，并结合产品、过程、服务或管理的特点进行分类。标准层次的高低取决于标准本身内涵，而不取决于管理层次的高低。

（3）体系的编码是唯一的，当一项标准在体系中确立编码以后，不管这项标准是修订、再修订或废除，这项标准在体系中驻留的信息是永久的，即其他标准不能使用它的编码。

（4）每个体系 10 个序列，每个序列 10 个大类。若满设置以后，需要再增加内容，应纳入"综合"序列或大类。"综合"有两层意思，一是综合性归类，二是模糊归类。

（5）纳入体系的标准，可以是国家标准、部颁行业或专业标准、地方标准、上级公司标准和本企业标准的现行有效版本，也可以是国际标准和国外先进标准的正式文本，也可以是上级下发的标准化法规或文件，但标准的草案不应纳入体系。

（6）对于国内先进企业的标准，只有转化为本企业标准后，才能纳入体系。

（7）整个体系包含了美国通用、美国福特、德国 ZF、荷兰 TNT 等国际著名汽车物流公司的国外先进标准。

5）超前设置，动态发展，逐步完善，循序渐进

（1）超前设置。根据国际和国外标准化、我国标准化和行业标准化发展的特点和趋势，以及企业标准化长远规划和企业自身发展的需要，预先设置项目。这些项目，可以是序列、大类或小类，也可以是个性标准。由于预先设置是预测和规划，可能有不成熟或不完善的一面，所以，对于小类，特别是标准个体，允许暂时空缺，可以制订计划，逐步完整。

（2）动态发展。动态发展是指标准的属性。标准呈螺旋状阶梯式发展，企业标准体系也是这样，所不同的是体系是群体，时间跨度更大一点，阶段性特征更明显一些。在一个历史阶段内，体系应该是相对稳定的。体系发生变更则体现了一个企业的质发生了变化，或飞

跃，或倒退。建立新的标准体系，则建立了新的秩序。标准会不断被修订，体系也不会一成不变。体系应动态发展，循序渐进，逐步完善。动态发展呈波浪形前进，体系变更则呈阶梯形突变。这是两种不同的发展形式，动态发展是过程，体系变更是终点和始点。体系编码，必须遵循这一原则。

（3）体系的功能要求整个体系应保持其系统性、协调性、法规性、唯一性、功能性、适用性。其主体包含了技术标准体系、管理标准体系和工作标准体系。

（4）制订计划按项目管理要求，制订行动计划和实施方案，明确时间节点，有效做好项目管理。

2. 现代汽车物流企业标准体系的建立

一个汽车物流企业标准化体系的建立主要分为四个阶段：项目策划准备阶段，标准体系建立阶段，标准体系实施、监督阶段和评价验收阶段。

1）汽车物流企业标准体系框架结构（如图4-12所示）

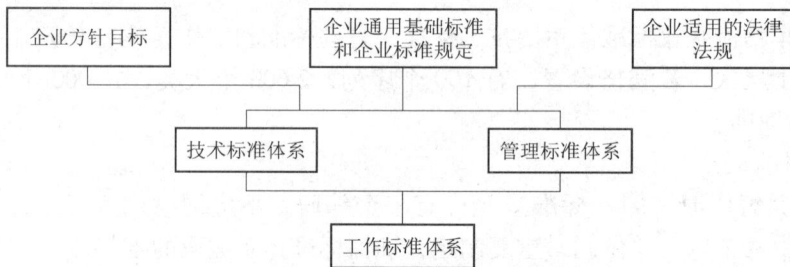

图4-12　汽车物流企业标准体系框架图

企业标准体系可分为三个层次，其主体应由三部分组成：技术标准体系、管理标准体系和工作标准体系。

第一层是由企业的战略方针，国际、国家的法律法规、技术法规、行业准则及通用性基础标准组成。

法律法规主要包括标准化法、标准化管理实施条例、安全生产法、交通安全法、环境保护法、道路商品汽车发送管理办法、机动车维修管理规定等。

通用基础标准包括标准化工作导则、物流术语、物流企业分类、物流标志标识等。

第二层是由企业技术标准体系和管理标准体系组成。这两部分是企业标准体系的核心，需要满足第一层的原则、方法和相关规定，从而实现第一层的目标。

第三层是由企业工作标准体系组成。受第二层技术标准和管理标准两个子体系间的交互制约，企业工作标准应同时实施技术标准和管理标准中的相关规定。

2）汽车物流企业技术标准体系结构

该技术标准体系可分为两个层次，其主体应由三部分组成：物流设施与设备技术标准、物流技术方法标准和物流信息技术标准。

第一层由技术基础标准组成，包括通用技术语言标准、量和单位标准、数值与数据标准、环境保护通用标准、职业健康安全保护通用标准、汽车物流专业技术指导通则或导则等。该层次的标准是最基础性的标准，能有效指导第二层次的标准。

第二层由物流设施与设备标准、物流技术方法标准及物流信息技术标准组成，这三部分是技术标准体系的核心。

物流设施与设备标准包括仓储设施设备技术标准、运输设施设备技术标准、测量检验和试验设备技术标准等。

物流技术方法标准包括运输过程技术标准、仓储过程技术标准、交接检验方法标准及质损车处理及保险理赔方法标准等。

物流信息技术标准包括物流信息分类与编码标准、物流信息系统及信息平台标准、物流信息采集标准及其他物流信息相关标准等。汽车物流企业技术标准体系结构见图4-13。

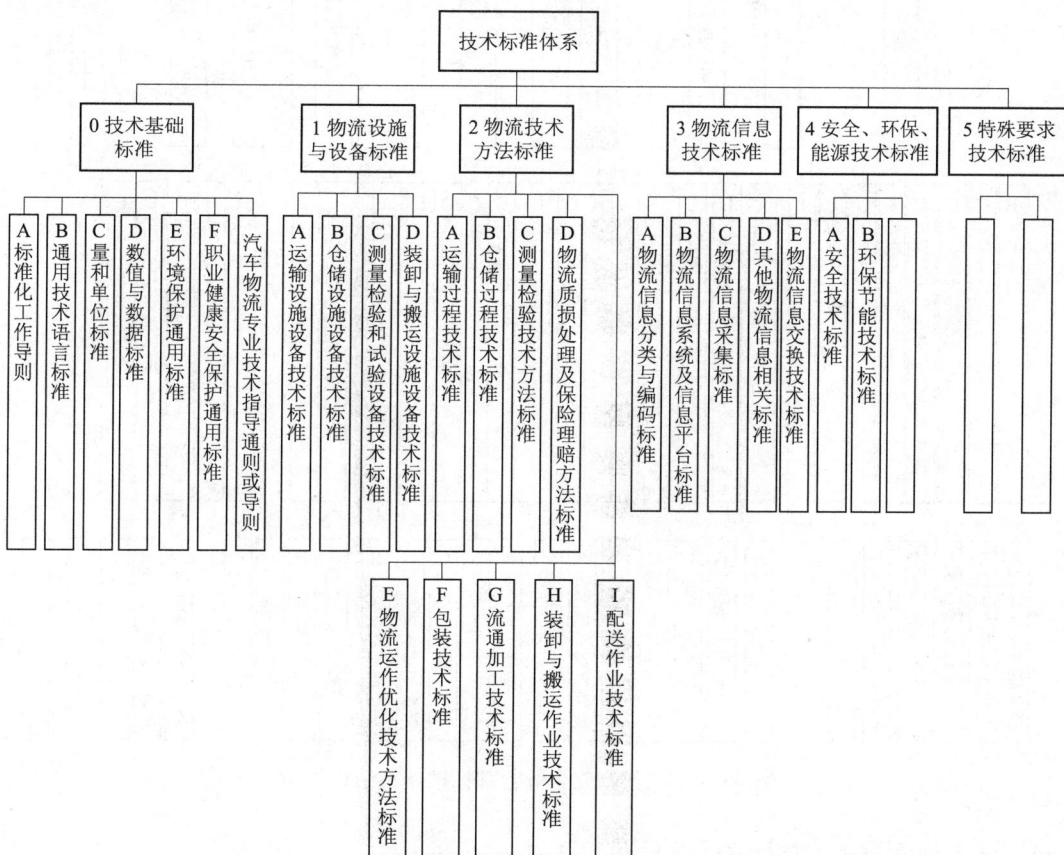

图 4-13　汽车物流企业技术标准体系结构图

3）汽车物流企业管理标准体系结构

管理标准体系可分为两个层次，其主体应由九部分组成：企业运作综合管理标准、设计开发与创新管理标准、采购管理标准、物流运作管理标准、能源管理标准、设备与基础设施管理标准、测量检验试验管理标准、质量环境职业健康安全管理标准和物流信息管理标准。

第一层由管理基础标准组成，包括图形符号标准、量和单位标准、数理统计标准、质量环境安全管理标准、网络计划技术、计算机软件工程企业管理信息系统、服务标准化指南、工业工程等。该层次的标准是最基础性的标准，能有效指导第二层次的标准。

第二层由企业运作综合管理标准、设计开发与创新管理标准、采购管理标准、物流运作管理标准、能源管理标准、设备与基础设施管理标准、测量检验试验管理标准、质量环境职业健康安全管理标准和物流信息管理标准等组成，这九部分是管理标准体系的核心。

汽车物流企业管理标准体系结构见图4-14。

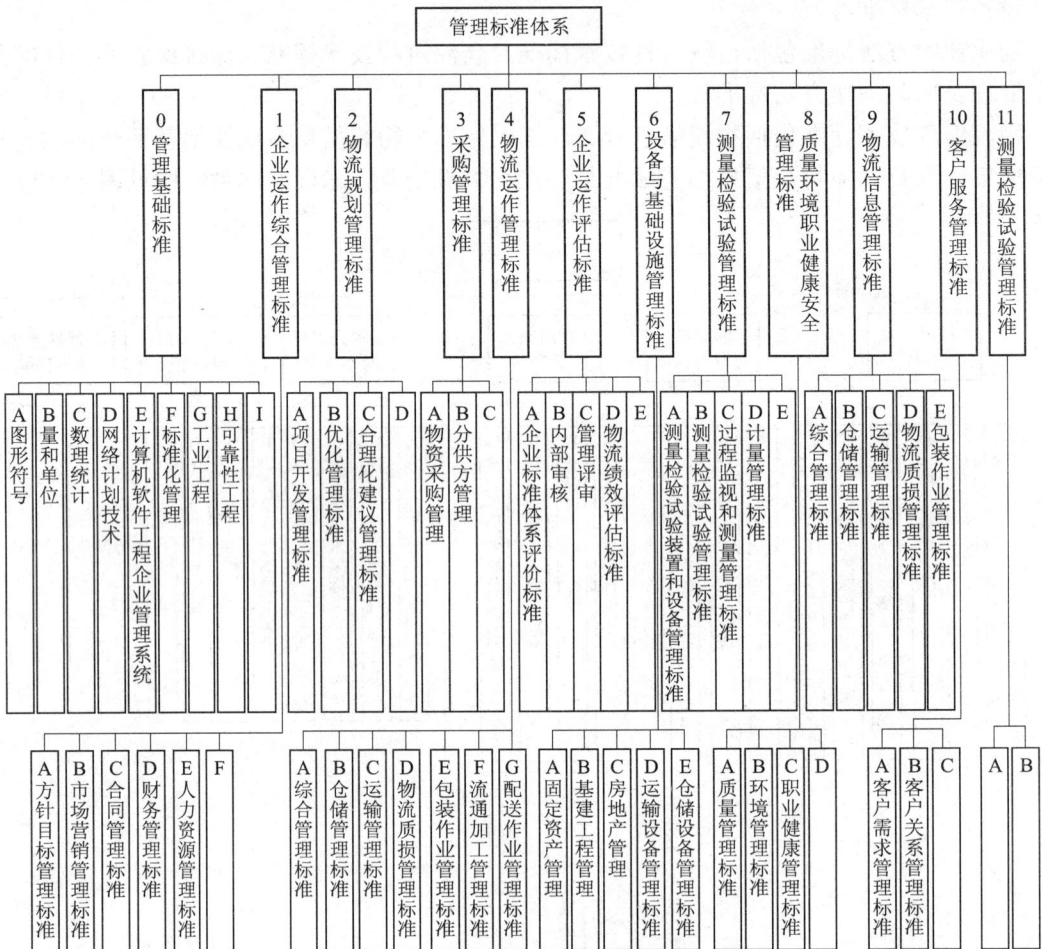

图4-14 汽车物流企业管理标准体系结构图

4）汽车物流企业工作标准体系结构

该工作标准体系由三部分组成：决策层工作标准、管理层工作标准、操作层工作标准。

决策层工作标准包括最高决策者工作标准、决策层人员工作标准。

管理层工作标准包括管理人员通用工作标准、中层管理人员工作标准、一般管理人员工作标准。

操作层工作标准包括操作人员通用工作标准、操作人员岗位工作标准。

汽车物流企业工作标准体系结构见图4-15。

4.4.3 汽车物流标准化体系价值评估模型研究

对于企业采用标准化后所能得到的经济效益，可分为收益的增加和成本的降低。鉴于收益的增加需要长时间的市场反应，在短期内无法得到相应的市场反馈，在此我们仅讨论标准化后对于企业成本的降低。在收益不变的情况下，成本的降低也就意味着利润的上升，同时

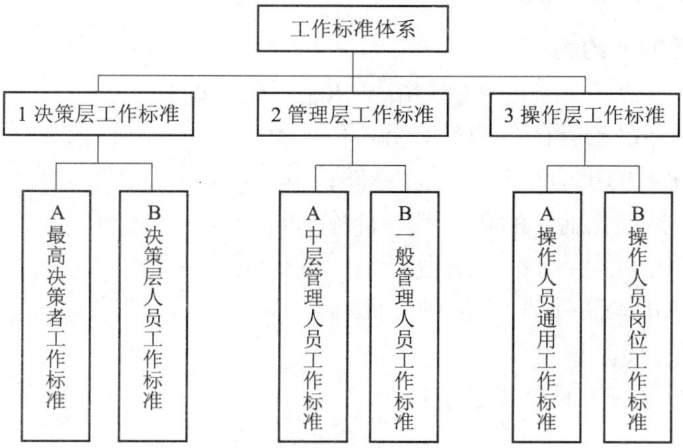

图 4-15　汽车物流企业工作标准体系结构图

也伴随着利润率的上升，这就是标准化给企业所带来的短期经济效益。

企业标准化后成本的节约根据功能的不同可分为：前期设计费用的节约，材料费用的节约，燃料、动力的节约，产品装备制造中的节约，提高产品质量的节约，工时费的节约，折旧费的节约等。因此在建模时可将各种费用的节约作为变量参数，并通过曲线的拟合来得到最终的模型结构。

1. 分析标准化经济效果的主要因素和节约项目

首先要分析选样标准产生标准化经济效果的主要因素和节约项目，再根据所确定的节约项目选用。在此我们选用上面提到的各种因素费用作为节约费用计算的依据。

1）设计费用的节约计算模型

采用标准化后，设计费用的节约为：

$$J_s = Q_{s0} T_{s0} F_{g0} - Q_{s1} T_{s1} F_{g1} \tag{4.1}$$

式中　J_s——设计费用的年节约，元/年；

Q_{s0}、Q_{s1}——标准化前、后年设计（或工艺）图纸量（折合成 4 号图纸），张/年；

T_{s0}、T_{s1}——标准化前、后年设计（或工艺）图纸文件（折合成 4 号图纸）工时，h/张；

F_{g0}、F_{g1}——标准化前、后年设计绘图工时费，元/h。

2）燃料、动力的节约计算模型

贯彻标准化后，耗能设备燃料、动力的节约为：

$$J_d = \alpha Q_d D_d (W_0 T_{d0} - W_1 T_{d1}) \tag{4.2}$$

式中　J_d——燃料、动力的年节约，元/年；

Q_d——数量，台、件；

D_d——燃料、动力的单价，元/度、元/kg；

α——设备利用系数；

W_0、W_1——标准化前、后单台设备或产品额定功率，kW；

T_{d0}、T_{d1}——标准化前、后单台设备运行或产品使用时间，h/年。

3）提高质量的节约计算模型

减少承运品损耗的节约为：

$$J_b = Q_1(R_{b0} - R_{b1})(C - Z_b) \tag{4.3}$$

式中　J_b——减少承运品损耗的年节约，元/年；

　　　Q_1——标准化后的承运品数量，台、件；

　　　R_{b0}、R_{b1}——标准化前、后承运品损坏率，%；

　　　C——承运品成本，元/件、元/台；

　　　Z_b——被损坏承运品残值，元/件、元/台。

4）工时费的节约计算模型

贯彻标准，降低定额工时获得的节约为：

$$J_g = Q_1(e_{g0}F_{g0} - e_{g1}F_{g1}) \tag{4.4}$$

式中　J_g——工时费的年节约，元/年；

　　　Q_1——标准化后的年工作量，单位/年；

　　　e_{g0}、e_{g1}——标准化前、后单位工作量的额定工时，h/单位；

　　　F_{g0}、F_{g1}——标准化前、后一小时的工时费，元/h。

5）折旧费的节约计算模型

标准化后周转次数增加，折旧费摊薄获得的节约为：

$$J_z = r_1\left(\frac{F_{z0}}{r_0} - \frac{F_{z1}}{r_1}\right) \tag{4.5}$$

式中　J_z——折旧费的年节约，元/年；

　　　r_0、r_1——标准化前、后的年周转次数；

　　　F_{z0}、F_{z1}——标准化前、后每年的折旧费，元/年。

6）流动资金占用费的节约计算模型

$$J_1 = (R_{10} - R_{11}) \cdot Z_\Sigma \cdot i \tag{4.6}$$

式中　J_1——支付流动资金占用费的年节约，元/年；

　　　R_{10}、R_{11}——标准化前、后百元产值资金率，%；

　　　Z_Σ——全年工业总产值，元/年；

　　　i——利率，%。

7）流通过程中的节约计算模型

贯彻包装容器标准，增加包装容器周转次数获得的节约为：

$$J_z = n_1 Q_{z1}\left[\left(\frac{C_{z0}}{n_0} - \frac{C_{z1}}{n_1}\right) + \left(\frac{F_{w0}}{n_0} - \frac{F_{w1}}{n_1}\right)\right] \tag{4.7}$$

式中　J_z——包装费的年节约，元/年；

　　　Q_{z1}——年包装容器的数量，只/年；

　　　n_0、n_1——标准化前、后包装容器周转使用次数，次/年；

　　　C_{z0}、C_{z1}——标准化前、后包装容器单件成本，元/只；

　　　F_{w0}、F_{w1}——标准化前、后包装容器单位维修费，元/只。

8）产品运输中损耗的节约计算模型

贯彻包装标准，减少产品运输中损耗获得的节约为：

$$J_z = Q_1 \left[(R_{z0} - R_{z1})(D - Z_b) + (C_{z0} - C_{z1}) \right] \tag{4.8}$$

式中 J_z——减少产品损耗的年节约，元/年；

Q_1——标准化后年包装产品数量，kg/年、件/年；

R_{z0}、R_{z1}——标准化前、后产品损耗率，%；

Z_b——被损产品的残值，元/kg、元/件；

D——产品的单价，元/kg、元/件；

C_{z0}、C_{z1}——标准化前、后包装容器成本或按包装标准包装的成本，元/件、元/kg。

9）提高仓库利用率的节约计算模型

采用标准件、通用件、组合件，减少储备的品种规格，合理使用仓库储存面积或容积获得的节约为：

$$J_{ch} = \overline{Q}_{ch1}(A_{ch0} - A_{ch1}) \overline{F}_{ch} \tag{4.9}$$

式中 J_{ch}——仓库储存费的年节约，元/年；

$\overline{Q}_{ch1}$——标准化或仓库年平均存放产品数量，件/年；

A_{ch0}、A_{ch1}——标准化前、后单位产品占用的仓库面积，m^2/件；

$\overline{F}_{ch}$——仓库单位面积保管维护的平均费用，元/m^2。

10）维修费的节约计算模型

贯彻标准化获得大修费的节约为：

$$J_w = \frac{R_{w0} \cdot D_{w0}}{T_{w0}} - \frac{R_{w1} \cdot D_{w1}}{T_{w1}} \tag{4.10}$$

式中 J_w——维修费的年外汇额，元/年；

R_{w1}、R_{w2}——标准化前、后设备维修量（复杂系数）；

D_{w0}、D_{w1}——标准化前、后维修期内单位复杂系数的维修价格，元/复杂系数；

T_{w0}、T_{w1}——标准化前、后设备维修期，年。

11）管理费用的节约计算模型

减少单位工作量分摊的管理费获得的节约为：

$$J_j = Q_1 \left(\frac{F_{j0}}{Q_0} - \frac{F_{j1}}{Q_1} \right) \tag{4.11}$$

式中 J_j——管理费用的年节约，元/年；

Q_0、Q_1——标准化前、后的年工作量；

F_{j0}、F_{j1}——标准化前、后的年管理费，元/年。

12）中间检查环节的节约计算模型

$$J_c = (F_0 - F_1) \cdot A_1 \cdot \overline{P} \tag{4.12}$$

式中 J_c——中间检查费用的年节约，元；

F_0、F_1——标准化前、后的平均每趟运输途中检查次数，次；

$\overline{P}$——标准化后的平均每趟运输车辆总数，元/（次·辆）。

13）固定资产安全生产及服务的节约计算模型

$$J_f = \sum (P_0 - P_1) \times C_1 \times (1 - r) \tag{4.13}$$

式中 J_f——固定资产安全生产及服务的年节约，元；

　　P_0、P_1——标准化前、后的生产或服务过程中发生事故的概率，%；

　　C_1——事故发生对象的总值，元；

　　r——事故发生对象的残值率，%。

16）重载率的年节约计算模型

$$J_z = (L_1 - L_0) \times A \times M \times P \times K \times I \tag{4.14}$$

式中 J_z——改善重载率的年节约，元；

　　L_1、L_0——标准化前、后的重载率，%；

　　A——驳车数辆的总量，辆；

　　M——单位驳车的运载量，吨/辆；

　　P——平均单位重量单位里程运输费用，元/（t·km）；

　　K——运送车辆行驶总里程，km；

　　I——平均每辆驳车每年运送次数。

15）OTD 的额外收益计算模型

$$J_0 = \frac{M \times (T_0 - T_1)}{T_0} \times P \tag{4.15}$$

式中 J_0——OTD 改善的年收益，元；

　　T_0、T_1——标准化前、后的 OTD 订单周期，天；

　　M——驳运车数，辆；

　　P——每年单车板块平均利润，元。

16）质量环节改善的年节约计算模型

$$J_q = (Q_0 - Q_1) \times A_1 \times \overline{C} \tag{4.16}$$

式中 J_q——质量改善的年节约，元；

　　Q_0、Q_1——k（A，B，C）类车比例，%；

　　A_1——运输总量，辆；

　　$\overline{C}$——k 类车平均费用损失，元/辆；

17）订单引起的收益计算模型

$$J_r = (N_1 - N_0) \times \overline{P} \tag{4.17}$$

式中 J_r——订单增加的年收益，元；

　　N_0、N_1——标准化前、后的订单数，份；

　　$\overline{P}$——平均单笔订单金额，元/份。

18）审核成本节约计算模型

$$J_u = [(R \times n) + (Z \times N)] \times K \times W \tag{4.18}$$

式中 J_u——审核成本节约，元；

　　R——差旅费（机票往返），元；

　　n——次数（机票往返）；

　　Z——住宿费，元；

N——外地仓库数量；

K——重复性审核次数的减少；

W——审核次数。

19）无形资产评估计算模型

$$J_v = \sum_{t=1}^{3} Rt(1+i)^{-t} + 50\% \sum_{i=4}^{6} Rt(1+i)^{-t} + (1-\alpha)\lambda(1+i)^{-6}/r \tag{4.19}$$

式中 J_v——管理体系评估；

λ——综合贡献率；

Rt——第 7 年的新增收益，元；

r——资本化率，%；

i——折现率，%；

n——剩余寿命期，年；

α——风险系数。

20）潜在风险降低收益计算模型

$$J_y = (E+O) \times W \tag{4.20}$$

式中 J_y——物流潜在风险降低收益；

E——环境因素潜在风险降低收益；

O——职业健康与安全潜在风险降低收益；

W——仓库总数。

通过计算上述各项费用节省，并将其相加，即可得到标准化后，企业总成本的减少值。对于各个部分对总成本减少的贡献，则可通过加权平均的方法进行计算。

2. 制定和贯彻标准化的投资的计算模型研究

1）设计标准化投资统计表，得到制定标准化的各项投资费用

基本项目包括：试验费、资料费、工资、差旅费、标准过度损失费等。

为制定和实施标准化，投资资金的来源很大程度上是银行贷款，因此随着时间的变化，利息的支付也会增加，累计一次偿还的本利和可根据复利公式（4.21）表示。

$$K_\Sigma = K(1+i)^t \tag{4.21}$$

式中 i——年利率，%；

t——时间，年；

K——投资（现值），元；

K_Σ——t 年后的本利和（未来值），元。

2）标准化经济效果的计算模型

标准有效期内预计的总经济效益（X_s）和年经济效益（X_n）按（4.22）式、（4.23）式计算。

$$X_s = \sum_{i=1}^{t} J_i - K \tag{4.22}$$

$$X_n = J - \alpha K \tag{4.23}$$

式中 $\sum_{i=1}^{t} J_i$——标准有效期内预计的标准化总节约额，元；

J——预计的标准化的年节约额；

K——预计的标准化投资，元，

α——标准有效期内，标准化投资折算成一年的费用系数，1/年。$\alpha = 1/t$，如标准有效期为 5 年时，每年均摊的费用为投资的 1/5；

t——标准有效期，年。

3）标准投资回收期 T_k

按（4.24）式计算

$$T_k = \frac{K}{J} \tag{4.24}$$

式中　K、J 同（4.22）式。

投资回收期如果用月、日表示，则：

$$T_k = \frac{K}{J} \times 12(M) \tag{4.25}$$

$$T_k = \frac{K}{J} \times 360(D) \tag{4.26}$$

追加投资回收期 t_K 按（4.27）式计算。对不同方案进行比较时使用追加投资回收期。

$$t_K = \frac{K_2 - K_1}{C_2 - C_1} \tag{4.27}$$

式中　t_K——追加投资回收期，年；

K_1、K_2——分别为方案 1、方案 2 的预计标准化投资，元；

C_1、C_2——分别为方案 1、方案 2 的预计年生产成本，元/年。

4）标准化经济效果系数 E

按（4.28）式计算

$$E = \frac{\sum\limits_{i=1}^{t} J_i}{K} \tag{4.28}$$

式中　E——标准化经济效果系数；

$\sum\limits_{i=1}^{t} J_i$、$K$、$t$ 同（4.23）式。

5）标准化投资收益率 R_k

按（4.29）式计算

$$R_k = \frac{J}{K} \tag{4.29}$$

式中　J、K 同（4.23）式。

3. 物流标准化带来的经济效益研究

标准化不仅能给企业带来丰厚的经济效益，同样也会对整个物流行业产生巨大影响。将标准化后给企业以及行业所带来的经济效果分成几个时期来看，每个时期都有其鲜明的特点。

根据微观经济学的原理，标准化给企业和行业带来的经济效益和影响在时间上可大致分成以下几个阶段。

T1：企业制定并贯彻标准化，企业的成本降低，由于在短期内企业的收益不变，引起企业利润额的上升、利润率上升。同时企业支付标准化制定成本。

T2：同行业其他企业贯彻标准以降低自身的成本，增加利润。同时向标准制定者支付一定的费用，支出额外成本。标准制定者获得额外收益。

T3：同行业大部分企业贯彻标准化并达到标准化，行业总成本下降，行业总利润增加，行业竞争达到暂时平衡。

T4：部分企业为追求更大利润，占领更多的市场份额，降低服务价格，企业个体利润短期增加；其他行业短时期失去部分客户，个体利润下降。

T5：其他企业为抢回失去的市场份额，降低服务价格，市场竞争加剧，行业整体服务价格降低，行业整体收益下降，利润及利润率下降。

T6：整个行业趋于稳定，价格趋于稳定，行业的整体利润率达到稳定值，市场竞争趋于平淡，企业标准上升为行业标准。

当行业处于自由竞争状态下，T4~T6会准时出现，然而当部分企业通过合并、整合或进行联合定价，将会形成寡头垄断（当合并力量足够大时，形成完全垄断）。寡头垄断企业为达到自己的利润最大化重新制订垄断价格，其他零星企业在无法与其大规模竞争的状态下只得跟随垄断制订的价格，分享一小块蛋糕。同时垄断企业的标准成为行业标准。在自由竞争过程中，标准在不断被改进、修正，使其能更符合市场的需求，更能适应每个阶段的特点。从中可以看出，随着标准被逐渐接受、贯彻，物流行业的总成本将会有一个大的下降，并提升整体的行业竞争力，增加行业收入，为国家的经济发展、GDP增长做出贡献。

在T1~T6的过程中，新的标准也处于酝酿阶段，一旦某个企业推出了新的标准，并且被实践证明了更优于原有标准，则T1~T6的过程将周而复始。

目前我国物流企业的成本占到GDP的18%，远高于发达国家的8%~10%。通过标准化，我国物流企业的成本将下降8%。

4. 标准化效果评价

在标准化过程中，可以对企业的标准化效果进行评价，其数学模型如下：将评价对象分解为若干个评价要素，构成因素集 $U = \{u_1, u_2, \cdots, u_m\}$，对每个要素的评价分为几个等级构成评价 $V = \{v_1, v_2, \cdots, v_n\}$，采用专家评分的方法确定第 i 个因素的单因素模糊综合评判结果 $R_i = \{r_{i1}, r_{i2}, \cdots, r_{in}\}$，构成矩阵：

$$R = \begin{bmatrix} R_1 \\ R_2 \\ \vdots \\ R_i \\ \vdots \\ R_m \end{bmatrix} = \begin{bmatrix} r_{11} & r_{12} & \cdots & r_{1j} & \cdots & r_{1n} \\ r_{21} & r_{22} & \cdots & r_{2j} & \cdots & r_{2n} \\ \vdots & \vdots & \cdots & & \cdots & \cdots \\ \vdots & \vdots & \cdots & & \cdots & \cdots \\ r_{m1} & r_{m2} & \cdots & & \cdots & r_{mn} \end{bmatrix}$$

建立各因素对评价对象的权重向量：

$$W = \{w_1, w_2, \cdots, w_m\}$$

$$\sum_{i=1}^{m} w_i = 1$$

将所建立的 W 和 R 进行矩阵的合成运算得:

$$B = W \cdot R = \{b_1, b_2, \cdots, b_m\}$$

$$b_j = \max[\min(w_i, r_{ij})]$$

根据不同的要素集建立判断矩阵 A,通过计算 A 的最大特征值得特征向量得到 W 矩阵,计算判断 A 的一致性指标 CI:

$$CI = \frac{\lambda_{max} - m}{m - 1}$$

根据不同的 m 值得平均一致性指标,取 RI 值:

M	1	2	3	4	5	6	7	8	9
RI	0.00	0.00	0.58	0.90	1.12	1.24	1.32	1.41	1.45

计算随机一致性比率 CR:

$$CR = \frac{CI}{RI}$$

若 CR,则认为判断矩阵满足一致性;反之,则需重新建立判断矩阵 A。

通过计算不同的因素集的 B 矩阵,将其合成为:

$$\overline{B} = \begin{bmatrix} B_1 \\ B_2 \\ \vdots \\ B_i \\ \vdots \\ B_n \end{bmatrix}$$

进行二次运算:

$$\overline{\overline{B}} = \overline{W} \cdot \overline{B} = (b_1, b_2, \cdots, b_n)$$

归一化,得:

$$B = \left[\frac{b_1}{\sum\limits_{j=1}^{n} b_j}, \frac{b_2}{\sum\limits_{j=1}^{n} b_j}, \cdots, \frac{b_j}{\sum\limits_{j=1}^{n} b_j}, \cdots, \frac{b_n}{\sum\limits_{j=1}^{n} b_j} \right]$$

取作为模糊综合评判结果为该评判评语。

知识拓展

前面一节给出了标准体系评价评估模型的算法,在以下的内容中,将运用具体的数字化方法,通过我国最大的汽车物流有限公司在运用标准化前后经济效益的评估,量化阐述标准化对企业带来的可观经济效果。

一、OTD 的额外效益分析（表 4-1）

表 4-1 OTD 额外效益变化因素数量表[①]

内容	序号	标准化前后变化因素名称	符号	计量单位	变化因素数量		
					2003 年	2004 年	2005 年
OTD	11	平均订单周期	T	天	7.5	7.0	6.5
	22	拥有的驳车数量	M	辆	800		
	33	单车整个物流板块平均利润	P	万元	12		

① 数据来源：ANJI-TNT。

根据 OTD 额外效益变化因素数量表中参数，按照（4.15）式，可计算得出 2004 年可增加收益 640 万元，2005 年可增加收益 685.71 万元。

说明：2004 年度企业采取了一些标准化手段；2005 年度企业在 2004 年标准化建立的基础上，又完善了内部标准化体系。

二、重载率的节约费用分析（表 4-2）

表 4-2 重载率变化因素数量

内容	序号	标准化前后变化因素名称	符号	计量单位	变化因素数量		
					2003 年	2004 年	2005 年
重载率	1	重载率	L	%	55	60	70
	2	驳车数量	A	辆	800		
	3	单位驳车运载量	M	吨/辆	12		
	4	平均单位重量单位里程运输费用	P	元/(t·km)	2.5	2.2	1.85
	5	平均每辆驳车单次里程	K	km	3 000		
	6	平均每辆驳车每年运送次数	I		50		

由表 4-2 重载率变化因素数量和图 4-16 重载率和运输成本中的数据，根据（4.14）式，计算得出 2004 年可节约浪费 1 亿 5 840 万元，2005 年节约浪费 2 亿 6 640 万元。

说明：2004 年度企业采取了一些标准化手段；2005 年度企业在 2004 年标准化建立的基础上，又完善了内部标准化体系（见图 4-16、图 4-17）。

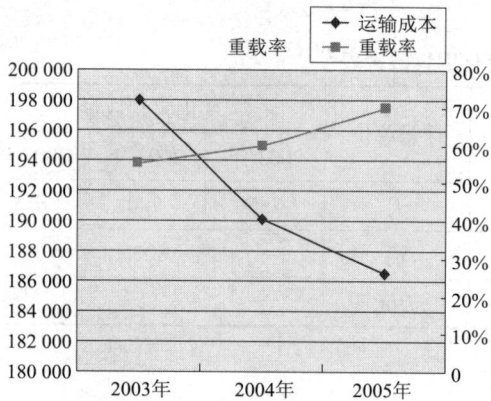

图 4-16　重载率和运输成本变化图

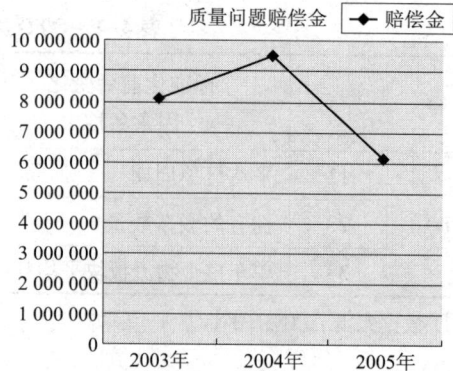

图 4-17　质量问题赔偿金年度变化图

三、质量环节改善的年节约分析（表 4-3）

表 4-3　质量环节改善的年节约因素数量

内容	序号	标准化前后变化因素名称	符号	计量单位	变化因素数量		
					2003 年	2004 年	2005 年
质量环节	1	报废率，A 类质损车比例	Q_a	%	0.000 8%	0.009 2%	0.005 0%
	2	事故率，B 类质损车比例	Q_b	%	0.274 2%	0.308 3%	0.160 0%
	3	质损率，C 类质损车比例	Q_c	%	3.00%	2.80%	2.40%
	4	运输总量	A	辆	120 000		
	5	A 类车平均出厂价	C_a	元/辆	112 689.6		
	6	B 类车平均降价费用	C_b	元/辆	8 745.55		
	7	B 类车平均维修费用	C_r	元/辆	4 526.65		
	8	C 类车平均维修费用	C_c	元/辆	1 000.00		

注：此仅为上海大众汽车有限公司运输量。

　　根据表 4-3 质量环节改善的年节约因素数量表可以看出，商品车质量问题分为三类（A 类、B 类、C 类），即为报废率、事故率和质损率，根据（4.16）式，分别计算三类质量问题的费用，并将三者相加，计算得出 2004 年亏损 1 431 056.3 元，而通过标准化实施，2005 年则可节约 3 405 899.7 元。

　　说明：2004 年度企业采取了一些标准化手段，但在质量管理体系上还不是很完善，导致运输车辆报废率和事故率上升。

　　2005 年度企业在 2004 年标准化建立的基础上，又完善了内部标准化体系。

四、审核成本节约分析

　　根据（4.18）式和表 4-4 审核成本节约分析因素数量表中的数据，可得出每年可节约审核成本 48.72 万元。

表4-4 审核成本节约分析因素数量

内容	序号	标准化前后变化因素名称	符号	计量单位	因素数量
审核成本环节	1	差旅费	R	元	29 000
	2	次数（机票往返）	n		2
	3	住宿费	Z	元	800
	4	外地仓库总数	N		29
	5	重复审核次数的减少	J		2
	6	审核次数	W		3

另外，还可节约其他管理费用，如咨询费用，一般为 20 万元。物流潜在风险 $=(E+O)\times W=20\ 000\times30=600\ 000$（元）

五、审核成本节约分析

$$\text{管理体系评价} = \sum_{t=1}^{3} Rt(1+i)^{-t} + 50\% \sum_{t=4}^{6} Rt(1+i)^{-t} + (1-\alpha)\lambda(1+i)^{-6/r} = 100（万元）$$

6. 评价

首先，根据4.1式~4.29式的前5项评价指标作出层次结构，设定几个等级评价：

$$V = \{v_1\ \ v_2\ \ v_3\ \ v_4\ \ v_5\} = \{好\ \ 较好\ \ 一般\ \ 较差\ \ 差\}，设定因素集：$$

$$U = \{u_1\ \ u_2\ \ u_3\ \ u_4\ \ u_5\} = \{劳动成本\ \ 设计费用\ \ 运输费用\ \ 质量环节费用\ \ 资产\}$$

专家评分确定每个因素的单因素模糊综合评判结果，构成矩阵：

$$\boldsymbol{R} = \begin{array}{c} u_1 \\ u_2 \\ u_3 \\ u_4 \\ u_5 \end{array} \begin{bmatrix} v_1 & v_2 & v_3 & v_4 & v_5 \\ 0.2 & 0.1 & 0.2 & 0.3 & 0.2 \\ 0.2 & 0.25 & 0.2 & 0.2 & 0.15 \\ 0.3 & 0.35 & 0.15 & 0.1 & 0.1 \\ 0.2 & 0.2 & 0.35 & 0.1 & 0.15 \\ 0.15 & 0.2 & 0.25 & 0.25 & 0.15 \end{bmatrix}$$

权重向量：

$$\boldsymbol{W} = (0.15\ \ 0.1\ \ 0.35\ \ 0.3\ \ 0.1)$$

计算评判向量 $\boldsymbol{B}$：

$$b_1 = \max(0.15\ \ 0.1\ \ 0.3\ \ 0.2\ \ 0.1) = 0.3$$
$$b_2 = \max(0.1\ \ 0.1\ \ 0.35\ \ 0.2\ \ 0.1) = 0.35$$
$$b_3 = \max(0.15\ \ 0.1\ \ 0.15\ \ 0.3\ \ 0.1) = 0.3$$
$$b_4 = \max(0.15\ \ 0.1\ \ 0.1\ \ 0.1\ \ 0.1) = 0.15$$
$$b_5 = \max(0.15\ \ 0.1\ \ 0.1\ \ 0.15\ \ 0.1) = 0.15$$
$$\boldsymbol{B} = \boldsymbol{W} \cdot \boldsymbol{R} = (0.3\ \ 0.35\ \ 0.3\ \ 0.15\ \ 0.15)$$

归一化，得 $\boldsymbol{B} = (0.24\ \ 0.28\ \ 0.24\ \ 0.12\ \ 0.12)$

在 $\boldsymbol{B}$ 中，取 $B_R = \max\{b_1\ \ b_2\ \ b_3\ \ b_4\ \ b_5\} = b_2 = 0.28$，由模糊综合评判的最大隶属原

则得标准化效果属于评语 v_2，即标准化效果较好。

本章小结

　　汽车制造物流主要由零部件入厂物流、在制车身物流、线边配送物流这三大块组成。识别它们各自的结构功能以及管理难点可以让汽车制造企业更好地了解汽车制造物流的重要性以及自身的缺陷，同时制订系统合理的改善优化措施。现阶段，我国传统的汽车制造物流运作模式已经严重阻碍了精益生产的有效运行，制定一套层次恰当、结构合理、全面成套的汽车物流标准体系显得迫在眉睫。汽车物流标准化的进程将直接影响我国汽车制造业的发展。

思考与习题

　　1. 什么是汽车制造物流？它与汽车物流有哪些区别？

　　2. 零部件入厂物流的管理难点有哪些？

　　3. 在制车身物流的主要工作内容有哪些？请详细叙述。

　　4. 什么是看板模式？它有哪些优点？

　　5. 我国汽车物流标准化的现状如何？与国外存在哪些差距？

　　6. 如何计算标准化后带来的经济效益？

第 5 章

汽车制造物流关键绩效评价

随着经济全球化的激烈竞争，制造型企业越来越关注对自身成本的控制，企业供应链的竞争时代已经到来，汽车企业物流与供应链管理能力的增强也越来越被社会各界和企业家所关注。汽车制造企业、零部件生产企业以及物流服务商不约而同地对建立物流领域成本管理和关键绩效评价体系予以高度关注，同时也更加迫切地希望寻找到能够衡量企业物流成本真实全貌的途径，期望借助物流技术、统计技术和现代信息系统工具，建立一整套汽车供应链关键绩效评价体系，特别是评价体系中的重要组成部分——汽车制造物流关键绩效指标。对供应链运行和管理过程中的质量、成本、期限和服务进行持续跟踪，并依据数据分析的结果建立系统化的持续改善计划，这就是研究汽车制造物流关键绩效评价体系的价值所在。

5.1 汽车制造物流关键绩效评价概述

汽车制造物流关键绩效评价是指围绕供应链的管理目标，对供应链的整体和各个组成环节，尤其是供应链核心企业的物流运营状况，以及供应链中各环节之间的物流运营关系等所有业务活动全过程的量化分析评价。被评价的对象主要包括整个供应链的整体运行绩效，供应链中所有节点企业的物流运营状况，以及企业之间的合作关系等。因此，物流关键绩效评价指标是以核心企业的经营目标为中心，基于合理化的业务流程而设立的一系列评价指标。

关键绩效评价指标应该能够恰当地反映供应链整体运营状况以及上下节点企业之间的运营关系，还要综合考虑节点企业的运营绩效和对其上一层节点企业和整个供应链的影响。从某种意义上说，供应链的运作过程就是通过有效协调供应链上所有成员企业的活动，增加或创造供应链（包括所有成员）价值。传统的供应链管理思想把物流看成供应链上各成员的关键因素，而新型的供应链管理思想则更注重成员企业在信息和知识方面的共享，并为共同利益一起努力，从而达到理想效果。

从价值链的理念出发，供应链管理的目标是使企业能够更精益地采购、制造产品和提供服务所需要的原材料、生产产品和服务，并将其传递给客户，在生产、服务和流动的过程中增值。

5.1.1　汽车制造物流关键绩效评价的目的

为了科学、持续地开展汽车制造物流关键绩效评价，首先必须明确汽车制造物流领域关键绩效评价的目的，其次是确定其作用。

汽车制造物流关键绩效评价的目的可以归纳为以下几点。

1. 提高柔性响应，加快市场反应速度

柔性响应意味着商品车分销中心能够迅速根据客户对包装和产品的个性化需求做出反应，也意味着客户需求能够在合理的成本和效率范围内得到满足，以及满足客户非计划需求的正常运作能力。

2. 保证质量稳定，提升顾客满意度

充分把握市场发展趋势和行业技术发展方向，科学地确定企业的经营战略，系统地分析顾客需求，在具有一定前瞻性的生产计划指导下，有序地进行供应组织，用先进的管理理念和技术手段，保证供应链的质量水平，从而提升客户满意度。

3. 识别运作和管理过程中的浪费，降低运行与管理成本

汽车制造企业试图通过降低功能重叠、协调运作系统和提高过程质量来寻找消除整个供应链流程中一切形式的浪费的途径。供应链内部存在着诸多的库存节点，这就导致整个系统存在着实物和资金的占压情况，影响了供应链的价值流和竞争力。

4. 通过优化流程缩短制造周期

如果供应链中所有实体都能够更为高效地运转，制造物流的流程就必须尽可能简洁，从订货到发运的周期就能够有效地缩短，从而最终降低供应链中的各级库存。缩短周期有助于识别供应链中不断出现和积累的问题，有助于提高企业的资金周转率，有助于信息流和实物流的增值。

5.1.2　汽车制造物流关键绩效评价的作用

提升汽车制造物流关键绩效能够有效地提升供应链企业整个群体的综合效益，因此，汽车制造物流关键绩效评价的作用就是通过持续改善来打造汽车制造企业价值链。

1. 用于对整个供应链的运行效果做出评价

鉴于供应链之间的竞争需要，供应链绩效评价能够为供应链在市场中的生存、组建、运行和撤销的决策提供必要的客观根据。在把握整个供应链运行状况的基础上，找出供应链运作过程中的瓶颈，及时地采取措施予以解决。

2. 用于对供应链上各个成员企业的评价

通过对制造物流关键绩效的定量和定性分析，对供应链在一定期间内的质量、成本、期限和服务水平等绩效，做出客观、公正和准确的综合评判，为持续改善建立量化基础，促进对供应链成员企业的激励，提高供应链整体竞争力。

3. 用于对供应链中企业与企业之间合作关系的评价

以让客户满意的角度评价上、下游企业之间的合作伙伴关系状态，促进供应链上游企业对下游企业在产品和服务方面综合绩效的提高。

4. 用于企业间激励

包括核心企业对非核心企业的激励，也包括供应商、制造商和销售商之间的相互激励。

5.1.3　汽车制造物流关键绩效评价的内容

所谓汽车制造物流关键绩效评价，就是针对被管理对象，结合企业经营战略和运行模式的目标和特点，对汽车制造过程中物流业务的质量、成本、期限和服务等方面的绩效状况进行量化跟踪，与既定目标进行比较并做出客观、公正和准确的综合评判，运用数量统计和运筹学方法，对偏差产生的成因和改善的可能进行定量和定性分析。因此，在汽车制造关键绩效评价体系构建中，应基于供应链管理的核心思想，从业务流程入手，以促进物的流动为宗旨，注重在流程中增值。

汽车制造物流关键绩效评价指标是以核心企业的经营目标为中心，基于合理化业务流程的系列绩效评价指标。它应该围绕汽车供应链的总体目标，对汽车制造过程中所有环节的业务活动全过程进行量化分析评价，主要针对整个制造过程的整体运行绩效做出综合评价。

汽车制造物流管理主要涉及供应组织、物流管理和需求研究三个方面。

1. 供应组织领域中最重要的管理对象是采购活动

这是供应链管理中成本控制的首要单元，主要内容是选择所需产品和服务的供应商，与其共同建立合理的定价、配送和付款流程。对制造企业而言，采购管理就是要创建基于系统集成控制的流程和方法来监控和改善过程管理，实现采购成本受控、库存资金占用合理、质量稳定，并规避和消除业务过程中的漏洞。

2. 物流管理领域中最重要的管理对象是配送

这是供应链管理的关键单元，是调整用户的订单收据、建立仓库网络、派递送人员提货并送货到顾客手中、建立货品计价系统、接收付款的关键环节。对这个单元的管理效果体现在企业在战略和战术上对其整个作业流程的优化方面，从而提高供应链上各个环节的效率，使商品以正确的数量、正确的品质，在正确的地点以正确的时间和最佳的成本送达用户手中。

3. 需求研究领域中最重要的管理对象是客户服务

这也是供应链管理的核心单元。管理对象针对企业内部制造过程中的所有生产活动，这是供应链中需要评价内容最多的单元，它包括对产量、质量、成本、期限和服务等方面的量化和评价，为满足不断变化的客户需求，需构筑灵活、高效的汽车制造物流领域。

汽车企业制造物流管理还涉及一些职能领域和辅助领域。职能领域主要包括产品工程、产品技术保证、采购、生产控制、库存控制、仓储管理；辅助领域主要包括客户服务、制造、设计工程、会计核算、人力资源等。

实践中，有两种已经被普遍采用的基于策略的纵向因果分析绩效评价体系。

第一种体系：基于供应链平衡记分卡的评价体系。

1992年的《哈佛商业评论》上，发表了罗伯特·卡普兰（Robert S. Kaplan）与戴维·诺顿（David P. Norton）关于平衡计分卡（Balanced Score Card，BSC）的第一篇文章《平衡计分卡——业绩衡量与驱动的新方法》。BSC体现了集成优化的管理思想，其最大的特点是集评价、管理、沟通于一体，将短期目标和长期目标、财务指标和非财务指标、滞后型指标和超前型指标、内部绩效和外部绩效结合起来，使管理者的注意力从短期的目标实现转移到兼顾战略目标实现上来。BSC体系分别从财务角度、顾客角度、内部过程角度、学习和创新角度建立了评价体系。财务角度指标衡量企业战略及其实施和执行是否正在为供应链改善做出贡献；顾客角度指标衡量顾客的需求和满意程度；内部过程角度指标衡量企业的内部效率；学习和创新角度指标衡量企业未来成功的基础。

1996年，关于平衡计分卡的第一本专著《平衡计分卡：化战略为行动》（*The Balanced Scorecard：Translating Strategy into Action*）出版，BSC理论走向成熟，平衡计分卡已经从业绩衡量工具转变为战略实施工具。

第二种体系：Sink and Tuttle（SaT）体系。

建立在"供应商—投入—加工—产出—顾客—成果"模型基础上的Sink and Tuttle（SaT）体系共包含七项评价指标，即效率（投入）、有效性（成果）、生产率（产出/投入）、盈利能力、质量（加工）、创新和工作环境质量。该体系的突出特点是将企业绩效的评价与战略规划过程紧密地结合在一起。

企业在对供应链绩效进行评价的时候，通常以汽车企业精准供应链中的龙头企业——"主机厂"作为分界点，具体被评价的内容分为三部分，即内部绩效衡量、外部绩效衡量和供应链整体绩效衡量。这三个方面的供应链绩效，在理论上比较系统地描述了供应链绩效评价所涉及的主要内容。在实施供应链绩效评价时需要对上述三部分内容进行综合评价。随着现代物流理念的发展，供应链整体绩效越来越为人们所重视，但是由于对供应链整体绩效进行综合评价涉及的因素和方法非常庞杂，因此对此问题的研究进展明显落后于内部与外部绩效的评价。

5.2 汽车制造物流关键绩效评价体系的设计

很多企业在建立本企业物流与供应链绩效评价体系的实践中，遇到了意想不到的困难，特别是识别物流成本和打通成本数据轨迹通道的过程中，更是举步维艰，使得研究和探索有始无终。为了让更多的读者能够在阅读此书之后，掌握实践方法流程并获得预期效果，有必要对研究和实践的成功要素进行总结。

5.2.1 汽车制造物流关键绩效评价体系的设计原则

在构建汽车制造物流关键绩效指标体系的过程中，要关注业务流程，重视效率、效益和效果，强调同步应用；在实践的过程中，要注重及时总结和不断提升，逐步地满足汽车企业制造物流与供应链领域实现精益管理和持续改善的需求；在体系设计中一定要遵循以下几项基本原则。

1. 符合绩效评价目的和评价内容的要求

从若干能够反映制造物流某一类绩效特征的侧面入手，建立能够涵盖被评价绩效所有关键的内容指标集，保证绩效评价的整体性和科学性。

2. 各项指标之间具有一定的专属性

避免造成评价内容相互重叠和评价结构相互矛盾。

3. 用关键指标系统地权衡成本与收益

绩效评价的目的是获得一定的收益，但也要投入必要的时间成本和资源成本。片面追求绩效评价的全面性和准确性，必然导致成本的急剧上升；而单纯追求降低成本，评价体系的科学性和权威性就会削弱，绩效评价的目的就无法实现。所以，权衡绩效评价的投入成本与收益预期，首先要解决好关键指标的选取问题。

4. 系统考虑评级体系要素的权重

不同战略导向的汽车企业供应链，其绩效所对应的指标必然不尽相同，但是一些关键指标应该具有一致性。具体评价时，可以通过对关键指标设置的权重来体现供应链的战略导向。

5. 体系架构的分类分层

类别和层次的科学划分可以保证评价体系的系统性和兼顾性，既要关注对现时状态的管理控制效果，还要关注汽车企业供应链的发展趋势。绩效评价体系的分类分层架构可以保证可持续性发展的要求。

6. 绩效评价体系的针对性和关联性

供应链中存在多个主体，评价将针对多个主体的各个对象，不同主体关注的对象将存在差异。因此，建立以顾客为中心的、以改善整个供应链绩效为目标的评价体系，必须综合考虑主体局部目标的针对性和供应链整体目标之间的关联性。

7. 关注流程

传统的基于职能的评价仅仅关注对事后结果的评价，这就无法实现建立绩效评价体系的预定目标，对实际工作的指导意义不大。新型的基于流程的评价将视角拓展到了事中和未来的评价和预测，进而实现从根本上改善绩效的目的。

经过上述综合归纳，可以比较全面地吸收现有评价指标体系的各类优点。但是，如果仅仅用这些指标来评价供应链上的所有企业，还是存在着明显不足，因为评价指标体系的涵盖面不完整，没有突出制造企业的关键绩效指标，并且有些指标在反映的内容上也有重叠。这也是需要理论界结合企业界进一步探索的重要课题。

5.2.2　汽车制造物流关键绩效评价体系的设计思路

物流绩效指标和指标体系是绩效评价的依据，由于物流涉及的服务范围很广，有时甚至物流服务商都难以对自己的整体绩效做出一个客观的评判。

1. 建立绩效指标

建立物流绩效指标体系，一般应遵循的原则包括以下几个。

1）系统性原则

必须针对企业内外的各种情况设立相应的指标，系统科学地反映物流服务的全貌。

2）层次性原则

指标应分出评价层次，在每一层次的指标选取中突出重点，对关键性绩效指标进行重点分析。

3）可比性原则

要参照国内外物流管理基准，使绩效评价所涉及的经济内容、时空范围、计算口径和方法都具有可比性。

4）稳定性原则

评价指标体系应在较长的时间内（如五年）不做太大的调整，以利于企业绩效发展状况的比较。

5）经济性原则

应选择具有较强代表性并且能综合反映物流整体水平的指标，既能减少误差、降低成本，同时又能真实全面地反映测评对象状况。

6）协调性原则

各项指标之间应相互联系，相互制约，但不能相互重复，更不能相互矛盾。各评价主体，如企业自身和利益相关者的评价也需要相互配合。此外，还有定量与定性相结合的原则，动态长期性的原则等。

2. 优秀的绩效评价体系的特征

优秀的绩效评价体系引人注目的特征是：直接与公司或组织的目标和战略相联系，简单并易于理解，但又不能标准过低，不能出现各种矛盾的、杂乱的要素被汇总加权到一个评价比率中；能够随地点、顾客群和时间的不同，进行适当改变；信息反馈和纠错行动快捷并有效。

汽车制造物流绩效考核评估的关键不仅要制定客观的具有导向作用的指标体系，而且还要制定适度的、具有激励作用的标准。有了合理的标准，才能准确地了解物流绩效的水平和变化。

3. 绩效评价的标准

从经济分析和企业管理创新角度来看，通常的绩效评价标准有以下几个。

（1）历史标准。当企业所面临的任务、企业组织和人员都没有重大变化时，可以选择企业以往的绩效作为考核和评估当前绩效的基础，实际运用时要考虑物价变动和会计核算方法带来的影响。

（2）计算或预算标准。当企业的内外环境发生重大变化、以往的绩效显然过高或过低时，就需要用计划或预算的绩效标准，它是根据企业发展战略和年度规划目标制定的标准，应该具有较好的可行性、挑战性和连续性。

（3）行业标准。它是根据国内外同行业最好绩效或平均绩效制定的标准。它有助于企业进行横向比较，了解自身在竞争中所处的位置，当然，在实际运用时要考虑企业自身的条件和环境。

（4）综合标准。在综合分析历史标准、计划或预算标准和行业标准的基础上，结合企业实际情况而制定的标准，综合标准是目前企业普遍采用的一种评价标准。

从发展和实施绩效衡量体系的目标来看，制定物流绩效标准又可分为监督标准、控制标准和激励标准三个层面。

（1）监督标准是为了追踪以往的物流系统的绩效，并报告给管理者和客户。

（2）控制标准是追踪当前正在进行的工作，用来改进物流进程，以便在超过标准时就将其带入和谐状态。

（3）激励标准是引导组织和个人更加有效地进行管理和作业，这样的标准在制定时，对于正面绩效和负面绩效的衡量都是重要的。

5.2.3　汽车制造物流关键绩效评价体系的设计流程

开展汽车制造物流关键绩效评价的目的是巩固汽车企业供应链的优势环节，更有针对性地与同质供应链之间进行良性竞争；在流程再造的基础上，拓展具有持续发展潜力的供应链环节，以价值流的理念整合供应链中无效或不增值的环节。因此，系统性、可见性、整体性、动态性和改善性是整个体系设计的重要特点。

汽车制造物流关键绩效评价在整个供应链系统中起着驱动作用，它能以客观、量化、发展的分析结果约束和激励链上的各个企业和各个部门，并产生积极的作用。

建立和实施一个系统、科学的汽车制造物流关键绩效评价指标体系，应该按照以下五个主要过程进行（如图 5-1 所示）。

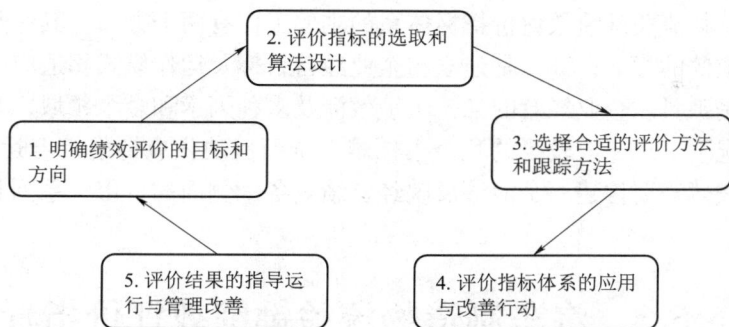

图 5-1　汽车制造物流关键绩效评价指标体系的设计流程图

1. 明确绩效评价的目标和方向

汽车制造物流关键绩效评价者必须对期望评价的具体内容具有充分的认识和现状把握，只有这样，才能明确被评价领域的绩效目标。更为重要的是，要以系统的观点将汽车企业供应链上各个企业的绩效目标与供应链的总体绩效标准联系起来，这是保证某个节点企业的个体活动能够与供应链整体战略目标保持一致的最佳方式。

2. 评价指标的选取和算法设计

汽车制造物流关键绩效评价指标主要反映了汽车企业内部供应链整体运营状况。理想的汽车制造物流关键绩效评价指标体系能够反映汽车产品的最终客户、节点企业和汽车供应链自身的综合性需求，要易于理解和操作，应用简单方便并且成本较低。更重要的是能够为操作者和管理者提供快速的信息反馈和趋势判断，激励供应链中各个成员对绩效改善的积极性和主动性。

3. 选择合适的评价方法和跟踪方法

在选择合适的汽车制造物流关键绩效评价方法时，不仅要考虑所采用的方法是否易于对绩效的表现做出科学评价，能否可靠地对未来绩效提出改善方向，还要考虑是否真正评价了事物本质的原因，是否有助于开展持续改善供应链绩效。

4. 评价指标体系的应用与改善行动

这个过程包括了评价、反馈和纠偏等工作。在单一绩效评价指标的基础上还应该采用恰当的、具有一定前瞻性的评价方法对供应链整体进行综合评价。这是由于汽车制造物流关键绩效评价的工具和方法必须随环境的变化而变化，才能与时俱进，才能实现指标评价的预定目标。因而在评价的过程中要进行及时反馈和总结，并根据需要对绩效目标进行相应调整，为持续改善建立分析基础。

5. 评价结果的指导运行与管理改善

汽车制造物流关键绩效评价的目的，不仅仅是为了把握供应链上各个企业和供应链整体的运营状况，更重要的是为了优化供应链上各个企业和供应链的业务流程，实现缩短周期、提高效率、降低成本的目的。绩效评价活动也不应该止于获得了绩效评价的结果，更应该用这个结果来系统地管控汽车制造物流的相关活动，以此来改善汽车企业供应链功能，推动汽车企业供应链向价值链过渡。

构建汽车制造物流关键绩效评价指标体系的主要工作有两个方面：其一是设计确定能够准确反映供应链绩效的指标；其二是建立与企业经营目标及运作模式相适应的评价方法。前者是基础，后者是工具。企业经营的某一个绩效涉及多种因素和多个领域，具有复合性的横向特征。一般情况下，单一或较少的几个指标难以全面反映供应链的综合运行状况。所以，评价供应链某一绩效需要构建一个能够反映经营绩效各个侧面的、由一系列相关指标组成的评价指标集。

⬙ 5.3 汽车制造物流关键绩效评价指标

汽车制造物流关键绩效评价指标体系设计的宗旨是必须基于企业的经营战略，从业务流程再造入手，以实用和可操作为原则，在物流成本显性化的基础上，再行构建能够反映供应链运行和管理领域绩效状况的、用于帮助企业进行科学决策的、促进企业开展持续改善的评价指标体系。同时，还要在研究和实践的积累过程中，创建科学的方法论用以指导更多的企业实施和促进行业推广，使研究成果迅速转化为生产力，从而获得更广泛的经济效益和社会效益。

5.3.1 汽车制造物流关键绩效指标的含义

汽车制造物流关键绩效指标是一套衡量、反映、评价汽车制造过程中物流业务运作状况的、可量化的、关键的性能指标，它的好坏直接反映了企业整体实力的高低。通过对企业关键流程的工作产出、工作投入以及具体工作过程的关键参数的取样、计算、分析，获得相关的数据，从而起到协调、监控与诊断的目的。工作流程如图 5-2 所示。

1. 工作产出

工作产出是某个具体工作单位的产品，这个工作单位可以是一个企业，企业的某个具体部门直至部门下的某个员工。企业是根据它所生产的产品或提供的服务而被识别的，而企

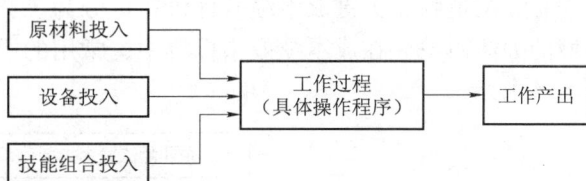

图 5-2　工作流程分析

业的最终产出又是由各个部门的产出组成的。衡量企业、部门直到员工的绩效从一定程度上看就是分析在其工作产出上达到的有效性与效率性。

2. 工作过程

工作过程是一个工作单位在生产某种既定产出的情况下所从事的各种活动，每个过程一般包括一个操作程序，指明产出形成的每一个阶段及如何进行这种工作。

3. 工作投入

工作投入是完成某项产出所需要的资源投入，这些投入被分解为原材料、设备以及完成该项工作所需的技能组合。

5.3.2　汽车制造物流关键绩效评价指标的设计

汽车制造物流关键绩效评价指标体系符合该企业制造物流与供应链领域的战略定位，反映了该企业对其物流与供应链管理领域的关注点，体现了该企业的改善目标，见图 5-3。

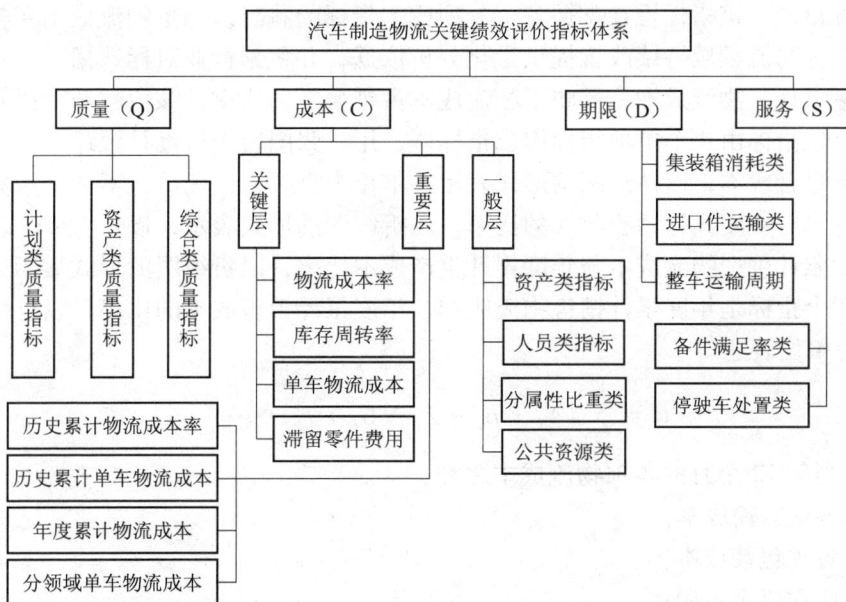

图 5-3　汽车制造物流关键绩效评价指标体系框架图

1. 汽车制造物流成本绩效评价指标的设计

识别企业物流与供应链的各项成本是长期以来困扰企业开展成本控制、绩效改善和行业

对标的难题。

该企业制造物流关键成本绩效评价指标分为 3 类，每一类适用于企业不同层面和不同业务领域的关注对象。在成本绩效指标群中，常用的成本指标有 16 项，关键成本指标有 4 项，如图 5-4 所示。

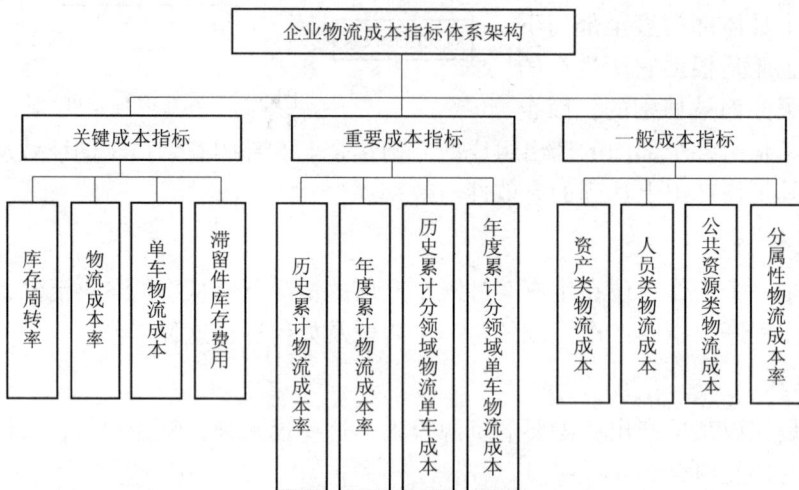

图 5-4 实用型企业物流成本指标体系构架图

下面以两个关键成本绩效为例分析汽车制造物流成本绩效评价指标。

1）物流成本率

（1）设置目的。该指标旨在掌握各个分项成本指标的状况，估量物流成本在各个相关领域中的比重，为物流领域持续改善提供量化分析依据，并积累行业对标数据。

（2）指标设计。物流成本率反映了物流成本占销售额的比重，该值越低则说明物流成本控制得越好。该指标由 4 个单项指标构成指标群，用一张图表进行逐月跟踪。第一个指标是年度累计物流综合成本，以柱形图的形式表示，单位为百万元人民币；第二个指标是年度累计物流综合成本与年度累计销售收入的比率，以折线图的形式表示，以%为单位表达；第三个指标是年度累计生产物流成本与年度累计生产成本比率，以折线图的形式表示，以%为单位表达；第四个指标是年度累计销售物流成本与年度累计销售成本的比率，以折线图的形式表示，以%为单位表达。

①
$$C = \sum_{i=1}^{12} (Y_i + B_i + Z_i + G_i + F_i + \cdots) \tag{5.1}$$

式中　C——当年 12 个月的各项物流成本之和；

　　　Y——各项运输成本；

　　　B——各项包装成本；

　　　Z——库存资金占用；

　　　G——人员工资成本；

　　　F——各项外委托服务费用。

②
$$K = \sum_{i=1}^{12} \frac{C}{S_i} \times 100\% \tag{5.2}$$

式中　K——物流成本率；

　　　S——当年 12 个月的商品车销售收入。

$$③\qquad K_P = \sum_{i=1}^{12} \frac{C_{pi}}{F_i} \times 100\% \qquad(5.3)$$

式中　K_P——生产物流成本率；

　　　C_{pi}——当年 12 个月生产物流成本之和；

　　　F_i——当年 12 个月制造成本之和。

$$④\qquad K_V = \sum_{i=1}^{12} \frac{C_{si}}{V_i} \times 100\% \qquad(5.4)$$

式中　K_V——销售物流成本率；

　　　C_{si}——当年 12 个月销售物流成本之和；

　　　V_i——当年 12 个月销售成本之和。

图 5-5 所示为××年度各项物流成本率趋势（图中数值为虚拟值）。

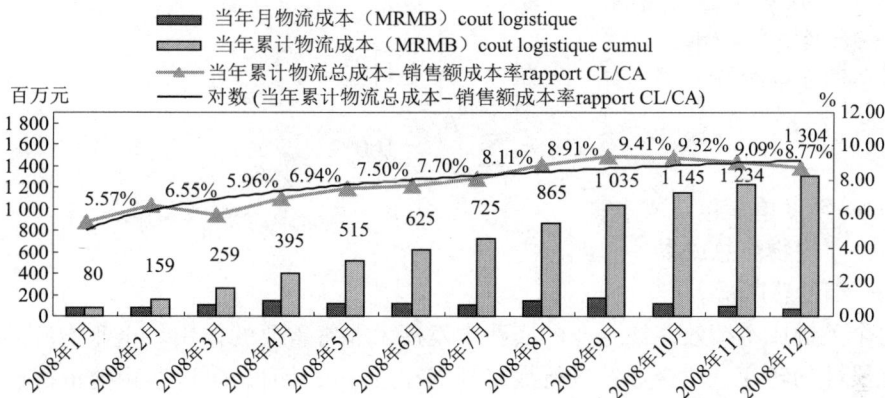

图 5-5　物流成本率趋势图

2）单车物流成本

（1）设置目的。该指标旨在掌握各项单车物流成本的状况，对外用于开展行业间对标、寻找与竞争对手的差距；对内用于制订物流持续改善目标和检查改善效果。

（2）指标设计。单车物流成本反映了单车各项物流成本，该值越低则说明物流成本控制得越好。该指标由 3 个单项指标构成指标群，用一张图进行跟踪。各指标均以柱形图的形式表达，单位为元人民币/辆，如图 5-6 所示。

第一个指标是年度月单车物流综合成本，第二个指标是年度单车运输成本，第三个指标是年度单车包装成本。

$$①\qquad C_{dt} = \sum_{i=1}^{12} \frac{C}{L_i} \times 100\% \qquad(5.5)$$

式中　C_{dt}——年度月单车物流综合成本；

　　　C——年度物流总成本；

　　　L_i——年度总产量。

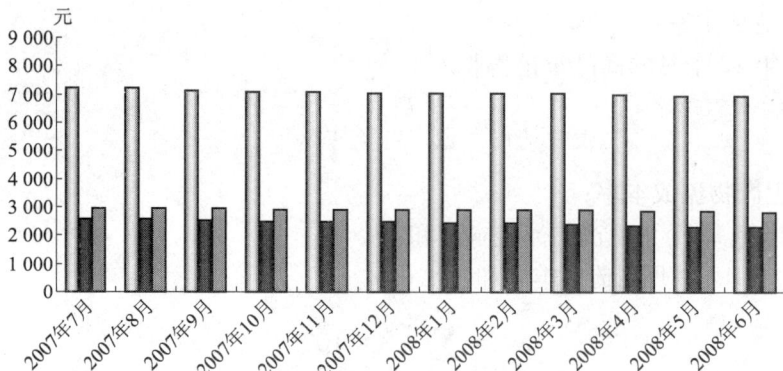

图 5-6 年度累计单车物流成本

② $$C_{dy} = \sum_{i=1}^{12} \frac{Y_i}{L_i} \times 100\% \qquad (5.6)$$

式中 C_{dy}——年度单车运输成本；

Y_i——年度运输成本；

L_i——年度总产量。

③ $$C_{db} = \sum_{i=1}^{12} \frac{B_i}{L_i} \times 100\% \qquad (5.7)$$

式中 C_{db}——年度单车包装成本；

B_i——年度物流总成本；

L_i——年度总产量。

上述两个关键成本绩效在该企业的实践中发挥了非常重要的作用。企业物流成本从模糊隐性向量化显性的转变，使企业在进行战略规划和战术设计时，可以客观地审视过去，科学地把握现在，前瞻地预测未来。更为重要的是，企业在供应链管理理论的指导下，开展了有建设意义的实践，在实践中检验和提升了理论，建立了让"隐藏在冰山下"的成本"浮出水面"的方法论。遵循这个方法论，使得企业物流与供应链领域的成本控制工作更为深入，为创建可操作的汽车企业物流与供应链绩效评价指标体系建立了必要和可靠的基础。

2. 汽车制造物流关键质量评价指标的设计

衡量汽车企业供应链的运作效果，最重要的评价标准应该是基于对整体绩效的改善和保持。从供应链的视角观察，衡量物流质量的范围包括生产计划的质量、物流运作的质量和物流服务的质量等几个方面。众多企业的实践证明，决定供应链整体绩效有两个重要环节：一是作为推动供应链整体正常运转的、处于供应链前端的汽车制造企业的生产计划领域；二是作为保障供应链整体效果的、处于内部供应链的总装供应组织领域。下面重点分析两个指标。

1）产需率控制指标

（1）指标设置。工业资源管理是汽车工业供应链管理的重要组成部分，它的管理思想来源于制造业的成组技术，它的应用是成组技术在供应链管理领域中的升华。具体来说，工业资源管理就是将构成同一功能模块的所有散件的供应商集合在一起，对其进行集成的投资、集成的能力评估、集成的物流配送，从而达到规模效应，实现供应链降低成本的目的。

（2）指标作用。产需率控制指标用于衡量供应链生产能力的保障质量和柔性程度，它能够凸显工业资源管理中的瓶颈问题，识别供应链中的生产能力"短板"，指导核心企业进行供应链能力规划，保证汽车企业供应链内外部的生产能力能够协调发展。

（3）指标设计。该指标定义为"在一定计划周期内，构成某一功能模块的相关企业已生产的产品数量与整车制造企业生产组织中对该产品需求量的百分比"。在企业实践中，从两个方面进行基准定位。

第一，需求分析时间基准的确定，如图 5-7 所示。

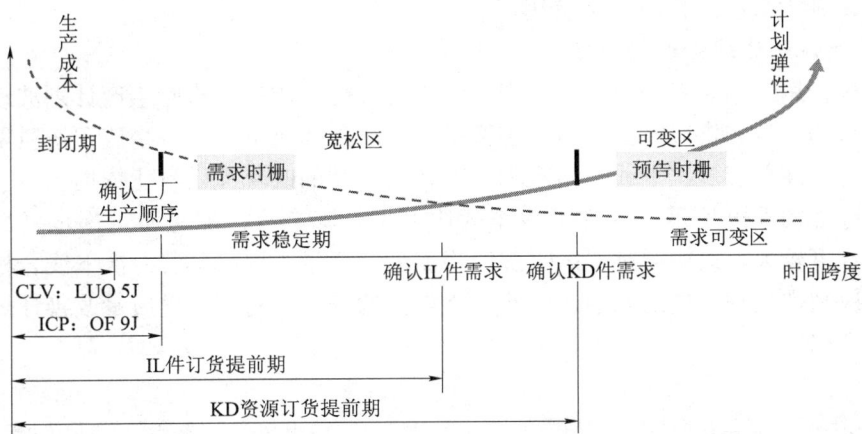

图 5-7 需求分析时间基准

第二，产需状况评价基准的确定。根据供应链理论中的"木桶原理"，为了识别生产组织的瓶颈（主要矛盾），找到资源配置的"短板"，并做出风险防范预案，保证生产组织的有序开展。因此，将构成某一功能模块中产需率最低的节点企业的产能数据作为汽车企业供应链系统产需率总体评价的基准。产需率指标按照资源需求重要性分项设计，如图 5-8 所示。

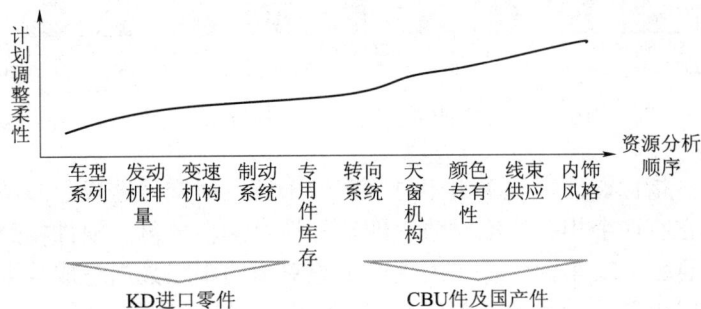

图 5-8 资源分析重要性顺序

该核心企业建立了供应商"满产能力评估"机制，定期计算实际产需率和预测产需率。产需率分别用两个相互关联的可计算指标组成。

① 分总成（组件）供应商企业产需率：该指标反映了某一功能组件上下游企业之间的供需状态。计算公式为一定时期内某功能组件企业已生产的产品数量 Q 与一定时期内该功

能组件下游企业对该产品的需求量 B 的比值×100%。

$$\lambda = \frac{Q}{B} \times 100\% \tag{5.8}$$

② 整车制造厂产需率：该指标反映汽车制造企业供应链整体生产能力和快速响应市场能力。计算公式为一定时期内制造企业已生产产品数量与一定时期内用户对该产品的需求量的比值×100%。

这个指标在指导主机厂根据生产要素（关键总成、关键零部件、装配能力、工作时间等）开展生产能力分析工作时非常有用。

2）总装物流配送缺件控制指标

（1）指标作用。用于衡量物流服务商总装零部件配送质量，检验生产计划波动性对物流配送质量带来的影响和供应链上游与中游接口环节的工作质量，分析物流配送质量对生产质量的影响，为提高总装一次下线合格率和生产物流领域的改善提供量化依据。

指标状况如图5-9所示。缺件下线车的比例呈下降趋势，配送质量逐步提高，缺件零件品种控制难度较大。期望通过提高零部件物流配送质量来提高总装一次下线合格率。主要矛盾是要解决缺件品种数量的问题，以此建立相关的零部件物流配送质量改善计划，提高总装一次下线合格率。

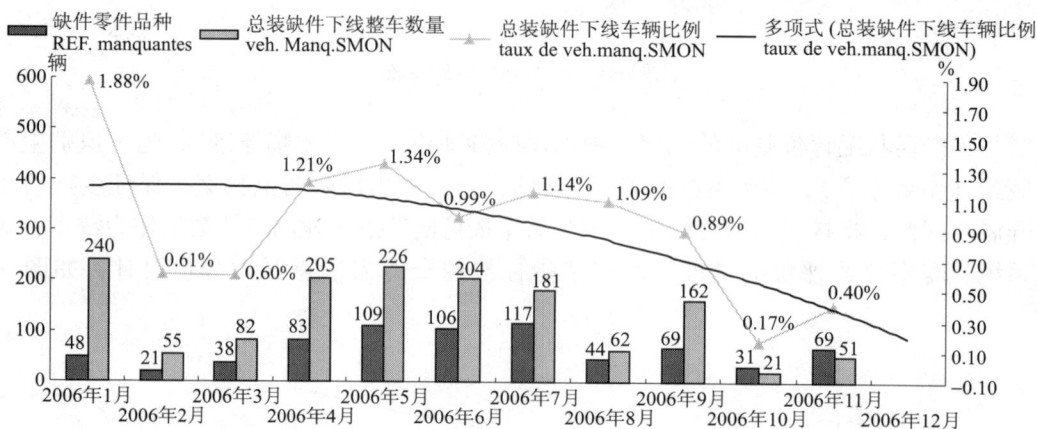

图5-9 总装物流配送缺件控制指标状况图

（2）指标设计。指标设计来源于由于总装零件未能及时交付造成总装缺件下线的分车型数量的统计结果。它有四个相关的绝对值，即缺件涉及车辆数量、缺件零部件品种数量、总装缺件下线车辆和总装下线车辆数量。由这四个绝对值的跟踪数据组成数据源，用一个相对值体现质量水平，以单车数量为计量单位，用一张图表达，如图5-10所示。

（3）改善效果。改善行动付诸实施后，效果比较明显。而一段时间过后，改善效果出现衰减，需要进行PDCA循环持续改善，对经过一段时间以后的效果衰减进行进一步提升。

3. 汽车制造物流关键期限评价指标的设计

制造物流期限状况与物流领域各项成本的关联度很大。某企业经过对当前物流各子领域业务流程的梳理，从降低制造物流综合成本的角度出发，在充分分析了现有众多期限指标的定义及其目的之后，以有限指标为原则，建立了以车身流按序生产为原则的若干项关键期限

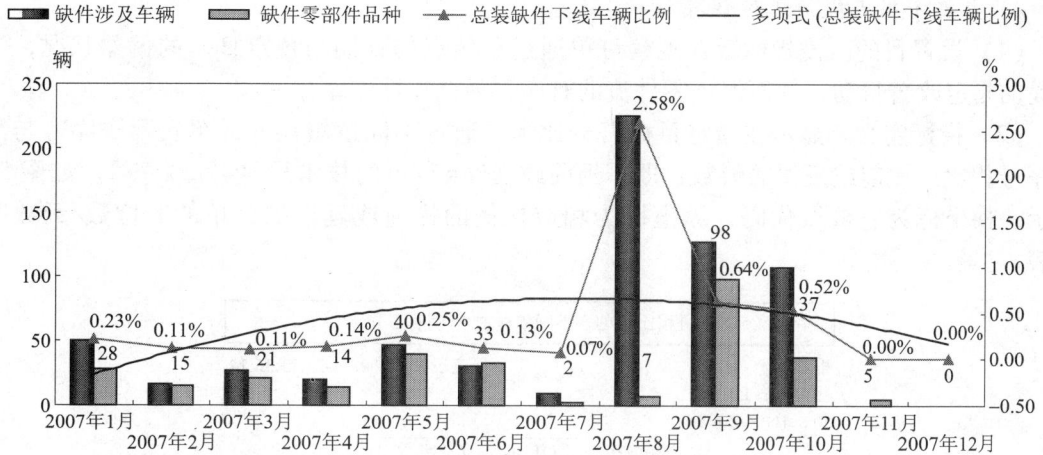

图 5-10　改善后的总装物流配送缺件控制指标状况图

控制指标，主要由若干个互为因果的单项期限指标构成指标群。

1) 订单生产期限日遵守率

（1）设置目的。该指标旨在通过观察商务订单能够按照预定期限完成交付的比率，寻找提高市场响应速度的突破口，为生产组织方式向"订单制"过渡积累数据。

（2）指标定义。计算遵守进入总装日期车辆的百分比，以及相对于预计进入总装日期延误（从 1~20 天）车辆或提前（-10~-1 天）车辆的百分比。这个指标既可以反映每天的状况，也可以反映区间月平均的状况，如图 5-11 所示。横坐标为提前或延误天数，在区间状况中表示日期；纵坐标为对应天数所占的百分比。

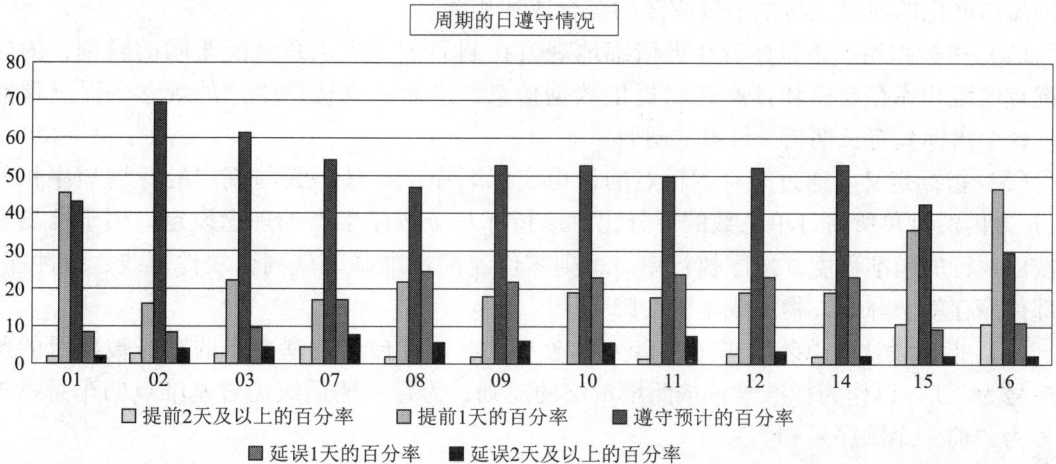

图 5-11　按一定区间统计的订单生产期限日遵守率指标

2）重要申报点提前或延误指标

（1）设置目的。该指标旨在观察订单通过总装点的日期与预定日期的偏差状况，为控制提前指定改善行动，从而保证零件流的有序，降低零件流库存。

（2）指标定义。显示在指定目标百分比下，通过不同逻辑点的订单实际顺序号与预定排序号相比。提前或延误的天数，即：提前或延误=订单的技术号-实际顺序号。如图5-12所示，横坐标为逻辑点代码，纵坐标为相应比例的提前或延误的订单的车位数/天数跟踪报表。

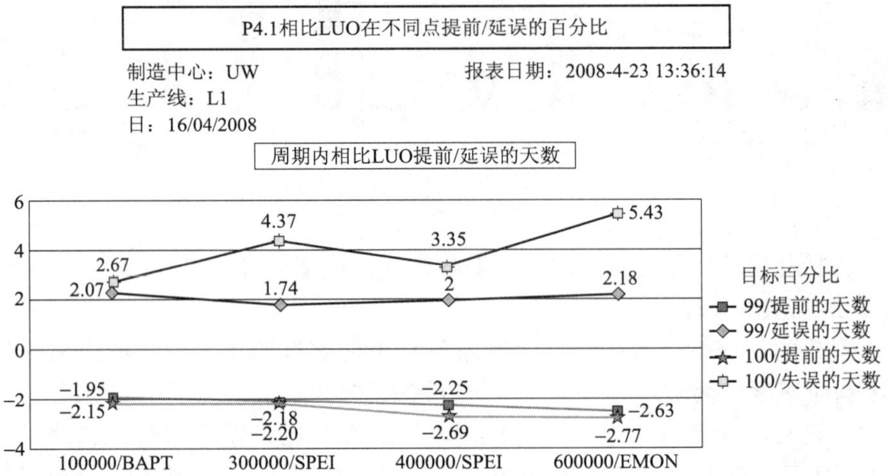

图5-12　申报点提前/延误指标

3）按预定顺序关键生产点的小时遵守率

（1）重要性分析。按预定顺序管控的理念贯穿于整个供应链"先进先出"的生产组织模式中。它是供应链其他环节必须遵守的准则，它的执行程度是供应链整体绩效的保证，是物流领域各项成本控制的关键，是提高客户满意度的制度保证，是生产组织水平的体现，是零件流精准化的前提，与整个供应链的综合成本相关。

（2）指标作用。该指标旨在更精细地观察在制品车身进入总装配车间的时刻，为各个关键点的缓冲库存规模和排产逻辑提供数据信息，进而建立按序生产的观念，促进精益生产。这个指标具有长期指导性和先进性。

（3）指标定义。通过某一逻辑点的订单实际顺序，在某一天与规定的计划顺序相差在±1 h之内的订单所占订单总数的百分比。该指标基于按序生产的理念设定，用于衡量整车流按序执行的精准程度。按序执行率高，则零件流配送准确率就高，缺件下线、缓冲库存、零部件库存就会降低，物流成本就会降低。

（4）指标设计。总装配车间入口为参考基准点，首台经过基准点的车身被赋予的预定顺序号为"1"以作为标准号，按照增量法的规则，为每一辆后续通过基准点的车身赋予的编号为"前一个顺序号+1"。

当在制车身经过关键点时，对参考预定顺序号和实际顺序号进行比较。如果生产节拍为36辆份/h，则所有实际顺序号与参考预定顺序号之差超过±36的车身差异时间就是提前或延迟>1 h。

例如，若参考预定顺序号是"100"，而出现的实际顺序号为"40"，则差异就是100-40＝60，60>36。因此，该车身迟到时间>1 h，没有遵守预定顺序的小时遵守率。关键生产点小时遵守率比较图如图5-13所示。

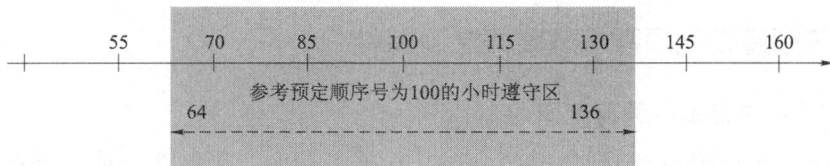

图5-13　关键生产点小时遵守率比较图

该指标可以有效地观察某一天在制车身通过各个关键生产点时，遵守预定顺序的比例，如图5-14所示。

图5-14　某一天针对预定的小时遵守率指标状况

第三个指标是第二个指标的深化，当第二个指标的完成率已经达到了目标之后，需要更准确地预定顺序遵守率指标，于是某企业适时导入了第三个指标作为追求目标，促进管理逐步走向精益。

4. 汽车制造物流关键服务评价指标的设计

汽车制造物流关键服务指标主要针对内部供应链业务活动中上下游客户之间服务满意度来设计，通常根据企业内部流程的运作特点及考核目标来制订，具体内容见本章5.4节的详细论述。

5.4　汽车制造物流顾客满意度

在竞争日趋激烈的今天，同质化经营使企业越来越重视精益管理，越来越期望通过可以量化的绩效管理来降低成本、提高效率。因此，工作标准层次下的评价与指标类标准是企业最需要的一类标准，而这正是企业基础工作的薄弱环节。越来越多的企业深切地感受到顾客满意度的高低与市场份额的大小有必然联系，也越来越体会到通过建立顾客满意度的评估体系，开展顾客满意度的跟踪和改善，有助于及时了解顾客的需求和期望，把握顾客对产品和服务要求的满意程度，进而及时调整产品和服务质量持续改进的目标和方向。顾客满意度评估可以使企业通过量化的指标数据所表达的真实信息，来制订持续改善行动，从而不断提高科学管理水平和综合竞争力。

5.4.1 汽车制造物流顾客满意度概念及特性

1. 汽车制造物流顾客满意度概念

顾客满意度是一个经济心理学的概念，是根据消费者对采购产品或接受服务的满意程度，得出对产品和服务质量的评价数值，以此来反映产品或服务质量状况。"满意"是一个相对概念。通常的顾客满意度研究对象是指"产品和服务的接受者"，但从顾客满意的经营理论角度而言，仅仅这样理解是远远不够的，企业应面对内部顾客、外部顾客和竞争者的顾客等顾客。

顾客满意的思想萌发于欧洲，但作为一个概念提出并用 CS（Customer Satisfaction）表示，最早产生于美国（1986 年），它首先应用于汽车行业。科特勒认为顾客满意是指顾客对事前期望和使用可感受效果判断后的评价，是期望和实际感知效果之间的差距函数。顾客满意度则是对顾客满意的量化测评，它与顾客忠诚度有着密切关系。

各国学者对顾客满意理论作了大量的理论研究和实证分析。测评顾客满意度比较常用的有宏观、微观两种模型。宏观模型主要是国家的顾客满意度指数（Customer Satisfaction Index，CSI），用于度量国家宏观经济的运行质量。微观领域的顾客满意度测量模型比较丰富。Parasuraman、Zeithaml 及 Berry 根据他们提出的 PZB 模型，建立了评价顾客满意度的 SERVQUAL 量表。他们将决定顾客满意度的因素分为五类：切实、可靠性、响应性、保证性、移情性。SERVQUAL 量表是用来衡量顾客感知服务质量的一种工具，它根据上述五类决定因素，选择了 22 个指标，通过分析顾客服务预期与顾客服务体验之间的差距来衡量顾客满意度。被调查者根据其服务的体验来回答问题，以说明他们期望的服务质量和感知的服务质量，由此来确定总的感知服务质量的分值，分值越高，表明顾客感知的服务体验与服务预期距离越远，即顾客感知的服务质量越低。MENTZER 等选择美国大型物流服务供应商 DLA（Defense Logistics Agency）的客户作为研究对象，共涉及 8 个细分市场（药品、燃料、电子、服装/纺织、建筑、生产资料、生活资料供应商和普通供应商），按照 SERVQUAL 方法，通过定性研究，了解 DLA 客户的需求，确定最初的 72 个物流服务质量项目，获得 5 531 份有效问卷，通过定量方法提炼和修正后得到一个 9 维度 25 个项目的 LSQ 量表。MENTZER 等在 1999 年研究成果的基础上，提出以物流服务发生的时间过程为基础的客户导向的 LSQ 模型，研究了各个维度之间的相关性，并比较不同细分市场上各个维度在物流服务质量中对客户满意度的影响。

2. 汽车制造物流客户满意度特性

汽车制造物流顾客满意度的特性表现为以下三个方面。首先，汽车制造物流与一般的产品或服务相比，其特殊性主要体现在汽车制造物流服务的顾客对象是企业生产车间线上线下的员工，企业员工更理性地用绩效和利润来衡量自身的满意度。顾客满意度与顾客有着很大的关系，是多个部门满意度的综合。其次，汽车制造物流是典型的服务行业，拥有服务行业不可感知、不可分离、易变等特性。最后，第三方物流是由运输、仓储等一系列物流活动构成，顾客满意度可以通过一系列指标来衡量。

5.4.2 汽车制造物流顾客满意度调查

顾客满意度是一个相对概念，是客户期望值与最终获得值之间的匹配程度，其影响因素众多，各因素影响程度不一。目前，顾客满意度的评价方法还只能停留在定性的层面上，而对顾客满意度的量化一直是各制造性企业和服务性企业的难点。这里我们重点介绍汽车制造物流顾客满意度调查标准流程建立过程。

1. 指标设定

指标设定指对指标的原则、指标的含义、指标的体系架构等进行逐一设定。

2. 指标量化处理

满意度的指标量化有两类。第一类指标是感受类指标，这类指标的量化可以利用"量表"测量技术来实现。"量表"就是通过一套预先拟定的评述语句、标记符号和数字，作为测定人们心理感受的度量工具，根据预想目标对感受度赋值和排序定位生成的表格，其主要作用是将定性的描述转化为量化数据。第二类是量化类指标，为了与感受类指标采用同样的评价体系，对这类指标需要进行转化，转化的原则是可以将两类指标用一种评价量表完成，比如：

第一种，越大越优型定量指标的转化，如表 5-1 所示。

表 5-1　准时送达率赋值表

测评指标	赋值规则				
	5	4	3	2	1
准时送达率/%	≥98	(98~90]	(90~80]	(80~70]	<70

注：1. （表示不包括该数据。
　　2.] 表示包括该数据。

第二种，越小越优型定量指标的转化，如表 5-2 所示。

表 5-2　客户投诉率赋值表

测评指标	赋值规则				
	5	4	3	2	1
客户投诉率/%	≤1	(1~2]	(2~5]	(5~10]	>70

注：（、] 同表 5-1。

1) 评价指标的权重设定

每一个评价指标在评价体系中的权重是不一样的，应该根据企业的经营目标和重要性对每一项指标的权重确定制订原则。权重原则的确定需要考虑客户满意度取向、企业经营战略、服务特性和社会心理学等。

2）满意度调查的方法

比较实用和流行的获得客户满意度信息的方法是开展市场调查。市场调查的手段多种多样，如问卷调查、网上调查、电子邮件调查、面谈、小组访谈、深入访谈、普通电话、短信等，上述方法可以采用一种或几种辅助进行。无论哪一种方式或组合方式，其目的都是能够获得用户的真实反馈，以便通过对反馈信息的分析，形成有效信息用以决策。在上述方法中，较为常用的是问卷调查，因此，问卷的设计非常讲究。问卷设计应围绕评价指标展开，问卷设计应明确目标，重点突出，每题只设一个主题，设计问题应简单明了、易于回答、不会产生歧义等。

3）顾客满意度评估步骤

该部分内容针对客户满意度评估工作的工作流程进行规范，通常以客户满意度的评估步骤的形式出现，对每一步骤的具体内容进行具体描述。比如，客户满意度的评估需要 10 个步骤。

（1）前期准备工作：解决组织到位、计划落实、目标明确和资源配置等问题。

（2）确定对象：解决客户选择和定位的问题。

（3）确定与量化评估指标：符合评估目的的指标群体并对之进行量化的问题。

（4）问卷设计：在此阶段解决基于步骤（3）确定的评估指标体系的问卷设计问题。

（5）抽样方法：解决样本范围和数量的问题。

（6）实施调查：基于标准中明确的"满意度调查方法"，开展一种或几种方式的调查。

（7）数据汇总与分析：对有效问卷进行界定，并采用数据分析方法。

（8）计算与评价：确定各类指标的权重和计算公式。

（9）对比与提出改善建议：识别影响满意度目标的关键因素，提出有针对性的整改意见，并确立新的目标。

（10）编写客户满意度评估报告：确定报告文本格式、目录和内容等。

4）评价等级设定

评价等级的设定通常分为 5 个级别：非常满意、满意、一般、不满意、非常不满意。重点是要对上述 5 个感受进行具体量化，并对其进行文字描述，如果满意则表明在服务等方面使顾客感到满足了自己的期望，心情愉悦等。评定时需要确定各类型物流企业客户满意度评估模型。

◢◢◢◤ 知识拓展

标 杆 管 理

绩效评价是一种手段，目的是通过对企业经营绩效的度量，可以发现问题，找到解决问题的办法。尤其是在供应链管理环境下，一个节点企业运行绩效的高低，不仅关系到该企业自身的生存与发展，而且影响到整个供应链其他企业的利益。因此，建立绩效评价指标只是手段，其目的是为了激励各成员企业。在现代企业管理的评价方法体系中，除了供应链绩效评价指标体系外，还出现了由国际供应链委员会制订的供应链运作参考模式（Supply Chain Operations Reference-model，SCOR）以及由美国施乐公司确立的经营分析方法——标杆法

（benchmarking）。下面主要讲述标杆法。

一、标杆法的含义

标杆法是企业将那些出类拔萃企业的绩效作为自己的测定基准，以它们为学习对象，意图迎头赶上并进而超过之。一般说来，标杆法除要求测量相对优秀企业的绩效外，还可以发现它们是如何取得这些成就的，然后利用这些信息作为制订企业绩效目标、战略和行动计划的基准。这里的优秀并非局限于同行业中的佼佼者，也可以是在各种业务流程中取得出色成绩的企业，它可以是竞争对手，也可是非竞争对手。

标杆管理，国内也称为"基准管理"，是一种管理上的有效方法。标杆管理产生于20世纪70年代末80年代初，美国应对日本企业的威胁而展开"学习日本经验"的运动，施乐公司在这场运动中首开标杆管理先河，随后西方企业纷纷跟进，形成了"标杆管理浪潮"。据统计，全球500强企业有近90%的采用了标杆管理。如施乐、AT&T、Kodak、Ford、IBM等行业领袖。那些通过标杆管理取得了系统突破的企业，其投资回报在5倍以上。标杆管理的出现在西方管理学界掀起了巨大的波澜，它与企业再造、战略联盟一起并称为20世纪90年代三大管理方法。如今标杆管理的使用范围已经超出企业，很多非营利性组织也开始积极采用。

美国生产力与质量中心对标杆管理的定义是：标杆管理是一个系统的、持续性的评估过程，通过不断地将企业流程与业界领先企业相比较，以获得帮助企业改善经营绩效的信息。可见，标杆管理就是要确立具体的企业榜样，解剖其各个指标，不断向其学习，发现并解决企业自身的问题，最终赶上并超越榜样企业的一个持续渐进性的学习、变革和创新的过程。而对行业领导者来说，也应该经常性地开展标杆活动。一个企业如果不关注竞争对手的发展，虽有可能在一时一事上占据一定的优势，但不可能在市场上始终处于领导地位。

二、标杆法的种类

绩效标杆有三种：战略性标杆、可操作性标杆和支持活动性标杆。

1. 战略性标杆

战略性标杆（strategic benchmarking）包含一个企业的市场战略与其他企业的市场战略的比较，它是使一个企业获得占领先地位企业的市场战略。

战略性标杆通常包括以下几个方面的问题：竞争对手强调什么样的市场面？竞争对手的市场战略是什么？支持竞争对手市场战略的资源是什么？竞争对手的竞争优势集中于哪些方面？

2. 可操作性标杆

可操作性标杆（operational benchmarking）以职能性活动的各个方面为重点，找出有效的方法，以便在各个职能上都能取得最好成绩。为了解决主要矛盾，一般选择对标杆职能有重要影响的有关职能和活动，以便使企业能够获得最大的收益。

3）支持活动性标杆

企业内的支持功能应该显示出比竞争对手更好的成本效益，通过支持活动性标杆（support-activity benchmarking）控制内部间接费用和防止费用的上升。

三、标杆管理制度的基本构成和基本程序

1. 基本构成

标杆管理制度的基本构成可以概括为两部分：最佳实践和衡量标准。所谓最佳实践，是

指行业中的领先企业在经营管理中所推行的最有效的措施与方法。所谓衡量标准，是指能真实客观地反映经营管理绩效的一套评价指标体系，以及与此相应的作为标杆的基准数据，如顾客满意程度、单位成本、周转时间以及资产计量指标。

2. 基本程序

开展标杆管理包括以下 3 个基本程序：

（1）掌握本企业在经营管理中需要解决的问题，制订工作措施，建立绩效评价指标。

（2）调查同行业中领先企业或竞争对手的绩效水平，掌握其关键性优势。

（3）调查领先企业的最佳实践，即了解这些企业获取优秀绩效的原因，并树立目标努力仿效。

能够成功开展标杆活动的关键是要在组织内部形成一种要求改变现状的共识和目标一致的行动，需要组织成员之间的沟通以及其他管理措施的支持。

四、标杆管理制度的原则

标杆管理涉及诸多因素，所以在执行时应遵循以下原则：

（1）设定具体标杆目标，全方位、全过程、多层面进行标杆管理。

（2）挑选最佳的标杆对象。最佳的标杆对象可能是特定产业、竞争者、不同产业中的佼佼者、熟悉的供应商，甚至关联企业等，只要有卓越的地方就可以成为标杆。

（3）有效地收集标杆信息。

（4）不断发掘问题，追踪标杆对象，持续标杆管理，勇于创新进取。

五、影响标杆管理成功的关键因素

标杆管理是否能够取得成功，在实施中受到多种因素的影响，其中影响标杆管理成功关键性因素是：

1. 高层领导的支持

绩效标杆必须成为能为企业全体人员所接受的实实在在的过程，而不能搞形而上学或者形式主义。全体人员必须把绩效标杆看作建立企业竞争战略的长久措施。企业高层领导的支持十分关键。

2. 注意收集有关数据

首先要了解哪些企业是第一流的，其次要分析为什么这些企业能够成为第一流的企业，最后还要确定标杆实施效果的定量分析方法。标杆过程成功地依赖于细致的、准确的数据和信息处理，这是整个标杆实施过程的一个重要组成部分。

3. 必须认识到标杆管理的作用

管理人员必须把标杆实施过程看作向其他企业学习和改进本企业工作的一个有效途径。在一些经营还过得去的企业里，有些人不愿承认竞争对手的优势而认为标杆管理不必要，这种思想是十分有害的。所谓"人无远虑，必有近忧"，尽管目前日子好过，但市场是千变万化的，稍有放松就会落后。因此，要从思想深处认识到标杆管理的重要作用。

本章小结

关键绩效评价是汽车制造物流供应链管理的重要内容之一，是汽车制造物流关键绩效评价在供应链管理中的应用与发展，是综合运用各种先进的技术和关键绩效评价方法。关键绩效评价是从整体和流程角度提高供应链成员及其整体绩效的管理思想和方法，在降低成本、提高效益、优化决策、提升整体竞争力等方面具有重要作用，是对整个供应链关键绩效的考评。关键绩效评价是围绕供应链管理的目标，对供应链整体、各个环节的运作状况和各环节之间的系统性、可见性、整体性、动态性和改善性进行基于流程的绩效评价。关键绩效评价指标体系除了包括一些基本的统计性指标外，主要还包括识别企业物流与供应链各项成本的关键成本绩效评价指标，衡量汽车制造企业供应链运作效果的关键质量评价指标。推行关键绩效评价还应正确地选择和运用评价方法，其中标杆管理是一种有效的关键绩效评价方法。这些技术和方法体现了供应链管理的新思维和新思想，并且具有实用性和可操作性。

思考与习题

1. 简要概述汽车制造物流关键绩效评价的重要作用和主要内容。

2. 汽车制造物流关键绩效评价的目的分为几点？并详细解释。

3. 以案例着手，分析汽车制造物流关键绩效评价体系的设计思想。

4. 根据汽车制造物流关键绩效评价指标体系设计流程的五个过程，分析和设计某汽车公司的关键绩效评价指标体系。

5. 说出汽车制造物流关键绩效评价指标的分类，及每一类指标所适用的企业层面和业务领域。

6. 总结归纳汽车制造物流顾客满意度概念及特性。

7. 汽车制造物流顾客满意度评估步骤有哪些？请详细解释其含义。

第6章

汽车制造物流一体化管理与实践

本章知识点

1. 质量理论发展与实践发展的演变。
2. 六西格玛理论发展与全面质量管理的关系。
3. 一体化管理体系概念、实质。
4. 汽车制造物流一体化管理设计实现。
5. 三种管理体系模式的比较分析。
6. 汽车制造物流一体化管理体系创建及实证分析。
7. 六西格玛技术在汽车制造物流一体化管理中的应用。

6.1 质量管理理论与实践发展概论

6.1.1 质量理论发展阶段

质量管理是随着生产的发展和科学技术的进步而逐渐形成和发展起来的，发展到今天大致经历了三个阶段，这三个阶段是一个递进式、不断完善的质量管理，从最初的质量检验到第三阶段的全面质量管理（TQM），是对质量管理系统的创建和优化，是一种系统的管理理念。

1. 质量检验阶段

质量检验阶段也叫事后检验阶段，它是质量管理的初级阶段，一般以20世纪初至40年代以前为界。当时人们对质量管理的理解还只限于质量的检验。质量检验所使用的手段是各种的检测工具和设备，方式是严格把关，进行百分之百的检验。期间，美国出现了以泰勒为代表的"科学管理"运动。"科学管理"提出了在人员中进行科学分工的要求，并将计划职能与执行职能分开，中间加一个检验环节，以便监督、检查对计划、设计、产品标准等项目的贯彻执行。为了保证产品质量，质量管理职能开始从操作者转移到工长，后来随着企业规模的扩大和产量的增长，大多数企业开始设置专门的质量检验部门，把质量检验职能从直接生产工序中分离出来成为单独的工序，从生产操作工人中分离出来成为独立的工种。专门的质量检验机构负责对产品进行检验，挑出不合格品，这种做法有利于保证出厂产品质量，而且对提高劳动生产率、固定资产的利用以及产品质量都有显著的效果。质量检验由专门部门和业务比较专精的专业人员负责，使用专门的检验工具和设备对保证产品质量起到把关的作用。但只有检验部门负责，没有其他管理部门和其他人员参与，尤其是直接操作者不参与质量检验和管理，这就容易与检验人员产生矛盾，不利于质量的提高；主要采取全数检验方法，不仅检验工作量大，检验周期长，而且检验费用增加。由于是事后检验，即在产品完工以后才进行检验，剔除废品和不良品，因此在原材料、人工和费用成本等方面所造成的损失，已不可能挽回。不能事先预防废次品的产生和避免所造成的损失，这是事后质量检验的一个重大缺陷。这种质量管理方式逐渐不能适应当时经济发展的要求，需要改进和发展。

2. 统计质量控制阶段

统计质量管理产生的历史背景是 20 世纪 40 年代以后，生产力进一步发展，大规模生产形成，如何控制大批量产品质量成为一个突出问题。这时英、美等国相继颁布新的公差标准，对于批量生产产品的互换性和通用性起到了一定的保证作用，同时一些统计学家着手研究用统计方法代替单纯用检验方法来控制产品质量。1924 年，美国贝尔研究所工程师休哈特提出用数理统计方法进行质量管理，并发表著名的"控制图法"，为统计质量管理奠定了理论和方法基础。休哈特认为质量管理不仅要搞事后检验，而且在发现有废品生产的先兆时就进行分析改进，从而预防废品的产生。控制图就是运用数理统计原理进行这种预防的工具。因此，控制图的出现，是质量管理从单纯事后检验进入检验加预防阶段的标志，也是形成一门独立学科的开端。在休哈特创造控制图后，他的同事在 1929 年发表了"抽样检验方法"。他们都是最早将数理统计方法引入质量管理，为质量管理科学做出了贡献的人。第二次世界大战开始以后，战争对武器弹药等军需的生产质量提出新的严格要求。缺乏事先控制和破坏性检验，无法保证军需产品的质量，必然影响战争的进行，这就迫切需要把数理统计的新方法应用于质量管理。于是，不仅在国防军火部门采用卓有成效的统计质量管理，而且也在其他部门如民用工业、运输、保险部门得到推行，这使统计质量管理得到很大发展。这种方法实现了从被动的事后把关到生产过程的积极预防的转变。相对于检验把关的传统管理来说，统计质量管理是概念的更新，检查职能的更新，是质量管理方法上的一次飞跃。但是，统计质量管理也存在着缺陷，它过分强调质量控制的统计方法，使人们误认为质量管理就是统计方法，是统计专家的事。

3. 全面质量管理阶段

这一阶段从 20 世纪 60 年代开始一直延续至今，促使统计质量管理向全面质量管理过渡的原因主要有以下几个方面。

（1）科学技术和工业发展的需要。20 世纪 50 年代以来，世界科学技术发展日新月异，出现了许多大型、精密、复杂的工业工程和工业产品（如火箭、人造卫星、宇宙飞船等），这些产品对安全性、可靠性等要求越来越高，这就使产品质量成为企业十分突出的问题。原有的管理方法已难以把产品质量管理好，它要求运用"系统"的概念，把质量问题作为一个有机整体加以综合分析研究，实行全员、全过程、全面的质量管理，以达到用最经济的手段生产出用户满意的产品。

（2）20 世纪 60 年代在管理理论上出现了工人参与管理、共同决策、目标管理等新办法。在质量管理中出现了依靠工人进行自我控制的无缺陷运动和质量管理小组，等等。

（3）保护消费者利益运动的兴起。由于市场竞争激烈，消费者经常上当受骗，广大消费者为了保护自己的利益，出现了"保护消费者"运动，要求政府制定法律，制止企业生产销售质量低劣、影响安全、危害健康的劣质品；要求企业所提供的产品对社会、对消费者承担质量责任和经济责任。因此，迫切要求企业加强质量管理，出具"质量保证单"，保证产品使用安全可靠。这样就使得企业必须建立生产全过程的质量保证体系，进一步提高质量管理水平。

（4）随着市场经济的发展，市场竞争加剧，情况瞬息万变，企业把经营决策、经营战略提到重要的议事日程上来。企业要深入研究市场需求情况，制订合适的质量水平，不断研制新产品，同时还要作出质量、成本、交货期、用户服务等方面的经营决策。因此，企业迫切需要现代经营管理科学作指导。正是在这种历史背景和社会经济条件下，费根堡姆和约瑟夫·朱兰等人先后提出全面质量管理的理论。1961年费根堡姆出版《全面质量管理》一书，比较系统地阐明了全面质量管理的理论和方法，很快为世界各国所接受，发展成为风靡当今世界的现代质量管理方式，使质量管理发展到一个新的阶段。

6.1.2　全面质量管理研究发展的四个阶段

从1961年费根堡姆提出全面质量管理的概念开始，世界各国对此进行了全面深入的研究，使这种全新的思想、方法、理论在实践中不断得到应用和发展。概括地讲，全面质量管理的发展经历了以下四个阶段。

1. 日本从美国引入全面质量管理

1950年，戴明博士在日本开展全面质量管理讲座，日本政府部门和企业管理人员从中学习到了这种全新的管理思想和方法。当时，全面质量管理的思路和概念并没有像今天一样被完整地提出来，但是它对日本经济的发展起到了极大的促进作用。到1970年，质量管理已经逐步渗透到全日本企业的基层。

2. 全面质量管理中广泛采用统计技术和计算机技术

从20世纪70年代开始，日本企业从全面质量管理中获得巨大的收益，并充分认识到全面质量管理的好处。日本开始将全面质量管理当作一门科学来对待，并广泛采用统计技术和计算机技术进行推广和应用。全面质量管理在这一阶段获得了新的发展。

3. 全面质量管理的内容和要求得到标准化

随着全面质量管理理念的普及，越来越多的企业开始采用这种管理方法。1986年，国际标准化组织 ISO 把全面质量管理的内容和要求进行了标准化，并于1987年3月正式颁布了 ISO 9000 系列标准，这是全面质量管理发展的第三个阶段。因此，我们通常所熟悉的 ISO 9000 系列标准实际上是对原来全面质量管理研究成果的标准化。

4. 全面质量管理上升到经营管理层面

随着全面质量管理思想和方法往更高层次发展，企业的生产管理和质量管理被提升到经营管理的层次。无论是学术界还是企业界，很多知名学者如朱兰、石川馨、久米均等人，都提出了很多有关的观念和理论，"质量管理是企业经营的生命线"这种观念逐渐被企业所接受。

6.1.3 全面质量管理国内外发展状况

1. 全面质量管理在国外的实施现状

20 世纪 60 年代以来，费根堡姆的全面质量管理概念逐步被世界各国所接受，但是由于国情不同，各国企业在运用时又加进了一些自己的实践成果。目前，全面质量管理已经获得了丰硕的成果。第二次世界大战以后，整个世界的工业需要恢复。全面质量管理在发展过程中，逐渐形成了以美国为代表的"美国系统"，以日本为代表的"日本系统"，以及以苏联和东欧国家为代表的"苏联系统"，这三种全面质量管理系统各有自己的特点。

1）以美国为代表的"美国系统"

在全面质量管理的发展过程中，不得不提到无缺陷运动。这项活动来源于第二次世界大战期间，当时为了能够确保军品的生产质量，各地成立了一些最新的质量管理组织机构。特别是以美国为代表的"美国系统"，在质量管理过程中第一次展开了质量成本或质量费用的研究，即认为全面质量管理是需要付出成本的，具体研究内容包括故障费用、评价鉴定费用和预防费用等。

2）以日本为代表的"日本系统"

从 20 世纪 70 年代开始，日本已经在全国范围内开始推广全面质量管理，它在美国经验的基础上发展出了 QC 小组这种全民性的质量管理活动形式，QC 小组成为全面质量管理活动的核心要素之一。费根堡姆等质量管理大师都曾到日本激励推动 QC 小组的活动。到 20 世纪 70 年代末期，日本国内已经发展了 70 万个 QC 小组，共有 500 多万成员参与了 QC 小组活动，这样就形成了具有日本特色的"日本系统"。

3）以苏联和东欧国家为代表的"苏联系统"

为了尽快恢复正常的工业生产，第二次世界大战结束后苏联和东欧开始了全面质量管理方面的研究，代表人物主要有布拉钦斯基和杜布维可夫，他们在苏联从军品向民品的转换生产过程中提出了全面质量管理的思路和模式。苏联为了鼓励质量改进，将杜布维可夫所创造出来的系列方法称为"萨莱托夫制度"。在"萨莱托夫制度"中，对产品或零件制定了明确的规格和标准，这样就使得零件的使用相当便捷，而且能大幅度降低生产成本。提出生产合乎标准的产品的概念，是全面质量管理思想上的一个飞跃。此外，"萨莱托夫制度"还提供适当的信息、测定仪器、操作方法来生产并进行充分的培训。

2. 全面质量管理在我国的发展

1978 年，我国改革开放以来，当时我国整个国民经济急需启动和发展，质量问题对整个国民经济发展的重要性越来越突出，在全国范围内推行全面质量管理方法成为经济发展的必然要求。如表 6-1 所示，我国的全面质量管理从最初的"质量月"活动开始，逐步发展为声势浩大的 QC 质量小组活动。

表 6-1 全面质量管理在我国的发展

时间	发展状况
1978 年 9 月	机械部在全国范围内开始了第一个"质量月"活动
1979 年	质量管理协会成立

续表

时间	发展状况
1980 年	《工业企业全面质量管理暂行办法》制定
1990 年以后	开始贯彻执行 ISO 9000 质量标准和质量体系认证
最近 20 年来	QC 小组注册数量达到 1 500 多万个

3. 全面质量管理的代表人物及其思想

在全面质量管理的发展过程中，各国根据自己的经济模式不断开发出具有自身特色的全面质量管理模式。此外，一些质量管理大师也为全面质量管理的发展和完善做出了不可磨灭的贡献，这些代表人物主要有戴明、约瑟夫·朱兰、菲利普·克罗斯比，以及日本的石川馨、新卿重夫等。

1）戴明

戴明博士 1900 年出生于美国，他在研究休哈特的统计过程方面取得了辉煌的成就，近年来他提出的质量管理的 14 个要点已经成为全面质量管理的核心内容。戴明博士最早提出了 PDCA 循环的概念，所以又称其为"戴明环"，PDCA 循环对全面质量管理的发展有着十分重要的意义。

PDCA 循环是能使任何一项活动有效进行的一种合乎逻辑的工作程序，特别是在企业的质量管理中得到了广泛的应用。在 PDCA 循环中，"策划（P）—实施（D）—检查（C）—处理（A）"的管理循环是现场质量保证体系运行的基本方式，它反映了不断提高质量应遵循的科学程序。

2）约瑟夫·朱兰

在全面质量管理的发展过程中，除了戴明博士，另一个不可忽视的人物是约瑟夫·朱兰。约瑟夫·朱兰博士 1904 年出生于罗马尼亚，后移居美国，在工作实践中逐步成长为一位著名的质量大师，他所提出的质量三部曲和质量螺旋是对全面质量管理的最大贡献。

（1）质量三部曲。质量三部曲指的是质量策划、质量改进和质量控制，通过识别顾客的要求，开发出让顾客满意的产品，并使产品的特征最优化，同时优化产品的生产过程。这样不但能够满足客户的需求，也能满足企业的需求。

（2）质量螺旋。所谓质量螺旋，就是要求我们首先去识别顾客的需求，开发出适合顾客需求的产品，然后生产和销售这样的产品，使顾客获得满意。顾客得到满意之后又会产生新的需求，企业可以根据顾客的新需求进行新一轮的循环。

3）菲利普·克罗斯比

菲利普·克罗斯比 1926 年出生于美国，他的主要著作《质量是免费的》和《质量没有眼泪》，在整个世界范围内，特别是对西方经济发达国家的经济发展起到了非常大的促进作用，是质量管理的经典著作之一。

菲利普·克罗斯比最早在全面质量管理中提出了质量成本的定义。质量成本是产品总成本的一部分，它包括确保满意质量所发生的费用，以及未达到满意质量的有形损失与无形损失，如预防成本、评估成本和故障成本等。

4）石川馨、新卿重夫

日本在全面质量管理的发展过程中充当着一个非常重要的角色。整个日本企业由于实施

QC 小组活动而在世界范围内取得了令人瞩目的生产和科研成果。在日本轰轰烈烈的 QC 推广活动中，最为醒目的代表人物为石川馨和新卿重夫。

（1）石川馨。石川馨出生于 1915 年，他率先将统计技术和计算机技术应用到质量管理过程当中。后来，他又总结和发明了质量管理的 7 种工具，这 7 种管理工具实际上就是统计技术和计算机分析技术在质量控制活动中的具体应用形式。

（2）新卿重夫。新卿重夫出生于 1909 年，他主要提出了零缺陷质量管理的概念。新卿重夫对质量管理的另一个重大贡献就是一分钟更换模具体系。一分钟更换模具体系要求在更换产品生产的时候，以最快的速度更换模具而不影响整个生产的进行。这一体系实际上就是 JIT 适时生产的前身。

此外，新卿重夫还提出了源头检验体系，将质量管理的范围从企业本身延伸到了供应商。他认为，一个产品的质量并不仅仅取决于生产企业本身，还取决于外协厂家，如原材料、附件、配件的提供厂商等。

4. 全面质量管理的八大管理原则的剖析

为了更有效地帮助组织建立质量管理体系，实现预期的质量方针和质量目标，必须有一套完善的、行之有效的、普遍适用的并且能在全世界范围被接受的质量管理理论。为了建立这套理论，ISO/TC176（品质管理和品质保证技术委员会）于 1995 年成立了一个工作组，用了大约两年的时间，吸纳了国际上最权威的一批质量管理专家的意见，整理编撰了八项质量管理原则，并在国际上广泛征求意见，得到了众多国家的一致赞同。八项质量管理原则旨在帮助组织建立持续改进业绩的框架，提高组织质量管理的水平，使组织达到持续的成功。

1）原则 1：以顾客为关注焦点

顾客是企业生存的基础，在市场竞争的环境中必须使企业的产品（包括服务）让顾客满意，使产品畅销，才能使企业获得利润。因此，企业的各项工作均应紧紧围绕着"使顾客满意"来展开，它是判断工作好坏的准则。必须注意，满足顾客要求只是一种基本要求，只有达到超越顾客的期望，给顾客一种意外的惊喜，才能使顾客满意。

2）原则 2：领导作用

领导者确立本组织统一的宗旨和方向，并营造和保持使员工能充分参与实现组织目标的内部环境。领导指的是组织的最高管理层，领导在企业的质量管理中起着决定性的作用，实践证明只有领导重视，各项质量活动才能有效开展。

领导要想指挥好和控制好一个组织，必须做好确定方向、提供资源、策划未来、激励员工、协调活动和营造一个良好的内部环境等工作。此外，在领导方式上，最高管理者还要做到透明、务实和以身作则。

3）原则 3：全员参与

各级人员都是组织之本，只有他们的充分参与，才能使他们的才干为组织带来收益。

全体员工是组织的基础，组织的质量管理不仅需要最高管理者的正确领导，还有赖于全员参与。

4）原则 4：过程方法

将相关的资源和活动作为过程进行管理，可以更高效地得到期望的结果。任何利用资源并通过管理，将输入转化为输出的活动，均可视为过程。系统地识别和管理组织所应用的过程，特别是这些过程之间的相互作用，就是"过程方法"。

过程方法的目的是获得持续改进的动态循环，并使组织的总体业绩得到显著的提高。过程方法鼓励组织要对其所有的过程有一个清晰的理解。过程方法包含一个或多个将输入转化为输出的活动，通常一个过程的输出直接成为下一个过程的输入。

"PDCA 循环"（又名戴明环）可适用于所有过程，其具体含义如下。

P——策划。根据顾客的要求和组织的方针，建立提供结果所必要的目标和过程。

D——实施。实施过程。

C——检查。根据方针、目标和产品要求，对过程和产品进行监视和测量，并报告结果。

A——处理。采取措施，以持续改进过程的业绩。

5）原则 5：管理的系统方法

将相互关联的过程作为系统加以识别、理解和管理，有助于组织提高实现其目标的有效性和效率。所谓系统，就是"相互关联或相互作用的一组要素"。系统的特点之一就是通过各分系统协同作用，互相促进，使总体的作用往往大于各分系统作用之和。所谓系统方法，实际上可包括系统分析、系统工程和系统管理三大环节。

在质量管理中采用系统方法，就是要把质量管理体系作为一个大系统，对组成质量管理体系的各个过程加以识别、理解和管理，以实现质量方针，达到质量目标。

6）原则 6：持续改进

持续改进总体业绩应当是组织的一个永恒的目标。持续改进是"增强满足要求的能力的循环活动"。为了改进组织的整体业绩，组织应不断改进其产品质量，提高质量管理体系及过程的有效性和效率，以满足顾客和其他相关方日益增长和不断变化的需求与期望。只有坚持持续改进，组织才能不断进步。

7）原则 7：基于事实的决策方法

有效决策是建立在数据和信息分析的基础上。决策是组织中各级领导的职责之一。所谓决策就是针对预定目标，在一定约束条件下，从诸方案中选出最佳的一个付诸实施。达不到目标的决策就是失策。正确的决策需要领导者用科学的态度，以事实或正确的信息为基础，通过合乎逻辑的分析，作出正确的决断。

8）原则 8：与供方互利的关系

组织与供方的相互依存的、互利的关系可增强双方创造价值的能力。随着生产社会化的不断发展，组织的生产活动分工越来越细，专业化程度越来越强。通常，某一个产品不可能由一个组织从最初的原材料开始加工直至形成最终顾客使用的产品，而往往是通过多个组织分工协作来完成的。因此，绝大多数组织都有其供方。供方所提供的高质量产品是组织为顾客提供高质量产品的保证之一。组织市场的扩大，则为供方增加了更多的合作机会。所以，组织与供方的合作与交流是非常重要的。

6.1.4 六西格玛管理发展状况

从 20 世纪 90 年代起，六西格玛这个使用频率日益增多的词汇引起了企业界和质量管理界的广泛关注。而摩托罗拉、通用电气等世界级企业成为推行六西格玛管理的典范，向人们展示了卓越质量管理的魅力，使质量管理和质量效益有机地结合在了一起。

1. 六西格玛定义

六西格玛管理即要求企业在整个流程中（而不仅限于产品质量），每一百万个机会中的缺陷少于3.4个，这对企业来说是一个很高的目标。

可以说六西格玛管理是："寻求同时增加顾客满意和企业经济增长的经营战略途径。"即：

（1）衡量企业产品质量、整体运作流程质量及整体竞争力水平的方法；

（2）改进企业产品质量、整体运作流程质量及提升核心竞争力的方法；

（3）真正实现卓越业绩和持续领先的管理哲学和方法论。

2. 六西格玛产生的背景

许多"世界级"企业的成功经验证明，全面质量管理是一种使企业获得核心竞争力的管理战略。质量的概念也从狭义的符合规范发展到以"顾客满意"为目标。全面质量管理不仅提高了产品与服务的质量，而且在打造企业文化层面上，对企业产生深刻的影响，使企业获得持久的竞争能力。但是在信息技术、现代管理方法及市场要求等迅速改变的情况下，实施全面质量管理遇到越来越大的挑战。主要是质量要求在以下几方面都出现了新的变化。

（1）市场竞争的激烈，顾客和企业对产品或服务的质量的硬性要求提高，而对产品或服务的缺陷率要求则更低。

（2）随着全面质量管理和ISO9000认证在全球的开展，企业的质量管理体系基本已达到认证的要求，随着PDCA过程控制的加强，各企业间的质量水平得到了增强。因此仅通过ISO9000认证的企业并不能代表企业的产品已达到了行业质量的前沿，只说明产品符合一定的要求。而追求ISO9000认证的目的更多的是为了获得市场的通行证，其不再保持相对明显的优势。

（3）更加追求质量经济性、服务质量和产品全生命周期质量。质量的经济性超越了最初的质量成本概念，需要考虑每项质量改进的收益，并要求在设计阶段就考虑价值工程理论的应用。

（4）企业信息化管理的要求。对大力实施企业信息化的组织来说，不但需要全面质量管理的基本知识，也需要掌握信息化的手段及辅助工具，提高质量管理的效率与效果，通过运用更为精益的管理方法，使企业的核心竞争力不断提升。

（5）过程梳理和重组。无论是从产品的质量提升出发还是从经济成本的控制角度出发，都需要对过程进行管理，虽然全面质量管理是以过程控制为核心，但其对于过程梳理和重组的力度并不能真正优化生产或服务过程，无法从根本上解决过程管理中效率低下的瓶颈。这种从过程的角度出发，强化过程监控和突破过程瓶颈的方法是企业质量改进的源泉。

正是在这种情况下，六西格玛管理诞生了。六西格玛使人们重新认识自己，掌握了六个西格玛，就好像找到了一个重新观察企业的放大镜。人们会惊讶地发现，缺陷犹如灰尘，存在于企业的角角落落。这使人们感到不安，迫切促使人们为企业做点什么。思维和行为改变了，会不断地问自己：我们现在是几个西格玛？我们应该做到什么？我们的问题在哪里？通过努力，我们能做到什么？时间过去了，我们提高了吗？

3. 六西格玛的过程方法

六西格玛管理不仅是理念，同时也是一套业绩突破的方法。它将理念变为行动，将目标变为现实。这套方法就是六西格玛改进方法 DMAIC。DMAIC 是指定义（Define）、测量（Measure）、分析（Analyze）、改进（Improve）、控制（Control）五个阶段构成的过程改进方法，一般用于对现有流程的改进，包括制造过程、服务过程以及工作过程，等等。

一个完整的六西格玛改进项目应完成"定义 D""测量 M""分析 A""改进 I"和"控制 C"5 个阶段的工作。每个阶段又由若干个工作步骤构成。虽然 Motorola、GE、六西格玛 Plus、Smart Solution 等采用的工作步骤不尽相同，但每个阶段的主要内容是大致相同的。DMAIC 过程各阶段的主要工作如表 6-2 所示。

表 6-2 DMAIC 过程各阶段的主要工作

阶 段	主要工作
D 阶段	（1）定义阶段D：确定顾客的关键需求，并识别需要改进的产品或过程，将改进项目界定在合理的范围内
M 阶段	（2）测量阶段M：通过对现有过程的测量，确定过程的基线以及期望达到的目标，识别影响过程输出Y的输入Xs，并对测量系统的有效性做出评价
重新设计过程 / A 阶段	（3）分析阶段A：通过数据分析确定影响输出Y的关键Xs，即确定过程的关键影响因素
更改过程？ Yes / No / I 阶段	（4）改进阶段I：寻找优化过程输出Y并且消除或减小关键Xs影响的方案，使过程的缺陷或变异（或称为波动）降低
C 阶段	（5）控制阶段C：使改进后的过程程序化并通过有效的监测方法保持过程改进的成果

每个阶段都由一系列工具方法支持该阶段目标的实现。表 6-3 列出了每个阶段的要点常用工具和技术。

表 6-3 DMAIC 过程各阶段要点、常用工具和技术

阶段	活动要点	常用工具和技术	
D 阶段	项目启动 确定 CTQ	头脑风暴法 亲和图 树图	排列图 QFD FMEA

续表

阶段	活动要点	常用工具和技术	
M 阶段	测量 Y，确定 项目基线	运行图 分层法 散布图 直方图	过程能力分析 FMEA 水平对比法 抽样计划
A 阶段	确定关键 影响因素	因果图 散布图 箱线图 多变量图	抽样计划 假设检验 回归分析 方差分析
I 阶段	设计并验证 改进方案	试验设计 田口方法	FMEA 过程仿真
C 阶段	保持成果	控制计划 标准操作 SOP	目视管理 SPC 控制图

4. 六西格玛管理在全球的发展

继摩托罗拉、德仪、通用电气等先驱之后，几乎所有的财富 500 强的制造型企业都陆续开始实施六西格玛管理战略。值得注意的是，一直在质量领域领先全球的日本企业也在 20 世纪 90 年代后期纷纷加入实施六西格玛的行列，这其中包括索尼、东芝、本田等。韩国的三星、LG 也开始了向六西格玛进军的旅程。另一个值得注意的现象是自通用电气之后，所有公司都将六西格玛战略应用于组织的全部业务流程的优化，而不仅仅局限于制造流程。越来越多的服务性企业，如美国最大的花旗银行、全球最大的 B2C 网站公司 Amazon.com 等也成功地采用六西格玛战略来提高服务质量，维护高的客户忠诚度，所以六西格玛已不再是一种单纯的、面向制造性业务流程的质量管理方法，同时也是一种有效的提高服务性业务流程的管理方法和战略。更有一些政府机构也开始采用六西格玛的方法来改善政府服务。目前，美国公司的平均水平已从十年前的三西格玛上下提高到了接近五西格玛的程度，而日本则已达到超过了 5.5 西格玛的水平。可以毫不夸张地说，西格玛水平已成为衡量一个国家综合实力与竞争力的最有效的指标。

5. 六西格玛管理与中国企业

经过 30 多年的改革开放，尤其是市场经济的逐步完善，中国的企业开始了对各种先进管理思想和方法的实践，其中不乏成功有效的实例。但是，中国企业由于宏观政策、制度和人的关系等原因，并没有在管理，特别是在企业运营方面取得大的成效和突破。内部管理在很大程度上还停留在作为一门艺术的阶段，尽管一些先进的质量方法和过程也有局部的应用，但是质量检查仍然是制造业质量管理的主要内容。而整个服务性行业则完全处在凭经验、人员态度或由信息系统来保障服务质量的阶段，没有一个科学、系统的保证产品质量、服务的方法。

六西格玛随着外资的引进已在中国这块文明之地播种，在通用电气、摩托罗拉、联信和柯达等世界级大公司的中国外资（合资）企业中，六西格玛已成为其企业文化的一部分。人们普遍认为六西格玛模式将有助于中国参与国际市场竞争，以争取更多的市场份额和削减制造成本。然而由于六西格玛作为企业成功的竞争优势之一，企业间不愿过多宣传或交流这方面的经验和具体实施细节，使得六西格玛在中国一直披着一层神秘的面纱。

在这种情况下，国内企业唯一的选择就是迎头赶上，尽快学习和实施六西格玛，以争取在新一轮的竞争中立于不败之地，并成长壮大。

目前，六西格玛在中国企业中的认知度是比较低的。只有极少部分管理者和学术界对此有较深度的研究。业界仅有屈指可数的几家公司能提供有限的和有意义的培训，至于能提供六西格玛的全程培训和实施咨询的机构和公司则更是凤毛麟角。这主要是因为六西格玛咨询服务与一般的咨询服务的最大区别在于咨询师必须具备实际的实施经验，并至少在"黑带大师"以上，而那种靠新鲜的 MBA 来提供服务的咨询公司是无法满足要求的。除了跨国公司以外，国内的企业真正全面实施六西格玛管理战略的也极少。可以预见，在相当长的时间内，知识与技能的匮乏将是中国企业实施六西格玛管理战略的最大障碍。

除了企业传统、管理制度和市场方面的原因外，六西格玛战略在中国的实施还面临一个非常大的挑战，即人才与知识的准备不足。因此，中国企业能否成功实施六西格玛管理战略，关键在于组织的最高决策层是否能够坚持不懈。同时必须防止把六西格玛管理实施当成又一个质量认证。六西格玛管理实施应该着眼于流程能力、产品质量或客户忠诚度的突破性提高。任何试图把六西格玛管理实施当成一个品牌、宣传或认证的手段都是浪费资源，并不会取得任何实质性的管理变革。许多失败的例子已经证明了这点。

6.1.5 六西格玛管理与全面质量管理关系

1. DMAIC 与 PDCA 过程方法比较

（1）从 DMAIC 与 PDCA 的过程含义来看，两者都是一种过程方法，DMAIC 是指定义（Define）、测量（Measure）、分析（Analyze）、改进（Improve）、控制（Control）五个阶段构成的过程改进方法；而 PDCA 是指计划（Plan）、实施（Do）、检查（Check）、处理（Action）四个阶段构成的过程改进方法。很明显，DMAIC 是在 PDCA 的基础上进行了总结、细化和完善，使各个阶段的工作更为明确，同时也说明 DMAIC 的目标更具针对性、突破性和时效性。

（2）从各个阶段运用的质量统计工具看，两者运用的统计工具基本相同，在质量管理活动中已有几十年的应用历史了，有许多工具在 QC 小组活动中大量地使用。但应该看到，在 DMAIC 活动中，这些方法工具的应用程度较之一般质量管理活动来说要深入得多，更强调对于数据的收集、整理和应用。同时 DMAIC 将各种质量工具通过实践的应用和总结，针对各个阶段进行了总结和归类，方便使用者在各个阶段的使用。这种系统的工具管理方法使解决问题的方法得到了优化。

（3）从过程跟踪的角度看，DMAIC 是 PDCA 循环的一种应用模式，是对 PDCA 过程控制的总结、细化和完善，同时它还引入了项目管理的一些成功做法。由于六西格玛项目一般解决的是一些复杂的、重要的、需要跨职能协作的问题，而项目成功与否对组织的影响也十分重大，因此在 DMAIC 活动中十分强调项目管理工作。按照项目管理的做法，在六西格玛项目实施的关键点（里程碑）—— 每一阶段完成并产生阶段成果时，通过项目报告的形式与管理者和项目小组进行充分的沟通，对前一阶段工作进行总结和回顾，并明确下一阶段的具体工作。同时在沟通中得到管理者的最大支持，并及时获得相应的资源，以此保证六西格玛项目的顺利进行。

2. 六西格玛管理与全面质量管理比较

六西格玛管理与全面质量管理的比较主要从质量管理的主题、思路、方法、资源等方面进行，通过比较，我们可以清晰地发现以下几个方面的特点。

（1）目标定位方法。六西格玛管理以比以往更广泛的业绩改进视角，强调从顾客的关键要求以及企业经营战略焦点出发，寻求业绩突破的机会，为顾客和企业创造更大的价值。虽然在全面质量管理中明确了"以顾客为关注焦点"这样的要求，但在具体的体现和实施方面并未告知方法，从而可能造成对顾客要求未能真正获悉，因此造成了许多已经具有全面质量管理经验的公司在推行六西格玛时经常惊骇地发现，对顾客真正的理解少得可怜。

六西格玛项目所要解决的问题是从顾客端（Voice of the customer）、组织发展战略与目标追溯分解而来的。任何一个六西格玛项目都应围绕顾客满意程度和组织的战略目标实现。企业的管理者应该是企业的"领航者"，更强调方向的正确性。因此，根据 DMAIC 各阶段的主要工作，在项目定义阶段需要将顾客的要求和企业的目标进行充分的分解，将目标界定在一个合理的范围内，并在短期内能够完成。如果不能很好地分解问题，在有限的资源和有限的时间内是很难完成的。因此，六西格玛管理比全面质量管理更加真正关注顾客。

（2）财务驱动。六西格玛管理更强调产品或服务的经济性，强调从整个经营的角度出发，通过过程控制，并将最终的注意力——顾客和企业两方面，落实在财务绩效和过程绩效上。其对项目的定义往往集中于质量、能力、周期、库存以及其他的关键因素等方面所表现的财务绩效，往往实现将缺陷降低 50%～80% 的改进目标。六西格玛项目的定义和结果鉴定时都需要财务部门的认定和审核。项目的结果必须是突破性的，同时必须获得丰厚的经济效益，并获得企业和顾客的双重满意，达到"双赢"的目的。

（3）强调"领导第一"。在六西格玛管理中，企业领导是亲自接受培训、参与活动并给予支持的；而全面质量管理往往成为一种主张，并不常见于现实。当年，在 Motorola，如果不是由于一把手 Robert W. Galvin 的支持和鼓励，仅仅是销售经理的 Art Sundy 是绝对不敢在有全公司 176 名干部参加的会议上公开说"本公司产品质量臭名昭著"。因为六西格玛将全面质量管理集中到 SIGMA 的一点上，变得易懂，所以领导才有时间倾听，才肯出力支持。

（4）以数据和事实驱动管理。六西格玛把"以数据和事实为管理依据"的概念提升到一个新的、更有力的水平。虽然全面质量管理在改进信息系统、知识管理等方面投入了很多注意力，但很多经营决策仍然是以主观观念和假设为基础。六西格玛原理则是从分辨什么指标对测量经营业绩是关键开始，然后收集数据并分析关键变量。这时问题能够被更加有效地发现、分析和解决——永久地解决。

（5）采取的措施针对过程。无论把重点放在产品和服务的设计、业绩的测量、效率和顾客满意的提高上或是业务经营上，六西格玛都把过程视为成功的关键载体。六西格玛活动的最显著突破之一是使得领导们和管理者（特别是服务部门和服务行业中的）确信过程是构建向顾客传递价值的途径。而全面质量管理虽然是要求全过程管理，但是缺乏重点突出，同时在预防性管理的环节上往往处于被动的局面。

（6）团队建设。六西格玛管理的方法为企业主管人员创造了一种支持文化变革的体系架构。在六西格玛管理中，项目都是由被称为"绿带""黑带""黑带大师"的人员带领项目小组完成的。这些骨干要很好地掌握六西格玛的工具方法，使之具备解决复杂问题的能力；他们还需要掌握领导力、团队合作、沟通等软工具，使他们的工作能最大限度地得到各方面的认可和支持。项目在他们的领导下获得结果，同时，通过他们将六西格玛的管理理念和文化传递到组织的各个层次。可以说，他们是将六西格玛理念变为现实的最重要的资源。如果组织没有一批经过严格训练和培养的骨干，项目是不会成功的，六西格玛管理也不会为企业带来永久的回报。

（7）力求完美，容忍失败。怎样能在力求完美的同时还能够容忍失败？从本质上讲，这两方面是互补的。不推行新的观念和方法，没有公司能够接近六西格玛水平，而新的观念和方法通常包括一些风险。如果人们看到了接近完美的可能方法，但又太害怕随之而来的错误，他们将永远不会尝试。

我们将要讨论的业绩改进技术中，包括大量的风险管理方法，这样挫折或失败的范围就会有所限制。虽然每个以六西格玛为目标的公司都必须力求使其财务结果趋于完美，但同时也应该能够接受偶然的挫折。这些理论和实践使全面质量管理一直追求的零缺陷和最佳效益的目标得以实现。

六西格玛管理是一个渐进过程，它从一个梦想或一个远景开始，以接近完美的产品和服务以及极高的顾客满意度的目标。这给传统的全面质量管理和汽车行业采用 ISO/TS 16949《汽车生产件及维修零件组织应用 ISO9001：2008 的特别要求》的质量技术规范等注入了新的动力，使汽车行业企业依靠质量取得效益的方式成为现实。

6.2 汽车制造物流一体化管理体系创建

6.2.1 国内外汽车制造物流企业安全质量简述

随着我国汽车工业的快速发展，各汽车企业对物流业务外包的比例还在进一步提高，同时对质量要求更高，成本要求更低。对应欧美 80% 以上的汽车企业选择汽车物流外包，我国汽车物流企业在质量和成本方面与国外先进汽车物流企业相比存在很大的差距。

与此同时，伴随着汽车物流业务的迅速拓展，统计显示我国汽车物流企业物流过程中人身风险、财产风险、经营风险、法律责任风险都急剧扩大，物流事故和损失增加。相关企业普遍存在如下类似问题：各种原因造成的汽车物流仓库火灾事故时有发生，损失惨重；频繁发生运输事故，伤亡损失有增无减；汽车零部件物流在我国还刚刚起步，存在着质量和安全问题，不能满足现代汽车制造物流的需要。汽车制造物流质量与安全问题已经影响到汽车物流业的安全、健康、快速发展，阻碍了汽车物流市场的开拓发展。质量与安全风险控制，已经成为物流企业关注的重点，要解决这些问题，建立汽车制造物流质量与安全管理体系已经迫在眉睫。

国外从事汽车物流的领先企业有 CEVA 的 TNT 公司，该公司有着较高的质量与安全标准化技术水平，在其日常运作中，各个环节都有标准化、专业化的作业方式和管理方式，并按照规划运作，从而确保企业汽车物流整个过程的服务得到有效控制。我国汽车物流行业标准化工作远远滞后于汽车工业和现代汽车物流业的发展，汽车物流的国家标准、行业标准的制定还刚刚处于起步阶段，缺乏统一规范的行业运作规则，很多企业内部也缺乏必要的各类标准，以致汽车制造物流成本一直居高不下，这也形成了国内现代汽车物流发展的瓶颈。

在物流质量安全标准化方面，2004 年，国家安全生产监督管理总局已经发布了《关于开展安全质量标准化活动的指导意见》，2005 年发布了《全国物流标准 2005—2010 年发展规划》，其中涉及汽车物流的安全质量标准还未制定，这就更加需要建立质量与安全标准管理体系来引导我国汽车物流企业的持续健康发展。为了达到各汽车企业对制造物流系统的质量与安全要求这一目标，就必须建立符合国际标准的汽车行业供应商质量与安全管理体系，科学规划包装方式、运输、仓储及配送方式、零件放置位置及数量、生产计划与排序等问题，通过制定质量与安全设施设备规划、质量与安全技术设计、质量与安全作业规范等标准来提高汽车制造物流过程质量与安全的程度，控制物流过程质量与安全风险。

6.2.2　汽车制造物流一体化管理体系设计

1. 一体化管理体系设计的基础概念

2008 版 ISO9000 族的定义：ISO9000 族是国际标准化组织（International Organization for Standardization. 简称 ISO）在 1994 年提出的概念，是指由国际标准化组织质量管理和质量保证技术委员会（ISO/TC 176）制定的所有国际标准。该标准族可帮助组织实施并有效运行质量管理体系，是质量管理体系通用的要求和指南。

OHSAS18001：1999 的定义：指职业健康安全管理体系 1999 版，是组织进行职业健康安全管理的通用要求和指南。

"一体化管理体系"的定义：将两种或两种以上的管理体系经过有机融合，而使用共有要素的管理体系。

多个体系融合的概念：在讨论一体化管理体系时，我们总是把几个体系结合在一起，其实我们是把本来就在一起（企业管理体系）的部分还回去。图 6-1 形象地表示了诸多管理体系的整合程度。

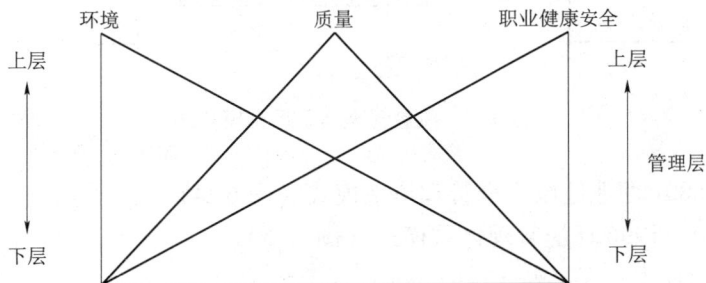

图 6-1　质量与安全一体化管理体系整合概念图

我们可以将质量管理体系、环境管理体系和职业健康安全管理体系，融合为一体化的管理体系的基本结构和文件体系，用图 6-2 表示。

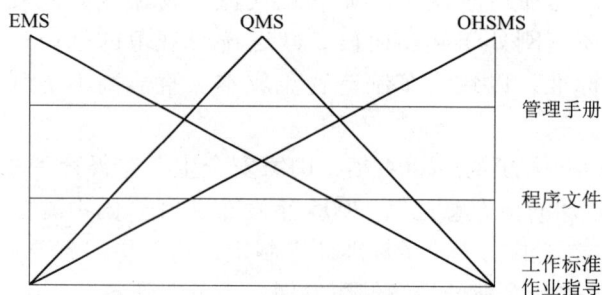

图 6-2 质量与安全一体化管理体系整合理论框架图

2. 质量与安全一体化管理体系文件构成

文件包括一体化管理体系手册，一体化管理体系文件，工作标准，作业指导书。

3. 质量与安全体系相同和相似的要素

二者都强调明确职责和权限，都需要建立文件体系并进行文件控制；都要求进行策划，建立明确的目标和指标并通过具体方案来加以实施；都必须遵守相关法律并做出承诺；都要求实施持续改进过程，都要求对不符合的过程进行改进；都非常重视建立纠正和预防措施；都要求培训，不断提高意识和能力；都要求对记录进行控制。

4. 质量与安全两个管理体系模式比较分析

（1）质量管理体系运行模式（图 6-3）。

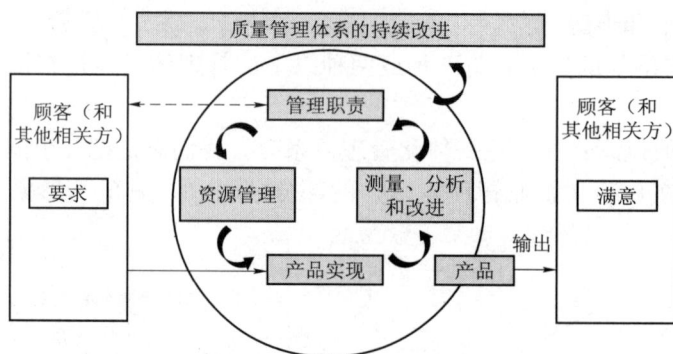

图 6-3 质量管理体系运行模式图

（2）OHSAS18001 职业健康安全管理体系模式（图 6-4）。

（3）ISO14001：1996 环境管理体系模式（图 6-5）。

6.2.3 汽车制造物流一体化管理体系设计比较分析

随着中国经济的发展和对外贸易的不断升级，为提高市场竞争力和自身管理水平，申请和通过管理体系认证的企业数量越来越多。而且，随着国际社会和我国政府及公民对环境和职业健康安全重视程度的不断提高，许多企业依据 ISO9001：2008《质量管理体系要求》、ISO14001：2004《环境管理体系 要求及使用指南》、OHSAS18001：1999

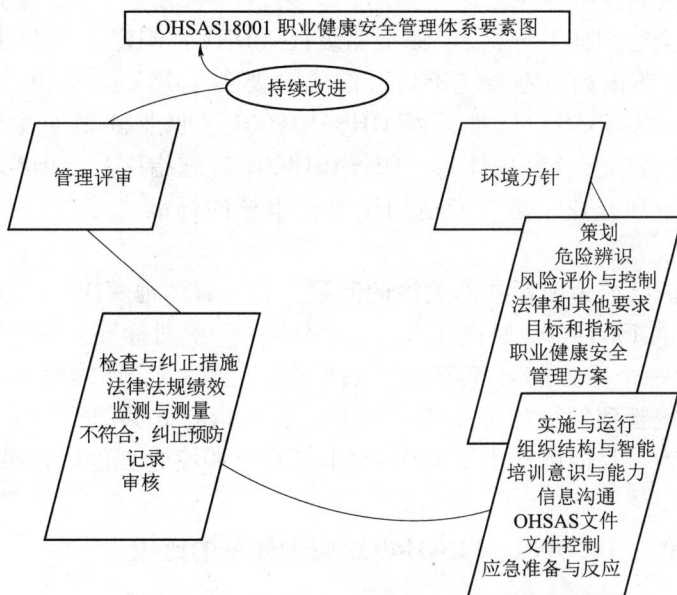

图 6-4　职业健康安全管理体系模式运行图

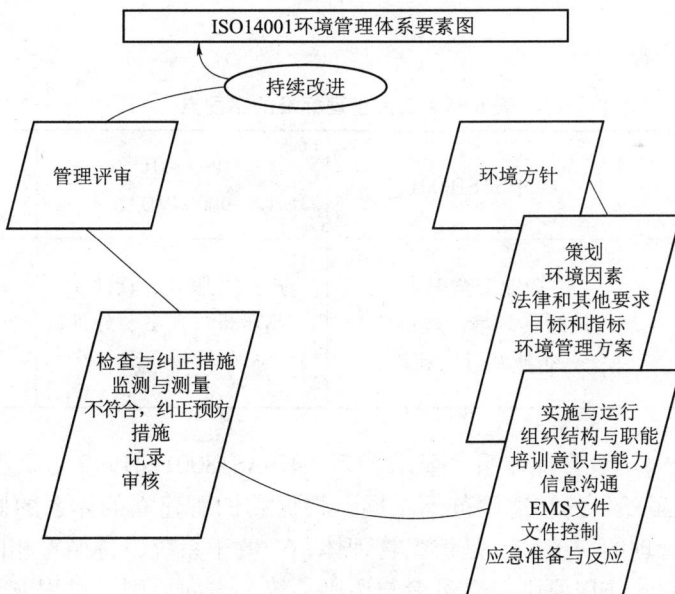

图 6-5　ISO14001：1996 环境管理体系模式运行图

《职业健康安全管理体系　规范》建立了二合一的管理体系，并通过了两个体系的认证，取得了证书。

20 世纪 80 年代以来，一些发达国家率先开展了实施职业健康安全管理体系活动。1996 年英国颁布了 BS8800《职业健康安全管理体系指南》国家标准。美国工业卫生协会制定了关于《职业健康安全管理体系》指导性文件，1997 年澳大利亚和新西兰提出了《职业健康安全管理体系原则和支持性技术通用指南》草案，日本工业安全卫生协会（JISHS）提出了《职业健康安全管理体系导则》。挪威船级社（DNV）制定了《职业健康安全管理体系认证标准》；1999英国标准协会（BSI）、挪威船级社（DNV）等13个组织提出了职业健康安全评价系列（OHSAS）标准，即 OHSAS18001《职业健康安全管理体系规范》、OHSAS18002《职业健康安全管理体系—OHSAS18001实施指南》。OHSAS18001：1999可以适用于所有的领域和行业，是一套适用于进行审核的标准，是企业申请注册认证的唯一标准。

近年来环境保护已成为国际共同关注的问题，为了有效地解决环境污染问题，一套国际性的环境管理标准 ISO14000 便应运而生。ISO14000 系列标准是国际标准化组织 ISO/TC 207 负责起草的一个系列的环境管理体系标准，它包括了环境管理体系、环境标志、生命周期等国际环境管理领域的许多焦点问题，旨在指导此类组织（企业公司）取得和表现正确的环境行为。目前已推出了 ISO14001 等6个环境管理国际标准，其中 ISO14001 是其核心部分。

1. OHSAS18001、ISO9001 和 ISO14001 管理体系的比较

1）相同点

（1）管理体系标准，遵循 PDCA 循环。

（2）世界贸易标准，是企业管理的核心工具。

2）不同点

三者的不同点见表6-4。

表6-4 三大管理标准的不同点

管理标准 管理内容	OHSAS18001	ISO9001 QS-9000/VDA6.1	ISO14001
管理对象 管理重点 管理目的	职业安全卫生 风险（环境、经济等） 企业及员工利益	产品（服务、软件） 产品质量（服务、软件） 用户利益	环境 环境影响 公共利益（社会）

ISO9001：2008《质量管理体系 要求》和 OHSAS18001：1999《职业健康安全管理体系 规范》三个标准虽然目的和适用范围不同，根据它们所建立的体系的侧重点也不同，但由于它们都是组织管理的一部分，是组织管理体系中的子系统，遵循着相同的管理原则，如系统的管理原则、领导作用原则、全员参与原则、统一方向原则、过程方法原则、预防为主原则和持续改进原则等，所以，在实际的质量管理、环境管理和职业健康安全管理中往往可以采用相同的管理方法，如管理的教育方法、管理的法律方法、管理的行政方法和管理的经济方法等。同时，在三个标准中存在着许多管理的共性条款，ISO9001：2008 标准在编写中考虑了与 ISO14001 标准的相容性，ISO14001 标准在 2004 版改版时也考虑了与 ISO9001 标准的兼容性，使得三个标准在共性要求方面更为趋近。以上均为依据三个标准建立整合型的管理体系奠定了良好的基础。

由以上分析可见：QMS、EMS 和 OHSMS 在构成的原则上是互相一致的或相似的，在体系结构上是可以相互兼容的。这就是三个体系有机融合的基本条件，即我们通常称之为一体化管理体系的由来。

2. 一体化管理体系的支持工具——六西格玛、BSC、BPD

1）六西格玛方法是一体化管理体系整合的有效工具

持续改进是 ISO9000：2000 中特别提出的八大原则之一，但如何持续改进，ISO9000 标准只给出了原则和要求，并没有告诉我们应该怎么做。而六西格玛不仅告诉我们如何倡导持续改善的理念，如何形成持续改善文化，而且还告诉我们如何进行持续改善，是有系统的方法论的。

2）持续改善的机会来源

服务——服务的功能、性能等的质量特性的符合性和顾客的满意性等。

流程——整车及零部件物流过程的效率和有效性。

体系——一体化管理体系的符合性、适应性和有效性，如图 6-6 所示。

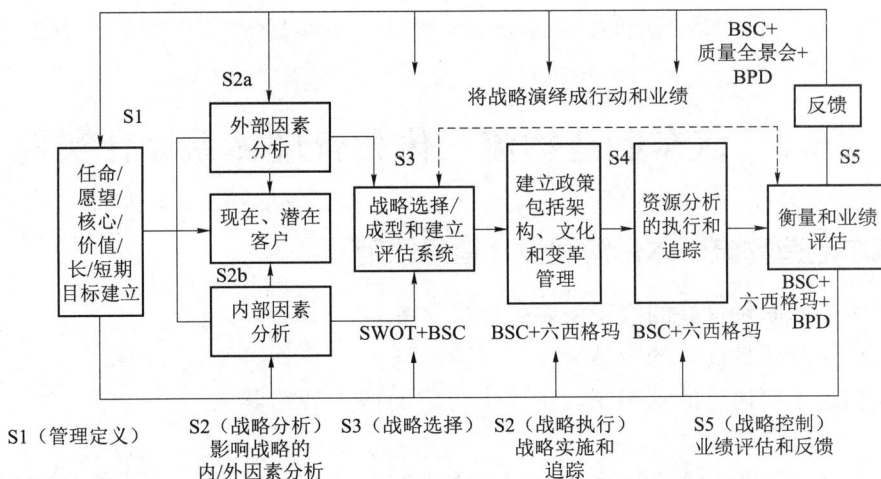

图 6-6　汽车企业系统管理战略导向应用六西格玛方法整合管理体系流程图

3）汽车物流企业在使用 BPD 和 BSC 时要注意与汽车制造企业有所区别

（1）汽车物流企业的技术保密性较制造性企业简单，但服务过程中的一些 Know How 以及商业机密（如利润、运输收入及运量等）要注意保密，不能全部张贴上墙，建议一些内容可以通过代号表示。

（2）企业各部门领导将部门每月的重要工作内容和要求（含进度）张贴在 BPD 上，由部门员工对照完成，并在部门例会上进行评价，真正起到 PDCA 的作用。

（3）企业各部门可结合部门工作特点，将一些可以让部门或公司员工分享的知识、数据、资料以及工作经验等进行展示，如图 6-7 所示。

汽车企业战略实施和战略评估/反馈（整合管理体系）

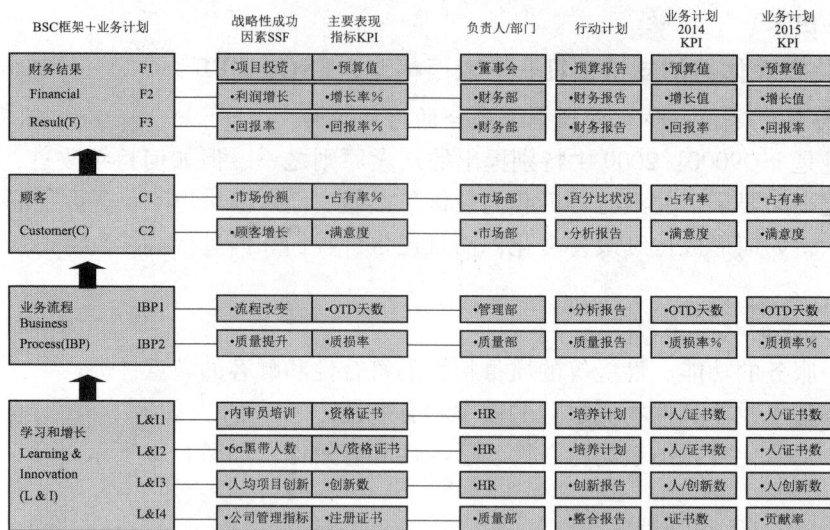

BSC框架+业务计划		战略性成功因素SSF	主要表现指标KPI	负责人/部门	行动计划	业务计划2014 KPI	业务计划2015 KPI
财务结果 Financial Result(F)	F1	项目投资	预算值	董事会	预算报告	预算值	预算值
	F2	利润增长	增长率%	财务部	财务报告	增长值	增长值
	F3	回报率	回报率%	财务部	财务报告	回报率	回报率
顾客 Customer(C)	C1	市场份额	占有率%	市场部	百分比状况	占有率	占有率
	C2	顾客增长	满意度	市场部	分析报告	满意度	满意度
业务流程 Business Process(IBP)	IBP1	流程改变	OTD天数	管理部	分析报告	OTD天数	OTD天数
	IBP2	质量提升	质损率	质量部	质量报告	质损率%	质损率%
学习和增长 Learning & Innovation (L & I)	L&I1	内审员培训	资格证书	HR	培养计划	人/证书数	人/证书数
	L&I2	6σ黑带人数	人/资格证书	HR	培养计划	人/证书数	人/证书数
	L&I3	人均项目创新	创新数	HR	创新报告	人/创新数	人/创新数
	L&I4	公司管理指标	注册证书	质量部	整合报告	证书数	贡献率

图 6-7　汽车制造企业和汽车物流企业六西格玛与 BSC 整合管理体系模式运行图

6.3　汽车制造物流一体化管理体系设计实现

6.3.1　汽车制造物流一体化管理设计指导原则

（1）要想生产质量良好的汽车需要领导层支持。

（2）要想生产质量优秀的产品需要领导层参与。

（3）我们这里要讨论的基本原理主要来自戴明博士和约瑟夫·朱兰博士及其他质量管理先驱。

（4）我们要讨论的方式方法也是美国三大汽车公司和通用电气公司在全球范围内使用的最佳方法。

（5）高超的质量和有效的运作是公司盈利及顾客满意的基础。

（6）有效的培训是形成高素质工作人员的根基。

（7）当工序标准化后，出现大多数问题会是零部件或设计问题。

（8）全面采用质量快速响应系统（质量警报）。

（9）装配人员求助，为装配人员提供支援。

（10）质量门过程—生产启动受质量达标的约束，内在质量的持续改进。

（11）解决问题的质量网络工具箱，过程控制系统（见图6-8）。

（12）宏观主导是领导的本质（分清主次），微观实施也是领导的责任。

（13）每个人都应对总装人员全力支持。

（14）没有"小菜一盘"，所有对零件、工艺、物流、设备、人员的改动都应严肃对待。

（15）产品质量的最终责任落在设计与制造部门肩上。

（16）质量部门的本职是为企业开发提供一个有效的质量系统（包括数据分析）。

（17）公司里出现的质量问题是所有人出现的问题，要有清晰明了的质量标准。汽车制造与物流首次质量检验网络系统设计见图6-9。

（18）任何情况下都要以数据为依据，质量和混乱不可共存。

（19）标准化与统一化减少混乱，减少波动是一项持续不断的工作。

（20）试生产是可售产品的生产起点。

（21）只有总经理认为我们可以生产时我们才能启动。

（22）成为一个好学的企业。

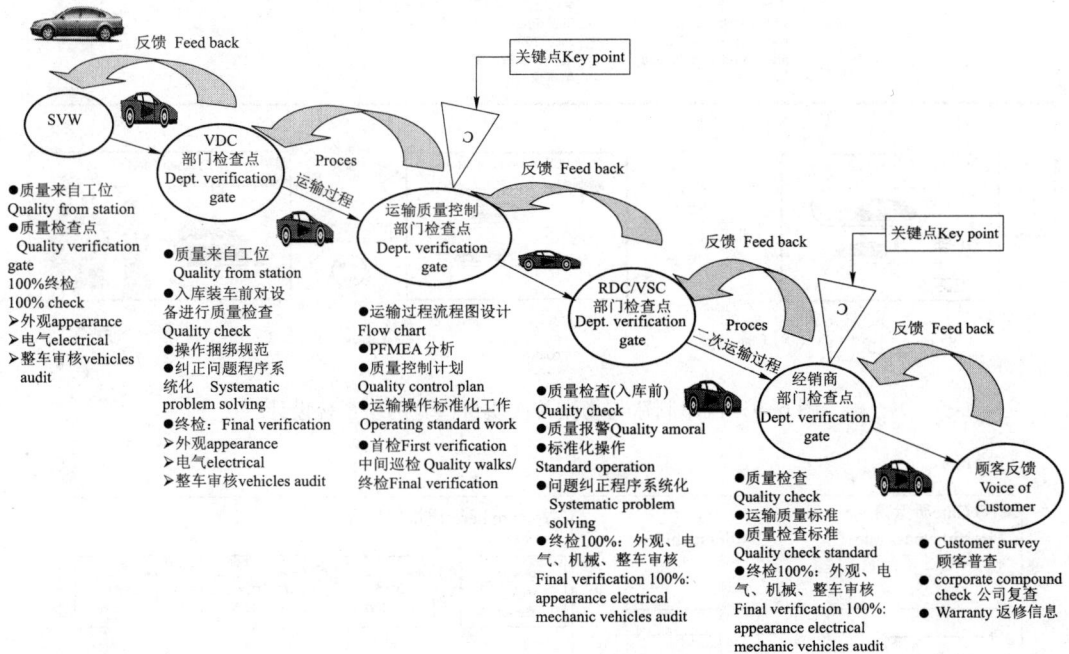

图6-8 汽车制造物流过程控制系统

6.3.2 汽车制造物流过程控制系统设计目标

（1）保证汽车制造的持续生产过程。

（2）最终认可率FTQ达到85%~90%。复检无故障率达到98%，参见图6-9。

（3）建立一个全面的、标准化的纠正问题的体制。

（4）通过使用质量网络工具的方法，其中包括防错-差错预防、停线报警、标准化操作、质量控制运行系统、问题解决技巧、目视管理，参见图6-10。

6.3.3 汽车制造物流一体化管理设计指导思想

1. 目标是找不出毛病

操作定义：任何潜在问题都可追根求源，一直到装配人员的标准化工作分配到位。

质量标准靶（质量保护层设计），如图6-11所示。

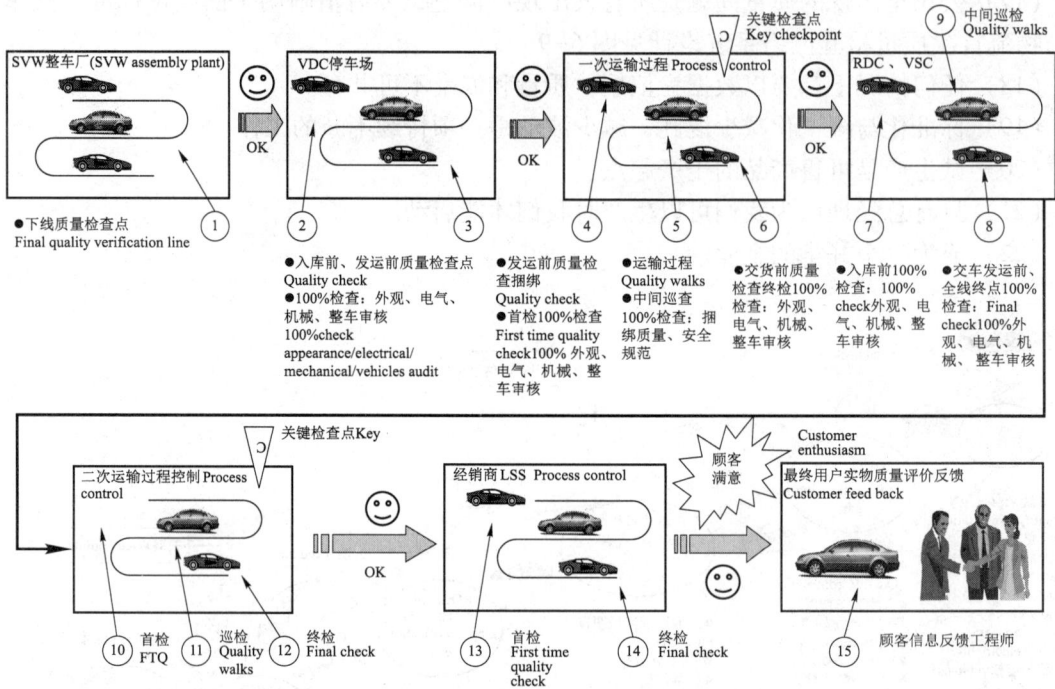

图6-9 汽车制造与物流首次质量检验网络系统设计

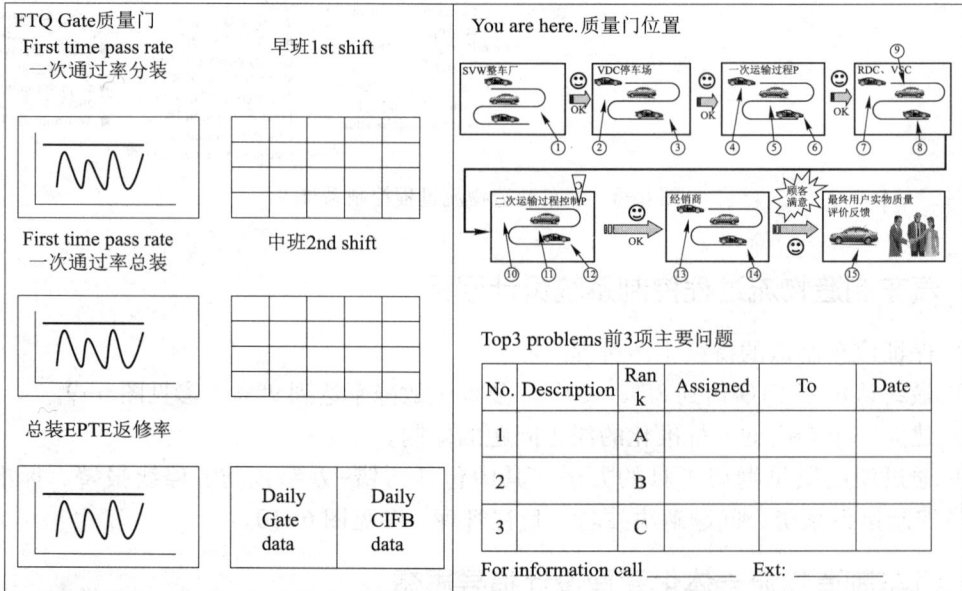

图6-10 汽车制造与物流首检质量门图表目视板设计

2. 问题解决程序

异常原因（特殊原因）所造成的问题应在首次质量门触发预警信号，问题应在车间（生产经理或物流经理）主任控制下，由班组长/车间级领导管理，通常可很快解决。

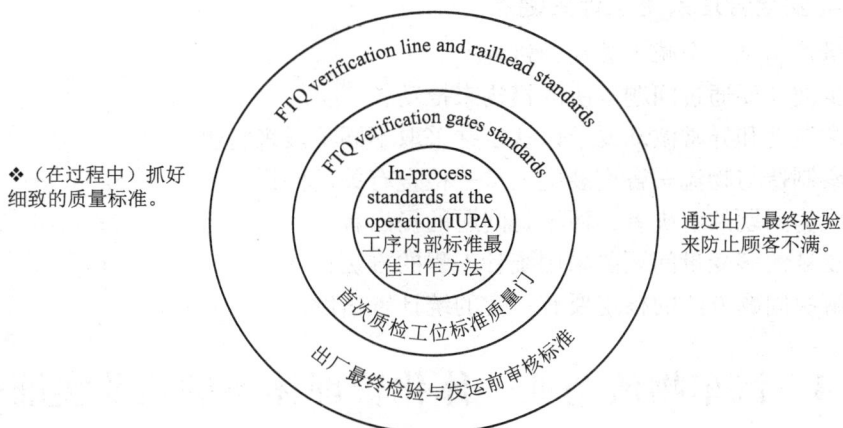

图 6-11 质量标准靶（质量保护层设计）

3. 正常原因，普通原因

通常为多边问题，需要外部帮助，可由设计或零配件质量部负责。

4. 对问题的纠正必须符合三要素

（1）采用可接受的方法；

（2）具有统计置信度；

（3）完善防错设计措施。

5. 过程（工序）控制要素

检验点应能找出所有终检问题，建立报警系统来发现异常波动，纠正问题的常规机构应解决正常原因造成的波动，全体人员参与解决问题。在贯彻质量点的过程中保证技术上的正确性。以质量巡检来保证"系统正常"，人员职责不要轻易变动。全员质量与安全管理组织如图 6-12 所示。

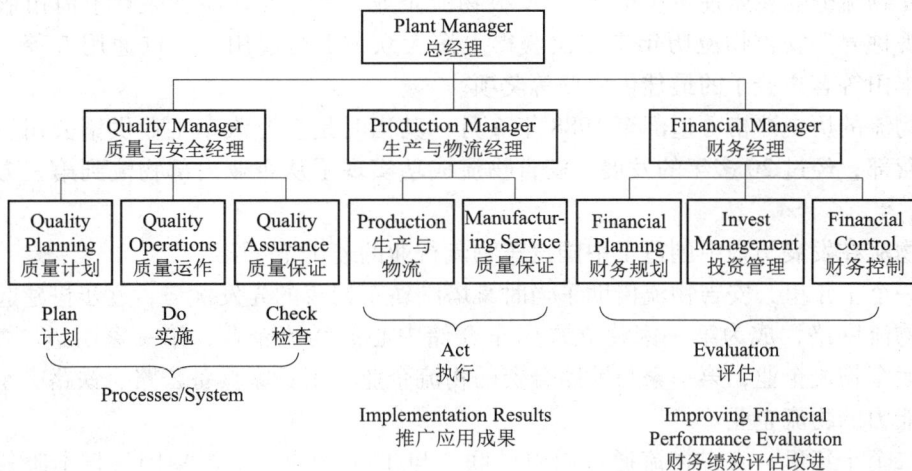

图 6-12 全员质量与安全管理组织

6. 质量与安全管理系统设计关键点

（1）质量控制是一个减少波动的过程；

（2）减少波动要通过问题解决的机构来推动；

（3）正常波动和异常波动要予以认定并采取不同手段来解决；

（4）观察制造与物流—咨询装配人员—检查有关部件；

（5）要成为问题的解决者，而不是问题的提出者；

（6）对复杂的多变量问题要采用统计工程的方法；

（7）对解决问题方法的核定要有一定的统计置信度。

6.4　汽车物流企业一体化管理体系创建及实证分析

6.4.1　汽车物流行业标杆企业介绍

安吉汽车物流有限公司（以下简称安吉物流或安吉公司）成立于 2000 年 8 月，是上汽集团旗下的全资子公司。安吉物流是全球业务规模最大的汽车物流服务供应商，共有员工 17 000 人，拥有具备船务、铁路、公路运输能力的 10 家专业化轿车运输公司以及 50 家仓库配送中心，仓库总面积超过 440 万 m^2，年运输和吞吐量超过 570 万辆商品车，并且全部实现联网运营。安吉物流以"服务产品技术化"的理念，从事汽车整车物流、零部件物流、口岸物流，以及相关物流策划、物流技术咨询、规划、管理培训等服务，提供一体化、技术化、网络化、透明化、可靠的独特解决方案的物流供应链服务。

安吉物流作为一家为汽车及零部件制造企业提供服务的第三方物流公司，下属业务包括整车物流、零部件物流、口岸物流等三大业务板块（图 6-13），客户包括上海大众、上海通用、上汽通用五菱、一汽丰田、广汽丰田、比亚迪等几乎国内所有汽车主机厂。2011 年汽车物流量达 574 万辆，营业收入达 132 亿元人民币，取得了业务量、收入、市场占有率均排名国内同行第一的骄人业绩，在国际同行中也名列前茅。目前，安吉物流是中国物流与采购联合会汽车物流分会轮席理事长单位，5A 级物流企业，"安吉"品牌荣获上海市服务类现代物流名牌称号。安吉物流历年来多次获得上海大众、上海通用、上汽通用五菱、一汽丰田、广汽丰田等客户授予的最佳供应商等奖项。

安吉物流的历史严格可追溯至 1988 年 6 月，其当时是上海汽车工业供销公司下属的长征储运经营部，经过 20 多年的发展，安吉物流成功实现了从企业内部物流到第三方物流的发展转型。

安吉物流在发展历程中创造了中国汽车物流行业的若干个"第一"。

在第一个十年里，安吉物流借助了当时桑塔纳轿车销售的先发优势，逐步搭建起一张成形的全国物流网络，成为第一家建立乘用车仓储中心的物流企业，第一家引进"零公里"概念的轿运车物流企业，第一家与铁路合资的物流企业，第一家具备公路、铁路、水路三位一体运输能力的物流企业。

在第二个十年里，安吉物流通过内引外联，与 TNT 物流、上港集团、日本邮船、华伦威尔逊等国内外物流巨头进行了全方位合作，成为第一个建立专业汽车滚装码头的物流企业，第一家覆盖汽车物流全业务领域的物流企业，第一批 5A 级物流企业，第一家获得高新

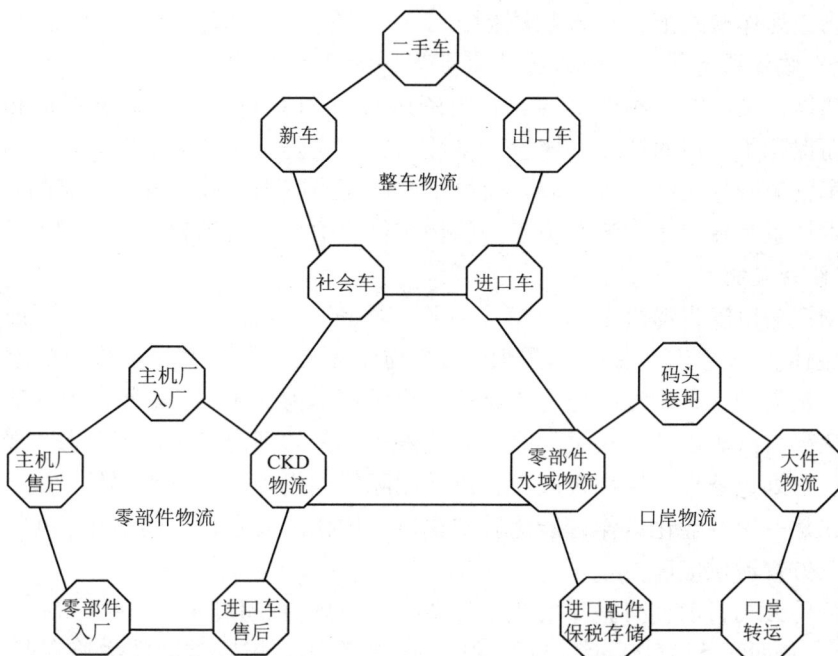

图 6-13 安吉物流主要业务板块结构图

技术企业称号的物流企业，等等。

2009 年 1 月，上汽集团对下属汽车物流企业进行重组，将安吉物流升格为二层次企业。安吉物流以此为契机，大力拓展集疏运体系建设，实现公路、铁路、水路多种运力均衡可持续发展；打造全新的绿色物流模式，建立铁路干线运输网络，拓展水路物流运输规模；将整车物流、零部件物流、口岸物流三大物流板块资源整合；整合行业内资源，通过资源网络化，节约物流成本，实现社会资源最大化。

在汽车物流行业规范与标准体系制定上，安吉物流参与制定了多个行业标准，体现了行业领军企业的社会责任。安吉物流最早参与汽车物流行业标准制定，是制定该行业标准最多的企业之一，主执笔完成 4 项行业标准：《乘用车运输服务规范》（WB/T 1021—2004）；《乘用车水路运输服务规范》（WB/T 1033—2006）；《乘用车仓储服务规范》（WB/T 1034—2006）；《乘用车物流质损判定及处理规范》（WB/T 1035—2006）。作为主执笔单位，完成了《汽车物流术语》的编写，另有两份行业标准正在制定过程中，即《汽车整车物流过程质量监控要求》和《汽车物流信息系统功能及基本要求》。

安吉物流十分重视技术发明创造与成果转化，"十二五"期间，安吉物流保持平均年递增 500 万元技术经费的投入，以确保安吉物流在信息化、网络建设以及物流管理技术方面始终处于行业领先地位。

1）整车物流能力

整车物流是以安吉物流整车物流事业部为依托，下属子公司拥有自有公路运输车辆 3 000 余辆，加盟公路运输车辆 12 000 余辆，自有铁路车皮 348 节，自有滚装轮 13 艘（其中海轮 10 艘、江轮 3 艘），在全国管控总面积 440 000 m² 的仓储资源，建立了"十大运作基地"，形成了全国性的整车物流网络。

在整车物流运作模式上,安吉物流创出了一套适合于中国汽车物流发展的运营管理模式—VLSP整车物流服务供应商管理模式(业界称为3.5PL模式),既有4PL轻资产、资源集成管控的功能,又有核心物流资源自行投资运营的3PL特色,将系统管理和实际运作有机结合,从而保障了公司的持续、快速、良性发展,为公司业务平稳发展壮大打下了坚实的基础。在汽车物流服务关键技术领域,通过集成创新与应用形成了安吉物流的独特竞争力和成套创新技术体系,在汽车物流乃至于一般物流行业中具有引领和示范作用。

2)零部件物流能力

零部件物流是以安吉物流下属上海安吉汽车零部件物流有限公司(以下简称安吉零部件公司)为主体。安吉零部件公司是国内汽车物流业首家经国家交通部、外经贸部正式批准、注册资本最大的汽车物流中外合资企业,注册资本为3 000万美元,中外双方各占50%股份。主要从事与汽车零部件相关的物流和与汽车相关的国内货运代理服务、整车仓储,物流技术咨询、规划、管理、培训等服务,以及国际货运代理、汽车零部件批发、进出口及相关配套服务,是一家专业化运作,能为客户提供一体化、技术化、网络化、可靠的、独特解决方案的第三方物流供应商。

安吉零部件公司目前拥有整车物流仓库24个,总面积超过4 400 000 m²;入厂零部件物流仓库10个,总面积520 000 m²,以及420辆运输车辆;售后零部件物流仓库14个,总面积150 000 m²,拥有移动装卸设备近400辆。

安吉零部件公司在全国各地分布着6家合资公司和18家分公司,核心业务是入厂物流、售后物流、网络运输、整车仓储、进出口物流。目前服务的客户主要有上海大众、上海通用、上海汽车、上汽通用五菱、上汽大通、上汽依维柯红岩、上汽汇众、一汽丰田、华晨宝马、长城汽车、河南宇通、伊顿、TRW、法雷奥、菲亚特、华域汽车等。2008年度,安吉零部件公司被上海市科学技术委员会认定为高新技术企业。

3)口岸物流能力

口岸物流是以安吉物流下属上海海通国际汽车物流有限公司和上海海通国际汽车码头有限公司为核心。

上海海通国际汽车码头有限公司是由上海国际港务(集团)股份有限公司、安吉汽车物流有限公司、日本邮船株式会社、NYK Holding(Europe)B.V.、华轮威尔森瑞典中区码头公司、上海汽车工业香港有限公司共同合资的中外合资企业。码头公司主要从事内外贸整车装卸、滚装方式大件装卸、堆场服务和管理PDI增值服务,拥有达到国际先进水平的滚装码头信息管理系统。建造的海通一期码头(上海外高桥港区4期)、海通二期码头(上海外高桥港区6期),成为上海进出口商品车的唯一口岸。其中,海通一期码头岸线长度219 m,堆场面积260 000 m²,拥有可一次停放6 800辆汽车的专用场地,设计年吞吐能力20万辆;海通二期码头岸线长度800 m,堆场面积630 000 m²,拥有可一次停放近2万辆汽车的专用场地,设计年吞吐能力73万辆。

上海海通国际汽车物流有限公司是由安吉汽车物流有限公司、上海国际港务(集团)股份有限公司共同组建的合资企业。该企业具有"无船承运人"和"一级国际货代"资质,拥有一支专业化的物流方案策划和运作团队,能集成海关、码头、公路及铁路等方面的强大资源,具有完整的内外贸口岸服务功能,提供国际航运、进出口报关、国内水运、陆运及铁路运输、零部件拆装箱、仓储、外贸转关等服务。重点打造沿海南北航线,已设立哈尔滨、沈阳、营口、大连、天津、烟台、柳州和深圳等八个服务网点。业务范围已延伸至韩国、美国和印度。在上海外高桥拥有占地 110 000 m² 的零部件物流园区和占地 190 000 m² 的整车物流园区。零部件物流园区建筑面积 56 000 m²，拥有 4 个单体仓库，年集拼能力达到 50 万TEU；整车物流园区建筑面积 239 000 m²，包括两个立体库和两个汽车服务中心，室外堆场 90 000 m²，年增值服务能力达到 50 万辆，可一次停放车辆近万辆，年周转量 12 万辆。另有 4 个外借库一次可停放 6 100 辆整车。

口岸物流板块目前服务的客户主要有上海大众、上海通用、上汽通用五菱、安徽奇瑞、浙江吉利、安徽江淮、海南马自达等国内客户和宝马、奔驰、保时捷、法拉利、宾利、丰田、斯巴鲁、双龙等国外客户。

6.4.2　汽车物流行业标杆企业一体化管理研究及应用

1. 汽车制造物流一体化管理体系的顾客驱动

安吉天地汽车物流有限公司原属上海汽车工业销售有限公司（SAISC），现为安吉物流旗下的子公司，更名为上海安吉汽车零部件物流有限公司（以下简称安吉天地）。

安吉天地为上海大众做零部件入厂及售后物流的整合。安吉天地在上海大众总部附近设立了物流中心仓库，为 166 家供应商提供零部件 MR 运输物流、厂内物流、上线喂料，为 450 家供应商提供国产件运输服务，有 11 家仓储等。同时还为上海通用 LLM 与 MR 运输业务、烟台 LOC 与 MR 业务以及沈阳 LOC 与 MR 物流运作业务等 10 家整车厂和 3 家发动机厂提供物流服务。配备了先进的物流管理信息系统，生产厂通过网络进行实时信息交换，随时向零部件配件生产厂传递整车制造厂的生产信息和配件需求等信息，使零配件生产厂可以及时了解整车制造厂的生产需求和发展规划。安吉天地每天运输 800 班次，每天接收 750 家供应商的供应、LOC 配送，每天工作班 700 车次，每天料箱业务量 10 万箱，避免了由于信息滞后所造成的零配件产品的积压和盲目生产。整车厂要求安吉天地通过合理规划运输工具和仓库的使用，为整车厂降低 30% 的物流成本。

安吉天地在服务整车厂制造物流的实施过程中，对汽车制造物流供应链进行重新设计（包括供应商取货、入厂物流运输、中转库建设、基础性服务、预装配、生产线供货、排序、CKD/SKD、空料箱管理、PDI 和 BU 送货、售后物流仓储管理、售后物流运输管理等，如图 6-14 所示。

整车厂为了提高自身的市场竞争力，要求采购供应体系采用精益生产方式下的"直送工位"的 JIT 准时生产制配送来实现整车厂零库存。因此要求供应商按其生产节奏和生产需求量供货，使整车厂供应链成本降低，供应链质量提升。为了满足整车厂要求，安吉天地公司将原来分散的汽车物流供应链整合，整合后的汽车物流供应链一体化管理（如图 6-15 所示）给企业带来的利益为：

（1）战略利益：整车厂集中于核心业务，增强企业的弹性，提高企业对市场反应的速度。

（2）财务利益：减少资本性支出，成本透明化、可控化，降低物流运营总成本。

（3）营运利益：简化作业环节，缩短交货时间，标准化、规范运作，物流系统可靠稳定，物流作业环境好。

通过三大措施，优化汽车制造物流。

（1）措施一：从原来送货变成取货方式，通过 MILK RUN 方式，提高运输及仓储资源

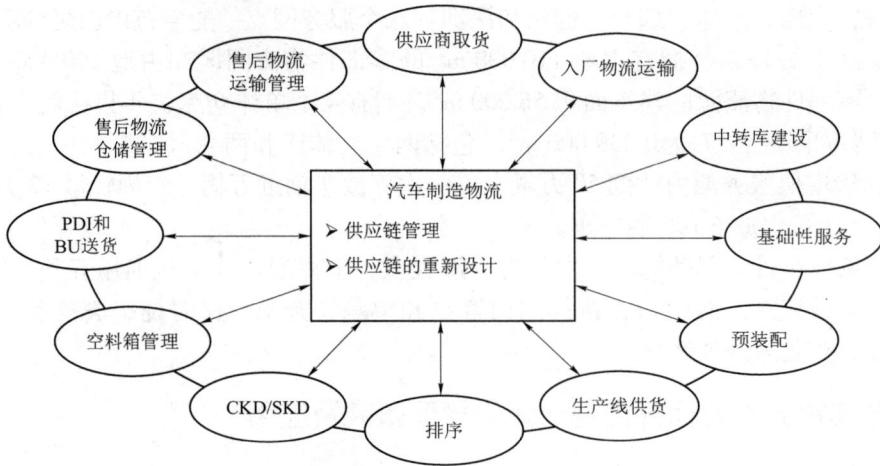

图 6-14 汽车制造物流供应链一体化管理重新设计规划图

图 6-15 整合后的汽车物流供应链一体化管理模型结构图

的利用率，降低成本。

（2）措施二：通过提高直接供货比例，降低仓储成本和资金占用。

（3）措施三：创建物流控制成本，使物流成本透明。

按上述汽车制造物流流程分析和对制造供应链的重新设计及整合后的汽车物流供应链一体化管理分析，为了增强顾客的满意度。安吉天地从 2004 年 11 月至 2007 年 11 月用了 3 年的时间来建立汽车制造物流供应链一体化管理体系（ISO9001：14001 和 OHSAS18001），同时整合供应商零部件物流体系（供应商、整车厂、承运商）。供应商持续的供货和具有稳定"时间"的标准集货程序，不再需要承运商每天的协调工作，使整车厂简化卸货程序，降低存货水平，使承运商能预测卡车在途时间和执行下次任务时间，最大限度提高了卡车的利用率。以持续提高顾客满意为核心的经营战略，是安吉天地实现服务战略目标的关键因素。

2. 汽车制造物流一体化管理体系建立实施

1）安吉天地发展战略

发展战略在一个企业中具有至关重要的作用，而安吉天地之所以能在竞争的浪潮中脱颖而出，完全得益于企业的强强联合、整合资源，并具有超前的战略方针。

（1）管理领先战略。"满足用户需求，提高用户满意"是安吉天地向每一位客户作出的承诺。基于这样的理论，安吉天地在企业内部积极开展"用户满意工程"，在企业中导入 CS 理念。积极开发 ISO9001：2000 质量管理体系、ISO14000 环境管理体系和 OHSAS18000 职业健康安全管理体系的综合管理平台，并以六西格玛为工具，BPD 目视墙为监控手段，采用平衡记分卡使安吉天地的管理透明化、可视化。

（2）信息技术战略。安吉天地深知现代汽车物流的发展离不开信息技术的支持，不断升级现有技术才能不断满足、超越顾客需求。调度系统、仓储系统、OA 系统、分供方管理系统、GPS 全球定位系统、Call center 系统的建立确保了安吉天地的服务质量，使安吉天地在行业中处于领先地位。

（3）服务创新战略。安吉天地在整车物流的基础上，业务触角向零部件入厂及售后市场板块进行拓展，并最终成为集整车、零部件入厂及售后物流业务的一体化供应链管理和供应链的重新设计的汽车物流供应商。

（4）运输网络完善战略。运输体系方面，安吉天地与安吉物流在整车运输领域结成战略联盟关系，从而拥有全国规模最大的整车运输网络。就全国范围内而言，具有公路、水路、铁路综合运输体系的物流企业只有安吉物流一家。完善的运输网络使安吉天地能最大限度地满足顾客多样化的需求。

2）安吉天地一体化管理策略

随着安吉天地公司的快速发展，安吉天地企业战略管理面临两个最重要的课题——全球化与竞争力的挑战。企业运作千头万绪，管理与质量是永远不变的真理，以质量为焦点的市场竞争日益激烈，只有努力追求卓越，才有可能具有国际竞争力。基于这样的前提，安吉天地制订了适合企业发展的质量规划，即经过 3 年至 5 年的努力，从根本上提高安吉天地汽车整车物流、零部件物流主要服务产业的整体素质和管理水平。安吉天地基于六西格玛的一体化管理持续改进如图 6-16 所示。

（1）改善管理（2004 年）。到 2003 年年底，安吉天地主要产业仓储规范化管理的整体素质有明显提高，其主要体现在全国的仓库管理整体水平要全部达到高效的 ISO9001：2000 质量管理体系的目标，初步实现安吉天地物流服务管理水平整体在国内同行业领先。

安吉天地主要产业整车物流管理实现第一步创新体系，即建立一个满足以 ISO9001：2000 质量管理体系为基础平台，融合上海通用、上海大众、TNT、上海同济大学并结合 SAISC 原来在物流管理方面的精华，形成一个新的符合国际汽车行业的特殊要求的创新管理体系，以用户满意工程为抓手，以无抱怨、零质损、创满意为目标，积极推行质量组织的变更，使公司整体管理水平达到一个符合国际汽车行业的适应性和有效性的管理体系目标，并初步形成若干个具有国际竞争能力的模范部室。

（2）优质管理（2005—2007 年）。在改善质量管理体系目标实现的情况下，2007 年初开始推行全面优质管理，"在高层管理的领导下，通过全体员工上下一心，群策群力，以具有竞争力的成本，提供高质量集成且不断改善的物流服务，在客户中建立优质及物有所值的良好声誉"这一行动准则的指导下，积极推行全面质量管理，以六西格玛管理方法为抓手，提高安吉天地管理水平并由此形成符合优质管理的企业文化，积极推进质量体系全球化，建立和实施 ISO14000 环境管理体系和 OHSAS18000 职业健康安全管理体系认证，并对各种管

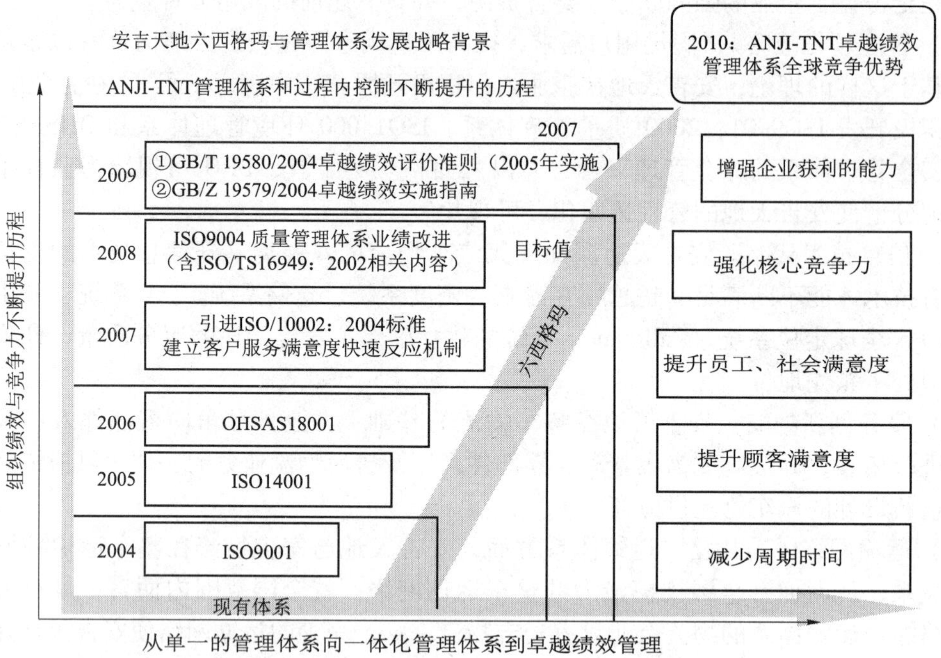

安吉天地六西格玛与管理体系发展战略背景

ANJI-TNT管理体系和过程内控制不断提升的历程

2010：ANJI-TNT卓越绩效管理体系全球竞争优势

组织绩效与竞争力不断提升历程

2009
①GB/T 19580/2004卓越绩效评价准则（2005年实施）
②GB/Z 19579/2004卓越绩效实施指南

2007

2008
ISO9004 质量管理体系业绩改进
（含ISO/TS16949：2002相关内容）

目标值

2007
引进ISO/10002：2004标准
建立客户服务满意度快速反应机制

六西格玛

2006   OHSAS18001

2005   ISO14001

2004   ISO9001

增强企业获利的能力

强化核心竞争力

提升员工、社会满意度

提升顾客满意度

减少周期时间

现有体系

从单一的管理体系向一体化管理体系到卓越绩效管理

图 6-16　安吉天地基于六西格玛的一体化管理持续改进图

理认证工作实行监督管理。采用 Benchmarking 优胜基准比较法，设立具有竞争力的成本指标体系和有吸引力的服务质量目标，争取在 2008 年底安吉天地主要物流服务产业有 85% 以上都能按照国际标准和国外先进标准组织物流服务，进入国际物流竞争行列。

在管理创新的过程中，安吉天地以导入 ISO9000 质量管理体系标准为基础，建立整合管理系统"主框架"，根据企业不断发展的需要和不同时期的特点，确定新型管理的重点和发展方向，逐步强化和完善各管理子系统，运用六西格玛管理方法，在量化分析的基础上通过流程再造，从而实现效率提高，达到科学的一体化管理体系文件化设计，如图 6-17 所示。

第一层：一体化管理体系手册。

阐述 ANJI-TNT 一体化管理方针、目标和指标、管理方案、原则性，纲领性地描述质量、环境、职业健康安全管理体系、组织机构、管理职责等，是所有部门和员工必须遵循的一体化管理标准的纲领性文件。

第二层：一体化管理体系程序文件。

规定了 ANJI-TNT 质量、环境、职业健康安全活动步骤及分配责任，指明谁、做什么、如何做的生成文件，如何对这些活动实施控制和记录。

第三层：一体化管理体系作业文件。

规定了 ANJI-TNT 质量、环境、职业健康安全过程策划、运作和控制的单项作业，进一步描述工作过程，并规定物流过程的输入和输出，规定控制过程所需资源、方法和控制重点，是各部门开展质量、环境、职业健康安全活动的基础性文件，又是一体化活动操作性文件。

第四层：一体化管理体系运行记录（报告、表格等）。

报告、表格用以记录一体化活动的状态和所达到的结果，反映本公司一体化管理体系运行的客观证据，表明符合性与结果，为体系运行提供查询和追踪依据。

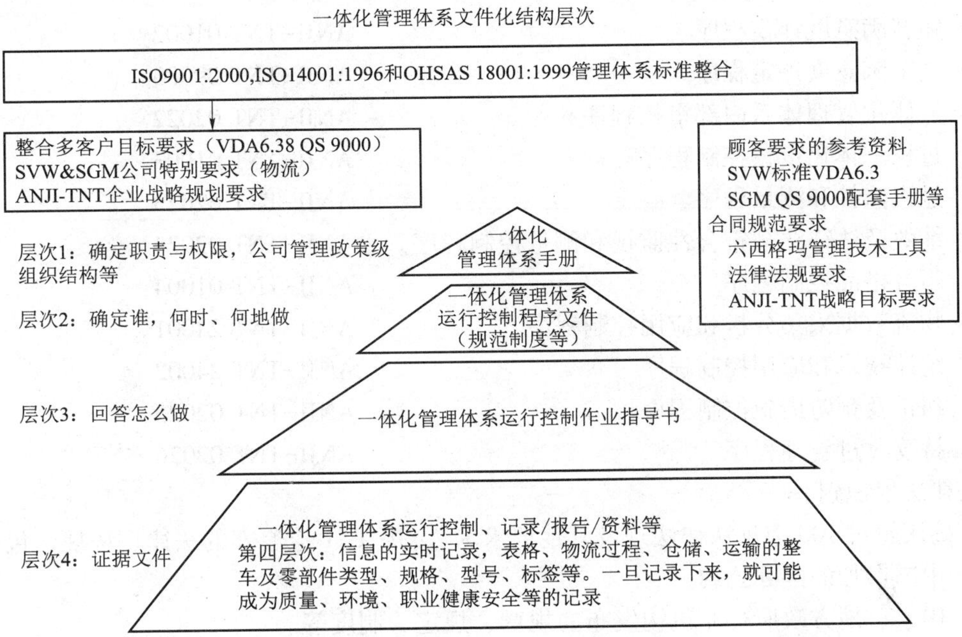

一体化管理体系文件化结构层次

ISO9001:2000,ISO14001:1996和OHSAS 18001:1999管理体系标准整合

整合多客户目标要求（VDA6.38 QS 9000）
SVW&SGM公司特别要求（物流）
ANJI-TNT企业战略规划要求

顾客要求的参考资料
SVW标准VDA6.3
SGM QS 9000配套手册等
合同规范要求
六西格玛管理技术工具
法律法规要求
ANJI-TNT战略目标要求

层次1：确定职责与权限，公司管理政策级
组织结构等

一体化
管理体系手册

层次2：确定谁，何时、何地做

一体化管理体系
运行控制程序文件
（规范制度等）

层次3：回答怎么做

一体化管理体系运行控制作业指导书

层次4：证据文件

一体化管理体系运行控制、记录/报告/资料等
第四层次：信息的实时记录，表格、物流过程、仓储、运输的整
车及零部件类型、规格、型号、标签。一旦记录下来，就可能
成为质量、环境、职业健康安全等的记录

图 6-17　安吉天地汽车制造物流一体化管理体系文件金字塔模型图

按照质量环境安全一体化管理要素和文件体系结构，分为以下几大模块：总要求，定义顾客需求和期望，资源管理，产品实现，测量和分析、改进，法律法规识别，重要环境因素识别，重大危险源识别。

总要求——

- 一体化管理体系手册　　　　　　　　　　ANJI-TNTQEHS00
- 一体化管理标准控制程序　　　　　　　　ANJI-TNT0-2001
- 质量、环境与安全记录控制程序　　　　　ANJI-TNT0-2002

定义顾客需求和期望——

- 一体化目标、指标和方案控制程序　　　　ANJI-TNT0-2006
- 一体化管理信息交流与沟通控制程序　　　ANJI-TNT0-2007

资源管理——

- 人力资源管理程序　　　　　　　　　　　ANJI-TNT 09002
- 一体化设施设备管理程序　　　　　　　　ANJI-TNT 13001
- 工作环境管理程序　　　　　　　　　　　ANJI-TNT 02009

产品实现——

产品实现过程涉及众多程序，从项目设计和开发、合同评审到采购、供应商评定等。

- 对相关方环境、职业健康安全施加影响管理程序ANJI-TNT 11001
- 环境和职业健康安全运行控制程序　　　　ANJI-TNT 02107
- 事故（事件）报告调查与处理控制程序　　ANJI-TNT 02108
- 应急准备与响应控制程序　　　　　　　　ANJI-TNT 02019

测量和分析、改进——

此阶段涉及的程序有：

- 顾客满意度评定程序　　　　　　　　　ANJI-TNT 01002
- 员工满意度评定程序　　　　　　　　　ANJI-TNT 09003
- 一体化管理体系内部审核程序　　　　　ANJI-TNT 02022
- 过程一体化审核控制程序　　　　　　　ANJI-TNT 01003
- 过程监控和测量程序　　　　　　　　　ANJI-TNT 02023
- 绩效及法律法规符合性监视和测量控制程序　ANJI-TNT 02024
- 不合格品控制程序　　　　　　　　　　ANJI-TNT 01004
- 物流数据采集分析和应用控制程序　　　ANJI-TNT 24001
- 统计技术和应用控制程序　　　　　　　ANJI-TNT 24002
- 纠正及预防措施控制程序　　　　　　　ANJI-TNT 02025
- 持续改进管理程序　　　　　　　　　　ANJI-TNT 02026

法律法规识别——

已确认超过 100 多项法律法规及其他要求为 ANJI-TNT 应遵守的法律、法规，包括：

- 中国参加的国际公约。
- 国家、地方政府行业机构发布的规章、规定、制度等。
- 国家、地方立法机构颁布的法律法规。
- 国家、地方、行业的污染排放和消防安全法律、法规。

重要环境因素识别——

- 环境因素的识别与评价控制程序　　　　ANJI-TNT 02003

对物流活动、服务过程中的环境因素进行识别评价，步骤如下：

公司各部门使用《环境因素调查表》选择和确定（可能）造成环境影响的活动、产品或服务，根据重要环境因素评价依据，进行重要环境因素评价，将确定的重大环境因素登记到《重大环境因素清单》上。

重大危险源识别——

- 危险源辨识和风险控制程序　　　　　　ANJI-TNT 02004

识别公司活动、服务或运行条件中的影响职业健康安全的危险源，评价危险源、风险因素，并确定更新重大风险因素，以对其进行管理和控制。

步骤如下：

① 各部门负责组织成立辨识组进行危险源辨识的调查工作，并填写《危险因素辨识、评价和控制策划清单》。

② 进行风险因素评估，完成风险因素评价后，填写《重大风险及其控制方式》。

ANJI-TNT 重要环境影响和危险源辨识与控制重要环境因素有 6 种类型：

① 向大气排放；

② 向水体排放；

③ 土地污染；

④ 废弃物管理；

⑤ 资源及能源消耗；

⑥ 噪声等社区地域环境问题。

危险源有 16 种类型（GB 6441）：

① 物体打击；

② 车辆伤害；

③ 机械伤害；

④ 起重伤害；

⑤ 触电；

⑥ 淹溺；

⑦ 灼烫；

⑧ 火灾；

⑨ 意外坠落；

⑩ 坍塌；

⑪ 放炮；

⑫ 火药爆炸；

⑬ 化学性爆炸；

⑭ 物理性爆炸；

⑮ 中毒和窒息；

⑯ 其他伤害。

质量环境与安全问题已经成为一个跨国界、跨民族的全球问题，推行 ISO9001、ISO14001 和 OHSAS18001 标准已是国际企业管理发展大趋势，它既是国际社会保护自然环境与安全的呼声，又是进行国际商务活动，提升商誉、构建诚信、实现企业永续经营战略目标的要求。今后有无 ISO9001、ISO14001 和 OHSAS18001 认证的企业在很大程度上决定了其能否被国际市场所接受。

一个可靠的组织表现就是需要持续保持和坚持不断地改进体系的有效性，这是提升企业核心竞争力的唯一选择。要进一步推进 ISOTS16949，逐步实施质量、环境、职业健康安全管理体系全球化，推进六西格玛管理、深化用户满意工程，实施零质损过程控制，建立以提供优质服务为目标的卓越绩效管理体系平台。安吉天地立志要成为中国汽车物流行业具有战略领导地位和有国际竞争力的第三方汽车物流服务供应商，建立一体化管理体系已成为安吉天地主要的工作目标之一。

3）安吉天地卓越管理（2008—2010 年）

在全面优质管理目标实现的情况下，安吉天地对各个层面进行优质管理，追求完善，以全面质量经营战略与变更为抓手，实施零质损管理，营造企业卓越质量文化，把创新的质量思维贯穿到整个企业的策划全过程，实现"质量效益领先化、质量经营思想化、质量服务品牌化、质量体系全球化、质量人才和管理人才国际化"的目标，使安吉天地达到世界级优质企业的标准，满足世界最挑剔的顾客的要求，实现卓越的管理，不断增强安吉天地国际竞争的能力。

3. 六西格玛与质量策略的融合及思考

1）持续改善流程的机会

持续改善的机会（见图 6-18）来源：

服务——服务的功能、性能等质量特性的符合性和顾客的满意性等；

流程——整车及零部件物流过程的效率和有效性；

体系——一体化管理体系的符合性、适应性和有效性。

安吉天地根据战略发展和市场竞争的需求，对物流服务提出了质量、流程和一体化管理体系的创新要求，如图6-18所示。

2）持续改进的流程方法

持续改进的流程方法是六西格玛五步法（DIMAC法），如图6-19所示。持续改进简称为CI，成果必须标准化，固化到一体化管理体系标准中，形成PDCA循环，改善成果才能得到保证，然后进行新一轮的改进。

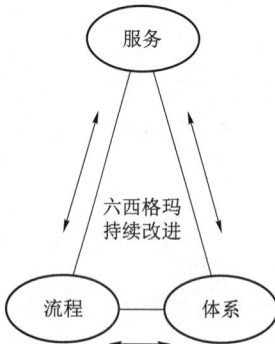

图 6-18　持续改善的机会　　　　　图 6-19　持续改进的流程方法

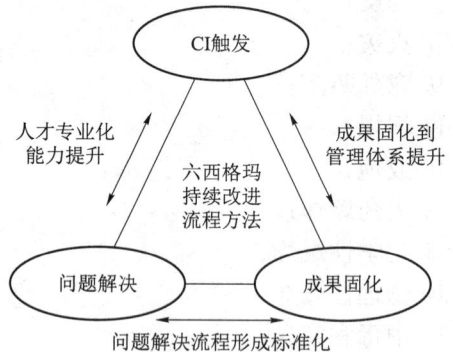

3）从质量思维到卓越的管理

ISO9001：2000质量管理体系标准是将一种新的管理模式带入企业，并通过对体系进行持续改进，以预防不合格服务来满足顾客要求，从而使顾客满意，这是管理的一个创举。如将六西格玛方法与管理体系相结合，从而使顾客更加满意，则是管理技术体系的创新。

2004年安吉天地就确立了ISO9001：2000质量管理体系管理模式，在公司自上而下全面展开，并以ISO9001：2000质量管理体系标准为基础，建立了质量管理体系，将安吉天地对外形象推到了一个较高的层次。

2006年起，安吉天地决定推进创建核心竞争力工作，其主要表现在以下几个方面。

（1）战略能力：即企业对其核心资源的配置能力；

（2）响应能力：即企业在恰当的时间内对重要事件、机会和外部威胁做出有意识的反应，以获得或保持竞争力优势的能力；

（3）技术能力：即企业的研究和开发能力；

（4）运输与仓储能力：运输与仓储的质量与成本的竞争能力；

（5）市场营销能力：即企业对营运网络及揽货渠道的管理和控制能力，将管理技术优势转化为市场优势；

（6）组织协调能力：即通过整合管理体系过程制度化、程序化，将技术知识和仓储运输技巧融合于企业核心能力之中。

安吉天地运用管理体系这一管理哲学、管理理念和方法，并运用六西格玛管理战略激活管理体系，不断提升企业的业绩和价值，成为培养企业核心竞争力的战略举措和战略实施的有效工具，从而使管理体系持续创新，真正实现核心竞争力的不断提升。

一个管理体系从建立到成熟，需要经历3~5年时间，此期间经过"依赖期"：有规定，建立了制度，员工被动按照体系要求做；"独立期"：员工理解规定并化为行动，科学管理方法得到应用，不依赖于体制约束，可以自觉工作；"互动期"：员工自觉行为并关照和提醒别人遵守，成为文化和习惯，有光荣感；而后管理体系进入"休眠期"，如果再不进行管理体系创新则很快进入"衰败期"。所以必须在适当的时机运用管理技术方法激活管理体系，使其生命不断得到升华和延续，通过六西格玛方法对管理体系进行持续改进，创造出管理体系持续创新的能力。

6.4.3 六西格玛在一体化管理中的应用研究及实证分析

1. 六西格玛在一体化管理体系的应用实践

六西格玛管理是企业为适应市场和顾客的需求变化，致力于持续改进的一种创造性质量活动模式。目前，在世界 500 强企业中有 1/3 的企业推行六西格玛，取得了令人瞩目的业绩，六西格玛成为全球企业共同追求的一个卓越质量的目标。

随着我国物流产业的快速发展，企业物流过程、供应链管理过程日趋复杂，物流企业日益意识到如果企业只单纯地关注质量是远远不够的，物流企业的长期持续发展取决于对环境的保护，减少对环境的污染，节能降耗，从而促进物流企业和社会的持续健康发展。与此同时，物流过程对职业健康和安全的关注日益强烈，因此，ISO9000 质量管理体系标准、ISO14000 环境管理体系标准、OHSAS18000 职业健康安全管理体系标准的整合，称为一体化管理体系，这是我国物流企业自我发展、自我完善的需要。开展六西格玛在物流一体化管理体系及流程改进方面的研究与探索，可以更好地实现物流资源整合的管理创新，从而提升企业品牌形象，提高市场竞争力。

为了全面实施服务战略，在上汽集团的三大战略目标的驱动下，安吉天地正在逐步成为"世界级"的第三方汽车物流服务供应商，公司决定由笔者担任推进公司三个领航性六西格玛项目负责人（黑带大师）。六西格玛模式极大地提升了一体化管理体系及流程改善的质量。

2. 项目界定阶段

1）项目背景

（1）外部环境：我国加入 WTO 以后，面临严酷的国际竞争，只有靠竞争的实力才能取得国际市场的准入证。国际市场的需要是多方面的，需要多种认证，只有涵盖多种认证的一体化管理体系（ISO9001：2000、ISO14000、OHSAS18000、VDA 6.3 等），应用六西格玛方法对一体化管理体系进行持续改进，才能确保企业产品和服务质量，满足顾客、社会及其相关方的各种需求，即实现服务质量、环境质量、职业健康与安全质量的全面质量管理，实现企业持续发展。

（2）内部环境：公司全面推行六西格玛与一体化管理体系，实现公司资源优化配置。提升公司管理水平，提高用户满意度和忠诚度，并追求大质量的管理，这已经成为刻不容缓的工作，同时也是 ANJI-TNT 自我发展，自我完善的需要。

（3）顾客、社会和员工要求的提高：上海通用汽车在明确要求安吉天地在 ISO9001：2000 质量管理体系认证的基础上，对 ISO14000 环境管理体系的认证也提出了相应的要求。安吉天地领导、员工也有此要求。企业需要通过认证的体系越来越多，各要素之间的协调随着时间的动态变化越来越复杂，一个企业管理功能和效率的整体发挥好坏，不能只靠某几个体系的有效性，而要靠企业管理体系整体有效性的发挥，这样才具有竞争力。

3. 运用六西格玛方法建立汽车物流供应链一体化管理体系的总体步骤流程分析

六西格玛在管理体系整合中的各要素之间的协调随着时间的动态变化越来越复杂。六西格玛方法是一种基于数据驱动的管理模式，需要运用大量的数据进行分析和研究，相对管理体系的整合，更是一种管理系统方法和思路的整合，因而很难像某些产品的改进一样，能够应用大量的数据分析得出最终改进的收益，这也是项目的困惑之所在。因此，只能用六西格玛方法建立汽车物流供应链一体化管理体系的总体步骤流程概念化模型来描述（见图6-20）。

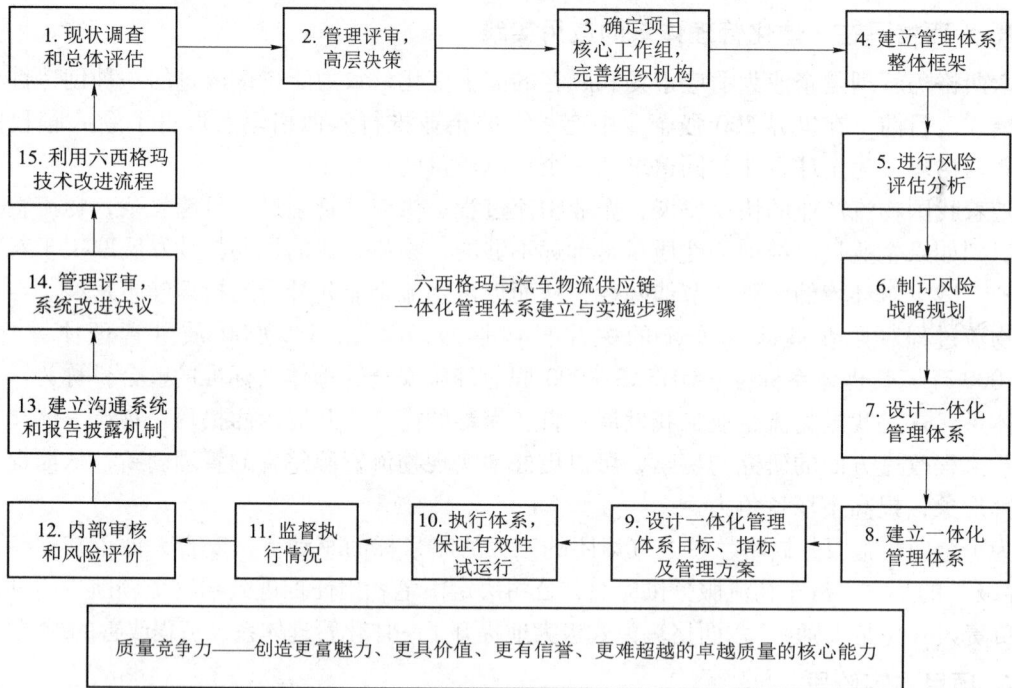

图 6-20　应用六西格玛方法建立汽车物流供应链一体化管理体系总体步骤流程图

4. 项目测量阶段的高级流程图设计与应用

由于ISO9001质量管理体系、ISO14000环境管理体系和OHSAS18000职业健康与安全管理体系这三大管理体系在系统上既存在着极大的相关性，但又具有各自的特殊性，因此必须按照SIPOC（S-supply、I-input、P-process、O-output、C-control）的方法对核心流程进行梳理，使三大管理体系的核心流程能得到清晰的识别和鉴定，便于进一步分析和完善流程，图6-21是应用六西格玛方法与汽车物流供应链管理体系的整合SIPOC高级宏观流程图设计。

5. 项目分析阶段的设计与应用

分析阶段的主要目标是应用六西格玛技术对三大管理体系的要素进行分析，并按照整合管理体系的核心过程要素进行综合分类和归档，使核心要素的相关性和特殊性能与六西格玛技术融合并能清晰地得到体现，做到"有的放矢"（如表6-5所示）。

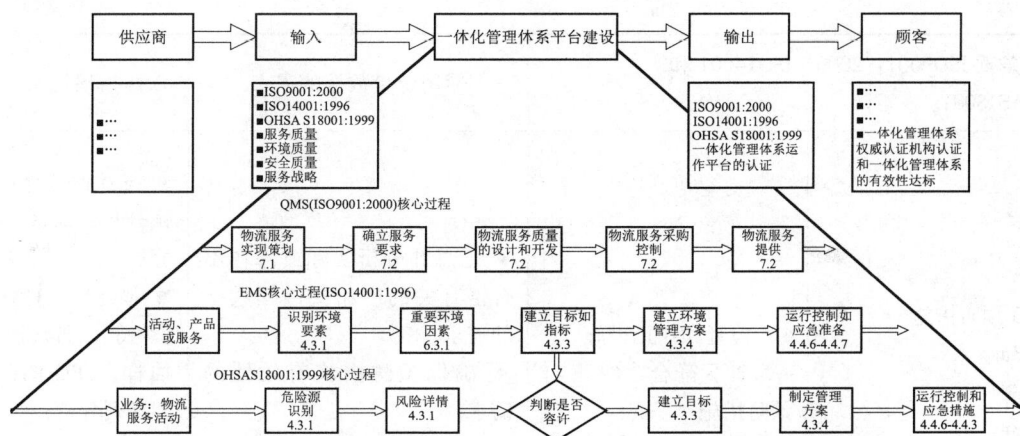

图 6-21 六西格玛与汽车物流供应链管理体系整合 SIPOC 高级宏观流程图

表 6-5 汽车制造物流供应链一体化管理体系过程要求与六西格玛矩阵表

相关条款 ISO9001：2000、ISO14001 和 OHSAS18001		使用定量数据的需求	六西格玛技术工具
5.1 管理职责 5.2 以顾客为焦点 5.3 质量、环境、安全方针 5.4.1 质量、环境、安全目标 5.6 管理评审 5.6.2 评审输入	4.1 总需求 4.2 环境方针、职业健康安全方针 4.3.3 目标与指标 4.3.4 环境、职业健康与安全管理方案 4.6 管理评审	• 识别顾客要求的需求 • 评价组织质量、环境、安全方针在组织内得到实施程度的需求 • 针对组织质量、环境、安全目标定量评价其业绩的需求	• QFD 质量功能分解 • SIPOC 流程图 • 抽样技术 • 描述性统计技术
6 资源管理 6.2 人力资源	4.2 培训、意识和能力 4.4.6 运行控制	• 识别人员能力和培训的需求	• 描述性统计技术
7 产品实现 7.1 产品实现的策划 7.2.2 与产品有关的评审 7.2.3 顾客沟通 7.3.2 设计和开发	4.3.1 环境因素、职业健康与安全因素 4.3.4 环境、职业健康与安全管理方案 4.4.3 信息交流 4.4.6 运行控制	• 质量、环境、安全因素的识别及控制 • 分析投标、合同或订单以及确保组织具有满足要求能力的需求 • 分析顾客投诉，验证服务满足规定的要求的能力 • 识别并评审输入要求是否适宜以及解决差异的需求	• FMEA、因果图 • 测量系统分析，过程能力分析 Cp \ Cpk \ Pp \ Ppk，可靠性分析抽样 • 描述性统计，抽样 • 测量系统分析 MSA、过程能力分析 Pp \ Ppk \ Cp \ Cpk，可靠性分析，统计容差分析

相关条款 ISO9001：2000、ISO14001 和 OHSAS18001		使用定量数据的需求	六西格玛技术工具
8.5.3 预防措施 8.5.3a 8.5.3c 8.5.3e	4.5 检查和纠正措施 4.5.2 不符合、纠正与预防措施	• 汇总并分析实际或潜在不合格有关的产品或过程数据的需求。 • 确保预防措施有效性的需求 • 评价预防措施有效性的需求	• 描述性统计；回顾分析；时间序列分析 • 描述性统计；假设检验；回顾分析；抽样；SPC 图；时间序列分析； • 描述性统计；假设检验；回顾分析；抽样；SPC 图；时间序列分析
运用统计方法首次将汽车制造物流供应链一体化管理体系的各过程要素与六西格玛工具相互融合，对一体化管理体系进行量化考核，更具科学性、可操作性和有效性，是数据驱动的管理创新的最新理念。 上海质量（中国核心期刊）2006（6）			

从表 6-5 的核心过程要素矩阵表可以确定相应的定量数据的要求，并可确定使用相关的六西格玛统计工具，使六西格玛技术与管理体系整合的各个过程都能够用定量化的方法来实现控制（见表 6-5）。当然，在这个阶段必须识别和确定一体化管理体系中必须要控制的过程，并形成文件化标准，要求各个部门按照程序文件进行培训和实施，保证一体化管理体系在实际工作中得到运作。

6. 项目分析阶段的设计与应用（应用实例分析）

在改进阶段，根据在安吉天地一体化管理体系的实际审核过程中得到的审核数据，应用六西格玛分析技术，首先对一体化管理体系审核员做了一个测量系统分析，以确保一体化管理体系审核员对于一体化管理体系标准掌握的一致性、有效性，避免公司审核的风险。

（1）对内审（体系审核、过程审核现场）水平进行评价以避免审核风险。

（2）审核系统中的测量系统分析质量指标：（六西格玛方法）一致性、正确性、精确性、稳定性、鉴别能力。

实例①：分析过程内审员 vs 第二方顾客考评员（同济）的一致性评估，避免过程内审员的与第二方考评是否一致性，避免用人风险。应用六西格玛 Minitab 软件对人员进行假设检验。

Two-sample T for 第二方考核　vs 过程审核

```
            N    Mean    StDev   SE Mean
第二方考核   27   77.60   6.71    1.3
过程审核     13   90.19   5.99    1.7
```

Difference=mu（第二方考核）-mu（过程审核）

Estimate for difference：-12.596 0

95% Cl for differenece：（-16.922 6，-8.269 5）

T-Test of difference=0（vs not=）：T-Value=-5.98 P-Value=0.000 DF=26

P<0.05，说明第二方顾客考评与过程审核存在显著性差异，过程审核的平均分要比第二方考评高出 12 分，很明显，审核人员对一体化管理体系标准的理解还是存在一定偏差的（见图 6-22）。通过对标准的再培训、讲解、实施，使员工对标准的理解的偏差基本控制在4 分左右。

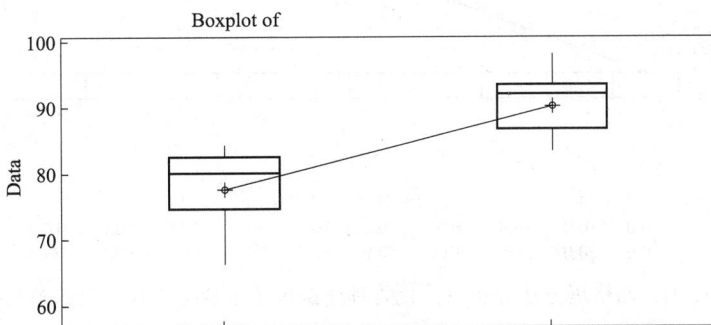

图 6-22　过程内审员 vs 第二方顾客考评员（同济）的一致性评估分析图

我们再使用帕类特图对不合格项数在各部门的分布情况、不合格项条款的分布情况、不合格原因进行分析。

通过数据统计分析得到问题产生的具体原因：

① 对图 6-23 分析表明：4.3.4，4.2.3 和 4.4.6 应引起足够重视，占到所有不合格项的64%，应进一步加强文件控制，对运行控制过程实施重点控制。

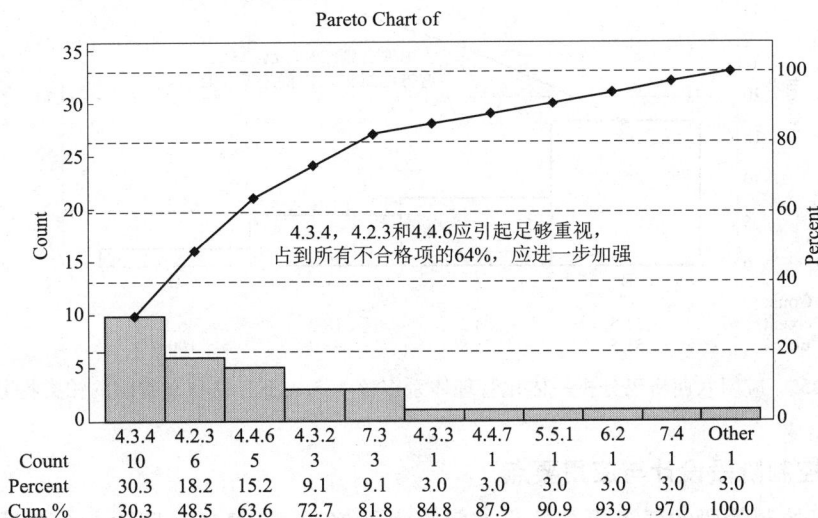

	4.3.4	4.2.3	4.4.6	4.3.2	7.3	4.3.3	4.4.7	5.5.1	6.2	7.4	Other
Count	10	6	5	3	3	1	1	1	1	1	1
Percent	30.3	18.2	15.2	9.1	9.1	3.0	3.0	3.0	3.0	3.0	3.0
Cum %	30.3	48.5	63.6	72.7	81.8	84.8	87.9	90.9	93.9	97.0	100.0

图 6-23　应用六西格玛方法分析一体化管理体系审核不合格项帕类特分布图

② 对图6-24分析表明：每个部门均出现1次4.3.4不合格，是否意味着管理体系的指导工作在4.3.4的贯彻存在一定的问题？针对此项，由体系内审员对每个部门实施针对性的培训，增强员工对此过程要素、标准的透彻理解，共同推进部门一体化管理工作建设。

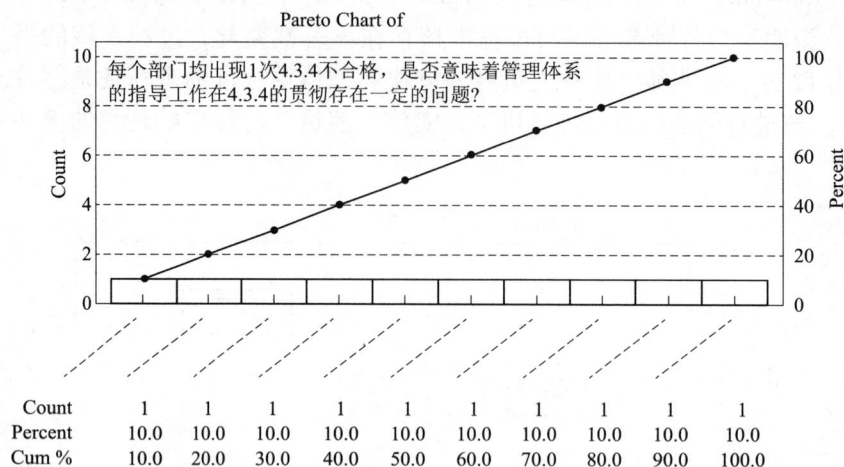

图6-24　应用六西格玛方法分析一体化管理体系审核不合格项在部门的帕类特分布图

③ 对图6-25分析表明：B项占到52%，已经有这方面意识，但尚未文件化（集中焦点反映在各个部门，针对尚未建立部门一体化管理目标、指标及管理方案的实施计划等书面文件），针对此项对每个部门实施针对性的培训和由内审员帮助部门制订计划。通过六西格玛在一体化管理体系中的应用研究，明确了改进的方向，及时对问题进行修正和改善，完善了一体化管理体系。

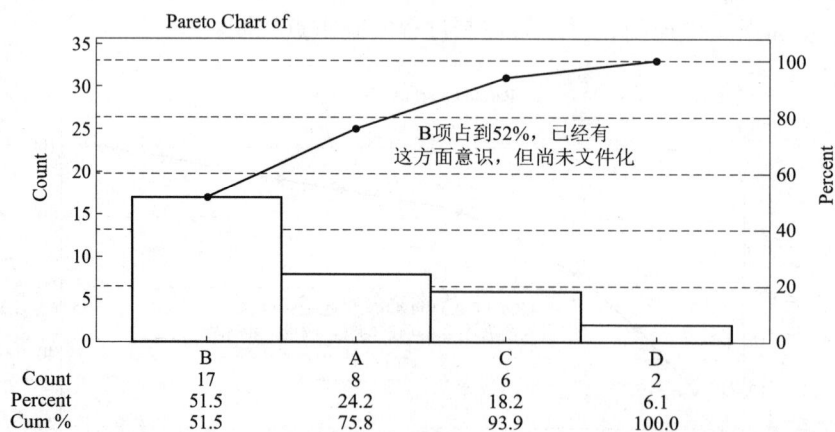

图6-25　应用六西格玛分析一体化管理体系审核4.3.4不合格项在部门的帕类特分布图

7. 项目控制阶段设计与应用要点

六西格玛控制阶段的任务更多的是如何将六西格玛"DMAI"四阶段分析产生的好的方法保持下去，保持控制过程的稳定性和持续性，并能体现六西格玛在一体化管理体系中的"持续改进"的内在循环链，其主要归纳为四个要点。

（1）结合六西格玛与管理体系整合核心过程要素矩阵表，在一体化管理体系程序文件中运用相应的定量控制方法，明确六西格玛统计工具。

（2）运用测量系统分析、帕类特图、鱼刺图等六西格玛分析工具，不断完善一体化管理体系的文件架构，使文件化的体系覆盖整个一体化管理体系的控制要素。

（3）流程的优化和完善必须按照 SIPOC 的控制过程来编写、审核和实施。

（4）进行多层次全面的质量、环境与安全知识的培训，包括公司全体管理人员及供应商，提高员工的质量、环境与安全意识及技能。

8. 六西格玛在汽车物流供应链一体化管理流程改善中的应用

1）项目界定阶段

（1）项目背景。近年来，由于上海通用商品车的热销，以及上海通用的订单式销售模式的特点，SGM 经销商对于因为要修理质损而耽搁销售大多存在抱怨。因此 SGM 向客户提出了挑战目标：将原来用户收车质损率指标平均 3.0% 降低到 1.0%。只有降低汽车物流质损率，才能体现公司的核心竞争力，对于拓展市场有着重大意义。

（2）项目定义阶段。SGM 收车质损率定义：SGM 用户收到的有物流质损的商品车总数/SGM 用户收车总数。物流质损指的是物流过程造成的商品车质量缺陷或损坏，主要包括：油漆表面的划伤；钣金件损伤或变形，玻璃、塑料件损伤、裂开或破碎，内饰损伤、沾污；商品车表面的腐蚀、锈斑或沥青等斑点；钥匙、附件或随车文件损坏或遗失；轮胎刺破，等等。

（3）项目测量、分析阶段（六西格玛在降低整车物流质损过程中的应用实例②分析）。实例②：现状分析，通过对 2006 年 1—5 月份的整车物流质损率数据采样，分析公司流程的能力。抽样按时间顺序采集 24 个样本，每个样本容量为 200，应用六西格玛 Minitab 软件对整车物流质损率进行过程能力分析（见图 6-26）和假设检验。SGM 用户收车质损率的六西格玛的 DMAIC 过程分析图表明，其主要问题是：

① 装卸时驾驶员着装、操作不规范，跳板角度过大，捆绑工具设计有缺陷（导致轮挡或绑带在运输途中由于颠簸而松脱）。

② 绑带松脱和断裂。

③ 带伤发运的商品车中，0 级质损占了一定的比例，导致大部分 0 级质损在 VSC 未处理就发运到经销商处被误判定为 1 级或 1 级以上的质损。根据样本分析，目前流程的能力，即整车物流质损率为 2.167%。

通过六西格玛 DMAIC 失效模式分析，对装卸时驾驶员着装、操作不规范，跳板角度过大，捆绑工具设计有缺陷，绑带容易松脱和断裂等问题，在装载天津丰田商品车时进行了检验：从码头装载到吴中路经销商处，装载在尾部的商品车绑带就已经松脱；发运的带伤商品车中，0 级的占了一定的比例。截至 2006 年 7 月 22 日，上海 VDC/VSC 装运的驳车原角度大于 10 度的跳板已经全部配备新跳板。其中主要问题的整改措施得到落实，违规操作明显降低。8 月份从上海通用 VSC 经销商的车辆中按发车时间采集 25 个样本，每个样本容量200，得到 8 月份质损率的控制图，过程稳定，质损率为 1.24%（见图 6-27）。

通过应用六西格玛技术降低质损率，使整车物流质损率从 2.167% 降低至 1.24%，这仍说明质损率流程能力不足，没有达到客户规定的挑战目标 1%，但在以下几个方面取得了一定的成绩。

Binomial Process Capability Analys is of dam point

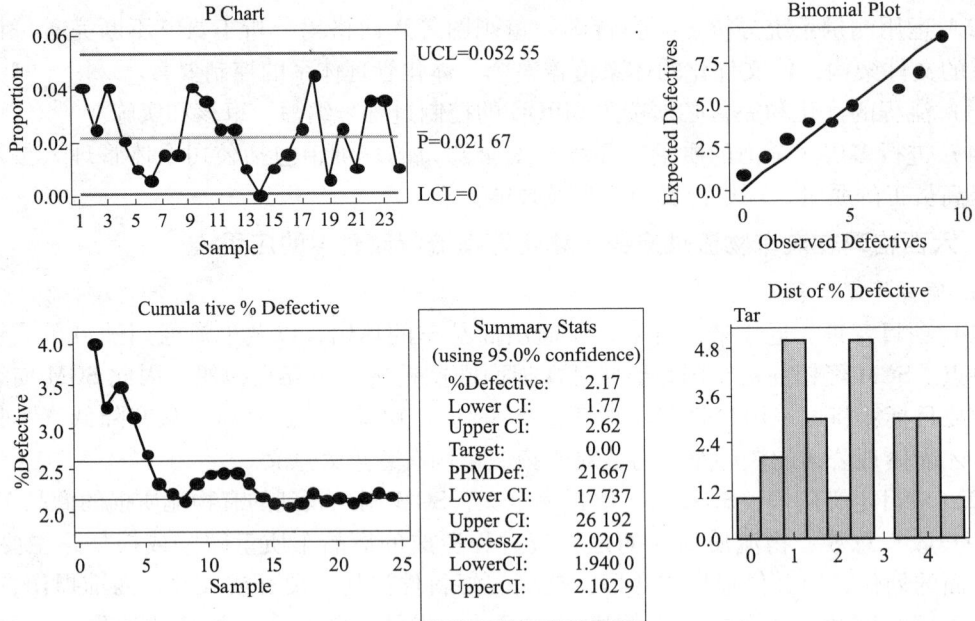

图 6-26 运用六西格玛 Minitab 软件对汽车物流过程质损率进行能力分析（实例分析）

Binomial Process Capability Analysis of june

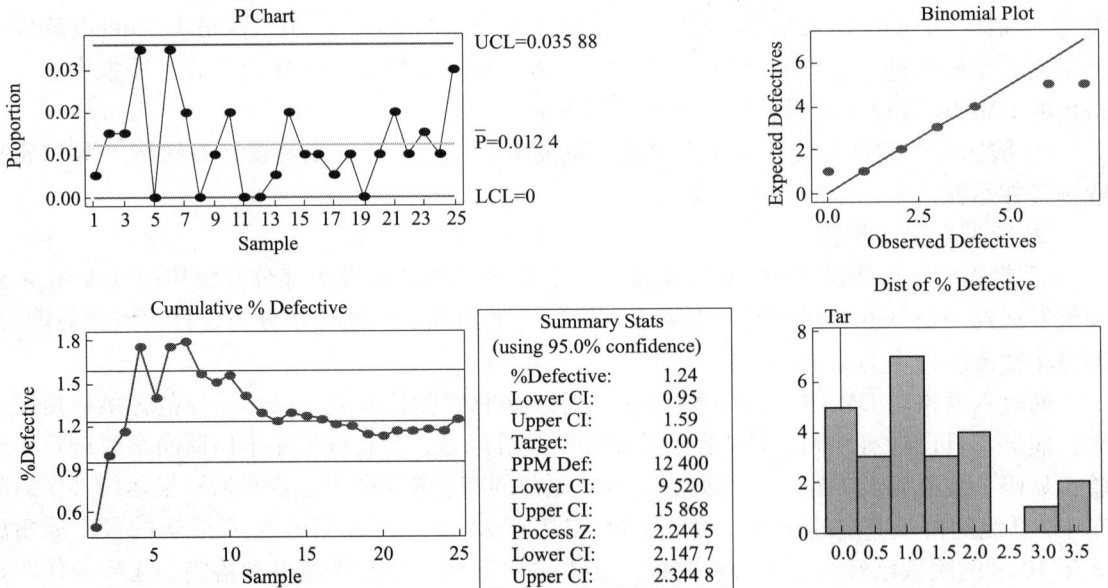

图 6-27 运用六西格玛技术对整车物流过程质损率降低的改进措施能力分析图

① 装卸车规范操作和驳运车的车况有了相当程度的提升。

② 新改建的捆绑工具经过试用，强度和应用性能有了一定的提高。

③ 通过查找质损率原因的"头脑风暴"活动，找到了改进质损率的思路，并实施了目

视化管理。

6.4.4 应用六西格玛缩短 OTD 流程的持续改进

整车物流订单运输周期指标及订单及时性指标，是客户最关心的两个指标。经过各相关业务环节的调研和"头脑风暴"，找出了 123 条影响 OTD 订单周期的因素，并利用 CE 矩阵的筛选，找出了最主要的 5 条影响因素。之后，就这 5 条因素进行了广泛的数据收集和分析，为项目最终方案的出台奠定了良好的基础。

1. 改进措施一：改变现在的调度模式

（1）将现在的调度模式由一短途和一长途搭配的模式，改为每家运输公司各派遣固定数量的驳运车跑苏浙沪和皖、赣短途，其余驳运车跑长途的方式。

（2）按平均返回周期 1 天计算（短途和室内），则通用 VDC 每天需要短途驻点驳运车 60 辆。

（3）可考虑做通用业务的各运输公司分摊，VDC 驻点驳运车每月进行轮换的制度。

2. 改进措施二：减少商品车准备的耽搁时间

（1）调度需重新测定和保证计划装车时间，尤其是市内等短途返回后再装车的计划装车时间的合理性；

（2）调度人员应保证提前 2 h 以上将调度好的驳运车清单传真给通用 VDC；

（3）通用 VDC 可以采用登录 TMS 系统来查询驳运车的计划到达时间。

3. 改进措施三：降低运输周期及时性指标

（1）将上海至北京的运输周期及时性指标由原来的 70 h 减少为 55 h；

（2）将上海至广州的运输周期及时性指标由原来的 96 h 减少为 72 h。

从图 6-28 可以看到，2 种分布（双峰）的主要原因是未实施 24 h 收车。SGM 与 SVW 平均运输周期相差 10.3 h，SGM 为 64.5 h。经过分析，造成 SGM 至北京平均运输周期比 SVW 晚 7.3 h 的主要原因是短途和长途的调度模式。SGMOTD 目标值 ≤ 70 h，SVWOTD 目标值 ≤ 72 h，最小值 ≥ 2 h，最小化 OTD ≤ 20 h，最大化 > 70 ~ 90 h，流程能力低，PPK = 0.4。

4. 改进措施四：仓库实施 24 h 收车

订单周期的缩短和运输周期的压缩，都要求仓库（特别是大的仓库）24 h 接收驳运车和商品车。

北京库驳运车到达等待时间见表 6-6。

表 6-6 北京库驳运车到达等待时间

夜间到达驳运车数/辆	平均等待时间/h	夜间到达比率/%	夜间到达占等待时间的比率/%
94	233	30	63
工作时间到达驳运车数/辆	平均等待时间/h	工作时间到达比率/%	工作时间到达占等待时间的比率/%
220	59	70	37

SVW北京库运输周期

Calculations Basedon Weibull Distribution Model

Process Data	
LSL	20
Target	*
USL	70
Sample Mean	54.244 2
Sample?N	4 808
Shape	4.346 47
Scale	59.502 5

Observed Performance	
PPM?<?LSL	0.0
PPM?>?USL	72 587.4
PPM?Total	72 587.4

Overall Capability	
Pp	0.63
PPL	0.83
PPU	0.41
Ppk	0.41

Exp. Overall Performance	
PPM?<?LSL	8 710
PPM?>?USL	131 825
PPM?Total	140 535

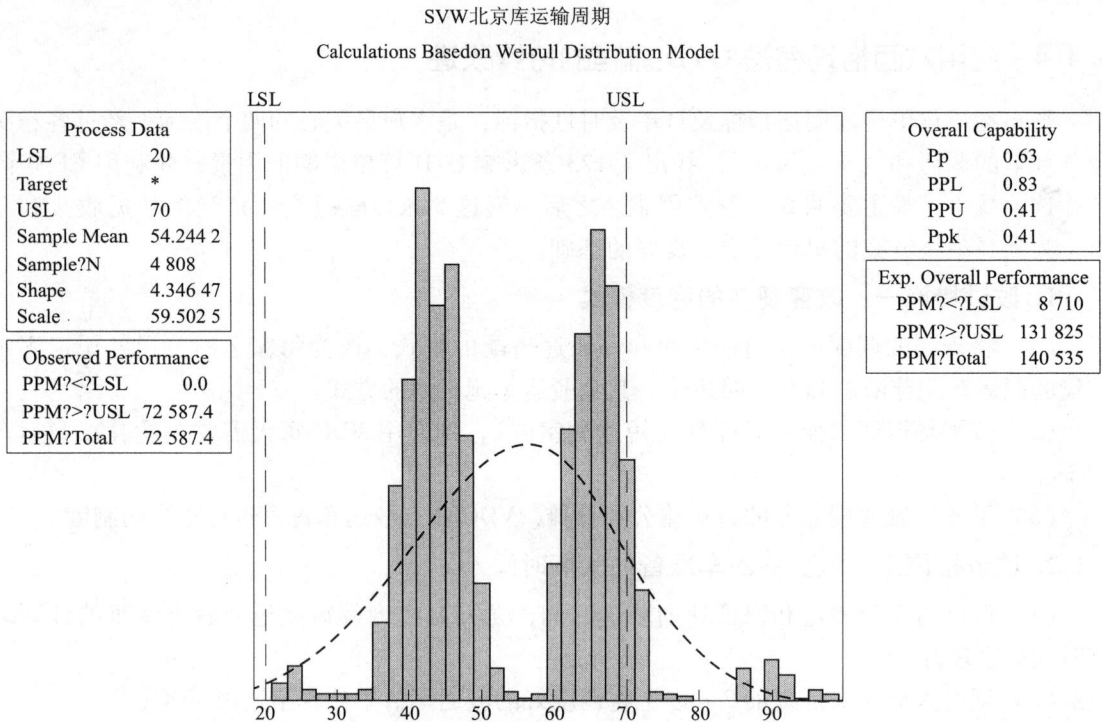

图 6-28　运用六西格玛技术对 SVW 整车物流 OTD 北京库运输周期分布图

　　从图 6-29 分析，从驳运车到达时刻与等待扫描入库的时间图表可以看出夜间到达驳运车的比率只有 30%，但却占了等待扫描入库时间的 63%。驳运车到达时刻集中在上午 8:00—12:00 之间。

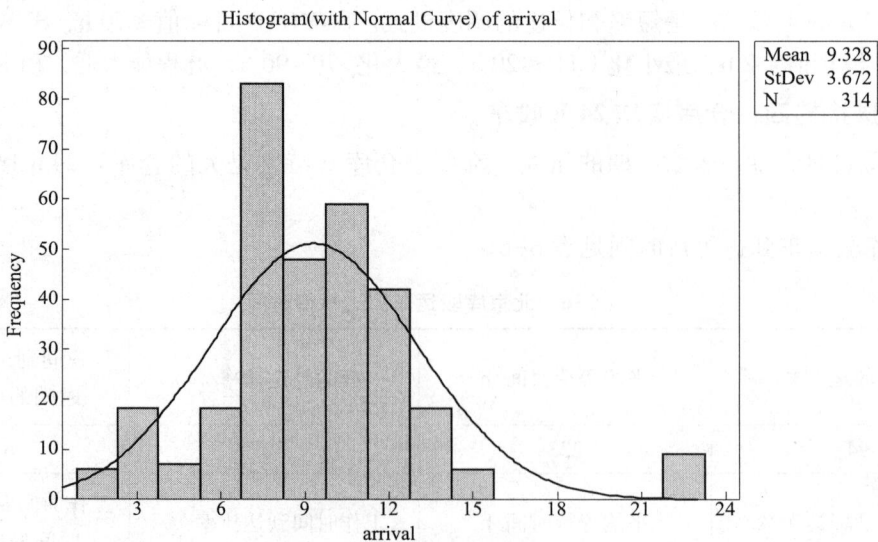

Histogram(with Normal Curve) of arrival

Mean	9.328
StDev	3.672
N	314

图 6-29　运用六西格玛技术对整车物流 OTD 北京库驳运车到达时刻分布图

针对上述情况分析，提出改进措施：仓库 24 h 收车（订单周期缩短，运输周期缩短），都要求仓库 24 h 收车。

从图 6-30 分析可以得出结论：仓库实施 24 h 收车，可以缩短订单周期时间。仓库收车时刻集中在上午 8:00—10:00 之间，其次在下午 1:00—3:00 之间。

从 SVW 北京运输周期分布图分析可以得出：

（1）SVW 平均运输周期为 54.2 h，SGM 平均运输周期为 64.5 h，相差 10.3 h。

（2）运输周期流程能力低，PP=0.63，PPK=0.41，远低于 1。

（3）造成双峰分布的现象的主要原因是与仓库收车时间有一定关系。

（4）造成 SGM 至北京平均运输周期比 SVW 晚 7.3 h 主要原因是：短途和长途搭配的调度模式。

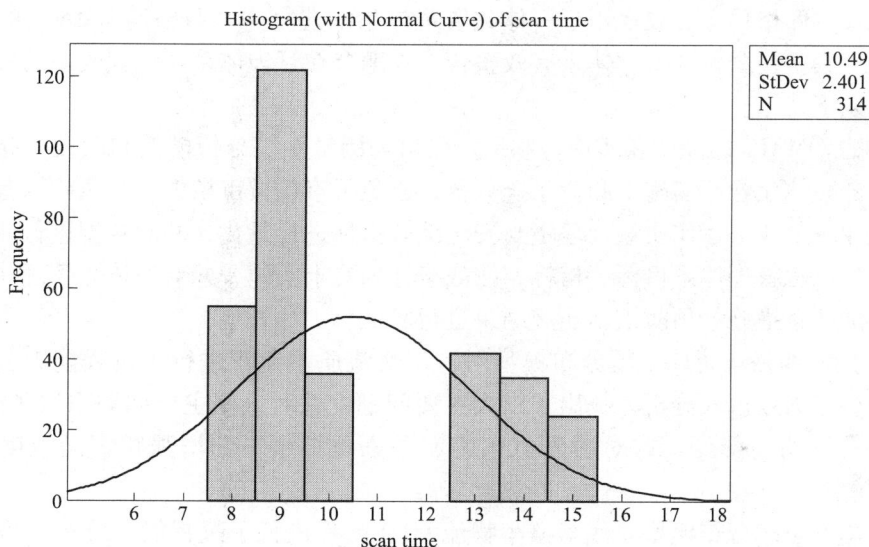

图 6-30　运用六西格玛技术对整车物流 OTD 北京库收车时刻分布图

5. 改进措施五：经销商在交接单上正确填写到达时间

（1）将至经销商的运输准时率考核落实到各运输公司驾驶员；

（2）要求驾驶员在经销商夜间不收车、甚至不给驾驶员当时反馈交接单的情况下，在交接单上填写真实的驳运车到达时间，以便对至经销商的运输及时率进行准确考核和核对。

6.4.5　六西格玛在一体化管理中的经济效益分析

1. 项目目标

（1）确保在 2006 年 10 月 30 日顺利通过一体化（ISO9001，ISO14001 和 OHSAS18001）第三方权威认证，即获得六西格玛黑带认证证书。

（2）对六西格玛在汽车物流供应链一体化管理中的有效性与经济性进行评价，达到良好。

2. 成本效益分析

项目总投资=环评费用+废水检测+培训费用+ 六西格玛项目费用=388 150 元

项目总收益=直接收益+间接收益（无形资产价值）= 1 899 050 元

直接效益=审核成本节约+咨询费用节约−投资费用=299 050 元

审核成本节约 $AC=[(R×n)+(Z×N)]×J×W=487\ 200$ 元

6.4.6 主要创新点及结论

应用研究成果表明，应用六西格玛方法首次将汽车物流供应链一体化管理体系的各过程要素与六西格玛工具相互融合，设计开发了六西格玛与管理体系整合核心过程要素矩阵表，对一体化管理体系进行量化考核更具科学性、有效性和可操作性，是以数据驱动的管理创新的最新理念。六西格玛方法被运用于一体化管理体系的建立、六西格玛 DMAIC 的改进思路和各种统计工具中，令各种管理体系有效整合，并融合在管理体系和流程改进的实施中，其主要贡献有以下几点。

（1）通过 DMAIC 的设计和实现，利用六西格玛测量系统分析模型和假设检验模型对汽车物流供应链一体化管理实施了测量系统分析，避免了审核员审核失误的风险。运用六西格玛思路对企业月度业务运作质量、环境与安全绩效指标进行量化，并对数据进行评估校正及辅导；监控一体化管理体系目标、指标，按战略计划要求实施，并对一体化管理体系的内审和管理评审的纠正措施、预防措施实施结果进行验证。

（2）应用六西格玛统计二项分布模型对汽车物流质损流程进行了过程能力分析，对能力不足的进行了失效模式分析，找出了三大主要问题，并对这些主要问题采取了改进措施，使物流质损有了明显降低。这对提升汽车物流过程质量水平和增强顾客满意度有很大的帮助。

（3）利用非正态分布模型对汽车整车物流 OTD 流程进行了过程能力分析，采用"头脑风暴法"，找出影响 OTD 订单周期的因素 123 条，并利用 CE 矩阵的筛选和 FMEA 失败模式分析找出了影响因素中风险最大的 5 条，提出了改进措施。

（4）首次应用六西格玛技术对汽车物流供应链一体化管理中的成本收益和价值进行了测算，使企业获得了可观的效益，不仅满足了内外部客户以及社会相关方不断增长的需求，而且为客户获得经济价值，同时也整合了公司资源，最终实现了企业持续的经济效益。本项目荣获 2008 年上海市优秀六西格玛技术管理成果奖、2009 年汽车物流行业技术创新一等奖。

知识拓展

现代汽车物流企业的竞争优势——一体化技术管理案例分析

一个现代汽车零部件物流企业要成为国内领先、有国际竞争力的专业汽车物流供应链管理服务供应商，最重要的是能为客户提供一体化、技术化、网络化、可靠的汽车物流供应链管理解决方案。

一、提供一体化服务能力形成供应链管理系统优势

1. 一体化管理能力

整车厂在生产计划、库存等方面面临着压力，需要专业化解决方案，提供全方位供应链管理服务是整车厂的呼声。为了满足整车厂的这些要求，我国汽车物流服务供应商应该首先能为客户提供一体化管理服务。

现代汽车零部件物流企业在业务规模和服务范围不断扩大的同时，探索出了一条汽车物流企业智能化运营之路，以客户需求为导向，对组织、网络、IT 系统和数据处理平台进行智能化改进，先后开发出了零部件物流 IT 系统和智能化数据处理平台。在此基础上，通过开发和应用各种具有国际先进水平的决策优化模型和工具，形成了以供应链优化为目标的特征，全面整合了多目标客户中央调度系统、零部件信息管理系统、仓储与运输管理系统、GPS 全球定位系统、RFID 与物联网技术。

2. 精益六西格玛管理技术在一体化管理中的应用创新能力

精益六西格玛管理技术与 ISO 管理体系（ISO9001：2008、ISO14001：2004 和 OHSAS18001：1999）整合创新，以及运用 KPI 运作指标体系、仓储与运输网络优化系统，简化了整车厂卸货程序，降低了存货水平，使承运商能预测卡车在途时间和执行下次任务时间，最大限度地提高了卡车的利用率，提高了顾客满意度。进一步降低物流成本，提升服务质量，建立一套现代汽车物流技术标准体系、管理标准体系和工作标准体系集成的企业标准体系——汽车制造物流运作一体化管理联动平台，能为整车厂提供汽车物流供应链管理一体化服务。

3. 一体化战略管理能力

现代汽车物流企业需要解决整车厂物流供应链管理技术上的难题。

（1）战略和运营流程设计。包括和供应商建立合作网络，与供应商结为战略合作伙伴，如根据整车厂合作理念和服务期望来设计绩效评分卡。

（2）利用建立起来的网络同时满足不同整车厂的供应链管理服务要求。

（3）合作与整合。与其他物流公司合作，提供全方位供应链管理服务。

现代物流是运用现代科学技术，通过优化与整合物流活动全过程，实践科学化、系统化，获得最大效率与效益的复合型产业，所以现代物流企业管理的最终目标是在供应链战略管理方面进行系统的全局优化，找到供应链成本与物流服务质量水平的最优平衡点，通过决策优化、流程再造、数据挖掘等先进技术，不断提高物流水平，降低成本，其关键是物流企业能够为整车厂提供物流一体化管理服务。

二、提供技术化服务，形成技术系统优势

1. 提供整车及零部件物流 IT 智能系统服务

汽车制造物流 IT 系统是基于中央调度系统（TMS）、仓储管理体系（WMS）、车辆跟踪监控系统（GPS）、分供方管理体系（FMS）、模拟装载系统和网上业务操作系统，以及多客户与分供方系统接口所组成的整车和零部件物流供应链技术化 IT 系统平台。在此基础上，应包括以下几种辅助决策工具。

1）物流中心选址决策支持系统

提供综合运输路径和仓储成本等各项因素的规划优化数据模型，然后根据客户历史数据

与预测数据（如生产量、销量、流向流量、订单周期要求以及运输稳定性、方式多样性、交通限制、人力成本等）各方面的内外因素进行计算，最终通过软件提供优化布局方案，实现物流中心选址决策过程优化。

2）汽车制造物流零部件订单智能调度系统和路径优化系统

提供汽车制造订单智能调度系统和路径优化系统，通过 EDI 接口自动获得客户订单，并根据各种约束（如装载约束、运输周期等因素）对各种订单自动进行调度和设置路径。整车零部件订单智能调度系统还可根据各种约束条（如车型、速度、火车和轮船班次以及成本等）建立周运力规划模型，为每周的物流运力进行优化排序。

3）汽车制造物流零部件 IT 智能系统

现代汽车物流企业需要解决整车厂零部件物流供应链管理技术上的难题是：

（1）原材料入厂，包括供应商采集、采集中心、运输、仓储、VMI 车辆生产信息、成组排序、KPI 指标体系被整合后的采购流。

（2）零部件上线，包括缓冲库存区、厂内运输、生产线补货、排序、预装配、生产制造信息系统、KPI 指标体系被整合后的生产流。

（3）整车分拨，包括运输资源调度和监控、分拨中心运输、分拨中心仓储、库存控制、KPI 指标体系被整合后的整车分拨流。

（4）回收及服务，包括物料回收、空料箱管理、配件中心、售后零部件配送、废料处理、修理、索赔、KPI 指标体系被整合后市场、销售、财务流。

（5）提高路径规划能力及动态调度能力。

（6）实施布局优化。

为解决整车厂零部件物流供应链管理技术的问题，现代汽车物流企业应能在提供满足零部件需求（包括时间需求和数量需求）的基础上，充分利用货车空间来降低运输成本。对火车的装载率要求达到 85% 以上；对于"卡车数量有限，但可循环使用"的配载问题，可采用三维空间分割算法进行设计和计算，使空间实际利用率达到最优。同时为满足多个客户零部件入厂物流需求，应能提供入厂物流循环取料路线设计模型，采用"区域化"的方法进行，即根据零部件供应商的分布地点进行区域划分，对同一或相近区域的零部件供应商，根据生产线要求和各种实际约束条件（如零部件装卸顺序、装载要求、人员工作时间等），在"小批量、高频次"的要求下确定各供应商的最佳访问次序，"串接"起来进行"循环取料"，对零部件入厂物流供应链实施全过程进行管理和控制。

2. 提供 KPI 统计技术信息化系统服务

现代汽车物流企业要满足整车厂对整条供应链进行优化的要求，就应从网络设计到网络资源管理，再到点对点的渠道管理、咨询服务，包括供应链管理的每个环节，实施过程监控。对于汽车物流企业来说，数据资源是公司运作、优化决策的基础资源，要有一套多层次、多角度的 KPI 报表和报告体系。以客户合同和客户要求为基础，设计公司级总体 KPI 指标、部门级 KPI 指标和各主要运作节点 KPI 指标等多层次指标体系，并且通过各业务部门和节点的信息网络，对各部门和业务节点能够随时获取相关 KPI 指标信息，使客户在第一时间掌握发生的情况，以便及时跟踪和改进运作状况。

为客户提供综合进展趋势的 KPI 周报，用于预测、规划、优化 KPI 月报和年报。个性化客户报告与关键指标运作状况分析报告相结合，构成多角度 KPI 报告体系。汽车零部件系统数据从业务平台到统计平台的数据抽取、清理、转换和装载自动化，统一数据格式，充分利用各类数据资源，建立适应于统计信息应用要求的数据仓库结构体系。集中存储和管理决策所需数据，保证数据仓库内数据的完整性、一致性和可靠性，为客户提供综合信息决策服务。

三、提供网络化服务能力，形成网络系统优势

1. 汽车制造零部件物流网络资源能力

我国有 100 多家整车制造厂以及近 3 000 家零部件制造厂。整车厂普遍规模小，而零部件生产企业则规模更小，更分散。每一个大型整车厂生产企业周围，都有一个庞大的零部件生产配套体系。如上海大众有 500 多家零配件生产企业为其供货。据分析，整车厂为了提高自身的市场竞争力，采购供应体系基本上采用精益生产方式下的 JIT 准时生产制配送方式来实现整车厂零库存，因此要求供应商按其生产节奏和生产需求量进行供货，实施精益生产方式的"直送工位"的 JIT 配送，包括供应商取货、入厂物流运输、中转库建设、基础性服务、预装配、生产线供货、排序、CKD/SKD、空料箱管理、PDI 和 BU 送货等。

2. 进出口物流网络资源能力

安吉天地借助 TNT 在全球已有成熟的网络，业务遍及 200 多个国家，以 TNT 全球资源为杠杆，重点发展进出口物流业务。安吉天地可以提供汽车及汽车配件全球供应链管理服务，进口包括海外采货、海外分包管理、海运和空运管理、零部件堆场和运输管理。出口包括包装设计及集装箱运输管理、国内集货、仓库和港口堆场管理、货代和海关业务管理等。目前安吉天地已开展了 BMW 项目进口报关、SGMWPT 发动机和零部件与发动机总成净出口物流业务、SVW 海运项目等。通过进出口业务的运作，安吉天地建立了自己的海外基地，逐步形成为全球汽车物流提供供应链管理的服务商。

四、结束语

近年来，我国汽车工业的蓬勃发展给汽车物流行业带来了巨大的生机和活力。发达国家正把制造业转移到那些拥有更多低成本资源国家，使得货物流动更为频繁，从而全面加速供应链的形成。在给中国汽车物流供应商带来更多的商机的同时，也带来了更高的要求，更为复杂的物流需求和激烈的市场竞争。中国现代汽车物流业的发展处于起步阶段。作为一个面向全球竞争的中国汽车物流业，将直接面对国际众多先进汽车物流企业的挑战，因此在加快现代汽车物流业发展的过程中，现代汽车物流企业在今后几年应能提供具有竞争力的物流服务，应着重考虑以下几点。

(1) 要加快汽车物流供应链设计开发能力，提供具有竞争力的物流一体化解决方案；

(2) 要加快汽车整条物流供应链优化能力，提供解决供应链所有难题的物流技术服务；

(3) 要加快构建现代汽车物流企业标准体系平台，提供世界级物流企业标准化管理服务。

通过以上综合分析可以看到，今后中国汽车物流业的竞争必将更为激烈，"优胜劣汰""弱肉强食"是市场发展的必然结果，但只有通过竞争，经过千锤百炼才能使中国汽车物流市场规范化，才能使中国汽车物流业呈良性发展态势，才能使中国汽车物流业真正可以与国际物流业接轨。

我们对中国汽车物流业充满了信心，更期待着中国汽车物流企业在管理、技术、质量、

服务上的巨大突破，使中国汽车物流企业在全球竞争环境背景下，以提供一体化、技术化、网络化和可靠的供应链解决方案的物流服务为核心，实现全球竞争优势明显增强。

本章小结

本章主要分为四个部分，系统阐述了汽车制造物流质量、环境、职业健康与安全管理，并提出一体化管理体系的概念。在一体化管理方面应用六西格玛方法改进汽车制造物流流程，清晰明确地提出了汽车制造物流质量与效益流程改进的关键，并进行了实证分析。

思考与习题

1. 谈一谈质量管理在汽车制造物流中的重要性。
2. 质量管理理论发展经历了哪几个阶段？
3. 在质量管理理论发展过程中作出贡献的质量大师对你影响最大的有哪几位？
4. 一体化管理体系的基本概念是什么？
5. 谈一谈你对六西格玛的认识。
6. 假设你是某汽车制造厂的一名物流经理，你如何培养自己团队的一体化管理意识？
7. 如何理解以过程为基础的质量管理模式图？
8. 你认为现代汽车物流企业应该提供什么样的服务才能满足客户的需求？

第7章

汽车制造物流信息化系统

本章知识点

1. 了解汽车制造物流信息化系统开发研究进展、VMI（Vendor Managed Inventory）概念。
2. 了解汽车零部件物流基本模式、分类和对比。
3. 掌握制造物流信息系统、信息网络平台的功能模块和作业流程。
4. 掌握汽车物流企业智能化运营体系开发模型。
5. 掌握汽车物流标准化信息系统业务流程设计。

7.1 汽车制造物流信息化概况

7.1.1 汽车物流企业信息化研究进展

汽车零部件物流作为国内刚刚起步的物流服务内容，IT系统的建设更是一项全新的挑战，目前国内仍然缺少成熟的汽车零部件物流IT管理系统。我国汽车物流行业的领军企业安吉天地在2003年与上海大众正式签订了汽车零部件入厂物流的总包合同（合同内容包括从所有汽车零部件供应商到整车制造厂生产线上的零部件运输、仓储、预排序，生产线喂料与物流管理策划的全过程），同年取得了上海通用在上海与烟台的汽车零部件入厂物流管理的总包合同，成为中国汽车物流行业首家提供系统性汽车零部件物流总包与管理策划服务的物流企业。

基于上述物流业务的开发，为了满足上海大众汽车、上海通用汽车企业对零部件物流信息化系统的不同要求，安吉天地在业务开发阶段就开始了策划既符合上海大众汽车制造物流要求的IT系统，同时又符合上海通用精益物流要求的IT系统。该公司通过引进TNT全球著名的MATRIX系统并将其充分本土化，分阶段运用零部件物流的仓储（WMS）、运输调度（TMS）、GPS系统与仓储、装载、运输路径优化等应用软件与数学模型，从而实现从订单获取、提货单的生成，运输路径的设计和优化、车辆装载的设计和在运输过程的控制，到零部件仓库的管理相关信息系统的支持。

为了满足客户的需求，入厂物流以"循环取料"和"及时供货"模式为特点。循环取料的设计模型采用"区域化"的方法进行，在满足一定的约束条件下，以"小批量，高频次"的配载要求确定各供应商的最佳访问次序，有效"串接"起来进行"循环取料"。及时供货的物流模式依靠生产商与物流商之间的完全实时的信息流动，应用"时间窗"等物流管理方式，以分钟为单位，在规定时间、规定地点内将汽车零部件从零部件供应商直接配送到整车生产的流水线上，从而最大限度减少仓储成本与库存成本，可为汽车生产商降低30%的生产成本。

此种国内领先的汽车制造物流运作模式必须以全过程信息化控制为基础，通过 IT 系统平台和信息化决策方式完成业务的日常运作和管理，形成零部件物流供应链管理 IT 系统平台（见图 7-1）。

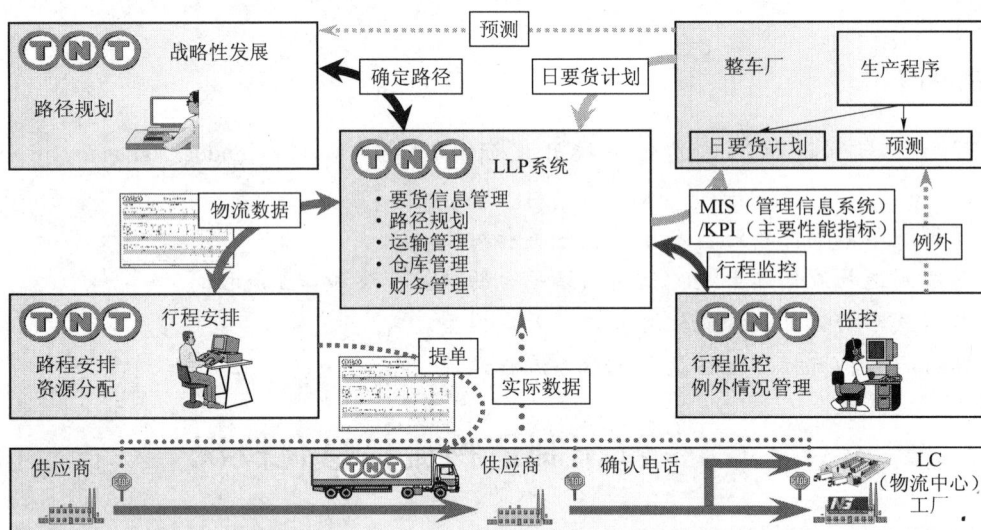

图 7-1　汽车制造物流供应链管理 IT 系统平台

"运输调度引擎"，其运用可使整个物流运作更显智能化：根据零部件供应商的分布地点进行区域划分，对同一或相近区域的零部件供应商，根据生产线要求和各种实际约束条件（如零部件装卸顺序、装载要求、人员工作时间、车队可用资源等），确定各供应商的最佳访问次序，实现了物料多频次性、可视化的流动，运输计划可自动生成，实现车辆资源的合理分配。

"三维装载软件"系统的应用，有效解决了"有限卡车，循环使用"中所面临的配载问题，采用三维空间分割算法进行计算，在满足汽车制造物流的需求（包括时间和数量需求）的基础上使空间利用率达到最优（装载率提高至 85%以上）。

通过物流全过程的信息化控制和决策，在汽车制造物流上实现了运作过程的可视化、可控化的运作能力，以及汽车制造物流 IT 系统智能化的优化决策能力，掌握了国际先进的汽车零部件物流的核心技术。入厂物流业务运作以来，安吉天地为客户在运输成本和物流分驳中心的场地、设备、人员等方面节约费用将近人民币 3 000 万元，实现了零部件物流运作方面国内领先的竞争优势。汽车制造物流零部件 IT 系统平台见图 7-2。

对于汽车物流企业来说，IT 信息数据资源是企业运作服务、优化决策的最基础资源。

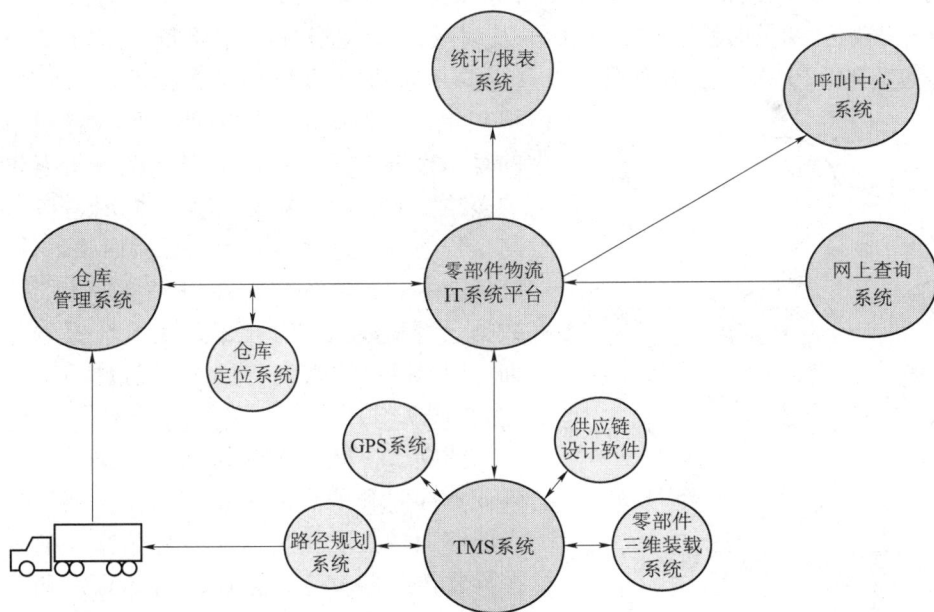

图 7-2 汽车制造物流零部件 IT 系统平台

建设智能化运营管理体系，将智能化数据处理平台作为有别于其他竞争对手的核心技术能力，重新规划企业内部和外部数据的集成方法，构建信息共享的集成化信息平台，结合数据仓库、应用统计技术和数据分析技术方法，开发面向行业、企业各层面的 KPI 指标体系和物流供应链数学模型，并且，借助信息网络和信息技术构建多层次上下联动的 KPI 反馈与决策支持机制。对于整车厂厂商而言，经济的全球化、企业的持续合作、产品的统一、合理化与品牌管理等因素，推动了汽车企业在制造物流供应链管理上的变化。鉴于汽车制造供应链在汽车行业里的核心地位，这些趋势势必给汽车物流带来深远的影响。

整车厂应对战略：

全球化战略——所有的跨国企业都在激烈地争夺市场份额，新车型更多采用全球所有地点统一同步发布形式。

规模化战略——新汽车技术创新，使供应商具备系统模块的设计与制造能力、物流协调管理能力。

平台战略——围绕产品平台、模块和系统，根据车型在市场上的生命周期重新勾画其产品线。

外包战略——为减少业务资本投入，提高投资人的资产收益率，模块和系统的制造费用由供应商承包。

首先，构建智能化信息采集平台，借助 WEB-EDI（电子数据交换）技术开发了多客户的订单输入和查询接口，自动获取来自客户的订单及相关指令信息。其次，借助 IC 卡、无线扫描和 GPS 技术，系统自动获取各主要运作节点的操作信息。最后，借助全面数据质量管理方法（TDQM），结合流程规范和系统自动逻辑判断，提高系统信息的及时性和准确性。

其次，公司建立了智能化 KPI 数据分析系统。在高效、准确的信息源保障的基础上，建立了一套多层次、多角度的 KPI 报表与报告体系。以客户合同和客户要求为基础，建立了公司级总体 KPI 指标、部门级 KPI 指标和各主要运作节点 KPI 指标等多层次指标体系。根据报表用途和及时性要求，建立了及时反映关键指标运作质量的 KPI 日报，关注综合进展趋势的 KPI 指标运作周报，以及主要用来进行预测、规划和优化的 KPI 指标月报和年报。根据不同的需要，形成针对不同客户的客户报告与关键指标运作状况分析报告相结合的多角度 KPI 分析报告体系。同时，在 KPI 报表与报告的制作过程中，运用了六西格玛管理思想，统计技术和相关统计软件 SPSS 和 MINTAB，以及数据仓库和数据挖掘技术，使 KPI 报告分析更透彻，KPI 报表的查询与展示更趋自动化和智能化（参见图 7-3）。

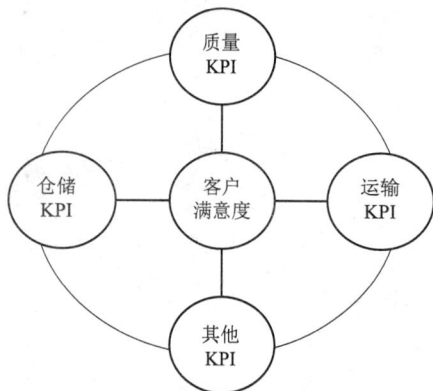

图 7-3 汽车制造物流智能型数据处理平台

建立了智能化 KPI 快速反应渠道。通过遍布各业务部门和节点的信息网络，各部门和业务节点能够随时获取相关 KPI 指标信息，第一时间掌握异常情况的发生，以便及时地跟踪和改进运作状况。领导层也能通过系统方便地查询相关的 KPI 运作质量信息，或获取 KPI 运作质量分析报告，以及 KPI 的自动化报警技术与各类数据模型所产生的结果，这些都为领导层进行快速、准确的决策提供了科学依据。

7.1.2 汽车制造物流信息化系统开发研究进展

物流，无论是过去、现在或将来都是企业经营中一个不可缺少的重要环节。面对企业利润的下滑，怎样很好地运用先进的管理技术，在物流活动中有效提高资金利用率，减少资金浪费，降低物流成本，是企业主管必须面对的课题。只有拥有一流的物流管理技术和运作模式，才能使货物及时而经济地到达最终消费者手中。

1. VMI（Vendor Managed Inventory）概念

VMI（Vendor Managed Inventory）是一种以用户和供应商双方都获得最低成本为目的，在一个共同的协议下由供应商管理库存，并不断监督协议执行情况和修正协议内容，使库存管理得到持续改进的合作性策略管理模式。这种库存管理策略打破了传统的各自为政的库存管理模式，体现了供应链的集成化管理思想，适应了市场变化的要求，是一种新的、有代表性的库存管理思想。目前 VMI 在分销链中的作用十分重要，因此便被越来越多的企业重视。对于供应商管理的库存，因为有最低与最高库存点，按时交货可通过相对库存水平来衡量。例如库存为零，风险很高；库存低于最低点，风险相当高；库存高于最高点，断货风险很小但过期库存风险升高。这样，统计上述各种情况可以衡量供应商的交货表现。根据未来物料需求和供应商的供货计划，还可以预测库存点在未来的走势。

VMI 管理模式是从 QR（Quick Response，快速响应）和 ECR（Efficient Customer Response，有效客户响应）基础上发展而来，其核心思想是供应商通过共享用户企业的当前库存和实际耗用数据，按照实际的消耗模型、消耗趋势和补货策略进行有实际根据的补货。由此，交易双方都改变了传统的独立预测模式，尽最大可能地减少由于独立预测的不确定性导致的商流、物流和信息流的浪费，降低了供应链的总成本。

（1）信息共享。整车厂帮助零部件供应商更有效地做出计划，供应商从整车厂处获得销售点数据并使用该数据来协调其生产、库存活动与汽车经销商的实际销售活动。

（2）物流服务商拥有管理库存，供应商完全管理和拥有库存，并对库存零部件的损伤或损坏负责。实施 VMI 有很多优点，并使物流服务商尽可能进行更为有效的管理，通过协调多个零部件供应商的生产与配送，进一步降低整车厂制造总成本。

（3）需求准确预测。物流服务商能按照销售时点的数据，对需求做出预测，能更准确地确定货物批量，减少预测的不确定性，减少库存量，降低存储与供货成本。同时，供应商能更快响应用户需求，提高服务水平，使得用户的库存水平也降低。

2. 注意的问题

需要注意的问题是信任问题。这种合作需要一定的信任，否则就会失败。整车厂要信任供应商，不要干预供应商对发货的监控；供应商也要多做工作，使整车厂相信他们能管好库存。只有相互信任，通过交流和合作才能解决存在的问题。

3. 运行条件

物流供应商管理库存（VMI）是供应链管理理念要求的产物。它要求供应商对下游企业库存策略、订货策略以及配送策略进行计划和管理。所以，不同环境下采用什么模式运作 VMI 就成了当前要解决的问题。企业在实施 VMI 前，应该对自己所处的环境和自身的条件加以分析与比较，主要考虑的因素有如下几个。

（1）在供应链中的地位。即是否为"核心企业"或者供应链中至关重要的企业。它要求实施企业必须具备较高管理水平的人才和专门的用户管理职能部门，用以处理供应商与用户之间的订货业务、供应商对用户的库存控制等其他业务；必须有强大的实力推动 VMI，使供应链中的企业都按照它的要求来实行补货、配送、共享信息等目标框架协议。

（2）在供应链中的位置。VMI 一般适合于零售业与制造业，最典型的例子就是沃尔玛和戴尔集团。它们有一个共同的特点，就是在供应链中所处的位置都很接近最终消费者，即处在供应链的末端。其中有一个主要原因：VMI 可以消除"牛鞭效应"（营销过程中的需求变异放大现象被通俗地称为"牛鞭效应"，指供应链上的信息流从最终客户向原始供应商端传递时候，由于无法有效地实现信息的共享，使得信息扭曲而逐渐放大，导致了需求信息出现越来越大的波动）的影响。

（3）合作伙伴 VMI 在实施过程中要求零售商（在制造业为生产商）提供销售数据，而供应商要按时准确地将货物送到客户指定的地方，这一点对生产商的要求尤其高。

4. 运行模式

由于核心企业在供应链中所处的位置不同，形态也有所不同。一般按核心企业的位置不同分为两类：A. 供应链下游为核心企业；B. 供应链上游为核心企业。由于核心企业在 VMI 系统中的位置不同，导致核心企业与其合作伙伴的合作方式不同，比如核心企业在上游时它们一般选择自营物流，而在下游时可以选择自营物流，也可以选择外包物流。这会导致 VMI 运行结构的变化。下面将分别针对 A、B 两种情况提出相应的运行模式。如前所述，在 VMI 系统中，核心企业既可以在供应链的上游，也可以在供应链的下游，而当在下游时它既可以是供应链的中间环节，也可以在供应链的末端。显然，不同情况下，VMI 的运作模式都是不相同的，主要有三种情况：供应商—制造商（核心企业），供应商—零售商（核心企业），核心企业（一般为制造商）—分销商（或零售商）。

1）供应商—制造商 VMI 运作模式

在这种运作模式中，制造商除了作为核心企业以外，一般还有如下特点：生产规模比较大，生产一般比较稳定，即每天对零配件或原材料的需求量变化不是很大；要求供应商每次供货数量比较小，一般为满足一天生产的零配件，有的甚至是几个小时；供货频率要求较高，有时甚至要求一天两到三次的供货频率；为了保持连续的生产，一般不允许发生缺货现象，即服务水平要求达到 99% 以上。

由于这种模式中的制造商必定有几十家甚至上百家的供应商为其供应零配件或原材料，如果让每一个供应商都在制造商的附近建立仓库，显然是不经济的。因此，可以在制造商的附近建立一个 VMI HUB。加入 VMI HUB 具有以下效果：

（1）缓冲作用。由于一个客户要对应 N 个供应商，假如客户对供货频率要求较高，那么在可能会出现多个供应商同时将货物送达的情况，由于事先没有安排势必会出现混乱的卸货场面，严重影响生产秩序，给企业的正常工作带来不便。有了 VMI HUB，可以以专业的配送方式避免以上现象，起到了缓冲作用。

（2）增加了深层次的服务。在没有 VMI HUB 时，供应商彼此都是独立的，送达的货物都是彼此分开的，当有了 VMI HUB 后，它会在发货之前先提供拣货的服务，VMI HUB 会按照生产企业的要求把零配件按照成品的比例配置好，然后再发送给生产商，这样就提高了生产商的生产效率。VMI 在正常实施的时候，不仅仅要求供应商 A 与 VMI HUB 之间交换库存信息，还包括交换生产计划、需求计划、采购计划、历史消耗、补货计划、运输计划、库存情况等信息。生产商 A 与 VMI HUB 之间的信息交换是完全的、实时的、自动的。当需求发生突然变化时，比如由于生产商的销售突增，VMI HUB 中的库存不能及时满足生产商的需求，这时 VMI 实施结构做出相应的改变。VMI HUB 直接把补货计划发给供应商的信息系统，这时供应商直接向生产商进行补货，从而节约了时间与成本。我们把供应商这种不经过 VMI HUB 而直接向生产商进行补货的行为称为越库直拨（Cross-Docking）。

2）供应商—零售商 VMI 运作模式

当零售商把销售等相关信息通过 EDI 传输给供应商后（通常是一个补货周期的数据，如 3 天，甚至 1 天），供应商根据接收到的信息对需求进行预测，然后将预测的信息输入物料需求计划系统（MRP），并根据现有的企业内的库存量和零售商仓库的库存量，产生补货订单，安排生产计划进行生产。生产出的成品经过仓储、分拣、包装，运送给零售商。

供应商—零售商 VMI 运行模式与供应商—制造商运作模式的区别如下：在面对比较大的零售商时，并不一定当"接收货物"后，就产生了应付账款。通常大的零售商（如沃尔玛）要求，只有当供应商的货物真正被销售以后才向供应商付款，否则不产生"应付账款"。这种模式一般不需要建造 VMI HUB 这个中枢环节。因为对零售商来说，两个供应商所供应的产品是相互独立的，在同一段时间内零售商不是同时需要的，不像生产商需要零部件或原材料对生成一个产品来说是必须同时获得的。

3）第三方物流企业的参与模式

在实际实施过程中，有时需要第三方物流服务提供商的参与。原因如下：

在供应商—生产商模式中，不论对生产商还是供应商来说，他的核心竞争力主要是体现在其生产制造上，而不是物流配送上。显然，让供应商或者生产商去管理 VMI HUB 都是不经济的。

在供应商—零售商模式下，由于零售商的零售品范围比较广，供应商和零售商的地理位置相距较远，直接从供应商处向零售商补货的提前期较长，不利于进行准确的需求预测和应付突发状况。解决这一问题的折中方案就是供应商在零售商附近租用或建造仓库，由这个仓库负责直接向零售商供货。基于上述原因，让一家专业化程度较高的企业来管理 VMI HUB 或仓库是最合适不过了，而这时最理想的对象就是"第三方物流企业"。况且供应链管理强调的是，在供应链上的各个企业应该充分发挥自己的核心竞争力，这对第三方物流企业来说正好适应这种库存运作模式的要求，可充分发挥其优势。

7.1.3 汽车零部件入厂物流信息化系统建设实践

汽车物流供应链由于其零部件品种和数量众多（特别当产量达到一定规模时），牵涉供应商成员广泛，供应链环节复杂，时间敏感性强，因此是一条对技术性和专业性要求较高的特殊供应链。通常主机厂需要投入大量的人力、物力和财力去建设和规划相应的网络、系统，购置车辆，整合物流资源，自营的物流成本很高，而且往往达不到专业的运作效果。为集中主营业务，世界各主要汽车及零部件生产厂商纷纷外包其物流业务。

入厂物流（Inbound Logistics）是指将正确的零部件在正确的时间运到生产线边，包括供应物料的搬运与存储、库存控制、车辆调度及物料容器返回供应商等活动。日本汽车制造企业通常将零部件的入厂物流过程称为调达物流，而美国汽车制造企业将其称为集并物流。对汽车制造企业而言，入厂物流的主要功能是采集供应商的零部件，并按照整车厂的要求，以最小的成本准时送到整车厂，满足其生产要求。目前，汽车制造业入厂物流的主要方式已从传统的直接配送方式，转变为直接配送与循环取货（Milk-run）相结合的方式。在介绍具体配送方式之前，先对零部件入厂物流中涉及的几个概念做以说明。

1) 中转仓库

当卡车从供应商处集货完毕时，它可能并没有满载或零部件需被送至多个主机厂。在这种情况下，零部件先卸在中转仓库，然后再与其他循环取货方式送到中转仓库的零部件一起，按照一定的次序送到主机厂。这样可以提高配送的频率，减少甚至消除主机厂的库存和生产线旁堆积的零部件。

2) 主机厂本地仓库

主机厂常常会有自己的仓库，保证持有一定安全库存的零部件，这些零部件有的来自附近的供应商，更多的来自其他地区，这样本地仓库可以很快地把零配件发送至主机厂，在需要的情况下还可以按照一定的顺序把零部件送达。

3) 供应商园区

由于零部件供应商需要按照一定的顺序配送，供应商仓库通常建在离汽车主机厂较近的地方。经常是在需要零部件前不到两小时下订单。这类零部件常常是非常复杂的专业化的模块，或者是最后快速配置的或组装完整的运输成本很高的零部件或组件。一些供应商可能提供通用化模块、座椅、内部设备、外部喷漆部件（如门把手、缓冲器）等零部件。

在汽车制造业中，美、德、日、韩等国外汽车厂商均在我国合资建立了汽车制造厂，如福特、通用、大众、丰田、日产、本田、马自达、韩国现代等，加上长安、奇瑞、力帆、吉利等民族汽车品牌的崛起，以及其他一些各地政府支持下发展的中小品牌汽车，于是，与这些企业的文化背景及产销能力相适应的入厂物流解决方案共同构成了我国汽车制造业零部件入厂物流模式。在实际物流管理工作中，可能会遇到各种各样的零部件入厂物流模式。

1. 汽车零部件入厂物流基本模式

在入厂物流中，零部件的流动主要分为两部分：集货和配送。集货是指通过循环取货（Milk-run）或直接送货的方式，把零部件从供应商处运至集配中心的过程。配送则是卡车从集配中心出发把零部件运至一个或多个主机厂的过程。有的零部件不经过集配中心，直接送到主机厂。零部件入厂物流的基本模式主要有四种。

1）直接集货

直接集货是主机厂根据生产计划，制订对应的物流计划，通过物流运输公司派车辆到某一个供应商处集货。集货完成后，零部件可能通过中转仓库，也可能直接送到主机厂生产线上。直接集货通常适用于运送大批量的零配件。采用直接集货一般是以下情况：该供应商离主机厂比较远，并且该供应商附近没有其他的供应商。主机厂采用直接集货，所取的零部件一般会送到主机厂设定的中转仓库内，当生产需要的时候从中转仓提取，再送到生产线上。这种方式成本会比较高，无论是运输费用或是库存费用，因此，这种方式应用不太广泛，只适用于一些零配件供应量非常大的供应商。

2）直接配送

直接配送也称直接取货，在这种方式下，供应商把零配件直接送到主机厂装配生产线上。一般情况下，如果装载率高，这是运输成本最低的一种方式。但随着拣货频率的增加，卡车的装载率会降低，运输成本会随之上升。这种方式应用不太广泛，只适用于一些零配件供应量非常大的供应商。但是，直接配送的方式在某一特定情况下是十分高效的方式，即在主机厂周围有不少供应商时，这些供应商往往是提供重要零部件的供应商，他们提供的零部件大部分是根据生产线的生产顺序提供的。因此，采用直接配送的方式，能提高效率，实现JIT的生产方式。正确运用直接配送的方式进行入厂物流操作，能降低整体物流成本和生产成本。

3）循环取货

循环取货方式是从多个供应商处提取多品种、少批量的零配件，将其送到主机厂或其他中转地。通常是第三方物流企业的卡车途径多个供应商集货，这些零部件可以为一个或多个主机厂配送，然后根据情况送到中转仓库或直接送到主机厂。当然只有在一定前提下，才适用循环取货，那就是每次少量的拣货不会造成成本的大幅增加和主机厂卸货地的拥堵。循环取货的范围可以是一个汽车主机厂的供应商，也可以是从不同主机厂的多个供应商处拣货，还可以从不同行业的企业的供应商处取零部件和原材料。循环取货是目前汽车制造业最常用的一种集货方式。

4）联合配送

联合配送是零部件在送达中转仓库后，同其他由循环取货方式送到的零部件汇集在一起，重新打包并按照一定的顺序配送至主机厂。当循环取货和直接集货的零部件数量比较少时，可以采取这种集货方式。其实联合配送是循环取货和直接集货的共同运用。该方式主要适合于离主机厂较远的供应商，例如某主机厂在广州地区，而一些供应商在华东地区，因此，可以采取循环取货的方式对华东地区的供应商进行取货，然后运输到华东地区的中转仓库内，再用直接集货的方式，把零部件运输到主机厂，这就是联合配送的运用。

2. 汽车零部件入厂物流模式的分类

根据多年的汽车零部件入厂物流实践经验，可以从物流主导方、物流需求方式以及具体入厂物流运作方式等三个方面对我国汽车零部件入厂物流模式进行分类。

1）基于物流主导方的分类

从物流主导方来看，可以分为供应商主导物流模式、汽车制造企业主导物流模式和第三方物流（3PL）模式。

（1）供应商主导物流模式。零部件供应商接受汽车制造企业的采购订单后，与第三方物流公司签订物流服务合同，由第三方物流公司将零部件送到汽车制造企业。汽车制造企业对第三方物流公司的物流改进需求，必须通过供应商与第三方物流公司沟通，汽车制造企业没有物流控制能力。目前，国内部分民族品牌及中小汽车品牌企业基本采取这种物流模式，甚至部分大型汽车制造企业也部分保留这种物流模式。在这种物流模式下，汽车制造企业与供应商签订的采购合同是到岸价格，即汽车制造工厂交货的价格，供应商负责零部件从其所在地到汽车工厂之间的物流成本、安全保险、质量保证物流过程等，汽车制造企业基本上不进行干涉，而只关注物流结果，即供货的及时性、准确性和质量稳定性。这是一种十分传统的商流、物流、资金流合一的采购模式。在这种供应商主导物流模式下，供应商为了自己的利益，往往模糊零部件出厂价格和物流成本构成比例。面对汽车制造企业的采购降价要求，供应商往往在物流成本上大做文章，最终降价的部分只不过是物流成本而已，而且供应商可能因此选择价格更低、服务质量更低的物流公司。实质上，这不仅没有实现零部件降价的目的，反而增加了零部件因物流原因缺货、质量损失等风险，对汽车制造企业来说，这无疑是致命的。因此，由于双方的信息不对称，很难建立一种信任机制，双方也难以建立和谐的协同合作关系。从另一个方面来看，在这种模式下，同一汽车制造企业的供应商之间不可能存在物流协作关系，各自都找物流公司进行零担发货。而实际上同一地理区域的供应商的物流货物完全可以通过合理组织而整车发运。

（2）汽车制造企业主导物流模式。汽车制造企业主导物流模式主要体现在产业集群方面，从技术方面则体现在 Milk Run 上门取货与集并运输控制方面。产业集群是汽车制造业发展的重要形态，是指围绕一个或多个核心汽车制造企业，在一定地理区域内形成一个汽车制造及供应配套十分集中的区域，形成一个汽车产业的集群。近年来我国汽车产业快速发展，大小不等的汽车产业集群正在形成，在环渤海湾、长三角、珠三角等几个汽车生产集中区域初露端倪。在汽车产业集群中，核心汽车制造企业占主导地位，供应商零部件入厂物流基本上严格按照汽车制造企业的要求进行运作，汽车制造企业采取 Milk Run 上门提货的方式或要求供应商之间进行横向联合，按照汽车制造企业的要求开展集并运输和共同配送。在这种物流模式下，汽车制造企业与供应商签订的采购合同是离岸价格，即汽车制造企业上门取货的价格，汽车制造企业大大增强了对零部件入厂物流过程的控制与物流成本的控制，为汽车制造企业营造了较好的物流环境。这种物流模式在上海、广州等汽车产业集群的汽车制造企业内得到了应用，如上海通用汽车。

（3）第三方物流模式。第三方物流模式是近几年随着我国汽车市场的迅猛发展而逐步应用和推广的物流模式，其主要目的在于突出汽车制造企业的核心竞争力，降低零部件入厂物流成本，提升物流服务对离散制造的柔性配套能力。第三方物流模式的基本运作方式是：汽车制造企业作为采购者，同时也是发货人，与供应商签订离岸价格采购合同，即汽车制造企业上门取货的价格；同时，将供应商零部件入厂物流业务委托给第三方物流公司，并与第三方物流公司签订物流服务采购合同；第三方物流公司向汽车制造企业提供并执行零部件入厂物流解决方案，采取各种物流方式和物流技术完成零部件入厂物流任务，从而实现了商流、物流的分离；汽车制造企业可以就入厂物流过程中的路径优化、时间窗口、配送频率、质量控制、供货保障等直接对第三方物流提出要求并共同改进。同时，生产制造企业还可以建立物流服务考核的 KPI 体系，对第三方物流公司提供的入厂物流服务进行绩效考核。这样，汽车制造企业就大大增强了物流过程的控制能力和对物流成本的掌控能力，同时也有利于汽车制造企业与其供应商建立一种信息透明的信任关系。

在汽车制造企业面临竞争压力而要求零部件供应商提供一定范围降价支持时，供应商提供的是一种双方可视的通透的零部件本身的降价，而不是变相的物流成本的下降与物流服务水平的降低。在这种物流模式下，第三方物流公司利用自身的物流理念、物流技术和物流服务网络，对汽车制造企业的供应商零部件资源进行整合，同时还可以整合社会上的相关物流资源，充分发挥物流规模优势，从而为汽车制造企业物流成本的降低提供了空间，也为物流公司自身的利润增长提供了空间。这种战略性双赢的合作模式已经得到越来越多的汽车制造企业的重视与应用。目前，上海通用、上海大众、一汽大众、长安福特、现代汽车、神龙汽车、广州本田、丰田汽车、长安汽车、奇瑞汽车、力帆汽车等国内外汽车制造企业，都先后启用了零部件入厂物流第三方物流模式。与此同时，上海安吉天地汽车物流、上海通汇物流、长安民生物流、吉林长久物流、广州风神物流等专业性汽车物流服务公司也得到了迅速发展。这充分说明，第三方物流模式已经成为汽车制造业零部件入厂物流的重要发展趋势。

2）基于物流需求方式的分类

从物流需求方式的角度看，可以分为推式物流模式和拉式物流模式。随着我国汽车消费者的需求不断变化以及市场竞争的加剧，汽车制造企业为了提高订单反应速度和效率，降低销售库存的积压，对生产计划进行了相应的调整，逐步由原来的大规模面向库存生产（MTS，Made to Stock）向柔性化的面向订单生产（MTO，Made to Order）转变，即生产计划推式生产和订单拉式生产。与这种生产模式相适应，零部件入厂物流模式也分为生产计划推式物流模式和订单拉式物流模式。

（1）推式物流模式。在推式物流（Push Logistics）模式下，汽车制造企业的生产计划占有十分重要的地位，而且生产计划的编制更侧重于工厂的生产能力、上级任务指标和以往市场销售情况等。在生产计划编制完毕后，开始编制物料计划，并进行分解和组织供应商零部件。在这种物流模式下，一方面是可能造成成品汽车面临市场滞销后带来的成品库存大量积压的问题；另一方面也可能是提前采购供应商的零部件带来的库存积压问题，特别是采购周期长的远程供应商的零部件和进口 KD（Knock Down）件。因此，这种物流模式可能带来的库存资金积压风险是很大的。

（2）拉式物流模式。在拉式物流（Pull Logistics）模式下，生产计划更侧重于分销网络从客户那里获得的购买订单、市场销售预测等信息的处理和分析，然后结合工厂生产能力，编制物料需求计划和采购订单，这样就基本上形成了一个最终客户需求拉动生产、拉动物料、拉动物流的生产及物流模式。在拉式的零部件入厂物流模式下，供应商的零部件必须按照汽车制造企业的实际消耗按需及时、准确地送达汽车制造企业，实现生产制造与成品车销售的"零库存"。这样就产生了 JIT（Just in Time）配送的需求，也就产生了专业的汽车物流供应商，为汽车制造企业及其供应商提供专业的拉式物流解决方案，从而大大降低汽车制造企业的库存资金压力，提高了资金周转率，提高了企业的市场竞争力。这种以市场拉动生产、生产拉动物流的拉动物流模式，也是一种入厂物流模式的发展趋势，已经成为越来越多汽车制造企业的物流优化方案。

3）基于具体入厂物流运作方式的分类

从具体入厂物流运作方式的角度看，可以划分为 JIT（Just in Time）看板模式、JIS（Just in Sequence）看板模式、VMI（Vendor Managed Inventory）仓储配送模式、Milk Run 调达模式、Cross Docking 模式、直供上线模式等。随着跨国汽车制造企业在我国的投资合作以及现代物流理论、技术的不断深入发展，零部件入厂物流的具体运作方式也在不断创新、发展，并逐步从理论走向实际推广和应用。这些物流运作方式为汽车零部件入厂物流模式的发展提供了更多选择。

（1）JIT 看板模式。这是一种从日本丰田汽车引进和推广而来的物料拉动模式，其基本原理就是用看板跟踪生产物料实际消耗情况，并根据消耗完毕的看板由物流人员拉动循环补料，尽量减少生产线边及库房物料积压。

（2）JIS 看板模式。这是汽车制造业为了适应大规模柔性化生产而发展起来的物料拉动模式，其基本原理是：在车间生产线同时生产多车型、多颜色、多配置汽车的情况下，要求按上线车身顺序组织各种专用件、颜色件。在具体操作上，事先向物流部门提供上线车身顺序，物流部门通过系统将车身顺序分解为物料需求顺序，并将这些物料按顺序放在专用的工位器具内，以便车间工人按顺序拿取零部件进行装配。

（3）VMI 仓储配送模式。这是目前汽车制造企业为了降低自身库存压力和市场风险，同时也是零部件供应商为了提高 JIT、JIS 供货能力，由供应商在汽车制造企业附近租用库房，或使用统一由第三方物流管理的物流配送中心，通过供应商零部件的 JIT 仓储配送为汽车制造企业生产提供物料上线服务。供应商零部件在交达汽车生产车间前的资产所有权仍归供应商。也就是说，在这种模式下，零部件在送达汽车生产车间之前，供应商对其零部件库存拥有管理权。

（4）Cross Docking 模式。这种零部件入厂物流模式主要是针对进口 KD 件、航空快件和远程小批量零部件的生产供应，零部件运输到物流配送中心后，进行简单的换装处理或不做处理，就马上转运到汽车制造企业的生产车间。这种零部件入厂物流模式的主要优势在于提高了物流反应速度，提高了物流配送中心的物流处理能力。

（5）直供上线模式。这也是汽车生产制造企业常用的一种零部件入厂物流模式，主要是针对产业集群范围内的零部件。这些零部件具有体积大、容易损坏、专用性强等特点，比如玻璃、座椅、保险杠、轮胎等，由供应商直接从自己的生产线装入物流包装内，并直接按照汽车制造企业的生产需求、甚至生产顺序送到汽车制造企业的生产线边。这种从生产线到生产线的直供模式，大大降低了此类物料在物流过程中的损耗，也减少了车间物流面积，受到了广大汽车制造企业及其相关供应商的青睐。

（6）JMI 联合库存配送模式。JMI 联合库存配送模式是供应商与汽车制造企业联合库存，强调供需双方同时参与，相互协调，共同制订库存计划。在供应链上，每个企业通过相互之间的协调性考虑，在供应商和用户之间建立合理的库存成本、运输成本及意外损失的分担机制，将 VMI 系统中供应商的全部责任转化为各个用户的部分责任，通过加强供应链管理模式下的库存控制来提高供应链的系统性和集成性，增强企业的敏捷性和响应性，体现了战略供应商联盟的新型企业合作关系，这是一种风险共担、利益共享的模式。这种模式既解决了供应商库存管理难度大、资金周转周期长的问题，消除了"牛鞭效益"，又解决了汽车制造企业生产需求及时配送的问题。但这种模式要求供应商与汽车制造企业是长期战略合作伙伴关系，并且要求实现信息共享。

实际上，以上零部件入厂物流模式在实际应用中并不是独立存在的，它们之间可以进行排列组合，形成更多更具有实际操作性的物流解决方案，这是我国汽车零部件入厂物流模式的重要特点。同时，针对汽车制造企业，特别是国内自主民族品牌的汽车制造企业，可能会有多种零部件入厂物流模式同时并存。长安汽车作为国内微型车制造企业的代表，其零部件入厂物流模式就是上述各种入厂物流模式的综合。尽管长安汽车的零部件入厂物流业务交由其控股的长安民生物流进行第三方物流运作，但仍存在着供应商主导物流的成分；同时在拉式物流为主导的情况下，也对部分物料（例如标件、微小橡胶件等）进行推式物流；在具体物流运作方式方面，更是兼容了 JIT、JIS、VMI、Milk Run、Cross Docking、直供上线等物流运作模式。这种融合上述多种入厂物流应用模式的解决方案，是与我国地理、人文条件和传统生产习惯相适应的，在今后较长一段时间内，也是汽车零部件入厂物流的发展趋势之一。

我国汽车产业已经历了入世后多年的考验，汽车零部件的入厂物流，乃至整个汽车供应链物流已经得到了长足的发展。尽管与日本、美国等汽车巨头的物流管理水平还有很大的差距，但可以相信，在不久的将来，我国汽车制造业零部件入厂物流模式，一方面将随着我国汽车制造业本身的发展而不断发展，另一方面，也将随着我国现代物流管理及技术的发展而不断创新、提高。

3. 汽车制造总装车间物流 SPS 运行方式分析

随着丰田生产方式在我国汽车行业的引入，总装车间物流的 SPS（Set Parts System）配货方式也在我国汽车业中得到了极大关注，无论是丰田合资、大众合资还是通用合资，都在大力推广应用。SPS 配货方式就是按每车装配辆份配送货物。

SPS 配货方式的作业方式是总装车间的物流系统在信息控制系统指导下，有条不紊地从仓库货架取出所需零部件，按 SPS 配货方式送到指定工位。其具体配货流程如下：

（1）中央控制室（Central Control Room，CCR）根据市场分析及订单情况安排生产计划，并将生产计划的车辆顺序信息向总装车间情报中心传递。

（2）车辆顺序信息传到总装车间情报中心，由情报信息员根据实际工位查找相应信息指示卡。

（3）情报信息员将信息指示卡投递到 SPS 供应管理板处。

（4）物流配货人员从 SPS 供给管理板处获取信息选取配货指示票，配货指示票上标有某个车型、某个装配零部件的种类和数量。

（5）物流人员按照配货指示票到 SPS 区配货并放在相应的台车上，物流人员将配好的货放到运输台车上。

（6）配完后放在供给待发区，物流人员将零件供给到生产线的起始位置。

（7）物流人员将空台车返回到零件供给待发区。通过 SPS 方式配货完成。

4. SPS 运行方式的优势

1）上线点减少

一辆份零部件被分成有限的几部分，分别在几个上线点与整车随行。上线点的减少意味着在线旁的物流线路变得简单、清晰了。简单的物流线路意味着交叉点的减少、冲突点的降低。

2）线旁物料面积减少

由于整车所需装配的零部件均按辆份与车身随行，线旁的物料面积就减少了。以往由于生产纲领提高所造成的线旁物料面积的矛盾也就不存在了。

3）通道面积可能削减

如果能够实现整线 SPS 配货方式，SPS 配货的上线点均设在线的端部，那么在整线中部工位没有物料需求，通道面积也就可能削减了。

4）防错功能

装配线上操作工人的工作内容由原来的挑拣零部件和装配零部件两道工序变为只装配零部件，而且由于所装配零部件有明显差异，操作工人不会错装；由于每个随行的料架均是按辆份配送的，所以如果装配后料架上有剩余零部件，则为漏装，操作工人可及时发现和纠正。

5）降低操作工人的劳动强度

操作工人不需要去线边的料架取零部件。由于料架是随行的，操作工人可以就近取件，降低了操作工人频繁走动所增加的劳动强度。

6）提高了劳动生产率

由于操作工人减少了取件及挑拣零部件的用时，减少了装配每个零部件所需的工时，使得整线提高节拍成为可能。

5. SPS 运行方式的局限

SPS 运行方式会带来以下几个问题。

1）节省面积问题

毋庸置疑，在 SPS 配货方式中，最大限度地节省了装配线旁的物料面积，但是它增加了配货面积，这部分面积是采用传统送货方式时所不需要的。从整个车间角度上看，总面积没有节省反倒是增加了。以某厂为例，$16\,000\ \mathrm{m}^2$ 的总面积中，装配车间生产面积为 $4\,880\ \mathrm{m}^2$，物流配货面积为 $7\,186\ \mathrm{m}^2$，通道面积为 $2\,926\ \mathrm{m}^2$，其他辅助面积为 $1\,008\ \mathrm{m}^2$。从上面的数据可以看出物流配货面积约是装配生产面积的 1.47 倍（不包括通道面积）。在另两个厂中，一个厂总装车间装配生产面积约为 $13\,600\ \mathrm{m}^2$，而物流面积达到 $24\,600\ \mathrm{m}^2$，装配生产面积与物流面积之比约为 1：1.8；另一个厂总装车间装配生产面积约为 $41\,000\ \mathrm{m}^2$，而物流面积达 $61\,200\ \mathrm{m}^2$，装配生产面积与物流面积之比约为 1：1.49。而以往采用送货制生产方式时，设计的装配生产面积与物流面积之比是按 1：(0.6~0.8)考虑的。物流面积是非生产面积，是不创造价值的面积。物流面积的增加大大地增加了新厂建设的投资和生产厂的场地占用成本，实际上最终增加了产品的成本。这与精益思想是相悖的。

2）防错功能问题

这里的防错功能包括两个方面：一方面是防装错，即防止差异较小的零部件装错；另一方面是防漏装。在同一条生产线上生产的车型，即使是多品种，也都是一个系列的车型，也就是说，在同一条生产线上生产的车型中的大部分零部件及总成件都是一样的。为了少量差异零部件的防错装而把所有零部件都放在料车上，从成本和操作难度上综合考虑，是否必要，值得探究。

3）配送零部件质量保证问题

由于配送零部件是按辆份送到每个车旁的，也就是说没有备份，当装配过程中出现质量问题（如零部件不合格、损坏或遗失）时，由于没有备份零部件，那么这辆车只能随其他车一起下线，再到返修区进行装配了。这样就大大增加了返修区的工作量，增加了返修面积。因此，SPS 运行方式对入库零部件质量要求非常高，要求配送的零部件合格率为 100%，并且保证在运送过程中无质量事故。这对于同种零部件成批送货相对容易保证，而对于按辆份配送的方式，由于要将结构各异的零部件都放在同一配送小车上，会有一定的困难。

4）提高生产效率问题

这个问题应该从两个方面讨论。一方面是零部件搬运问题。SPS 运行方式造成了零部件的"二次搬运"，将零部件取出送到配送区，再从配送区取出零部件放到随行料架上，比传统的送货方式增加了一次零部件配送，是属于丰田生产方式所说的"7 种浪费"之一，可见其是影响生产效率的。另一方面是操作工人在装配过程中的取件用时问题。SPS 运行方式一直强调操作工人从随行料架上取件比线旁取件所走的距离短。事实上，在实行 SPS 运行方式的总装车间看到的是随行料架放在两工位之间，操作工人到随行料架取件至少要走出 1 m 远，与到线边料架相比并不近。因此，通过随行料架取件和到线旁料架取件对工人装配效率的影响是微乎其微的。

5）SPS 运行方式适用的零件问题

SPS 运行方式是将整车零部件按辆份放在随行料架上，但很难想象大型总成件，如保险杠、座椅和轮胎等也放在随行料架上，这些总成件会使随行料架变得很大；另外还有一些有分装内容的总成件，如仪表板、车门、动力总成和风挡玻璃等，也不会采用随行料架送到装配工位的。由此可见，SPS 运行方式适用的是中小型的零部件，如成套锁、门把手和内护板等。

6. SPS 的适用条件

SPS 运行方式最大的优势体现在不同种类车型的差异件的取用和判断上，最大限度地减少了操作工人的判断失误。

SPS 运行方式并不适用于大批量的整车生产方式。SPS 运行方式更适合批量小、品种多且差异件多的整车试制线，或一些零部件比较小，而零部件在运送过程中不易受到损伤的总成分装件。

7.2 汽车制造物流信息化系统规划与设计

7.2.1 汽车零部件物流信息化系统开发

物流信息已经从"点"发展到"面"，以网络方式将物流企业的各部门、各物流企业、物流企业与生产企业和商业企业等连在一起，实现了社会性的各部门、各企业之间低成本的数据高速共享。物流信息从平面应用发展到立体应用，企业物流要更好地与信息流和资金流融合，离不开物流信息系统的支持。汽车零部件物流信息系统概述如下。

物流信息系统（Logistics Information System，LIS）作为企业信息系统中的一类，可以理解为通过对与物流相关信息的加工处理来达到对物流、资金流的有效控制和管理，并为企业提供信息分析和决策支持的人机系统。它具有实时化、网络化、系统化、规模化、专业化、集成化、智能化等特点。物流信息系统以物流信息传递的标准化和实时化、存储的数字化、物流信息处理的计算机化等为基本内容。

物流管理信息系统（Logistics Management Information System，LMIS）是利用信息技术，通过信息流，将各种物流活动与某个一体化过程连接在一起的通道。物流系统中的相互衔接是通过信息予以沟通的，基本资源的调度也是通过信息共享来实现的，因此，组织物流活动必须以信息为基本内容。为了使物流活动正常而有规律地进行，必须保证物流信息畅通。物流信息的网络化就是要将物流信息通过现代信息技术使其在企业内、企业间乃至全球达到共享的一种方式。

信息技术（Information Technology，IT）泛指凡是能拓展人的信息处理能力的技术。从目前来看，信息技术主要包括传感技术、计算机技术、通信技术、控制技术等，它替代或辅助人们完成了对信息的检测、识别、变换、存储、传递、计算、提取、控制和利用。根据物流的功能以及特点，物流信息技术主要包括条形码及射频技术、计算机网络技术、多媒体技术、地理信息技术、全球卫星定位技术、自动化仓库管理技术、智能标签技术、信息交换技术、电子数据交换、数据库技术、数据仓库技术、数据挖掘技术、Web 技术等。

1）条形码及射频技术

条形码及射频技术亦称条码技术，是 20 世纪在计算机应用中产生和发展起来的一种自动识别技术，是集条码理论、光电技术、计算机技术、通信技术、条码印制技术于一体的综合性技术。

条码技术是物流自动跟踪的最有力工具，被广泛应用。条码技术具有制作简单、信息收集速度快、准确率高、信息量大、成本低和条码设备方便易用等优点，所以从生产到销售的流通转移过程中，条码技术起到了准确识别物品信息和快速跟踪物品历程的重要作用，它是整个物流信息管理工作的基础。条码技术在物流的数据采集、快速响应、运输的应用方面极大地促进了物流业的发展。

2）多媒体技术

多媒体技术通常被解释为通过计算机将文字、图像和声音集成为一个具有人机交互功能和可编程环境的技术，其中图像包括图形、图像、动画、视频等，声音包括语音、音乐、音像效果等。目前，多媒体技术在各个领域发挥着引人注目的作用。多媒体技术主要涉及图像处理、声音处理、超文本处理、多媒体数据库、多媒体通信等。

3）地理信息系统

地理信息系统（Geographic Information System，GIS）是人类在生产实践活动中，为描述和处理相关地理信息而逐渐产生的软件系统。它以计算机为工具，对具有地理特征的空间数据进行处理，能以一个空间信息为主线，将其他各种与其有关的空间位置信息结合起来。它的诞生改变了传统的数据处理方式，使信息处理由数值领域步入空间领域。GIS 用途十分广泛，例如交通、能源、农林、水利、测绘、地矿、环境、航空、国土资源综合利用等。

4）Milk Run 调达模式。

这是一种流行于日本汽车制造企业的零部件入厂物流模式，即由汽车制造企业自己或委托第三方物流公司按照生产需求和采购订单，根据事先确定的时间安排与物流线路规划，到多个供应商工厂上门循环取货，最后回到汽车制造工厂。通过这种模式，降低了工厂库存，也提高了物流资源利用效率，降低了物流成本。图 7-4 是我国汽车物流行业某标杆企业应用路径规划数学模型开发的 MIILRUN 自动线路安排信息系统。

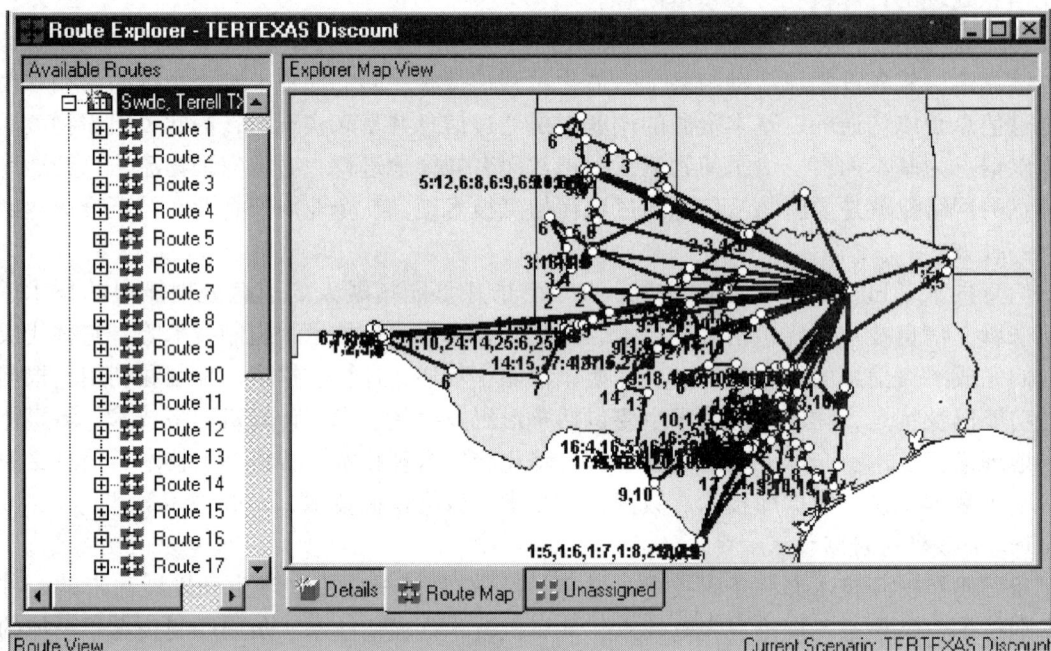

图 7-4　基于路径规划数学模型开发的 MIILRUN 自动线路安排信息系统

5）全球定位系统

全球定位系统（Global Positioning System，GPS）的原始思维理念是将参考的定位坐标系搬到天际上去，可在任何时候、任何地方提供全球范围内三维位置、三维速度和时间信息服务。使用 GPS，可以利用卫星对物流及车辆运行情况进行实时监控；可以实现物流调度的即时接单和即时排单，以及车辆动态实时调度管理；同时，客户经授权后也可以通过互联网随时监控运送自己货物车辆的具体位置。如果货物运输需要临时改变线路，可以随时指挥调动，车辆大大降低空载率，做到资源的最佳配置。使用 GPS 技术可以控制汽车零部件实时运输能力，如追踪当前状态、空载、零部件目的方向等。使用 GPS 技术客户能够快速查询零部件状态的途径，包括出发时间、预计到达时间和运输方式，回放车辆历史行程的情况。图 7-5 是我国汽车物流某行业标杆企业开发的可视化 GPS 车辆运输监控信息系统。

6）电子数据交换

电子数据交换（Electronic Data Interchange，EDI）是按照协议的标准结构格式，将标准的经济信息，通过电子数据通信网络在商业伙伴的电子计算机系统之间进行交换和自动处理。

EDI 的基础是信息，这些信息可以由人工输入计算机，但更好的方法是通过扫描条码获

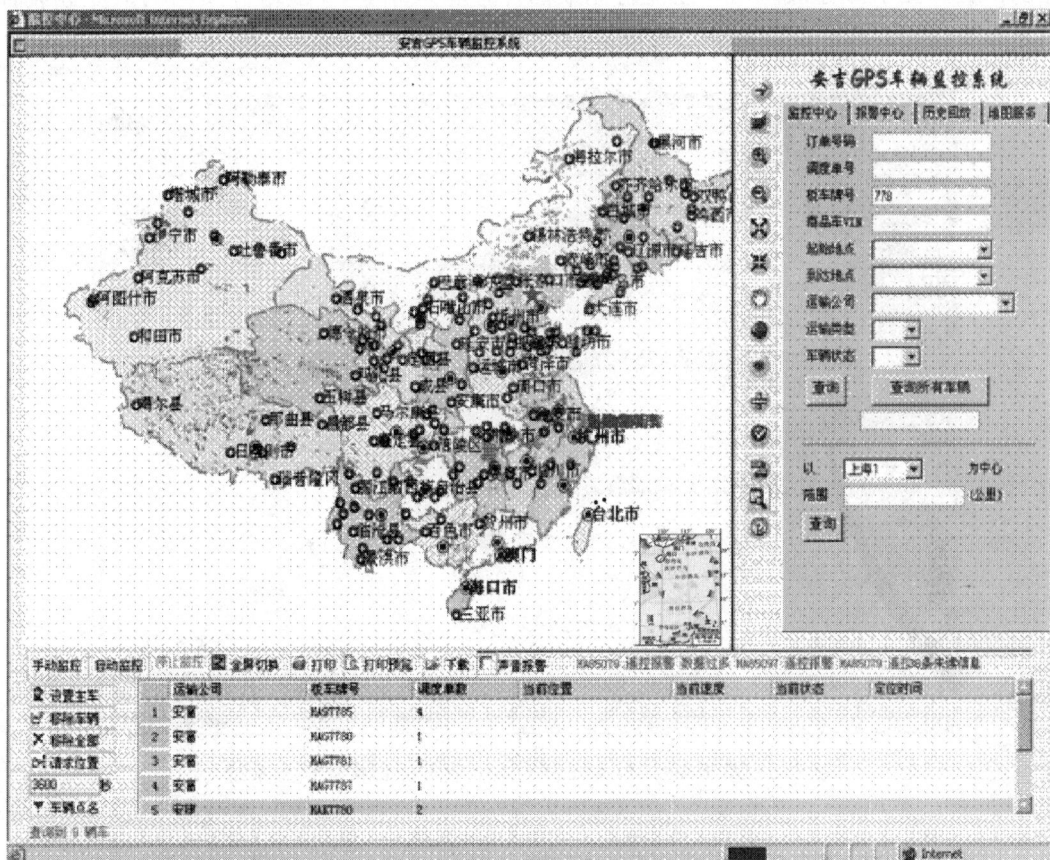

图 7-5　可视化 GPS 车辆运输监控信息系统

取数据，扫描条码速度快、准确性高。物流技术中的条码包含了物流过程所需的多种信息，与 EDI 相结合，方能确保物流信息的及时可得性。

7）数据库技术

数据库技术将信息系统中大量的数据按一定的模型组织起来，提供存储、维护、检索数据的功能，使信息系统可方便、及时、准确地从数据库中获得所需的信息，并依此作为行为和决策的依据。现代物流信息量大而复杂，如果没有数据库技术的有效支持，物流信息系统将无法运作，更不用说为企业提供信息分析和决策帮助了。

8）数据挖掘技术

信息技术的迅速发展，使数据资源日益丰富。但是，"数据丰富而知识贫乏"的问题至今还很严重。数据挖掘（Data Mining，DM）随之产生。DM 是一个从大型数据库浩瀚的数据中，抽取隐含的、未知的、潜在有用的信息或关系的过程。

9）Web 技术

Web 技术是网络社会中具有突破性变革的技术，是 Internet 上最受欢迎、最为流行的技术。其采用超文本、超媒体的方式进行信息的存储与传递，能把各种信息资源有机地结合起来，具有图文并茂的信息集成能力及超文本链接能力的信息检索服务程序。Web 页面的描述由标识语言（HTML）发展为可扩展的标识语言（XML），使得 Internet 上可以方便地定义行业的语义。图 7-6 是我国汽车物流行业某标杆企业采用 Web 技术开发的网上业务流程优化信息系统，可对汽车制造物流过程跟踪管理，实现透明化服务。

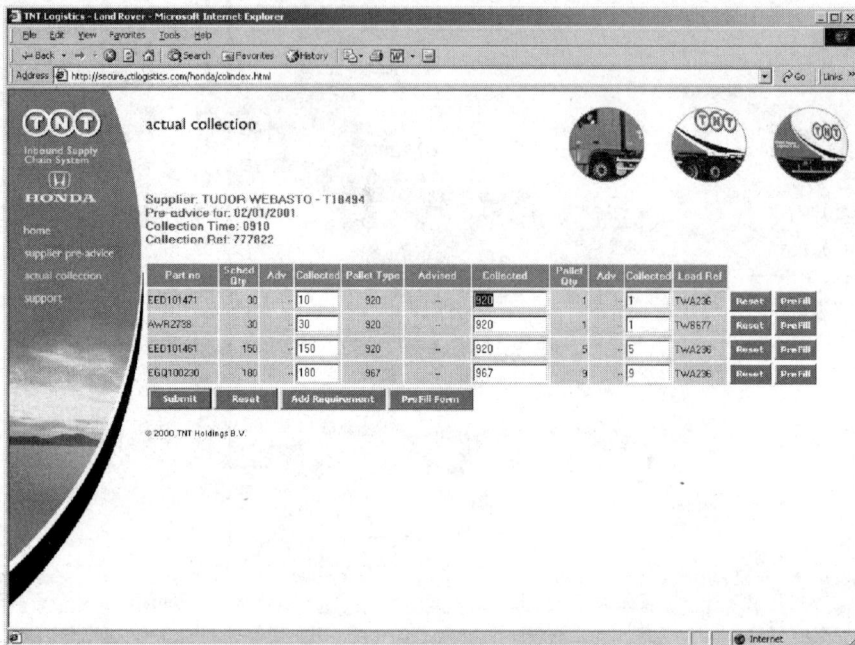

图 7-6　基于 Web 技术开发的网上业务流程优化信息系统

7.2.2　汽车制造物流信息化系统的构成

从系统的观点，构成物流企业信息化系统的主要组成要素有硬件、软件、数据库和数据仓库、相关人员以及企业管理制度与规范等。

1. 硬件

硬件包括计算机、必要的通信设施等，例如计算机主机、外存、打印机、服务器、通信电缆、通信设施，它们是物流信息系统的物理设备、硬件资源，是实现物流信息系统的基础，构成系统运行的硬件平台。

2. 软件

在物流信息化系统中，软件一般包括系统软件、实用软件和应用软件。系统软件主要有操作系统（Operation System，OS）、网络操作系统（Network Operation System，NOS）等，作用是控制、协调硬件资源，是物流信息系统必不可少的软件。实用软件的种类很多，对于物流信息系统，主要有数据库管理系统（Database Management System，DBMS）、计算机语言、各种开发工具、国际互联网上的浏览器、群件等，主要用于开发应用软件、管理数据资源、实现通信等。应用软件是面向问题的软件，与物流企业业务运作相关，实现辅助企业管理的功能。不同的企业可以根据应用的要求来开发或购买软件。

相关人员系统的开发涉及多方面的人员，有专业人员，有领导，还有终端用户，例如企业高层的领导（CEO）、信息主管、中层管理人员、业务主管、业务人员，系统分析员、系统设计员、程序设计员、系统维护人员等是从事企业物流信息资源管理的专业人员。

3. 数据库与数据仓库

数据库与数据仓库用来存放与应用相关的数据，是实现辅助企业管理和支持决策的数据基础，目前大量的数据存放在数据库中。

图 7-7 描述了汽车制造企业开发的物流信息化系统的总体架构，由计算机硬件平台和系统软件、实用软件、应用软件组成。不同的物流企业，应当采取不同的管理理念，其物流信息系统的应用软件会不同。以机械制造业为例，管理理念由库存控制、制造资源管理发展到企业资源管理，其业务层的企业信息系统应用软件随之发生了从 MRP、MRP II 到 ERP 的变化，从注重内部效率的提高到注重为客户服务，其业务层的企业信息系统应用软件从以财务为中心发展到以客户为中心。

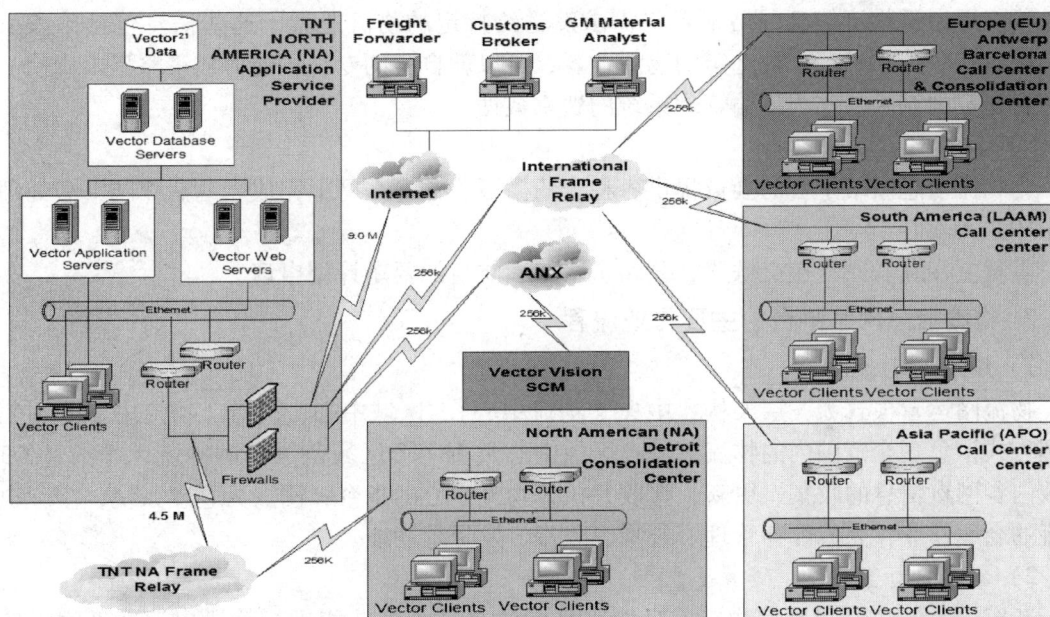

图 7-7　某汽车制造企业开发的物流信息系统网络平台（优化目标实时、安全、高效）

7.2.3　汽车制造物流信息化网络平台的功能模块和作业流程

1. 物流信息网络平台的功能模块

1）物流网框架

用于提供一个具有延展性的平台，让使用者可以通过互联网，进入物流网进行作业。系统管理者亦可通过系统管理功能模块进行系统设定、基础数据维护等。

2）物流网网页内容

为物流网会员提供多元化物流信息，包括物流的政策法规、最新信息发布、专家咨询及常见问题解答等。

3）仓库管理

仓库管理功能包括货物入库、上架、补货、拣货、出货、盘点及账务处理。

4）多仓管理

物流网应用平台上可同时管理多个仓库，包括出入库、调拨、调整、账务查询等功能，并可与运输管理集成，实现储运一体的目标。

5）会员管理

为物流信息网络平台的会员提供注册、登录、基本资料维护及管理功能。

6）产品目录管理

提供储运品的基本资料维护及管理，供仓库管理及运输管理使用。

7）运输管理

为货主、承运人、物流业者提供货物运输的执行、监控、追踪功能，如运务需求提交、运费管理、装载处理及运输状态更新等。

8）合约议定

货主可通过物流信息网络平台将需求发送给特定的物流业者，这些信息包括区段、数量、载具、服务水平等；被选定的物流业者，可以就自身的专长、能力或策略提出竞价，并可整合议定的结果，作为运输管理系统的费率数据。

9）合约生成

为物流信息网络平台的会员提供各种合约模板，并可在网上完成合约制作与下载处理。

10）要车计划

供货主在互联网上提交铁路、公路、水路和航空的要车计划申请。

2. 物流信息网络平台的主要作业流程

1）物流网运营模式

物流网运营模式为三层架构：中央（物流中心）、区域中心、网点。物流中心采用集中管理方式，负责全范围内的物流管理；区域中心负责一个区域范围内的物流运作信息处理，区域内各网点信息的收集、更新，接收并执行物流中心的指令；网点为仓库系统，实际执行物流的仓库作业，完成库存管理、补货、收货、发货等功能。

2）新客户加盟

新客户（货主）可利用物流信息网络平台的会员管理功能进行注册申请，经物流信息网络平台管理部门审核确认后，就可成为新会员。物流信息网络平台的会员可利用产品目录管理功能，进行仓库商品的资料登录，此信息自动更新下层网点仓库系统，维持上下层资料的一致性。

3）出入库、调整、调拨

客户（货主）可通过多仓管理界面提交出库单、入库单、调整单、调拨单给下层仓库管理系统，所提交的出库单等经仓库作业人员审核确认后，由作业部门人员安排运输，提交给承运人。

4）货物追踪、库存查询

客户（货主）可以通过多仓管理系统对自己在仓库中的货物进行查询，包括数量、储位等；承运人可通过运输管理系统将货物递送信息登录到系统；客户可利用运输管理系统进行货物追踪，掌握货物递送的动态信息。

5）运输合约议价

客户与物流信息网络平台的业务人员可利用合约议定功能，进行运输合约费率询价、报价。

6）合约生成

中央管理部门可根据业务需要，制订运输、仓储等合约模板，为业务部门与客户提供在线填写、制作并生成合约。

7）要车计划

货主可以通过互联网提交要车计划申请，经审核批准后的要车计划，将接入铁路运输管理信息系统（TMIS）。物流网与 TMIS 整合，将进一步拓展和延伸物流网的功能。

8）账务管理与查询

物流信息网络平台的财务部门与管理人员可在多仓管理系统中查询管理仓储与运输费用。

3. 物流信息化系统的开发

系统的开发策略是指包括识别问题，明确系统开发的指导思想，选定适当的开发方法，确定系统开发过程、方式、原则等各个方面在内的一种系统开发总体方案。

1）识别问题

根据用户的需求状况、实际组织的管理现状以及具体的信息处理技术来分析和识别问题的性质、特点，以便确定应采用什么样的方式来解决。需要解决的问题有：

（1）信息和信息系统需求的确定性程度。即考察用户对系统的需求状况，信息系统在未来组织中的作用和地位。

（2）信息和信息处理过程的确定性程度。即考察现有的信息（或数据）是否准确、真实，统计渠道是否可靠，现有的信息处理过程是否规范化、科学化。

（3）体制和管理模式的确定性程度。即考察现有的组织机构、管理体制是否确定，会不会发生较大（或根本）的变化；管理模式是否合理，是否满足生产经营和战略发展的要求等。

（4）用户的理解程度。即用户是否真正认识了系统开发的必要性和开发工作的艰巨性；用户对自己的工作以及以后将在信息中所担当的工作是否有清醒的认识；组织的领导能否挂帅并参与系统的开发工作。

（5）现有的条件和环境状况。

2）可行性研究

（1）经济的可行性。进行系统的投资、效益分析。系统的投资包括硬件、系统软件、辅助设备、机房建设和环境设施、系统开发费、人员培训费、运行费等。系统的效益包括直接经济效益和间接经济效益。将系统的投资与效益进行比较，估算出投资效益系数和投资回收期，评价系统经济上的可行性。

（2）技术的可行性。评价所提供的技术条件，如硬件性能、通信设备性能、系统软件配置等能否达到系统目标要求，并对建立系统的技术难点和解决方案进行评价。

（3）管理的可行性。物流管理信息系统建立后，将引起管理体制、管理思想和管理方法的变更，因此，系统的建立要考虑社会的、人为的因素影响，要考虑改革不适合系统运行的管理体制的可行性，实施各种有利于系统运行建议的可行性，人员的适应性以及法律的可行性。

可行性研究报告的主要内容包括：

① 现行系统概况，即企业目标、规模、组织结构、人员、设备、效益等。

② 现行系统存在的主要问题和主要信息要求。

③ 拟建系统的总体方案，包括系统目标与范围的描述；系统运行环境的描述；确定计算机系统选型要求；系统开发计划。

④ 经济可行性分析。

⑤ 技术可行性分析。

⑥ 管理的可行性分析。

⑦ 结论。对可行性研究结果的简要总结。

4. 物流管理信息化系统的开发方法

1）生命周期法

生命周期是指软件产品从形成概念开始，经过开发、使用和不断增补修订，直到最后被淘汰的整个过程。生命周期法将系统的开发过程划分为系统分析、系统设计、系统实施三个阶段，每个阶段又分成若干步骤。

（1）各阶段的主要任务。

① 系统分析阶段。在系统分析阶段，先根据用户对新系统提出的要求，进行初步调查和可行性分析，提出系统总体规划。经领导批准系统可行并可以开展开发工作以后，再对原系统进行深入的调查，彻底掌握原系统的模型，并在此基础上提出新系统的逻辑模型。

② 系统设计阶段。根据系统分析确定的逻辑模型，确定新系统的物理模型，即物流管理信息系统的总体结构和数据库设计，并提出系统配置方案，继而对物理模型进行详细的设计，主要内容有：代码设计、用户界面设计、处理过程设计、编写系统设计说明书。

③ 系统实施阶段。按照物理模型实现系统的编写和测试、系统试运行、编写技术文件、系统转换、系统交付使用运行后的系统维护和评价等工作。

（2）生命周期法的主要优点。

整个开发过程阶段和步骤清楚，每一阶段和步骤均有明确的成果，这些成果以可行性分析报告、系统分析报告、系统设计报告等形式确定下来，并作为下一步工作的依据。在每阶段的步骤中，整个项目可以划分为许多组成部分，各部分可各自独立开展工作，但各部分的工作必须按时到达阶段或步骤的终点，这样才有利于整个项目的管理与控制。

（3）生命周期法的主要缺点。

① 难以准确定义用户需求。系统的开发过程是一个线性发展的"瀑布模型"，各阶段需严格按顺序进行，并以各阶段提供的文档的正确性和完整性来保证最终系统的质量，这在许多情况下是难以做到的。用户在初始阶段提出的要求往往既不全面也不明确，尤其是我国多数管理人员缺乏计算机的基本知识和应用实践，更难以提出完整、具体的要求。而当系统投入运行后，又感到不满意，要求修改。

② 开发周期长，难以适应环境变化。系统分析和设计的时间较长，对于一个比较大的系统，一般要用 2~3 年。当系统实施时，原来提出的要求可能已经有了变化，又要进行修改设计。同时，由于第一、二阶段时间较长，而这两阶段能提供给用户的只是文字上的成果，用户长期看不到运行的系统，不便于用户与设计者交流。

③ 整个系统开发工作是劳动密集型的。各阶段的工作从系统分析、系统设计到系统实施，绝大部分工作靠人工完成，使系统开发成本高、效率低。

2）结构化系统开发方法

（1）结构化系统开发方法的基本思想。

用系统工程的思想和工程化的方法，按用户至上的原则，结构化、模块化、自顶向下地对系统进行分析与设计。也就是说，先将整个系统的开发划分成若干个不同阶段，如系统规划、系统分析、系统设计、系统实施等，然后在系统规划、分析和设计阶段采用自顶向下的方法对系统进行结构化划分，最后在系统实施阶段采用自底向上的方法逐步实施。

（2）结构化系统开发方法的特点。

① 面向用户的观点。用户的参与程度和评价是衡量系统开发是否成功的关键。因此，在系统开发过程中要面向用户，激发用户的热情，使他们与系统开发人员打成一片；同时系统开发人员要更多地了解用户的需求，更深入地理解用户的需求，使新系统更加科学、合理。

② 自顶向下的分析与设计和自底向上的系统实施。按照系统的观点，任何事情都是互相联系的整体。因此，在系统分析与设计时要站在整体的角度，自顶向下地工作。但在系统实施时，先对最底层的模块编程，然后进行一个模块、几个模块的调试，最后自底向上逐步构成整个系统。

③ 严格区分工作阶段。根据系统工程思想，必须把整个系统开发过程划分为若干个工作阶段，明确每个阶段的任务和目标，并在开发领导小组的检查和督促下严格按照划分的工作阶段，逐一完成任务，从而实现预期目标。

④ 深入现场调研。在系统规划和分析阶段，要深入现场，详细地调查研究，尽可能弄清现行系统业务处理的每一个细节，做好总体规划和系统分析，从而描述出符合用户实际需求的新系统逻辑模型。

⑤ 充分考虑变化的情况。在现实世界中任何一个系统都不是孤立的，而是与其他系统密切相关的。一旦系统开发的周边环境，如组织的内、外部环境，用户的需求、信息技术等发生变化，都会直接影响到系统的开发。因此，必须在系统调查和分析时对将来可能发生的情况给予充分的重视，使新系统具有应付各种变化的适应能力。

⑥ 工作成果文档化，文档资料规范化、标准化。根据系统工程的思想，系统的各个阶段的成果必须文档化。只有这样，才能更好地实现用户与系统开发人员的交流，才能确保各个阶段的无缝连接。因此必须充分重视文档资料的规范化、标准化工作，充分发挥文档资料的作用，为提高系统的适应性提供可靠保证。

（3）结构化系统开发方法的五个阶段。

① 系统规划阶段。根据用户的系统开发请求，进行初步调查，明确问题，确定系统目标和总体结构，确定分析阶段实施进度，最后进行可行性研究。

② 系统分析阶段。通过对组织的现行系统进行详细分析，做出详尽描述，如分析业务流程，分析数据与数据流程、功能与数据之间的关系，从而提出若干个解决方案，分别进行成本效益分析，最后得出新系统逻辑模型。

③ 系统设计阶段。根据新系统的逻辑模型，提出新系统的物理模型，进行总体结构设计、代码设计、数据库/文件设计、输入输出设计和模块结构与功能设计。

④ 系统实施阶段。根据系统设计阶段的文档资料，进行软件编程、调试和检错，硬件设备的购入和安装，以及对用户的培训和系统试运行。

⑤ 系统运行维护阶段。进行系统的日常运行管理、维护和评价三部分工作。若运行结果良好，则送利益相关者；若存在一些问题，则对系统进行修改、升级等；若存在重大问题，则用户提出开发新系统的要求。

（4）结构化系统开发方法的优点和缺点。

① 优点是更强调开发人与用户的紧密结合、开发过程的整体性和全局性，即在整体优化的前提下考虑具体的分析设计问题。

② 缺点是开发过程过于烦琐，周期过长，工作量太大，同时要求系统开发人员在调查中充分掌握用户需求、管理状况以及可预见未来可能发生的变化，这在实际工作中难以实施，导致系统开发的风险较大。

3）原型法

原型法是由用户与系统分析设计人员合作，在短期内定义用户的基本需求，开发出一个功能不十分完善、实验性的、简易的系统基本框架（称为原型）。首先运行这个原型，然后用户和开发人员共同探讨、改进和完善，直至用户完全满意为止。

（1）原型法开发的六个阶段。

① 识别基本需求。识别基本需求是开发初始原型的基础，因此需要对组织进行初步调查，与用户进行交流，收集各种信息，进行可行性分析，从而发现和确定用户的基本需求。用户的基本需求包括系统的结构、输入/输出要求、数据库基本结构、保密要求、系统接口等。

② 开发初始原型。根据用户的基本需求开发一个初步原型，以便进行讨论，并从它开始进行迭代。初始原型的质量是生成新系统的关键，如果初始原型存在明显缺陷，就需要重新构建一个新原型。

③ 原型评价。系统开发人员和用户通过对原型的操作、检查、测试和运行，不断发现原型中存在的问题，并对功能、界面以及原型的各个方面进行评价，提出修改意见。

④ 修改和改进原型。根据原型评价阶段所发现的问题，系统开发人员和用户共同修正、改进原型，得到最终原型。当然，第三阶段和第四阶段需要多次重复，直至用户满意。

⑤ 判定原型完成。即判断用户的各项需求是否最终完成。如完成则进入下一阶段，否则继续改正和改进。

⑥ 整理原型，提供文档。即把原型进行整理和编号，并将其写入系统开发文档资料中，以便为下一步的运行、开发服务。文档资料包括用户的需求说明、新系统的逻辑方案、系统设计说明、数据字典、系统使用说明书等。所开发出的系统和相应的文档资料必须得到用户的检验和认可。

（2）原型法使用的工具。

① 字典编辑器。完成数据流图、数据字典、数据处理过程的编辑。

② 概要设计编辑器。根据新系统的数据流图和数据字典，将数据流图转换成功能结构图。

③ 详细设计编辑器。完成处理功能的算法描述、解释，输入、输出界面转换及文件管理等功能。

④ 程序自动生成器。根据模块的设计说明，生成源程序清单。

⑤ 图形编辑器。完成数据流图的编辑。编辑原系统的业务流程图和新系统的数据流图，

并自动对数据流图进行平衡性、一致性和完善性的检验，保证数据流图与数据字典的说明完全一致。

⑥ 文档编辑器。自动给用户提供各阶段的主要文档资料。

（3）原型法的优点和缺点。

① 优点是以用户为中心来开发系统，加强了用户的参与和决策，实现了早期的人—机结合测试，提供了良好的文档、项目说明和示范，增强了用户和开发人员的兴趣。

② 缺点是不适合开发大型系统，易导致开发人员因为最终系统过快产生而忽略全面的测试，文档不够健全。

4）面向对象的方法

面向对象法是系统开发人员根据用户的需求，找出和确定问题领域对象和类，对其进行静态的结构描述和动态的行为描述，建立解决问题领域的模型，用问题领域对象和类、接口对象和类、运行对象和类以及基础与实用对象和类，来构成一个体系结构，通过不断地反复与累增，尽可能直接描述现实世界，实现模块化、可重用，完全而准确地满足用户的所有需求。

（1）面向对象法的特点。

① 抽象化。抽象是指事物或现象的简括概述，突出事物或现象之间的共同属性，而忽略一些无关紧要的属性。通过抽象可以尽可能避免过早陷入细节。在对象的抽象化过程中，首先是过程和算法的抽象化，接着是数据的抽象化，最后是将过程与数据抽象概括而成的对象。

② 封装性。封装是指把复杂的概念（或抽象，或属性，或模块）包装成简单和能直接理解的形式，并由明确规定的唯一接口与外界联系，以保护其内容不受外界任何未经允许的接触，实质上就是信息隐藏。在许多文献中，封装与信息隐藏可以互换使用。封装的优点：一是修改一部分，不影响其他部分；二是使各个类（对象）彼此相互独立。

③ 继承性。类（对象）间的继承性是在类（对象）之间的层次性基础上产生的，亦是最有力的机制。通过类继承可以弥补由封装对象带来的诸如数据或操作冗余的问题，通过继承支持重用，实现软件资源共享、演化以及增强扩充。

④ 多形化。多形是指同一行为（过程或函数）可应用于许多不同的类，而每一类则以其独有的方式来执行此行为。

⑤ 模块化。模块具有明确的界限、规定好的固定接口和可分开单独编译三大特点。对象作为程序模块，是一个独立存在的实体，从外部可以了解它的功能，但其内部细节"隐蔽"，不受外界干扰。因此对象间的相互依赖性很小，可以独立地被其他各个系统所调用。

⑥ 动态链接性。动态链接是指各个对象间统一、方便、动态的消息传递机制。

（2）面向对象的开发阶段。

① 系统分析阶段。根据用户对系统开发的需求进行调查研究，在繁杂的问题领域中抽象地识别出对象及其行为、结构、属性等。

② 系统设计阶段。根据系统分析阶段的文档资料，做进一步地抽象、归类、整理，运用雏形法构造出系统的雏形。

③ 系统实施阶段。根据系统设计阶段的文档资料，运用面向对象的程序设计语言加以实现。

④ 系统运行维护阶段。进行系统的日常运行管理、维护与评价工作。

（3）面向对象法的优点和缺点。

① 优点是以对象为中心，利用特定的软件工具直接完成从对象客体的描述到软件结构间的转换，缩短了开发周期，是一种很有发展潜力的系统开发方法。

② 缺点是需要一定的软件支撑，并且在大型 MIS 开发中不进行自顶向下的整体划分，而直接采用自底向上的开发，因而会造成系统结构不合理，各部分关系失调等问题。

7.3 汽车物流企业智能化运营管理体系建设

信息系统是一个企业或组织的内部神经系统，具有整体效应；目的性表现在信息系统的最终目标是为管理决策提供信息支持；信息系统的层次性是指信息系统是可以进行分解的，把整个组织的信息系统分解成若干个子系统，而各个子系统又可以划分为若干个模块系统，各个组成部分之间又有着各种各样的联系，体现出其相关性；由于信息系统最终是为管理和决策服务的，而管理和决策要依赖于企业或组织内部各方面的变化，依赖于外部环境的变化情况，环境发生了变化必然导致信息系统的变化，因此一个良好的信息系统应具有良好的环境适应性。

智能化运营管理体系建设是通过实现组织知识化、决策信息化、流程标准化、管控透明化与服务柔性化建设智能化运营管理体系，其主要特点为开发利用先进的 IT 系统，并通过人机语言、人机逻辑、人机信息与人机交互改进四方面的人机高度协同，来实现智能化运营管理的业务运作（如图 7-8 所示）。

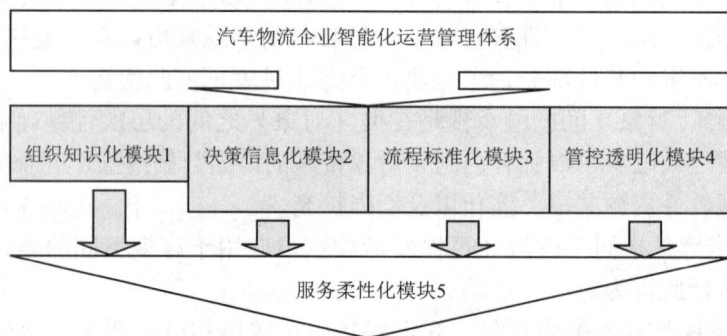

图 7-8　汽车物流企业智能化运营管理概念模型结构图

7.3.1 汽车物流企业智能化运营管理信息系统模块化设计

1. 智能化运营管理体系的内涵

汽车物流管理的最终目标是通过供应链的系统优化，寻求成本与物流服务水平的最优平衡，在成本、质量、效率、价值上增强客户的竞争力，同时提升本企业的品牌价值。智能化运营管理体系是以具备国际先进供应链管理和规划与优化能力为战略目标，实现组织知识化、决策信息化、流程标准化、管控透明化、服务柔性化的管理模式，可对企业管理与运作进行自发的持续性改进与主动纠错，以满足客户需求，降低成本，增强核心竞争力，建立差异化竞争优势。智能化运营管理体系的主要特征包括以下几个。

1）组织知识化

智能化物流企业要求能够充分利用信息、知识为客户提供供应链的全局优化方案。知识型组织既要求组织内各单位拥有自发的运行与改进能力，又拥有实时受控并具有自动纠错功能的管控模式。构建知识型组织，要以知识为驱动，充分利用各方面的信息，将信息转化为知识，用知识指导行动，辅助制订各种科学决策。

2）决策信息化

智能化汽车物流企业必须具备以运筹学和计算机技术为基础的物流决策优化技术，以高度信息化的控制与优化方式完成科学的决策过程，为管理者提供物流网络布局、运输规划、装载计划、库存控制等物流辅助决策，实现物流管理的智能化。构建智能化物流企业是企业运作、控制和决策等各个管理层次的共同的创新式变革。

3）流程标准化

脱离了流程标准化的物流企业必然面临管理失控、流程波动、绩效异常等问题，因此作为现代智能化的物流企业，只有建立起流程标准体系，通过流程标准化实现服务水平的优质化，实现人机协同对话的功能，才能实现对客户的承诺，为客户提供稳定的高水平的物流服务。

4）管控透明化

智能化物流企业必须抛弃传统物流企业流程割裂、信息滞后的低水平运作，实现透明化的实时管理与运作控制模式，能够随时观察每一个运作环节的微小状态变化，并可实时纠正与调整。安吉天地通过高度集成的 IT 控制平台来实现不同流程环节和各类物流信息的整合，从而为客户提供实时查询、跟踪等增值服务，提高了物流服务水平，为客户创造了更大价值。

5）服务柔性化

服务是一门科学，服务是企业制胜的关键，要成为一流的汽车物流企业，就要为客户提供一体化整车物流服务，以客户需求为导向，满足客户的多方位需求。智能化运营管理体系的客户服务目标就是实现柔性化服务，可在多客户一体化的运作模式下适应不同客户的服务要求，并具备快速响应、处置运作中的突发事件以及应对市场变化和波动的能力，在成本和时间上为客户赢得竞争力。

2. 智能化运营管理体系开发的主要做法

1）明确发展思路，确定总体目标，制订实施措施

企业要明确发展思路，构建智能化的物流企业，成为国内领先、国际一流、具有国际竞争力的现代物流服务供应商。重点是培育供应链设计、规划优化能力、物流信息系统决策支持能力。

（1）总体目标。企业要紧紧围绕提高客户满意度、优化供应链管理、降低物流成本、构建核心竞争力、实现差异化竞争等指导思想，制订构建智能化运营管理体系的总体目标，即以国际一流汽车物流服务企业为标杆，实现响应速度更高、运作成本更低、运营网络更广、送达时间更准、服务质量更好的目标。

为实现上述目标，企业要确定重点突破的领域和发展方向，即为客户提供一体化汽车物流服务，以客户需求为导向，满足客户的多方位需求；运力集中，资源得到有效整合，建立

科学、优化的多式联运体系；服务内容全面，服务柔性化和快速反应，以良好的柔性应对各种突发事件，对市场变化和波动迅速反应；先进的物流管理系统、先进的物流信息系统、全程的订单跟踪技术、物流过程可视化；与客户之间形成战略伙伴关系，深刻洞察市场的变化与波动，积极参与产品开发和市场预测。

（2）实施措施。企业在智能化运营管理体系建设的过程中，主要的实施措施是通过实现组织知识化、决策信息化、流程标准化、管控透明化与服务柔性化，建设智能化运营管理体系；其主要特点为开发利用先进的 IT 系统，并通过人机语言、人机逻辑、人机信息与人机交互改进四方面的人机高度协同，实现了智能化运营管理的业务运作模式。

2）组织知识化建设

建设智能化运营管理体系，首先要以组织知识化建设为基础保障。智能化的运营管理体系要求企业具备知识的快速传递与复制能力和自行优化与改进的能力。企业通过建设组织架构和知识管理系统实现组织知识化，使企业内部各单位既拥有自发的运行、改进和快速复制能力，又拥有实时受控并可纠正的管控模式。

3）以知识化为导向构建组织架构

以安吉天地为例，在组织架构上，该公司按照四大业务板块建立整车、零部件入厂、零部件售后、进出口四个事业部，辅以各个技术与职能部门。作为安吉天地知识化组织的重要特点，公司除了常规的 IT 技术部、质量技术部，特别组建了"头脑型"的为四大业务板块提供独立服务的部门——信息控制部与规划优化部。

信息控制部通过数据采集和数据挖掘技术向公司上下发布各类客户报表、KPI 报表、日常业务报表，以及统一处理投诉与客户评价，扮演着将海量数据信息转化为决策知识的重要角色。

规划优化部使用决策优化方法为客户提供物流规划和策划服务，改进业务运作的质量和效率。以知识化为导向的组织架构见图 7-9 所示。

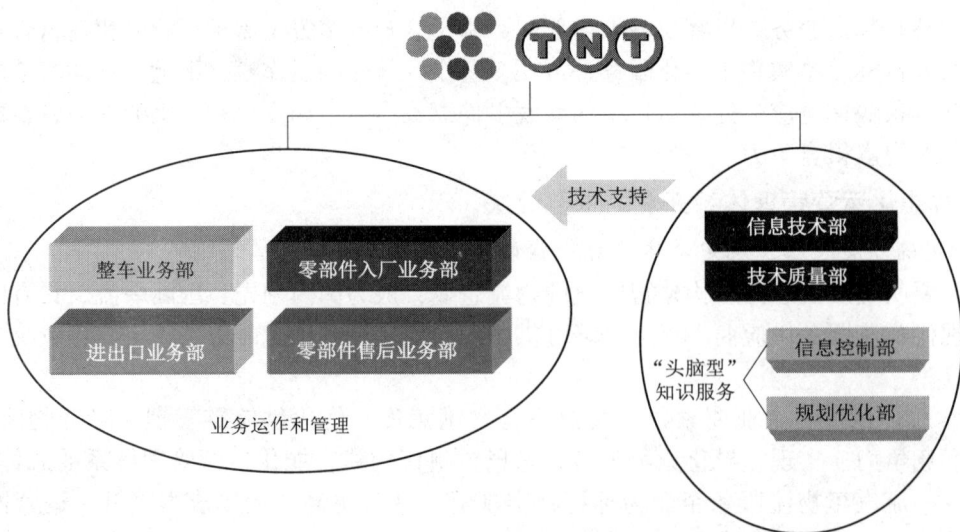

图 7-9　安吉天地开发的以知识化为导向的组织架构

以知识化为导向，必须构建全面知识管理系统。智能化运营管理体系必须以知识管理为驱动，充分利用各方面的信息，将信息转化为知识，用知识指导行动，辅助制订各种科学决策。汽车物流企业要通过三个阶段实现企业的知识管理。第一步，构建公司的知识库，形成无形的知识网络，目的在于完成知识沉淀。第二步，将知识管理的收集、整理、分享等工作流程与办公自动化流程进行集成，目的在于固化知识管理工作。第三步，构建知识管理系统的增值板块，例如员工社区、决策支持、专家系统等板块，目的在于培育学习氛围，加速人才培养，统一运作质量，加快新技术、新知识的应用。知识管理系统要为企业的人员快速培养，新客户新项目的能力复制，物流知识、技术、经验的持续提升提供稳定的系统平台。

组织知识化作为智能化运营管理体系的基础保障，企业组织具备了把信息转化为知识、用知识指导行动的能力，可以充分利用信息与知识为客户提供供应链的全局优化方案。

3. 决策信息化建设

供应链优化是现代物流企业的显著特征与必备能力，也是汽车物流企业的价值体现和根本竞争能力，而现代物流企业的供应链优化能力必须通过信息化的决策方式得以实现。安吉天地在智能化运营管理体系建设中，在对组织、网络、IT 系统和数据处理平台进行智能化改进的基础上，通过应用以运筹学和计算机技术为基础的物流决策优化技术，开发和使用各种具有国际先进水平的决策优化模型和工具，从而获得信息化的决策优化能力。通过信息化的决策方式，制订物流管理中如物流网络的布局规划、运输路径规划、运输车辆调度、装载计划、库存管理等决策，形成了智能化物流企业以供应链优化为目标的标志特征，形成了智能化运营管理体系所产生的差异化竞争优势。

企业在建设智能化运营管理体系的过程中，IT 系统的研究和开发始终占据重要地位，引进借鉴国外先进技术与企业自主开发并行，并作为企业的核心竞争力，要进行长期规划与建设。企业通过建设整车物流 IT 系统、零部件物流 IT 系统和智能化数据处理平台，就可以实现汽车制造物流管理决策信息化，这对于企业实现差异化竞争，保持国内市场竞争中的领先地位将起到决定性作用。

7.3.2　汽车零部件物流 IT 管理系统建设

1. 零部件物流供应链 IT 管理系统开发

汽车零部件物流 IT 管理系统的建设是一项全新的挑战，目前国内仍然缺少成熟的汽车零部件物流 IT 管理系统。汽车制造物流合同内容包括从所有汽车零部件供应商到整车制造厂生产线上的零部件运输、仓储、预排序，生产线喂料与物流管理策划的全过程。

零部件物流供应链 IT 管理系统平台如图 7-10 所示。

2. 智能化的数据处理平台建设

对于汽车物流企业来说，数据资源是企业运作服务、优化决策的最基础资源。在建设智能化运营管理体系的过程中，企业要将智能化数据处理平台作为有别于其他竞争对手的核心技术，重新规划并逐渐形成企业内部和外部数据集成、信息共享的集成信息平台，结合数据仓库、统计技术和数据分析技术实现了面向企业各层面的 KPI 体系和数学模型，并且借助信息网络和信息技术形成多层次上下联动的 KPI 反馈与决策支持机制。

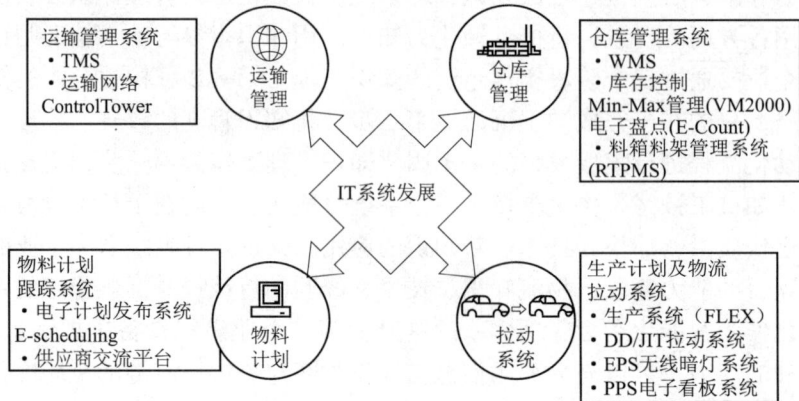

图 7-10　某汽车物流公司开发的零部件物流供应链 IT 管理系统平台

1）构建智能化信息采集平台

借助 WEB-EDI（电子数据交换）技术开发多客户的订单输入和查询接口，自动获取来自客户的订单及相关指令信息；借助 IC 卡、无线扫描和 GPS 技术，系统自动获取各主要运作节点的操作信息；借助全面数据质量管理方法（TDQM），结合流程规范和系统自动逻辑判断，提高系统信息的及时性和准确性。

2）建立智能化 KPI 数据分析系统

在高效、准确的信息源保障的基础上，建立一套多层次、多角度的 KPI 报表与报告体系。

以客户合同和客户要求为基础，建立公司级总体 KPI 指标、部门级 KPI 指标和各主要运作节点 KPI 指标等多层次指标体系。

根据报表用途和及时性要求，建立及时反映关键指标运作质量的 KPI 日报，反映综合进展趋势的 KPI 指标运作周报，和主要用来进行预测、规划和优化的 KPI 指标月报和年报。

根据不同的需要，形成针对不同客户的客户报告与关键指标运作状况分析报告相结合的多角度 KPI 分析报告体系。同时，在 KPI 报表与报告的制作过程中，运用统计技术和相关统计软件 SPSS 和 MINTAB，以及数据仓库和数据挖掘技术，使 KPI 报告分析更透彻，KPI 报表的查询与展示更趋向自动化和智能化。

通过遍布各业务部门和节点的信息网络，各部门和业务节点能够随时获取相关 KPI 指标信息，第一时间掌握异常情况的发生，以便及时地跟踪和改进运作状况。企业领导层也能通过系统方便地查询相关的 KPI 运作质量信息，或获取 KPI 运作质量分析报告，以及 KPI 的自动化报警技术与各类数据模型所产生的结果。这些都为企业领导层进行快速、准确的决策提供了科学依据（参见图 7-11）。

7.3.3　流程标准化设计

标准化的运作流程是管理体系的基本要素之一，企业在业务发展过程中，面临着多客户标准的难题，为适应各个客户的要求，企业要同时使用多套流程标准，这给企业带来了很多

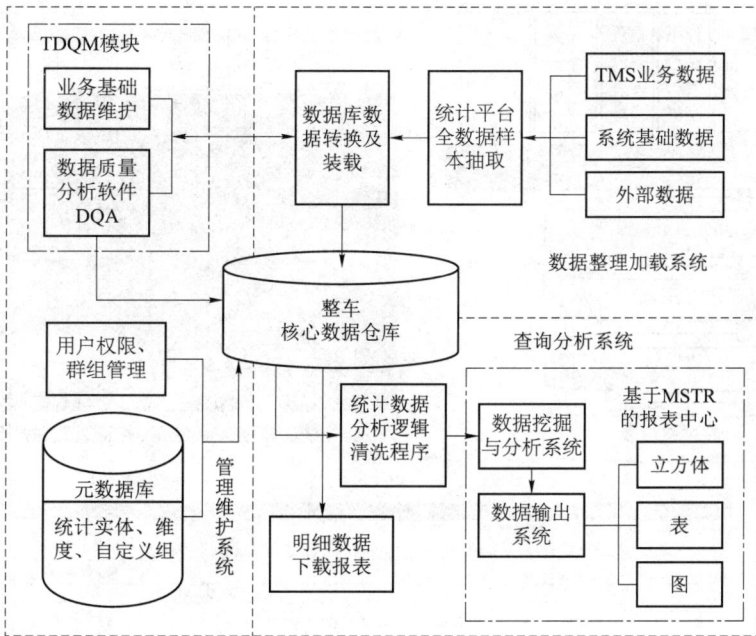

图 7-11　某汽车物流企业以数据仓库为核心开发的信息系统管理

不便和困难。安吉物流在不断拓展遍布全国各地的业务网点和海外物流基地时，客户要求安吉物流具备快速复制业务运作方式与模式的能力。在上述要求下，安吉物流于 2005 年首先在汽车物流行业中运用六西格玛的管理方法，整合了 ISO9001、ISO14001、OHSAS18001 一体化管理体系，并通过了 BVQI 的一体化管理体系认证，以此满足国内与国际客户对物流服务供应商在质量、环境与安全等方面的各种不同要求，并在业务开发和投标过程中具备了各个客户所要求的准入资格。

　　同时，安吉物流主持起草了我国第一个汽车物流行业标准 WB/T 1021—2004《乘用车运输服务规范》，并于 2005 年发布实施。通过标准化项目的研究，安吉物流在质量、环境与职业健康安全、管理体系标准基础上，进一步建立了以物流技术标准为主体、管理标准为手段和工作标准为保障的三位一体的企业标准体系，实现了智能化运营管理体系中快速复制业务运作的模式，在面对多客户、多地点的运作条件下，实现了高度的统一性和竞争的优势。

　　安吉物流标准化管理信息系统（如图 7-12 所示）在 2007 年 6 月开发完成。系统集成了企业标准化文件、审批单的数据化管理功能，实现了便捷的文件版本更新、文件查询等操作，省去了过去烦琐的文件处理过程（参见图 7-13）。

4. 管控透明化建设

　　透明化、实时化的业务运作管控模式也是智能化运营管理体系的要素之一。在以往的运营管理模式中，管理层与决策团队无法实时监控物流运作状态，无法及时纠正改进业务运作中的偏差，难以达到供应链优化的理想效果。同时，客户和经销商也无法及时了解商品车的运输状态与时间。用中央调度系统、仓储管理系统、分供方管理系统和 GPS（全球定位）监控系统等高度集成全面控制的一体化零部件物流 IT 系统平台，可以对物流各个环节与节点，以及所有仓储网点、运输工具的使用状态进行实时监控，可以严格控制运输工具的运行

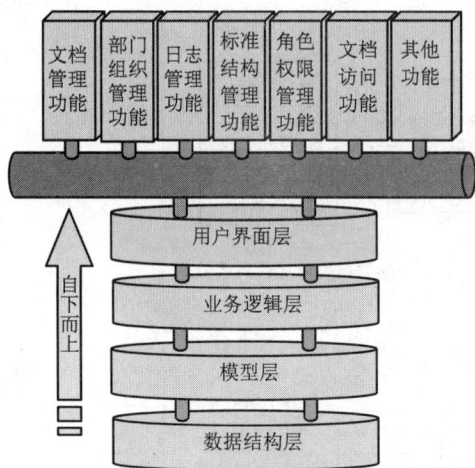

图 7-12　安吉物流开发的流程标准化管理信息系统

时间与路线，并根据业务状态随时调整指令。通过网上业务操作系统使客户与经销商随时掌握订单状态，提高客户满意度。透明化的管控模式实现了对物流全过程实时化和可视化的控制与管理，物流过程中的任一环节与节点，均可实现状态跟踪与调度，保证物流运作效率，有效提高运输资源利用率。

透明化的管控模式也包括实时的客户信息的沟通与传递。安吉物流作为紧密贴合客户的物流服务型企业，其持续提高客户满意度，快速的反应能力和对多客户的柔性化服务等，形成了公司核心竞争力。

安吉物流建立的 CALL CENTER（客户呼叫中心）服务系统结合了电话呼叫与网上业务操作系统，可双轨道统一接收所有客户、经销商、维修站的指令，订单查询与变更，投诉与紧急求助。公司各部门可以通过内部网络跨部门跨地区共享各类信息。安吉物流 CALL CENTER 服务系统的透明化管控模式（如图 7-14 所示）延伸到了客户端，提高了企业整体

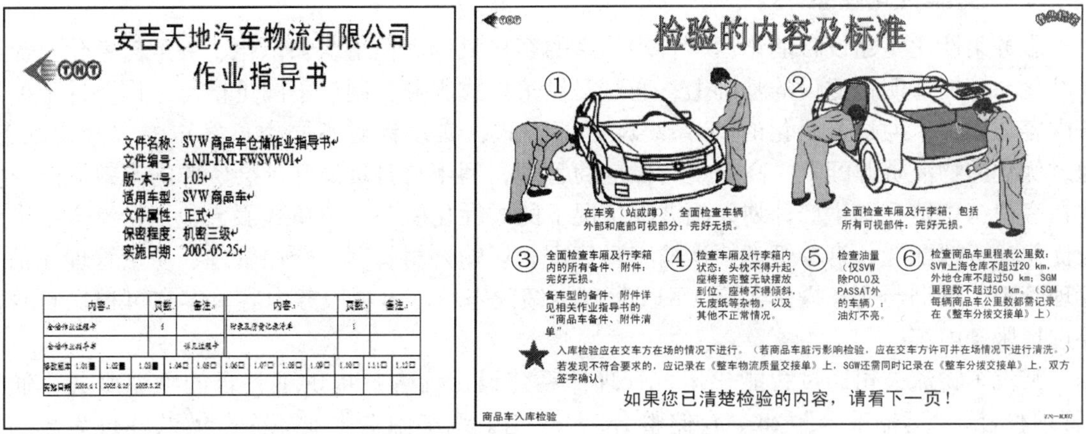

图 7-13 汽车物流运作技术标准作业指导书样板实例

的快速反应能力，满足了客户的柔性化服务需求。

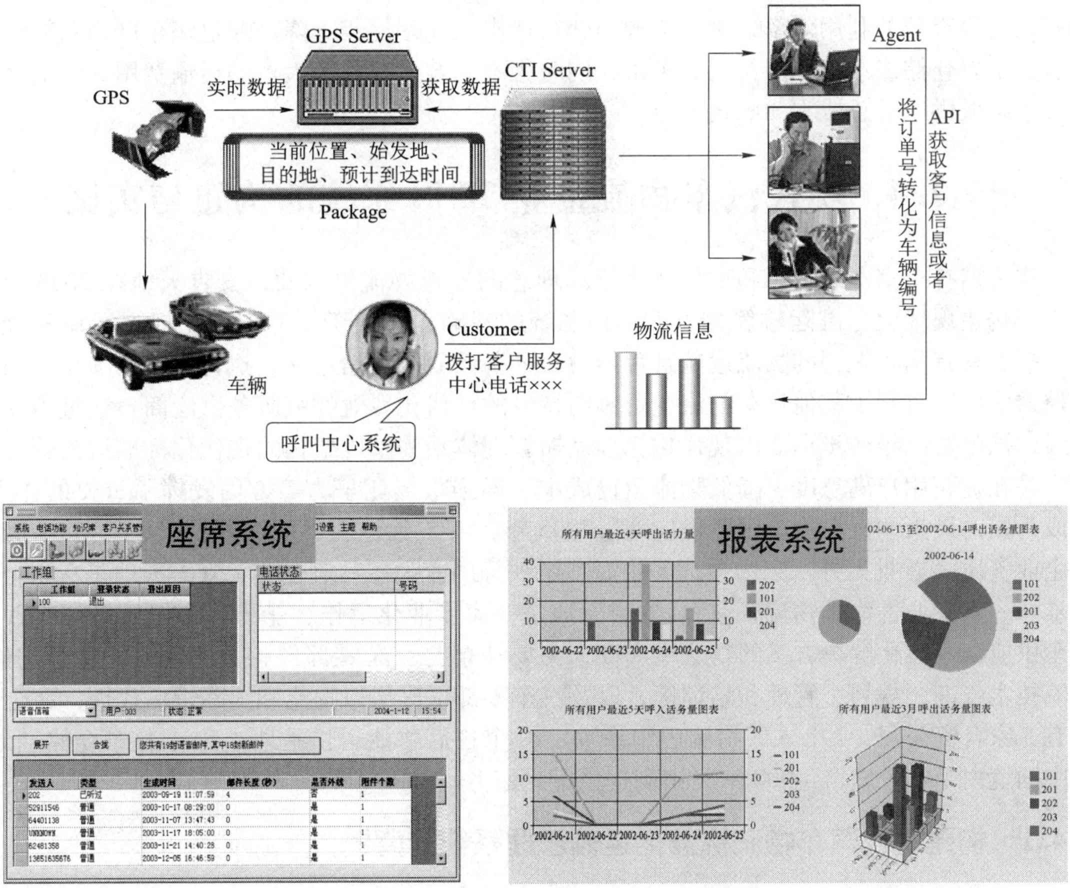

图 7-14 安吉物流开发的管控透明化信息系统

5. 服务柔性化建设

服务柔性化是建设智能化运营管理体系的客户目标。在组织知识化、决策信息化、流程标准化、管控透明化建设的基础上，通过提供菜单式服务，制订不同价格与运作条件下的服务内容与模式；通过模块化的 IT 系统配置等方式，实现针对不同类型客户的柔性化服务；通过优化的物流资源配置、高质量的供应商管理，利用自身资源和社会资源的有效调配，实现在客户销售情况和生产计划大幅波动情况下的柔性化服务。菜单式服务包括物流方案咨询与优化、资源配置、订单管理、运输工具管理、运输公司管理、仓储管理、质量管理、信息管理管理、培训与业务操作实施、KPI 管理、绩效考核等多项服务内容。客户可根据自身需要选择服务内容。

某汽车物流公司通过智能化运营管理体系建设，为客户提供了整合的物流服务，通过"管理整合""运输整合"和"仓储整合"，改变了汽车制造企业原先分散的各自为政的物流自营模式。通过整车和零部件的智能调度系统统一协调和控制物流资源，利用整合运输、交叉转运（Cross-dock）和循环取货（Milk-run）等智能化管理手段，使单位运输成本有效下降。通过智能化网络管理模式，增加了 10% 的回程率。在物流业务扩张的同时，通过网络布局优化和重组、运输路径优化和装载优化等智能化物流决策手段，提高了仓库、运输车辆和人员等资源的利用效率，投入资源与获得产出的比率逐年下降。通过多个网络布局优化项目，节省仓储成本 500 多万元人民币，同时为不同客户节省了大量的运输费用，帮助客户实现了降低供应链总成本 30% 的目标。

7.4 现代汽车物流企业 TMS 系统的构建与实施

作为拥有丰富本地资源和现代物流管理理念的专业物流供应商，安吉天地在 2003 年就提出了构建现代化标准运输管理（TMS）系统的战略，定位于依靠现代化标准运输管理体系，打造具有国际先进的物流运输管理能力，具备计划决策信息化、执行流程标准化、跟踪监控透明化等有别于其他汽车物流企业鲜明特点的现代化专业物流服务供应商。通过多年的实践，该公司已经初步形成以现代化标准运输管理体系为基础架构的现代化标准运输管理系统，并在提高用户满意度、降低物流运输成本、增强市场竞争力等方面发挥了重要的作用，已成为国内最大的汽车物流服务供应商。2005 年，安吉天地获得国家首批（9 家）5A 级物流企业资质（首批另外八家为中远、中海、中铁等国家大型物流企业，安吉天地是 9 家企业中唯一一家专业性汽车物流企业）。安吉天地是一家专业化运作、能为客户提供最佳实践和汽车供应链一体化解决方案的物流供应商，主要从事与汽车零部件相关的物流、整车仓储、物流技术咨询、规划、管理和培训等，以及汽车零部件进出口物流和国际货运代理，在全国拥有 5 家合资公司，7 个入厂物流运作基地，10 个售后物流运作基地，24 个整车仓储基地，为中国境内 300 个城市 1 900 家经销商提供配送服务。

7.4.1 构建现代汽车物流标准化运输管理系统的背景

1. 创造独特的竞争力，是安吉天地面对高速增长、高度竞争的汽车物流市场的重大课题

汽车产业的高速发展为汽车物流产业提供了巨大的增长空间。国际汽车物流巨头纷纷抢占中国汽车物流市场，将触角延伸至中国境内各大城市，譬如，欧洲最大的汽车物流服务商捷富凯在北京与中国大田集团组建了捷富凯—大田汽车物流公司，意欲成为中国最大的汽车物流企业；原英国 EXEL（现被 DHL 并购）、奔驰在德国的配套物流企业 BLG 集团均进入中国进行汽车物流的全面竞争。同时，一批国有大型企业，如中远、中海、中邮、中铁也纷纷将业务扩展到汽车物流领域。中国现代汽车物流行业已进入以整车物流为主，向零部件入厂物流、零部件售后物流以及进出口物流方向延伸的竞争新格局。

毫无疑问，中国汽车物流市场面临着一场新的洗牌。安吉天地所面临的竞争形势是：一方面，多家国际物流巨头拥有高于国内物流企业水平的专有技术与业务经验；另一方面，国内汽车物流企业正逐步陷入价格竞争。在亟须赶上国外技术水平、实现差异化竞争的要求之下，如何提升管理与运作水平，增强核心竞争力，以独特的竞争力脱颖而出，是安吉天地面临的严峻课题。

2. 创造独特的竞争力以满足客户需求，必须构建现代标准运输管理系统

在物流产业中，汽车物流被公认为涉及面最广、技术难度最高、专业性最强、全球化程度高、市场容量最大的物流行业。随着汽车产业的高速发展，整车企业对物流企业又提出了新的要求：由以降低成本为主逐步转变为提供特制的物流服务和解决方案，提供"一站式"服务，解决供应链中出现的各种难题。为适应市场需求的变化，汽车物流企业只有不断提升物流设计、控制、组织、协调等综合能力，为整车厂进行供应链管理服务，包括供应链的设计、实施和运作管理，以提升整条供应链的管理效率，帮助整车厂获得时间和成本上的竞争优势。

相对于市场需求而言，国内汽车物流企业（包括安吉天地）还存在一定的差距，其主要表现为：信息技术的应用还处在起步阶段，信息化建设不完善；运力资源分散，造成资源利用率低下，产生严重浪费和高额物流成本；汽车物流行业标准建设严重滞后；汽车物流综合服务体系不健全等。市场调查也表明，目前 70% 以上的跨国公司认为"信息传递效率"是国内物流企业急需改进的要素，"运行成本""满足需求波动""作业速度"的改进要求也达到 50%。改变这一现状，必须持续改进管理体系。

这些差距无法用简单的技术升级或改变流程等方式予以改善。一方面中国物流行业的技术发展与人才培养还处于初级阶段；另一方面由于合同物流业务的本地化与客户差异化特征明显，无法完全照搬国际物流企业成熟的管理方式与经验来进行改进。因此必须建立适合中国物流市场与发展的创新性的现代标准运输管理体系，逐步提升供应链优化能力。因此，安吉天地开创性地设计和构建了以现代标准运输管理体系为基础架构的现代化标准运输管理系统，以提升服务能力，满足国内及国际客户需求，建立差异化竞争的核心优势。

3. 业务规模持续扩大，原有运输管理模式已不适应发展需要

安吉天地成立以来，实现了跨越式发展，但随着业务规模和服务范围的持续扩大，遇到了更多的挑战，原有的以保障业务运作为导向的运作型运输管理模式已经跟不上公司的高速发展，也无法更好地满足客户需求。运作型的运输管理模式以严格人员操作管理、加强质量要求和规范运作流程等为导向，无法从整体战略高度持续性地提升物流运输业务运作水平，实现供应链优化的战略目标。

从安吉天地的发展历程来看，运作型运输管理模式已呈现瓶颈状态，虽然准时到货率等重要 KPI 指标达到了历史最高水平，但如何进一步提升服务水平，达到持续改进、不断完善的目标，这是企业面临的新课题。运作型的物流运输管理模式已经难以适应业务快速发展的需要。安吉天地物流网点多、分布广，业务运作、质量、信息控制等管理部门直接面对遍布全国的 30 多个仓储网点和 7 大物流基地，以及欧洲、北美、澳大利亚 3 个海外物流基地，拥有国内外几千条运输线路。由于点多面广信息量日益庞大，信息传递速度缓慢，整体管控力度难以保证，业务运作实时控制的难度越来越大；同时，业务信息系统的特异性和不统一，形成了一个个信息"孤岛"，造成管理部门信息采集和分析困难，急需对信息进行集成并提供有效的数据分析方法和工具；各物流运作主体（运输公司、仓库等）运作流程不统一，相互差异大，标准的控制与实施难度也不断增大；随着业务规模快速扩张和运作复杂度的增加，原有的决策、规划、优化（如路径规划、运输调度、装载优化等）的难度增大。

要解决实际运作中层出不穷的问题，安吉天地高层意识到必须从根本上改变原有的管理模式，创建以现代化标准运输管理体系为基础架构的现代标准运输管理系统，成为安吉天地的必然选择与战略目标。

4. 现代化标准运输管理系统的发展思路和总体目标

1）明确发展思路

安吉天地发展思路：构建以现代标准运输管理体系为基础架构的现代标准运输管理系统的物流企业，成为国内领先、国际一流、具有国际竞争力的现代物流服务供应商。重点是培育计划决策、执行标准化流程控制能力和运输系统跟踪监控能力。现已与 TNT 达成新的合作协议，将在上海建立国内一流、具有国际先进水平的现代化物流技术研发中心，从而更好地支持现代化标准运输管理系统战略的实施。

2）确定总体目标

安吉天地围绕提高客户满意度、优化供应链管理、降低物流成本、构建核心竞争力、实现差异化竞争等指导思想，制订了现代标准运输管理系统的总体目标，即计划更合理、预测更准确、流程更标准、执行更有力、监控更严厉、跟踪更及时，通过这个目标寻求成本与运输物流服务水平的最优平衡，在成本、效率、价值上增强客户的竞争力，同时提升本企业的价值。现代标准运输管理体系就是以具备国际先进物流运输管理和优化能力为战略目标，对企业管理与运作进行自发的持续性改进，以满足客户需求，降低成本，增强核心竞争力，建立差异化竞争优势。

3）实现发展思路和总体目标的措施

为实现上述目标，安吉天地确定了重点突破领域和发展方向，即计划决策信息化、执行流程标准化、跟踪监控透明化。以计划为导向，系统使用信息技术制订合理而周密的计划，保证整个业务的顺利进行，并进行准确的预测，将成本与风险降低到最低程度。运输管理系统包含计划、执行、跟踪三大子系统，包括整车与零部件两大业务模块，结合 FMS 系统、GPS 系统、仓储管理系统，资源得到有效整合，建立了科学、优化的综合管理体系，通过这一管理体系将整个业务流程标准化，并使执行过程更为迅速有力；功能全面，提供订单管理、调度管理、运输工具管理、运输公司管理、质量管理、报表管理等运输管理中的各种功能；先进的运输管理系统、先进的运输信息系统、全程的订单跟踪技术、运输过程可视化，使监控更加透明；与客户之间形成战略伙伴关系，深刻洞察市场的变化与波动，积极参与产品开发和市场预测。

7.4.2 计划子系统构建与实施

1. 计划决策信息化的内涵

现代标准运输管理系统必须具有以计算机技术信息为基础的物流计划决策技术，以高度信息化的控制与优化方式完成科学的计划与预测和决策，为管理者提供订单计划、货运计划、装载计划、订单预测、成本预测等运输辅助决策，实现计划决策的信息化。企业通过运输管理系统实现计划决策信息化，可以利用信息共享、信息交互的过程提高整个运输系统的可视化程度，把不确定性降至最低，使企业在成本和时间上赢得竞争力。

2. 通过信息化预测方式实现计划安排

计划能力是现代物流企业的显著特征与必备能力，也是汽车物流企业的价值体现和根本竞争力，而现代物流企业的计划能力必须通过信息化的决策方式才能得以实现。安吉天地在构建和实施以现代化标准运输管理体系为基础架构的现代化标准运输管理系统的规划中，在对组织、网络、IT 系统和数据处理平台进行改造的基础上，应用以运筹学和计算机技术为基础的运输计划预测技术，开发和使用各种具有国际先进水平的计划预测决策优化模型和工具，获得信息化的决策优化能力。安吉天地引进借鉴国外先进技术与企业自主开发并行，并作为企业的核心竞争力进行长期规划与建设。目前安吉天地已在国内整车与零部件物流的现代化运输管理（TMS）系统中具备了较大的优势，这对于公司实现差异化竞争、保持国内市场竞争中的领先地位起到了决定性作用。

3. 运输管理系统中的汽车物流运输计划决策信息化

安吉天地运输管理系统通过信息化的决策方式，做出了整车运输管理中的运输路径规划、运输车辆调度、装载优化等决策，显示了现代化物流企业以供应链优化为目标的特征，体现了安吉天地现代标准运输管理体系的差异化竞争优势。

安吉天地根据供应链优化和信息化决策的要求，开发了整车订单智能调度系统和路径优化系统。在整车运输过程中，运输调度部门原先通过人工经验来制订全国运输计划，无法实现最优的路线规划和运输工具调度。安吉天地引入了先进的人工智能技术后，在整车中央调度平台的基础上，构建了整车订单智能调度系统、路径优化系统和智能型信息采集平台。智能型信息采集平台借助 WEB-EDI（电子数据交换）技术开发了多客户的订单输入和查询接口，自动获取来自客户的订单及相关指令信息，并根据各种约束（如装载、运输周期等约束）对各种订单自动进行调度和设置路径。整车订单智能调度系统可根据各种约束条件（如车型、速度、火车和轮船班次以及成本等约束）建立周运力规划模型，为每周的物流运力进行优化排程。同时预测各个调度的预计完成时间与费用，为运输过程管理提供了标准与依据。

上述运输管理系统的子系统集成于一体化的整车运输管理系统平台，为安吉天地做出计划决策提供了高效的技术工具。安吉天地 2009 年整车运输业务量超过 399 万辆，市场占有率达 40%。每日运作几千条运输线路，通过运输管理系统平台，物流运行效率与服务水平、资源利用率都达到了一个新的高度。

4. 运输管理系统中的零部件运输计划决策信息化

汽车零部件物流作为国内刚刚起步的物流服务项目，目前仍然缺少成熟的汽车零部件物流 IT 管理系统，零部件运输的计划信息化更是一项新的课题。2003 年，安吉天地与上海大众正式签订零部件入厂物流总包合同（合同包括从所有汽车零部件供应商到整车制造厂生产线上的零部件运输、仓储、预排序和生产线喂料与物流管理策划的全过程），同年取得了上海通用在上海与烟台的入厂物流管理合同，成为中国首家提供系统性汽车零部件物流总包与管理策划服务的物流企业。从 2004 年起，安吉天地要为全国超过 1 200 家维修站提供 2 万～3 万种零配件的配送服务。

基于上述开创性的物流业务，安吉天地自业务伊始就开始开发相应的 IT 系统。通过引进 TNT 全球著名的 MATRIX 系统并将其充分本土化，分阶段运用零部件物流的仓储（WMS）、运输调度（TMS）、GPS 系统与仓储、装载、运输路径优化等应用软件与数学模型，从而实现了从订单获取、提货单的生成，到运输路径的设计和优化、车辆装载的设计和运输过程的控制，以及零部件仓库管理等所有相关系统程序的平稳运行。

此种国内领先的入厂物流运作模式必须以全过程信息化控制为基础，通过 TMS 系统平台和信息化决策方式完成业务的日常运作和管理。

运输管理系统中的运输调度引擎安排整个运输过程的计划可使整个物流运作更显智能化，其根据零部件供应商的分布地点进行区域划分，对同一或相近区域的零部件供应商，根据生产线要求和各种实际约束条件（如零部件装卸顺序、装载要求、人员工作时间、车队可用资源等），确定各供应商的最佳访问次序，将实际运输路程与空车行驶路程最小化，实现了物料多频次、小批量、定时性、可视化的流动。运输计划可自动生成，实现车辆资源的合理分配，充分利用 8 小时的工作时间，将车辆的有效工作时间最大化。还可根据客户提供的 MRP 计划（物料需求计划）准确预测未来一周的 MRP，提前优化运输调度流程。

7.4.3 执行子系统构建与实施

1. 执行流程标准化的内涵

脱离了业务流程标准化的物流企业必然面临管理失控、流程波动、绩效异常等问题，因此现代化标准运输管理系统，只有建立在一整套完整的标准化业务流程体系（即现代化标准运输管理体系），运用现代 IT 技术，整合公司现有各种资源，协调各个物流运输管理职能部门，为整个物流运输标准化业务流程提供一个及时有效的电子信息平台，才能最终实现服务水平的优质化，才能实现对客户的承诺，为客户提供稳定的高水平的物流服务。

2. 建立标准化业务执行流程，实现现代标准运输管理系统

1）建立标准化业务执行流程

2005 年，安吉天地承担了上海市科委科技发展基金项目《现代汽车物流企业标准体系建立及有关国家标准制定》，通过项目的研究，安吉天地在质量、环境与职业健康安全、管理体系标准基础上，进一步发展为以物流技术标准为主体、管理标准为手段和工作标准为保障的三位一体的企业标准体系，并经过深入研究分析，设计出了适应汽车物流企业标准体系表结构框架概念模型，为物流企业全方位实施标准化奠定了基础。

2）实现基于现代化标准运输管理体系的现代化标准运输管理系统

在安吉天地创建一整套企业标准体系的同时，安吉天地公司的 IT 部以该体系中的《乘用车运输服务规范》《乘用车物流质损判定与处理规范》《乘用车水路运输服务规范》《乘

用车铁路运输服务规范》《商用车运输服务规范》《商用车水路运输服务规范》《商用车铁路运输服务规范》等一系列现代化物流运输标准规范为蓝本，构建了安吉天地公司自主研发的现代化标准运输管理系统。

3. 整车运输管理系统的监控

整车运输管理系统的监控主要包括两个方面：订单控制和车辆控制与预警。

1）订单控制

订单控制是调度系统根据客户系统的不同，使用多种方式接收客户系统的订单、商品车及其相关信息，处理后反馈给客户系统和仓库系统、GPS 系统等。同时可以按照运力情况对订单进行拆分合并，并根据不同角度对未完成的订单进行统计查询，为调度人员提供足够的信息。订单的状态根据订单的执行情况可分为 5 种：订单未生效、订单已生效、订单已调度、订单已完成和交接单销号。

（1）订单未生效：指运输系统已经接收到了客户的订单，但是还没有进入订单可调度的状态。在这个时期可以对订单进行撤销。

（2）订单已生效：指订单已经进入调度管理系统，调度人员可以对其进行调度，此时的订单不可以撤销。

（3）订单已调度：指订单已经由调度人员按照要求调度完成，并且已经将调度信息发送给仓库系统、分供方系统。已调度订单不能撤销。

（4）订单已完成：指仓库打印交接单后，按照订单中要求的货物装车出库，并在交接单上签字确认。

（5）交接单销号：指经销商已经收到货物，并在交接单上签字确认已收货。然后运输公司拿着交接单和运输管理系统中保存的交接单进行核对，对双方一致的交接单销号，然后进行财务结算。

订单执行到不同的阶段，系统会自动显示订单所处的状态。系统操作人员可以查询，客户也可以登录系统查询订单目前的状态以及执行的进度。同时，公司专门成立了订单跟踪小组，每天对订单进行查询、跟踪和监控，并对执行有问题的订单（如：延迟，运输途中造成质损）制订报表，记录订单的详细情况，同时要上报给有关部门对订单进行及时处理，避免造成重大损失。

2）车辆控制与预警

通常订单的形式是一车一单（一部车生成一个订单），而一辆大板车一次可装载 6~8 辆车。每一辆车上都装有车载终端，与公司的 GPS 系统相连，每隔 0.5 h 或 1 h 发送数据到公司的 GPS 系统，记录下运输车目前所在的位置。由于订单和车辆绑定，对订单的监控依赖于对车辆的监控。

（1）车辆管理：车辆档案、SIM 卡等的一些管理，还增加了一个驻地车辆管理。进入系统的每辆车都有唯一的一个编码，就像车的身份证，方便对车辆的识别和调度。

（2）驻地车辆管理：其目的是为了监控所有进入驻地车辆的状态，从而为车辆的调度提供一个参考依据。

（3）车辆预警：系统将报警分为遥控报警、超速报警、越界报警与数据过多报警。发出预警的车辆在系统中用不同颜色的字体标出，方便相关人员查找并与司机联系，及时解决问题。

7.4.4 零部件运输管理系统的监控

零部件供应商相关的物流过程，包括计划订货、供应商备料、货物运送、入库、结算货款。零部件运输管理系统在具体实现的管理方法上，实施电子化送货单据管理、条码化物料管理。零部件运输管理系统的监控主要包括三个方面：订单控制、车辆控制与行驶路线控制和 KPI（关键业绩指标）报表管理。

1. 订单控制

主机厂一般发布半年的订购计划给安吉天地的零部件运输管理系统和主机厂的零部件供应商，同时根据实际生产的需要又要对订购计划进行修改。零部件运输管理系统的调度人员一般以前一天的订购计划为准做调度（包括安排运输车辆和规划行驶路线）。其他与整车运输管理系统的订单控制类似。

2. 车辆控制与行使路线控制

由于零部件的运输管理主要集中在市区内，每家主机厂每天的订单涉及多家供应商，每次订购的数量少且定购次数频繁，对运输送达时间要求非常严格，因此需要按照提货的线路和公司的运力来调度车辆。针对零部件运输管理的特点，零部件管理系统特别设置了寻求最优路线的功能。系统能根据每天的订单以及主机厂和供应商的地理位置设计出每天最优的行驶路线。这个功能的使用节省了劳动力，节省了运输成本，又提高了工作效率，给主机厂和供应商都带来了便利。

确定了最优行使路线之后，然后安排运输车辆。在这个调度过程中，系统又可以根据车辆的体积和零部件的体积和重量来计算车辆的装载率。如果装载率过高，系统自动会给出警示。这时，调度人员会根据警示做出相应的调整。调整完成后，在系统的下方会列出甘特图，图中标志着车辆司机的工作时间，要求是八小时以内。如果超出八小时，系统也会自动报警，提示调度人员给出调整，直到满足要求为止。

在运输途中，对车辆的监控是通过车载终端每隔 0.5 h 或 1 h 发送数据到公司的 GPS 系统，将实际的行使路线和预先安排的路线进行比对，就可以对车辆进行即时透明的监控。如果运输途中出现问题，系统人员会及时和司机取得联系，了解情况并尽快解决问题。

3. KPI 报表管理

KPI（Key Performance Indication）即关键业绩指标，是通过对组织内部某一流程的输入端、输出端的关键参数进行设置、取样、计算、分析，衡量流程绩效的一种目标式量化管理指标，是把企业的战略目标分解为可运作的远景目标的工具，是企业绩效管理系统的基础。

零部件运输管理系统的报表主要有：车载状况分析报表、车辆分布表、车辆状态表、车辆轨迹报表、数据流量分析报表、站点准点率报表、取货点准点率报表、卸货点准点率报表、窗口停留时间报表和车次统计报表。通过对这些报表的统计和分析，可以为业务部门和统计部门提供所需的数据，多角度、多层次对业务数据进行挖掘分析，及时准确地得出公司和客户所需要的 KPI 指标。

4. 现代化标准运输管理系统架构设计方案

安吉天地的现代化标准运输管理系统架构如图 7-15 所示。

安吉天地的运输管理系统被称为 ANJI 调度管理系统，它与销售公司系统、FMS 系统

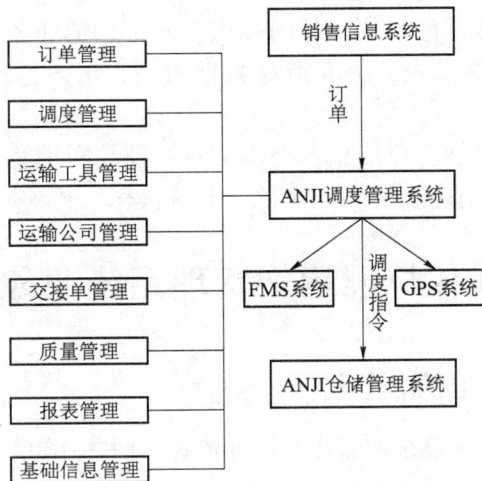

图 7-15　现代化标准运输管理系统架构图

（分供方系统）、GPS 系统、ANJI 仓储管理系统都有紧密联系，共同构建了安吉天地的物流业务系统。

　　ANJI 调度管理系统首先从销售公司系统中通过智能型信息采集平台借助 WEB-EDI 技术获取销售订单，然后运用运输调度引擎做出整个订单计划的最优化调度，并将调度指令发送给 FMS 系统、GPS 系统和 ANJI 仓储管理系统。FMS 系统接到调度指令后执行调度安排车辆进行运输。GPS 系统根据调度指令与运输计划监控整个物流运输过程。ANJI 仓储管理系统进行相应的储库入库交接单操作。

　　ANJI 调度管理系统（TMS）的功能模块有 8 个。

　　（1）订单管理：使用 EDI 等多种方式接收客户系统的订单、商品车及其相关信息，处理后反馈给客户系统和仓库系统、GPS 等系统。同时可以按照运力情况对订单进行拆分合并，并根据不同角度对未完成的订单进行统计查询，为调度人员提供足够的信息。此外还具有跟踪订单状况、查询订单详情、修改订单状态、反馈订单功能，并为分供方的业外业务提供手动输入订单等各种订单管理功能。

　　（2）调度管理：使用运输调度引擎进行订单运输的优化调度，自动生成仓库、地点、时间、目的地等各种调度信息。根据不同的运输模式和类型，可以发出公路、铁路、水路和短驳、空载等不同类型的调度指令，对线路可以进行闭环和非闭环操作。将生成的调度指令以及其他周边系统的核心的业务信息发送给各系统，并反馈给客户系统。

　　（3）运输工具管理：在系统中管理运输工具，包括工具类型、工具名称、所属公司、装载类型等各种属性。支持查找、添加、修改、删除等各种操作。

　　（4）运输公司管理：在系统中管理运输公司，包括公司名称、结算公司、公司等级、是否属于 GPS 等各种属性。支持查找、添加、修改、删除等各种操作。

　　（5）交接单管理：订单完成之后审核交接单，通过审核后系统销单，交由财务系统进行结算。也可经由 GPS 系统确认运输车辆在目的地的一定范围内，确认车辆已到达目的地，自动进行销单操作。

　　（6）质量管理：贯彻安吉天地质量标准体系建立的系统标准，对仓库上传的质损信息进行检验审核、质损登记、维护、查询、原因查询等管理。

（7）报表管理：为业务部门和统计部门提供实时准确的业务报表。根据系统内信息自动生成输出数据报表、订单报表、调度指令数据报表、出入库报表、质损报表等一系列报表。

（8）基础信息管理：维护客户信息、仓库信息、商品车信息、运输工具信息、质损信息等基础信息。支持查找、添加、修改、删除等各种操作。

7.5 现代标准运输管理系统业务流程设计

7.5.1 整车物流业务标准流程设计

现代标准运输管理系统中整车物流业务标准流程如图 7-16 所示。其具体过程如下：

1. 计划安排过程

客户上海大众生成订单，安吉天地 TMS 系统接收订单，根据订单做调度，生成调度指令，并将调度指令发给仓库管理系统 WMS。仓库 WMS 反馈收到调度指令。分供方（运输公司）分派板车到仓库。

2. 进入发货及收货过程

分供方在仓库装车，仓库 WMS 系统打印交接单，确认出库。WMS 系统反馈给 TMS 系统，将相应订单状态改为"已完成"。司机开始运输货物。在运输过程中可以通过 GPS 系统跟踪运输状况。运输货物到达目的地后可以由 GPS 系统确认，自动销单，也可等交接单反馈到安吉天地后手动销单，还可由分供方管理员销单。销单后客户的经销商管理系统得到交货记录，库存增加。

在整个执行过程中客户可以随时通过 TMS 系统查询订单状态，从 GPS 系统获取运输状态。TMS 系统还负责运输过程中的跟踪监控，客户上海大众可以随时查看交货差异及 KPI 报表，安吉天地可以分析交货差异并交付上海大众，并使用 KPI 报表评价运输情况。供应商可以利用 TMS 系统做即时库存报表，使用 KPI 报表评价运作效率，实时监控运输车辆等。

7.5.2 零部件物流业务标准流程设计

现代化标准运输管理系统中汽车零部件物流业务标准流程如图 7-17 所示。其具体过程是：

1. 计划及备货过程

客户生成 MRP 计划（物料需求计划），安吉天地 TMS 系统接收 MRP 计划，生成调度，然后根据 MRP 计划生成 IT 系统支持下的条码标签，同时根据 MRP 计划及缺交记录为安吉天地承运供应商生成 ASN（预先发货通知）和 PUS（取货单）。供应商查看 MRP 和 PUS 及缺交数量，如果不是安吉天地承运供应商则预先输入 ASN，同时供应商进入 ANJI-TNT 网站打印条码，并粘贴在料箱上。

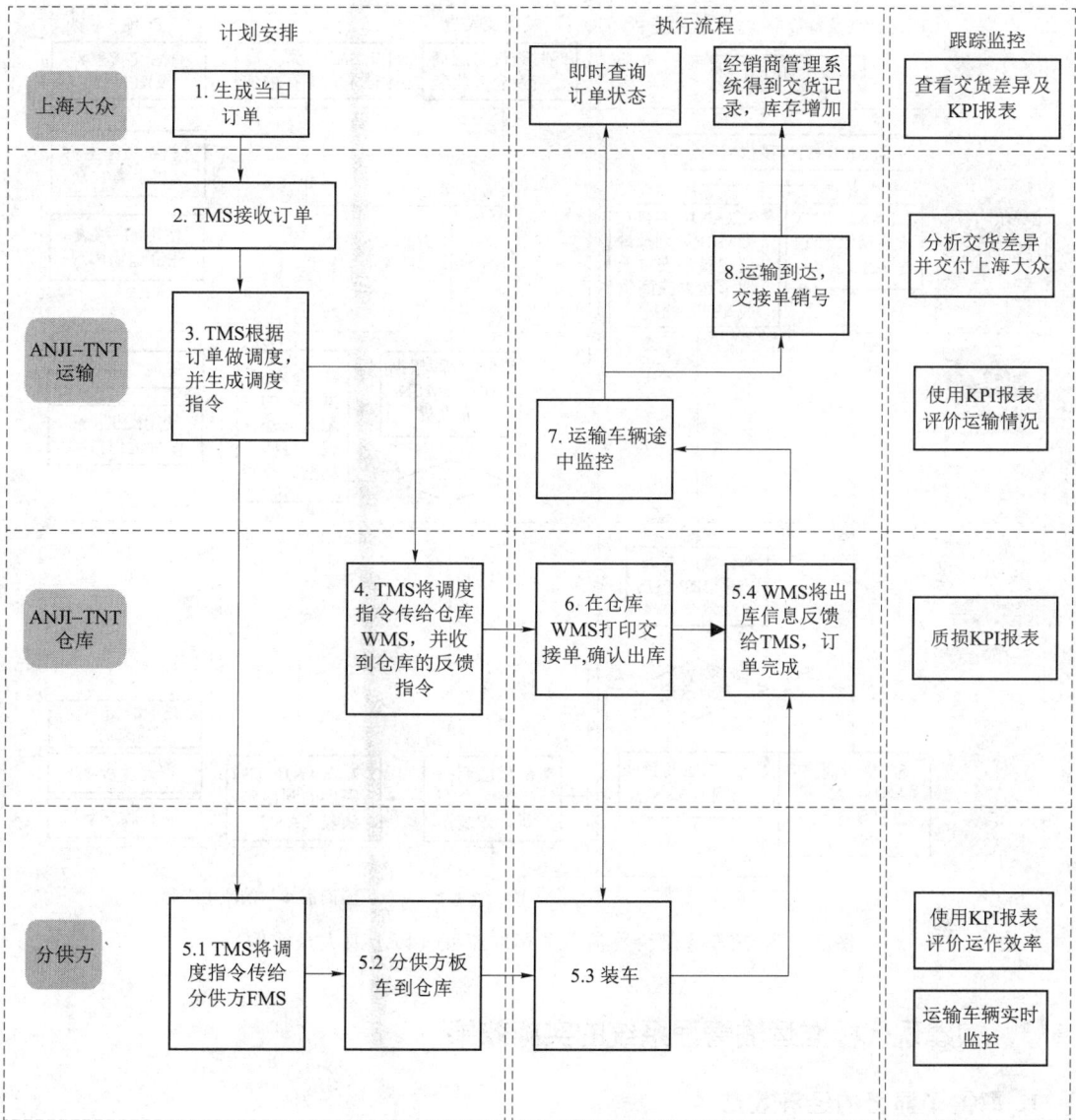

图 7-16 整车物流业务标准流程（以上海大众为实例）

2. 进入发货及收货过程

供应商按上海大众交货计划装车，在 ANJI-TNT 提供的网站确认发送 ASN。如果有条码，仓库管理人员根据司机的 ASN 扫描收货；如果没有条码，仓库管理人员根据司机的 ASN 创建条码，打印、粘贴、收货。大众公司的 SAP 得到交货记录，库存增加。

在发货及收货过程中，大众公司可以即时查询供应商发货及仓库收货。作为运输过程中的查询与统计部分，在 TMS 系统的帮助下，上海大众可以随时查看交货差异报表及 KPI 报表。安吉天地可以分析交货差异并交付上海大众，并使用 KPI 报表评价运输情况。供应商可以利用 TMS 系统做即时库存报表，使用 KPI 报表评价运作效率，查询缺交补交零件，查询发货状况，查询收货状况等一系列工作（参见图 7-17）。

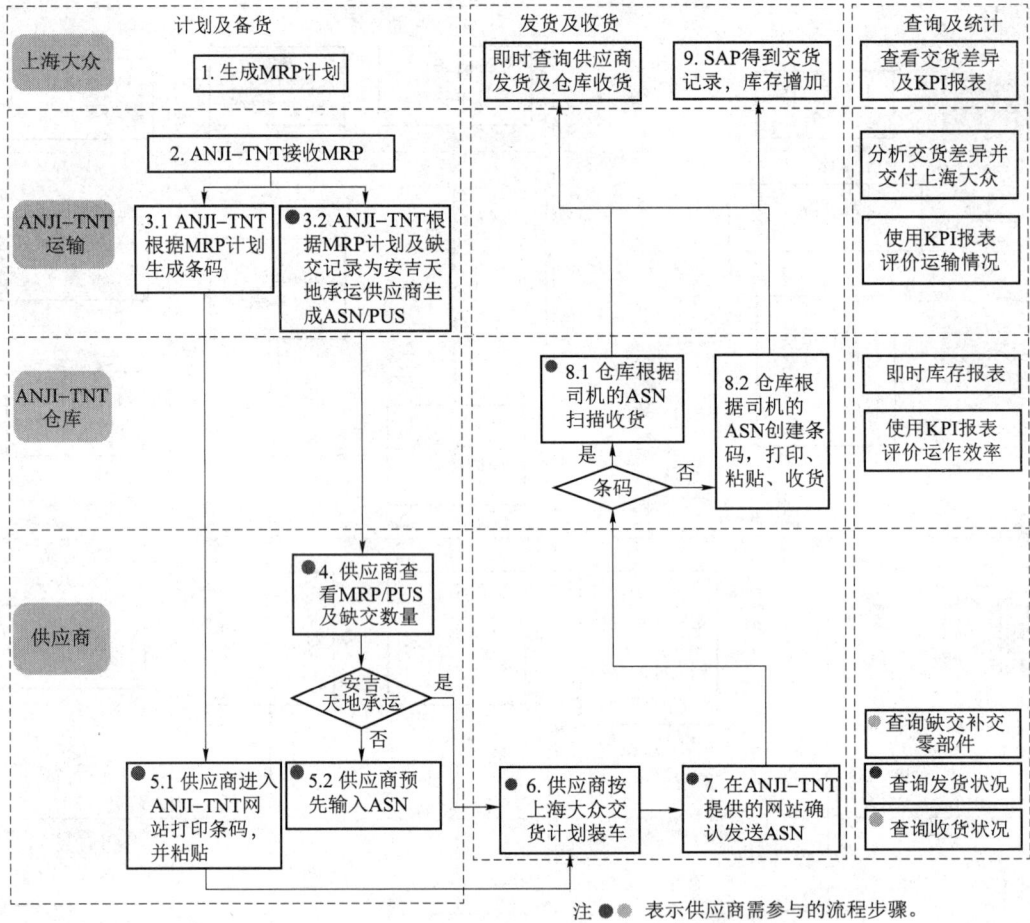

注 ●● 表示供应商需参与的流程步骤。

图 7-17 汽车零部件物流业务标准流程（以上海大众实例）

7.5.3 构建现代标准运输管理系统的实施效果

1. 取得了显著的经济效益

1）资源利用率明显提高，运作成本不断降低

安吉天地以构建以现代化标准运输管理体系为基础架构的现代化标准运输管理系统为目标，为客户提供了整合的物流服务，通过管理整合和运输整合，改变了汽车企业原先分散的各自为政的物流自营模式，通过整车和零部件的运输管理系统统一协调和控制物流资源，利用整合运输、交叉转运（Cross-dock）和循环取货（Milk-run）等现代化标准物流运输管理手段，使单位运输成本有效下降。在物流业务扩张的同时，通过运输路径规划、装载优化、GPS 运输车辆实时监控等现代化物流运输信息化管理手段提高了仓库、运输车辆和人员等资源的利用效率，投入资源与获得产出的比率逐年下降。

2003 年以来，通过不断推进运输流程优化，成功实施 OTD（Order to Deliver 订单管理）项目，一年可帮助客户的经销商节省 22.5 亿元人民币的周转资金。

2）业务领域大幅拓展，市场份额增加

随着安吉天地物流运输管理能力不断提高，物流业务也逐步从比较单一简单的整车物流向复杂的零部件入厂物流、售后物流和进出口物流拓展，并提前实现了"成为中国最大的第三方汽车物流服务供应商"的业务目标，成为集整车和零部件入厂、售后及进出口物流为一体的现代汽车物流服务供应商。

（1）整车物流业务。安吉天地分布在中国境内各省份的 30 个整车仓库的仓储能力超过 2 000 000 m²，超过 1 700 辆驳运车提供快速响应服务，438 节车皮为偏远地区和山区提供同等品质的服务，8 艘轮船作业在长江和沿海航线上。总部拥有 264 人的精英级管理团队与 3 415 名技术员工为中国境内 250 个城市的 1 200 多名经销商提供服务。

（2）零部件入厂物流。安吉天地为上海大众与上海通用（上海、烟台、沈阳生产基地）的 10 家整车厂、3 家发动机厂提供入厂 MR 运输、仓储、上线喂料等服务，为 450 家供应商提供运输服务。安吉天地零部件物流拥有 150 条运输线路，150 辆自有车辆，每天有约 800 班次的运输（包括从港口/堆场至仓库的 CKD 运输）。在上海、烟台、沈阳、重庆、柳州和青岛等地拥有 11 家仓库，总面积达 465 000 m²，每天接收 750 家供应商的供货。

（3）零部件售后物流。安吉天地主要客户为上海大众与上海通用。管理上海大众在上海 50 000 m² 的中央零部件总库与 20 000 m² 的西安零部件分中心，拥有覆盖全国各地的运输网络，为 612 家售后维修站提供配送服务。上海通用售后配件的全国配送业务包括各配件仓库（PDC）到全国各维修站配送业务的组织与管理，拥有 2 个配件仓库，为全国 500 家特约维修站提供配送服务，配件品种约 12 000 种。

至 2005 年底，安吉天地的整车物流市场占有率达到 40%。主要客户从 2003 年的上海大众等 3 家，增加到 2005 年的 10 家。整车年运输量从 2003 年的 66 万辆，增加到 2005 年的 120 万辆，年度业务收入从 2003 年的 14.27 亿元人民币增加到 2005 年的 17.44 亿元人民币。

2. 取得了巨大的社会效益

通过现代化物流企业的智能化发展与实施，安吉天地已经具备了供应链和物流优化的管理水平，已从一般的物流供应商成为具备物流规划和咨询能力的专业物流服务商，成为中国汽车物流行业的标杆企业，赢得了客户、行业和国内外专业学会的肯定。

1）高质量的服务赢得了客户信赖

安吉天地高效高质的现代化标准物流运输服务保证了客户供应链的快速反应能力，增强了客户的供应链竞争力，赢得了客户的信赖。对安吉天地 KPI 体系的几个关键指标进行比较：2007 年客户满意度为 80.1%，2005 年达到 93.3%；2007 年运输及时率为 95.8%，2007 年达到 99.5%；某重要客户的质损率从 2003 年的 1.37% 降低到 2007 年的 1.06%。

由于出色的表现，安吉天地从 1 200 多家汽车物流供应商中脱颖而出，2007 年成为获得上海通用汽车"年度最佳供应商奖"的 7 家供应商之一，2006 年获得上汽通用五菱"最佳供应商奖"，并多次获得上海通用、上海大众、上汽通用五菱等主机厂的"优秀供应商奖"。

2）优秀的管理获得了高度赞誉

通过构建与实施以现代化标准运输管理体系为基础架构的现代化标准运输管理系统，安吉天地取得了显著成绩，对外合作规模不断扩大，层次不断提升，市场不断拓展，并获得了多项荣誉，得到社会各界的广泛认可：成为中国物流与采购联合会汽车物流分会理事长单位；获中国物流百强企业第 7 名（在汽车物流企业中排名第一）；2007 年，整车物流案例获得《环球供应链》杂志社和英国皇家运输与物流协会颁发的"最佳配送网络管理奖",零部件入厂物流案例获得"2005 年度评委会大奖"以及"最佳汽车解决方案奖";2007 年 8 月,在第四届中国市场用户满意品牌活动（由中国企业文化促进会、人民日报社市场报、中国联合商报社、品牌杂志社共同主办）中,荣获"2006 年中国汽车物流市场用户满意第一品牌";2007 年 12 月荣获中国物流与采购联合会科技进步一等奖;2008 年 12 月获得高新技术企业认定证书。

知识拓展

我国汽车售后服务备件物流发展前景展望

汽车售后服务备件物流是指汽车使用过程中正常的保养、维修、大修,以及交通事故后的维修所需要的零部件物流服务。在我国以汽车生产为主导的三大物流板块业务中,汽车零部件物流和汽车整车物流已日趋成熟,而汽车售后服务备件物流正处于起步阶段,是汽车物流大市场中的最后一块"蛋糕"。

一、两大要素决定了汽车售后服务备件物流的高市场价值

汽车售后服务备件物流具有较高的市场价值,主要原因在于:

其一,汽车售后服务备件市场容量与汽车保有量关系密切,因而其相应的物流市场容量会随着汽车保有量的上升而不断增长。2010 年底,我国汽车保有量已经达到 8 000 万辆,专家预测未来 10 年仍将保持两位数的较高增长率,10 年后我国汽车保有量将超过两亿辆。由此可见,汽车售后服务备件物流是汽车物流行业今后最具发展潜力的一环,具有广阔的发展空间。其二,汽车售后服务备件的高利润决定了其物流业务属高价值物流资源。随着中国汽车市场竞争的加剧,整车市场在日趋成熟的同时,附加值也会越来越低,在产业价值链中整车销售收入所占比例将越来越小,汽车售后服务将逐渐成为汽车企业谋求利润增长的主要途径之一。从目前我国 4S 店的利润来源可见一斑。有关专家做过统计,在 4S 店所获利润中,整车销售占 29%,维修占 14%,备件占 57%。而在汽车产业较成熟的发达国家,整个汽车产业链中超过 70% 的利润来自于售后服务。因此,汽车售后服务又被称作"黄金产业"。

二、技术含量高、运作难度大是汽车售后服务备件物流的突出特点

作为汽车物流的一个细分领域,备件物流同样具有技术含量高、运作难度大的特点。同时,由于汽车售后服务备件服务面对的是千家万户的汽车使用者,决定了备件物流是由单点（即设在主机厂的备件中心库）向整个市场发散的特点,其物流业务具有国际国内跨区域运作、网点分布广且数量众多、终端需求量小、备件品种繁多、包装复杂等特点。这都对物流公司的服务能力提出了极高要求。一般一辆轿车的零部件数量在 7 000~9 000 种之间,换型车需要的零部件在 3 000 种左右。部分汽车备件存在易碎、怕高温、怕水等特点,这都增加了备件在仓储、包装、运输过程中的作业难度。同时,不同品牌、不同车型所需备件品种存在较大差异性,各区域的备件需求量不均衡且批次多,无法形成稳定的运输线路,这也无疑会加大物流运作成本。

三、我国汽车售后服务备件物流的现状

1. 备件物流尚未得到汽车和物流行业的普遍重视

目前，汽车零部件入厂物流和整车销售物流已经普遍得到汽车生产企业的高度重视，物流业务外包已经成为行业共识，提供相关服务的第三方物流公司也逐步成熟，具备了一定规模和实力。但是，与发达国家相比，我国汽车产业起步较晚，市场竞争仍然不够充分，汽车生产企业在制造环节仍有较高利润，尚未将目光转向售后服务这一潜在的、具有巨大利润、体现企业竞争优势的领域。迄今为止，国内大多数汽车生产企业并未系统地对备件物流业务进行规划和管理，在推动备件物流业务外包和发展第三方物流企业方面尚处于起步阶段。

2. 部分汽车生产企业与物流企业已掌握先机

尽管备件物流市场还没有得到足够的重视，但国内部分牢牢占据了行业稳固地位的汽车生产企业和领先的汽车物流企业，已经将目光聚焦到此领域，率先开展相关业务。一汽大众、一汽轿车、一汽丰田、上海大众、上海通用、东风日产、神龙汽车等国内主流汽车制造企业，已经开始将备件的物流运作作为其售后备件管理部门的工作重点；一汽物流、广州风神、安吉天地等汽车零部件物流领域的龙头企业，也开始了售后服务备件物流业务的开拓和实践，并凭借逐渐积累的专业经验处于市场领先地位。

3. 售后服务备件物流成为物流企业进入汽车物流行业的最佳跳板

我国汽车物流大市场已得到国内外物流巨头的高度重视，他们想方设法参与其中以获取稳定优质物流资源。但汽车物流业务的特点，决定了该业务在技术含量高的同时，还有一道无形的门槛。因为对汽车生产企业来说，汽车零部件入厂物流和整车物流与其生产和销售管理密切相关，所以一旦选定了第三方物流企业，往往倾向于与其进行长期稳定的合作，相互之间形成了紧密的血肉关系。相比较而言，汽车售后服务备件物流业务与汽车生产企业的关联度要小很多，这也为国内外有实力的物流公司进入汽车物流市场提供了良机。

四、汽车售后服务备件物流行业发展的几个关键问题

1. 两业联动，携手发展

（1）汽车生产企业应积极将备件物流业务外包。主机厂应将主要精力集中于核心竞争力建设上，可将企业中部分或整体备件物流交给第三方物流企业完成，以降低营运成本和固定资产投入，使生产效率获得最大化提高。需要注意的是，外包不等于放手不管，外包的同时更要加强管理和运营的监控。

（2）多方加强合作，形成战略联盟。主机厂、物流商、中转库、4S 经销商要迅速走出经营误区，彼此之间结成战略联盟，通过合作以整体优势参与竞争，实现互惠互利。同时，各企业要增强忧患意识，积极开拓市场，参与市场竞争，通过实现对客户需求的快速反应，提高客户服务水平，降低物流成本，增强竞争力。

2. 规避网点重复建设，共享备件物流资源

目前，售后服务备件领域的第三方物流企业发展滞后，并不意味着没有相关物流业务。经过多年的发展，各主机厂已在全国范围内设立了独立的中转库，但彼此之间没有共享备件物流的资源；物流商之间缺少合作，导致网点、线路重复，资源浪费。因而，多企业合作、共享物流资源是备件物流领域发展的关键。

3. 规范行业发展，逐步创建和完善行业标准

由于我国物流业尚处于发展阶段，各企业的物流水平参差不齐，直接造成了售后服务备件物流的发展滞后；同时缺乏完整的行业规范，客户需求得不到满足，阻碍了企业的下一步发展。备件物流具有跨地区、跨企业的运作特点，标准化程度的高低不仅关系到各种功能、要素之间的有效衔接和协调发展，也在很大程度上影响着售后服务备件物流效率的提高。

4. 加强信息化建设

（1）物流企业要加强信息化建设。在售后服务备件物流运作中，供应商、物流商、备件中转库、4S经销商要形成了一个完整的供应链。物流企业应建立完善的信息系统，与供应商的信息系统实现对接，并以信息技术为纽带，实现产业链上各企业业务流程的整合和运行，以满足售后服务备件物流及时快捷的服务要求。

（2）加强公共信息平台建设。汽车物流行业公共信息平台建设滞后，备件信息分散，资源不能有效整合，形成了大大小小的"信息孤岛"。要做好售后服务备件物流业务，各物流企业应当加强信息资源整合，大力推进公共信息平台建设，实现物流资源的共享，以降低物流成本，提高物流效率。

5. 与逆向物流与汽车装饰和美容用品等物流市场联动发展

无限的整合和业务延伸是物流企业减少支出、增加收入的永恒话题。由于替换下来的汽车备件需返回供应商，售后服务备件物流企业在发展正向物流的同时，也应积极发展逆向物流。同时随着汽车更新换代的加快，很多老旧汽车的备件将来源于报废的同车型备件，因而企业也要关注报废车的可使用零配件回收物流业务，形成全方位资源整合，增强竞争力。汽车装饰和美容用品与售后服务备件物流具有共同的市场，因而会成为售后服务备件物流最直接的增量资源，市场前景值得关注。

本章小结

本章介绍了汽车制造物流信息系统开发研究进展，VMI（Vendor Managed Inventory）概念；重点介绍了汽车零部件物流基本模式、分类、对比，制造物流信息系统，信息网络平台的功能模块和作业流程的设计方法，汽车物流企业智能化运营体系开发模型设计思路及汽车物流标准化信息系统业务流程设计技术与设计方法。

思考与习题

1. 请你阐述一下汽车零部件物流的基本模式，有哪些分类？
2. 汽车物流信息系统、信息网络平台的功能模块由哪些模块构成？
3. 汽车物流企业智能化运营体系由哪些模块组成？
4. 讨论汽车制造物流信息系统业务流程。
5. 阐述我国目前汽车售后服务备件物流采用的信息系统。

第 8 章

汽车产业与物流业发展与展望

本章知识点

1. 了解汽车制造与汽车物流发展规划及行业发展趋势。
2. 了解汽车制造物流供应链扩展。
3. 了解汽车绿色物流新技术。
4. 理解加快供应链响应速度的意义。
5. 掌握汽车制造物流的信息化和标准化框架设计。
6. 掌握现代汽车物流技术集成与创新方法。

8.1 汽车制造物流发展与展望

8.1.1 国内外汽车产业发展概述

1. 我国汽车市场规模中速增长

汽车产销是汽车物流行业的服务主体，其市场规模及变化情况直接影响着汽车物流行业的发展变化。据中国汽车工业协会统计，2012 年，我国全年汽车产销分别为 1 927 万辆和 1 931 万辆。2013 年，我国全年汽车产销突破 2 138 万辆大关，连续三年蝉联世界第一。2013 年，全国汽车产销 2 211.68 万辆和 2 198.41 万辆，同比增长 14.76% 和 13.87%。其中轿车销量完成 1 200.97 万辆，比上年增长 11.8%，SUV（运动型多用途车）销量完成 298.88 万辆，比上年增长 49.4%。商用车分车型完成情况看，客车产销分别完成 56.31 万辆和 55.89 万辆，比上年分别增长 11.2% 和 10.2%；货车产销分别完成 346.85 万辆和 349.63 万辆，比上年分别增长 7% 和 5.8%。汽车整车出口为 97.73 万辆，比上年下降 7.5%。从中国汽车流通协会了解到，2013 年全国二手车交易量首次突破 500 万辆，达到 520.33 万辆，相比上年同期增长 8.6%。从中国物资再生协会了解到，2013 年全国汽车报废量接近 200 万辆。至 2013 年底，全国机动车数量突破 2.5 亿辆，机动车驾驶人近 2.8 亿人。其中，汽车达 1.3 亿辆。

从上述数据可以判断出，2013 年整个汽车物流市场总量随着业务规模的扩大而扩大，单车物流费用的下压与增量市场中和，预计 2014 年中国汽车总销量为 2 400 万辆，至 2015

年中国汽车保有量将达到 1.5 亿辆。未来几年中，我国经济将保持稳定增长，2013 年前后在中国 5 亿城镇人口中汽车将走进 15% 高收入人群，约 7 500 万人。预计未来 10 年中国汽车的增长率是我国 GDP 增长的 1.5 倍。汽车消费将呈现出螺旋形快速增长趋势。

"十二五"期间，我国汽车产业发展规划将在以前产业政策的基础上做出较大幅度修订。在国家工信部的主导下，中国汽车技术研究中心和中国汽车工业协会等行业部门正在拟定初步方案，未来中国汽车产业的图谱即将浮出水面。根据工信部预测，2015 年年底我国汽车规划产能将达到 3 124 万辆。

未来我国汽车产销规模将进一步扩大，这几乎是业界一致的判断，但中国汽车工业协会常务副会长董扬并不认为数量和质量同步提升是个悖论，相反，他认为，产销规模扩大会给中国的自主创新、自主开发，包括新能源汽车提供有力的支撑。

1) 国内车企——华晨"十二五"规划：完善轿车和商用车布局

华晨汽车对外公布的"十二五"战略规划是：力争在"十二五"末期完成整车产销 150 万台/年、发动机产销 150 万台/年、销售收入超过 1 600 亿元/年的目标。在"十二五"规划中，华晨汽车不仅将进一步提升中华品牌的影响力，丰富产品线，增加自我研发能力，而且还将开展轻卡和专用车业务。华晨现在已经制订了一个产品开发计划，轻卡、微车、轿车车型全部上下延伸。轿车除了骏捷平台之外，还将打造一个 C 级车平台和一个 AO 级车平台。微车将产能从 10 万辆提升到 20 万辆。轻卡方面，华晨汽车正在与河南、河北和江苏等地方车企谈联合重组。华晨汽车已经兼并了河南鹤壁、江苏常州的卡车制造商，并分别拥有这两家企业 50% 和 51% 的股份，正式进军卡车市场。

2) 国内车企——福田汽车十年规划：进入世界汽车企业十强

2010 年 8 月 28 日，为打造全球运营的能力，完成由本土品牌向国际品牌的跨越，福田汽车制订了详细的五年规划和十年远景目标。五年规划即"福田汽车'十二五'规划"，而十年远景规划即"福田汽车 2020"，其核心是"5+3+1"的"走出去"战略。其中，5 是要在全球 5 个国家分别建立海外工厂；3 是指主要产品突破北美等 3 个最发达地区市场；1 则是指以新能源汽车为契机，实现乘用车业务全面突破。福田汽车的目标是到 2020 年成为时尚科技与人文环保高度融合的综合性国际汽车企业，年产销汽车将达 400 万辆，营业收入 4 000 亿元以上，进入世界汽车企业十强。

3) 国内车企——吉利沃尔沃五年规划：2015 年销售 15 万辆

目前，吉利集团负责沃尔沃业务的团队已经制订了雄心勃勃的目标：到 2015 年，沃尔沃在中国的年销量要实现 15 万辆。吉利将通过拓宽产品线以增加沃尔沃轿车销量。已引进沃尔沃 SUV 车型——XC 60 进行本土化生产，2011 年 2 季度，另外一款轿车 S 60 在中国生产。同时，沃尔沃目前在重庆生产的 S 40 将停止生产。目前沃尔沃在中国的新生产基地有张家口、宁波、成都、大庆等。

4) 国内车企——昌河五年产能规划：5 年内达到 100 万台

2010 年 9 月，昌河总经理李黎透露，昌河的扩能方案正在紧锣密鼓地规划之中，而最终的年产能目标定在 5 年内达到 100 万台。根据规划，江西和合肥都将成为昌河汽车产业基地，只是未确定在江西的九江还是景德镇投产。根据昌河汽车的产能规划，安徽厂区年产能未来将由 8 万台提至 30 万台，江西厂区年产能将由 20 万台提至 60 万~70 万台。目前，昌河汽车的年产能为 26 万台，扩能后的总产能目标为 2015 年达到 100 万台。至于具体车型规划，目前尚处于保密阶段。届时昌河将引进 4~5 款新车，重点是跨界车型。昌河拟 5 年内扩能 70 万辆 新工厂正前期规划中。

5）国内车企——东南三年战略规划：加快新车导入和产能提升

东南汽车在未来 3 年内，将以安全、科技、环保为产品导向，加快新车型的导入和产能提升，启动新能源发展战略，实现整车年产销量突破 30 万辆的目标。2011 年东南汽车有 6 款新车型上市。其中，东南品牌除了已经上市的 V3 菱悦 CVT 车型外，今年下半年，V3 菱悦会推出升级版车型。东南品牌商用车方面，新得利卡将推出升级版产品，下半年会推出代号为 C1 的全新得利卡车型。三菱品牌方面，今年投放的车型包括蓝瑟翼神的改款车型和 2010 款蓝瑟车型，以及全新升级版的三菱君阁。除了不断提升传统动力车型的销量外，在新能源上，东南汽车也不甘落后。作为其 3 年战略的一部分，东南汽车启动了新能源发展战略，主攻电动车和混合动力车。

6）国内车企——江淮"十二五"规划：产销 150 万辆

2010 年 3 月，江淮汽车集团公布了其"十二五"发展规划。规划显示，"十二五"期间，江淮汽车产销汽车达到 150 万辆，实现销售收入 1 000 亿元。江淮汽车表示，该公司将依托皖江城市带，形成一个汽车零部件供应集群，届时将有 300 家供应商落户在主机厂周围，这些供应商的总投资将达到 200 亿元，销售收入 500 亿元，最终在合肥地区形成汽车产业集群。在发展战略方面，江淮汽车将坚持商用车发展为核心，乘用车将作为战略目标进行发展。

7）合资车企——上海通用发布 2011—2015 "绿动未来"五年战略

上海通用在迈入中国第 14 个年头之际，发布了未来 5 年的企业愿景：2011—2015 年，上海通用汽车"绿动未来"全方位战略发展规划正式启动。该战略将分为绿色产品战略、绿色体系战略和企业责任战略三大部分。

未来 5 年，上海通用将推出 12 款新发动机，全部集中在 1.4~2.5 L 排量区间。先进的缸内中心直喷、涡轮增压技术和六速变速箱将在三大品牌旗下进一步普及，从目前的豪华车、中高级车向中级车和经济型车等细分市场延伸。

2015 年，上海通用将计划带动超过 300 家供应商加入绿色供应链体系，同时通过 ISO14001 认证。此外，上海通用将积极拉动经销商实施节能减排。至 2015 年，经销商的单车能源消耗将比现在降低 22%，并且所有经销商将成为"绿色销售服务店"。

8）合资车企——东风日产"一二四六"战略：2013 年将破百万大关

东风日产提出了"一二四六"发展战略。根据该战略，东风日产志在成为国内领军车企。东风日产"一二四六"发展战略，即围绕"一个目标"，实现"两次超越"，寻求"四大突破"，做好"六项工作"。其中，"一个目标"指东风日产发展成为乘用车行业的领军企业——"到 2013 年，即在东风日产成立十周年之际，实现第一次超越，年产销突破 100 万辆、销售收入超过 1 000 亿元、稳固行业第一集团的地位；而在之后的十年里，东风日产将完成第二次超越，将企业打造成为一个拥有更完整产业链、更丰富产品线、更强大品牌力及自主研发能力的中国乘用车行业领先企业"。而为了实现"两次超越"的目标，东风日产将"在全价值链体系竞争力、企业品牌和产品品牌影响力、业务规模和市场结构、企业文化和管理能力四个方面寻求突破"。

9）合资车企——广汽菲亚特敲定五年产品规划

2010年3月9日合资成立的广汽菲亚特已经明确了产品规划。其中，首款车型已于2012年投产，代号为Fiat C-Medium，五年内将会投放五款新车型。C-Medium为全新设计的中级轿车，配备包括世界先进水平的1.4 L涡轮增压发动机和干式双离合器变速器（DDCT），整车产品性能指标为国际同类车型产品的最先进水平。该款车型造型时尚、技术先进、性能优越。

10）合资车企——南北大众：率先发布"2018战略"

早在2009年初，大众汽车集团（中国）就携手上海大众和一汽大众共同发布了针对中国市场的"2018战略"——10年引进40款新车以及在华销量将达到200万辆。2018年，大众给中国市场定下的销售目标是200万辆，占其全球市场总额的1/5~1/4，其中，一汽大众、上海大众各承担100万辆的销售量。与此同时，大众在华经销商也将从1000家增加到2000家。未来10年内，大众每年至少引进4款车型到中国生产。

综上所述，"十二五"期间国内汽车产量3000万辆，占世界汽车产量（8000万辆）的30%。其中乘用车占81%，商用车占比约为19%；销售比例，国内销售2500万辆，外销500万辆。

我国汽车产业稳坐全球第一大汽车市场宝座之后，业内人士认为如何顺利实现产业转型是"十二五"和"十三五"的发展重点。

汽车业界人士普遍认为，未来5~10年中国汽车产业应从注重数量的分析，转向更多地注重质量的提高。在发展节能与新能源汽车的同时，政府应更加重视汽车零部件企业做大做强，寄希望在"十二五"期间形成十家甚至更多具有国际竞争力的零部件大型企业。"十二五"期间也是我国汽车工业的转型升级和结构调整的新时代，我国要从一个汽车制造大国走向汽车制造强国，实现中国汽车制造企业的强国梦。

2. 国外汽车产业发展趋势

近年来，不少国内外汽车厂商相继发布了五年或十年中长期战略规划，其中除了明确产销目标以外，还有多家车企瞄准了节能环保、质量提升等问题。

1）跨国车企——韩国现代汽车十年规划：2020年达到全球汽车品质第一

2010年9月全球第五大汽车制造企业——韩国现代汽车集团，发布了未来10年发展的全新"愿景2020"，同时也发布了集团全新CI和社歌。韩国现代汽车十年规划：2020年达到全球汽车品质第一。根据"愿景2020"，现代汽车集团的具体目标是：每年将品牌认知度和形象提高20%；生产10年内不发生故障的汽车；2015年在全球所有的品质领域都达到TOP1；保持全球领先的尖端环保车开发水准和汽车的冲撞安全性能；以2010年为起点，以后十年将内燃机的燃油效率提高30%；通过这些努力在整个汽车领域保持最好的技术和产品。

2）跨国车企宝马三年产品规划：2013年推新能源子品牌

宝马公司在2010—2013产品计划纲要中表示，宝马将会把重心放到打造小型交叉车上，于2013年推出电动和混合动力汽车子品牌。同时，宝马将重点推出重新设计的X 3和全新的X 1。两款车型已于2012年上市销售。在宝马2010—2013产品计划纲要中，3系列重新设计，加长轴距。动力将配备双涡轮增压直喷4缸汽油发动机。此项改进首先开始于轿车，并每6个月推出衍生产品。旅行车、轿跑车和敞篷车版本将随后公布。1系列轿跑车和敞篷预计将在 2013 年或 2014 年重新设计。

3）跨国车企——菲亚特五年计划：欧洲和巴西仍是最重要的市场

2010 年 4 月 21 日，马尔乔内与其管理团队为菲亚特汽车集团制订出了 5 年计划（2010—2014）。根据其计划，到 2014 年，菲亚特与其控股的克莱斯勒汽车将成为一家年销售汽车在 600 万辆的"世界级汽车制造商"。这被看作是有望超越标致与雪铁龙以及雷诺与日产联盟的大手笔。菲亚特将通过提高在欧洲的销量与盈利水平、加快推进与克莱斯勒产品与平台的共享、提高在拉美地区的销量等六大措施来实现新的计划。在菲亚特汽车集团传统的市场中，欧洲与以巴西为代表的南美市场仍将是菲亚特汽车未来 5 年的最重要的市场。

4）本田：新能源技术 2012 全面更新换代

伴随着 Insight、CR-Z 等搭载了 Honda 独创的小型、轻量 IMA 混合动力系统的车型上市，去年本田在日本国内的混合动力车型销量占总销量的 16%。在未来 5 年内，本田还将向日本国内市场陆续投放多款搭载 IMA 混合动力系统的小型车，首款车型 Fit Hybrid 将于今年秋季上市。本田正在开发适用于中型以上车型的插电式混合动力系统，并计划于 2014 年投放日本和美国市场。此外，还将针对不同级别的车型开发出多套不同的混合动力系统，以满足不同顾客的需求。同时，针对混合动力技术的电池开发也将继续。下一代混合动力 Civic Hybrid 将开始采用高功率、紧凑型的锂离子电池，该电池将由计划于今年下半年投产的"BLUE ENERGY"公司（Honda 与 GS YUASA 的合资公司）生产。从长期看，燃料电池电动车是终极的环保技术，Honda 将进一步推动燃料电池电动车"FCX Clarity"技术进步。而短期内，电动车仍是本田在零排放领域主攻的重点项目。本田利用燃料电池电动车研发过程中积累的技术研发的电动汽车，已于 2013 年投放日本和美国市场。而在传统发动机领域，本田从 2013 年开始，逐步更新目前的传统汽油发动机和变速箱，进一步提高燃油经济性。

8.1.2 我国汽车物流行业发展回顾

1. 2013 年汽车物流行业发展回顾

1）汽车物流行业运行环境未有改善，新老政策问题叠加困扰行业发展

对汽车物流的产业环境而言，汽车物流无疑是朝阳产业。但是在我国，高速增长的汽车业刚刚触及汽车供应链管理的边缘，真正意义的汽车物流才刚刚起步。尽管行业协会奔走呼吁，国家政府部门也高度重视，但由于涉及多个部门协调，自上而下的政策形成机制使得行业顽疾依然如故。

（1）运输车辆罚款收费等问题依旧如故。受市场增量刺激，新增违规车辆增加，特别是俗称"二怪"的违规车在部分小型运输公司中普遍存在。

（2）车辆运输车新标准问题虽有进展，但仍未有结果。轿运车新标准一直以来都是行业关注的焦点问题，被认为是解决行业公路运输问题的第一步。去年在工信部牵头下，在国家汽车标委会努力下，在交通、公安等部门和中物联等行业机构支持参与下，标准已有初稿，但各方协调推进速度缓慢，截至目前尚未形成统一意见。

（3）"营改增"使得行业成本上升，进一步压缩利润空间，超限、超载局面继续恶化。从长期来看，"营改增"是一项利国、利民、利行业的好事，但改革需要一个渐进的过程，其短期内对物流行业的影响确实较大。中国物流与采购联合会在积极向国家有关部门反映的同时，也积极为企业出谋划策，推动行业交流经验。由于 2013 年"营改增"改革到交通运

输业没有向相关服务业继续转移，物流行业利润空间大幅压薄在所难免。物流业为国家税收体系做出重大贡献的同时，为延缓自身压力而使超限、超载局面进一步恶化。

（4）进城难、停靠难等问题依旧是影响物流行业"最后一公里"配送的关键。城市车辆管理部门不合实际，一厢情愿的政策，使城市配送问题顽症依然如故，对我国汽车零部件售后服务市场发展产生严重制约，与超限、超载同样的客车运货罚款放行政策，非但解决不了问题，反而成为交通管理整体腐败的温床。

2. 标准化建设取得新进展，标准化成为资源整合的瓶颈

1）标准化工作新进展

在中国物流与采购联合会汽车物流分会及行业龙头企业共同参与下，适应汽车物流行业发展需要的十项新标准陆续出台和着手制定。全国道路运输标准化技术委员会审查通过了《乘用车公路运输栓紧带式固定技术要求》；全国物流标委会审查通过了《汽车物流术语》《汽车整车物流质损风险监控要求》《汽车物流服务评价指标》和《汽车零部件物流塑料周转箱尺寸系列及技术要求》四项汽车物流国家标准；《汽车物流统计指标体系》标准方案基本确定；《汽车物流信息系统基础要求》《商用车背车装载技术要求》《汽车零部件物流器具分类及编码》行业标准即将最后向社会征求意见；《汽车整车出口物流标识规范》国家标准已由全国物流标委会向国标委申请立项。

2）物流标准化贯彻情况不理想，与行业需求差距较大

汽车物流行业发展对标准化具有强烈需求。一是汽车物流作为制造业物流的典型领域以及巨大的市场，大型第三方物流企业的发展速度、规模和质量明显领先其他行业，这些企业在各自供应链管理中的优化以及企业横向资源整合都需要共同的标准作为基础；二是我国的汽车工业发展快速，除市场拉动外更得益于欧美、日韩等发达国家汽车巨头的加盟，它们将各自的生产标准带入中国，因而造成了各自的物流体系标准差异明显，这对物流行业的资源共享形成了巨大障碍，这也是我国汽车物流成本明显高于其他国家的原因之一。

国家标准体系建设的管理方式、系统性差，影响了标准的贯彻实施。国家对标准建设十分重视，专门设立国家标准化工作局和标准化委员会负责全国标准工作的制修订工作，不同行业还设有专业标准化委员会，但由于上下左右分工不清晰、协调不够，标准之间的交叉、矛盾多有发生，标准化工作方针随历史变迁时有变革，使得国家强制标准、推荐标准的执行标准尺度不清，该强制的标准不强制，该推荐的又是强制，企业难以执行或无法执行。全国标准需要进行系统清理才能更好实现各行业经济转型发展。

行业组织在推动标准贯彻工作过程中找到了新的方式。多年来，由中国物流与采购联合会汽车物流分会组织牵头开展国家和行业标准制修订工作，积极组织行业领军企业参与国家标准的制定工作，快速填补了多项行业迫切需求的标准空白。但标准的贯彻工作未能满足行业需要，2013年行业提出创新工作思路，发起成立了"全国汽车零部件物流标准化推进会"，将汽车零部件物流所有行业企业吸收到这个平台上，在贯彻国家和行业标准的同时，从具体企业需求角度探索推动标准联盟工作，逐渐推动解决标准一致性难题。

3. 汽车物流行业引领产业链拓展

1）产业链继续向上下游拓展

国内的主流第三方物流企业业务在实现汽车零部件入厂物流、整车物流、售后服务备件

物流业务的同时，2013 年向汽车零部件企业供应链管理和物流领域上延，以及向后市场进一步拓展，产业链条继续延长。

2）业务范围继续横向拓宽

一是汽车物流企业在与相应生产企业加强供应链管理一体化的同时，与同行业企业间的合作继续深化；二是业务模式向汽车同类产品复制，多个大型汽车物流公司都将业务拓展到与汽车产品相似的工业品物流。

3）探讨标准化需求，重视综合运输体系建设

一是因物流资源整合需要，零部件物流标准一致性问题成为行业发展的障碍，2013 年围绕此项需求行业多次交流探讨解决途径；二是整车物流领域，企业更加重视公路以外铁路和水运资源的共享，以及综合运输体系建设，行业召开了国内首个专业物流多式联运方面的研讨活动。中铁特货运输公司借国家铁路改革之势，加大汽车专业物流市场的推广力度，在行业号召力和影响力方面获得口碑，为未来铁路汽车物流大布局奠定了基础。长安民生、长航、安盛等企业加大投入，在沿江、沿海的大小码头布局了密集而完整的水运汽车物流网。

4. 领军企业从不同角度引领行业转型升级

1）汽车物流技术引领转型

作为公路运输起家的汽车物流粗放式的管理模式已经不能适应行业需求，国内主流汽车物流企业引入技术管理精英加盟，将生产技术管理嫁接到现代物流，用生产的精益改善物流的粗放，产生了良好效果，典型企业有安吉物流、一汽物流、长安民生、福田物流、中信国际等。

2）汽车物流模式创新驱动转型

网络和渠道是物流行业立足市场的两大法宝，建立全国一体化网络布局，形成畅通的物流保障渠道，是汽车物流领军企业制胜关键，国有的安吉物流公司和民营的长久物流公司是其中的典范。安吉物流公司在综合运输体系创新驱动，将公路运输里程降低到 700 km，为未来治理汽车后市场优化奠定了基础；长久物流公司与国内各大物流企业广泛合作，同时发展水路运输，推动铁路合作，探索零部件物流资源共享，在国际汽车物流业务实现突破，并且寻求跨界合作，借助资本市场力量，以网络、渠道和活力为未来开创道路。

5. 汽车物流行业技术创新升级

结合行业发展新趋势和新技术，汽车物流行业创新活跃，典型的创新成果包括以下几项。

1）汽车整车物流创新项目

（1）拖车安全认证管理信息系统。

（2）借助保险降低商品车物流运输风险损失。

（3）TLEP 培训体系（丰田物流培训课程在广汽丰田物流中的实施）。

（4）汽车物流临时仓储快速可移动式篷房解决方案。

（5）基于微信公众平台的运单确认系统。

2）汽车零部件入厂物流创新项目

整车装配零件配送方式设计及工艺优化。

（1）全流程协同化容器管理系统。

（2）供应链物流管理及采购结算优化。

（3）企业物流可视化服务。

（4）受入口叉车装载变更为升降平台装卸货的物流改善。

（5）基于主机厂生产线布局的厂内 RDC 创新规划设计。

（6）动力总成机运线项目的创新应用。

（7）物流新技术在集装箱场站管理中的整合应用。

（8）集保高折叠比围板箱。

3）售后服务备件物流创新项目

（1）备件订单交期/配送状态可视化及 BO 答复系统。

（2）华晨宝马中国售后配件配送中心订制项目。

6. 引领汽车物流行业发展的平台

中国物流与采购联合会汽车物流分会在政策、标准等行业工作中发挥积极作用，同时还为行业交流搭建了综合和专业平台，组织召开了中日汽车零部件物流座谈交流会、第十届中国国际汽车物流会议、第六届中国汽车出口物流国际研讨会、汽车零部件物流巡访活动—广州站、第四届汽车售后服务备件物流研讨会、2013 铁路和滚装汽车物流发展研讨会、第四届全国商用车物流发展研讨会、首届全国汽车零部件企业物流研讨会、2013 全国汽车物流行业年会、汽车零部件物流 KPI 对标活动、首届机电制造业物流和供应链发展论坛等行业活动。此外，还分别组织了与德国 BLG 相关设施和服务的交流，以及与美国联合太平洋铁路公司、加拿大国家铁路公司交流出访活动，并与美国汽车工业行动集团（AIAG）签署合作备忘录。

8.1.3 汽车物流与供应链扩展

汽车物流利用得天独厚的地理优势和产业优势，因地制宜调整产业结构，向现代物流方向发展。从长远看，汽车物流与供应链将不限于原有的"买汽车，建仓库"运行模式，而是从为客户提供订制物流服务入手，逐步成为物流服务的提供商和企业供应链的参与、组织和整合者，提供包括商品车零公里运输、售前动态预检增值服务（PDI），维修零配件的库存管理、包装、配送，商品车的储存等系列服务，以及在需要的时候管理与控制汽车制造商的商品车中转库，从而形成比较典型的商品车第三方物流服务。为此，要积极树立"大物流"概念，整合仓储、运输网络、信息网络。

首先，整合仓储管理，实现仓库利用效率的最大化。发挥仓储在原料流、资金流、信息流、商品流在时间上的高效转移及创造时间性效益功能，发挥其储存功能、保养功能、调节功能、分配功能。在实践操作过程中，可以以物流中心为主体，整合利用汽车物流企业的简易或自动化仓库与汽车制造企业的零配件库、综合仓库（原辅料、非生产性物质）、发动机配件库、铸造配件库、整合库等，建立一个全天候、立体化的仓储体系，从而提供系统、完整的"综合物流服务"，其具体包括整车配送、代办保险、代替交货、接收订单、代理检验，为汽车制造商精益生产创造条件。这样，既保证了汽车制造商库存成本的减少与生产的流畅，又可以发挥汽车物流企业的资源优势、专业优势、管理优势、团队优势、资金技术优势，实现合作双方的双赢。

其次，整合运输网络，构建四通八达的货运、客运、零担公路运输网。汽车物流企业很有必要对现有的内外部资源进行整合，发挥自身优势。整合内部资源主要包括利用资质过硬和运输功能强大的品牌，发挥物流交易市场的优势。对企业现在可以整合的运输节点，先进行有效的规范运作，然后再有步骤、有条件地纳入企业的运输网络中。整合外部资源就是借助与战略合作方、汽车制造商客户群的合作契机，强化融资能力，加大对其他物流企业的兼并、参股、合资，把现有运能发挥到最佳水平。

最后，整合信息系统管理，创建内部 GPS 信息导航系统。汽车物流企业应积极引入由导航定位系统、地面监控系统和车载接收系统组成的 GPS 导航系统，实现对汽车物流目标的位置及状态监控、调度管理、报警求助和信息咨询等功能，保证全天候、实时地对内部车队的供应服务情况进行有效的监控，保证汽车物流供应的及时性，有效地为远程的零部件配送和整车的发送等提供"点到点""门对门""户到户"专业化服务。同时，把 GPS 系统和物流数据库进行对接，可以定时对汽车制造商汽车生产线上的零部件、原材料、出库记录、入库记录和生产线运作情况监控记录，对各种用料进行适时的调配，从而避免因物流功能分散，生产、计划、制造、发运、采购、仓储相互脱节而造成的扯皮现象。

8.1.4　加快汽车物流供应链响应速度

"面对快速变化的外部因素，我们该如何提升整个供应链的响应速度？"对于身处竞争激烈、变幻莫测的市场中的汽车物流企业来说，需要经常这样自问。无疑，对于供应链的管理是这些企业需要重点考虑的问题。不过，仅仅依靠优化供应链的各个环节，通过纯粹的计划、预测算法技术来实现对市场需求信息的准确预测已经远远不够，思维的重点需要改变。汽车物流企业将考虑的是如何以速度为重点，提升整体的效率和整体的最优化，即打造一条"极速"供应链。

目前，企业强调更多的是对供应链的优化，但这种以"准"为基础的优化供应链体系依然存在一些明显问题。

首先，外部因素越来越多，并且不规则性很多，很难保证预测的准确性。

其次，即使预测较为准确，但往往是预测刚刚出来，外部环境已经变动了，总是计划赶不上变化。事实上，优化供应链更多考虑的是局部优化，对整体的信息共享和协调往往没有做到，只是一味地强调局部最优化。而极速供应链更强调整体的信息共享和协调，更注重整体的协同运作速度，以速度来对付变化。

供应链实际上连接着两个端点：一端是创意（idea），另外一端则是消费者。它包含研发、采购计划、生产计划、材料进料管理、车间生产管理、库房管理、外部物流管理、销售渠道管理等一系列环节。极速供应链管理的核心就在于通过集成和整合供应链的各个环节，达到加速供应链响应速度的目的。

要达到这一目的，需要三个要素的配合：信息收集、计划和执行。企业建立极速供应链是一个循序渐进的过程，需要按照先信息收集、再计划、后执行的顺序，明确企业当前的信息化需求，选择相应的 IT 系统。比如，先选择 ERP、B2B、中间件等系统来进行信息收集。

当一个企业具备信息收集的能力之后，接下来要提升的就是计划能力。根据收集到的信息，制订需求计划、生产计划、库存计划和采购计划，等等。由于企业的生产制造是一个连贯的过程，其相应的采购流程与制造流程环环相扣，而市场端需求总是在快速变化，导致企业生产排程也异常频繁。企业与供应商信息沟通不畅时，就会在执行过程中增加采购成本。

于是，要做好极速供应链管理，企业还必须拥有强大的执行能力。

以友达光电为例。友达光电是全球第三大 TFT-LCD 制造商，拥有从小尺寸到大尺寸 TFT-LCD 各种面板的生产，目前有十几座工厂分布在台湾地区和苏州。在友达光电的供应链中，整个计划周期大体可以分为五个阶段：从市场端获得需求计划、制订生产排程、生成采购计划、计划发至供应商、供应商回复确认。这个计划周期需要 4 天的时间，也就是说，当情况发生变化以后，还要经过 4 天的时间才可以作出反应，制订出新的生产和采购计划。在企业运作中，为了保证计划的可行性，还要和供应商确认、修改计划，才能够适应市场的需求。在这 4 天的时间里，由于市场环境的巨大变化，可能造成大量产品的库存积压，资金损失巨大。

要成功实施，用户必须拥有良好的信息化基础、明确的需求、规范的实施流程。

最后，在细节中提升速度。对于供应链管理来说，对速度的提升与对环节的优化有着较大的不同。那么，在从需求分析、选型，到实施、上线、维护的整个极速供应链打造过程中，需要注意哪些问题呢？在选择供应链管理软件时，友达光电主要考虑的是对内部已有系统的功能扩展，考虑如何结合现有系统来实施供应链。可以说，友达光电是在确定需要的系统功能后，带着自己的需求再去市场上寻找合适的软件。

在系统的具体应用上，软件平台的易用性和供应链厂商的接受程度是供应链管理能否有效执行的关键。供应链很重要，但并不一定要复杂。对于用户来说，系统本身一定不能太复杂，否则就很难快速推广。只有使用简单，供应链上的厂商才比较容易接受，付出的成本也比较低，厂商的配合度就会比较高，这样就可以真正应用起来。对于友达光电来说，只有越来越多的供应链上的厂商使用起来，才可能有更多的数据通过网络方式快速传输。

以下几点值得其他即将上极速供应链管理的用户注意：

第一，要有良好的信息化基础。许多企业确实有上供应链管理的需求，但其 IT 基础设施非常薄弱，员工不具备在系统下协同的基本素质。

第二，要有明确的需求。关于供应链管理，许多企业只有笼统的需求，在这种情况下急于上系统，只能是欲速则不达，起不到极速反应变化的目的。

第三，规范的实施系统流程。友达光电将项目划分成若干个流程，分阶段规范地实施流程。

8.1.5 汽车物流与供应链整合

1）促进供应链组织创新，探索供应链物流整合模式

供应链整合使原有的企业生产组织和资源配置方式发生了质的变化。供应链整合强调企业要塑造自己的核心竞争力，并和其他企业建立战略合作关系。每一个企业都应集中精力去巩固和发展自己的核心竞争力和核心业务，利用自己的资源优势，通过技术程序的重新设计和业务流程的快速重组，做好本企业能创造特殊价值的、长期控制的、比竞争对手更擅长的关键业务，从而实现供应链合作模式的"双赢"或"多赢"的目的。

建立合理的汽车制造工业园区是优化汽车生产结构、降低汽车物流成本的好办法。在主机厂附近将汽车生产所需要的主要供应商集结在这个工业园区内，将重要工序放在工业园区，以 JIT、JIS 的形式供货，降低整个供应链上的库存成本，实现与主机厂的同步生产，实现供应链上的拉式生产，以减低运输成本。汽车的销售网络和配送网络也需要进行科学的优

化。整车体积大，运输成本高，各个环节质保要求高。建立合理的整车配送体系不仅可以降低配送成本，同时也能提高配送质量，提高服务水平，保证零配件的供应。零配件运输网络也需要优化。区域运输商可将该区域的零配件组合运输到整车生产厂，既降低了远程运输成本，又达到了环保的效果。

2）实施供应链整合，降低物流总成本

供应链物流的整合必须循序渐进地完成。内部整合是外部整合的前提与基础，同时供应链物流整合需要行业整体水平的提高，从战略高度重构企业乃至整个行业的流程。

首先，要加强核心企业内部各部门的整合与协调。应建立一致的物流目标并为之努力，即降低物流总成本，而不是各部门各自为战。要做到这一点，各部门必须通过正式或非正式的协作共同努力降低物流总成本而非部门内部成本。

其次，信息沟通是部门间协作的技术基础。企业不仅要进行信息化建设，而且要总体规划，注意各部门和职能信息系统的信息和数据必须能有效地交换。

最后，汽车制造行业供应链环节间要建立长期的协作关系。在企业的内部整合达到一定程度后，核心企业与上下游环节之间逐步建立长期的伙伴关系，构建统一的供应链管理平台，实现供应链物流的外部整合。从实证分析的结果来看，支持了供应链物流的外部整合对供应商绩效将产生正向影响。

3）加强供应链信息化技术

推广汽车物流标准化建设信息网络技术是构成现代汽车物流体系的重要组成部分，也是提高汽车物流服务效率的重要技术保障。

汽车制造企业应积极利用 EDI、互联网等技术，通过网络平台和信息技术将企业经营网点连接起来，既可以优化企业内部资源配置，又可以通过网络与用户、制造商、供应商及相关单位连结，实现资源共享、信息共用，对汽车物流各环节进行实时跟踪、有效控制与全程管理，并以此来降低整个供应链上的库存浪费，以信息来取代库存。

要加快汽车物流与电子商务的融合。一方面，汽车物流要为电子商务服务；另一方面，汽车物流也要积极运用电子商务，实现电子化的汽车物流。

加快先进适用技术的推广应用，汽车物流应广泛采用标准化、系列化、规范化的运输、仓储、装卸、搬运、包装机具设施及条形码等技术。汽车物流作业中的标准化建设主要包括物料容器具的标准化和编码的标准化。汽车行业对物料容器具的要求高于其他任何行业。由于汽车零部件的品种、种类、尺寸和性能各异，对物料容器具的要求非常高。供应商在向多个整车厂供货时，如果对同种物料采取不同的包装形式，那么物料容器具的投入成本和管理成本都会很高。如果建立了物料容器具的标准要求，供应商就可以对不同的整车生产厂使用同样的包装和运输，这对降低物料容器具成本和运输费用有很大的积极作用。其中，应考虑的因素还有：汽车零配件的包装和运输要求；国内运输车辆的容积尺寸；物料容器具自身的尺寸匹配性；便于机械化搬运和堆码，等等。编码的标准化是整个中国汽车物流行业信息化的前提。物料编码的统一和标准化便于同一个物料的编号在不同的企业之间传递和识别，缩短供应链流程时间。

8.1.6 汽车绿色物流供应链

公路物流逐步告别低运输成本时代，未来将面对更为严峻的成本压力。如何约束控制成本，创造生存和发展空间，已成为各物流企业当前及未来发展长期需要解决的问题。大、中型货主企业和"平台型""网络型"物流企业的货源逐年增长，但运力时常显得不足，专线企业运力富裕却常常"吃不饱"。三方怎样取长补短合作共赢？石油价格持续上涨，在国家对物流业绿色低碳发展的刚性战略目标约束下，如何有效利用 LNG 卡车的技术与成本优势，实现对运输线路上现有柴油车辆的替代，从而有效降低运输成本与管理成本；如何创新物流金融手段，降低 LNG 车辆的采购、销售、维修等全周期寿命成本，使公路物流企业真正获得实利；如何通过运力和网络资源对接，使公路物流产业链上的货主企业、3PL 及专线公司，建立"物流联盟"，完成运力资源组织与使用集约化，实现合作共赢，改变公路物流企业小、散、弱、差的状况，等等。这些都是发展汽车绿色物流急待解决的问题。LNG 能源公司及供应商，要实施物流企业快速整合的行业趋势，通过协同发展，寻求集约化优势，实现效率与总成本的最优，通过 LNG 供应链上下游协同，实现公路货运与 LNG 产业价值链的共同繁荣。要建立更合理的利益分配机制，形成和谐健康、持续发展的绿色物流生态系统。要树立绿色物流理念，制定绿色物流政策法规，实施绿色物流管理，选择绿色供应商，实现物流活动的绿色化，并重视逆向物流。

1. 应用清洁能源物流卡车是物流发展方向

实现绿色低碳发展，既是国家战略，也是保护环境与子孙后代健康福祉的必然要求。节能减排，共享蓝天，不仅是每个人的梦想，更是企业的社会责任。以 LNG 为代表的清洁能源重卡经济性能十分突出，其节省燃料费用，绿色环保污染小，可 100% 减少 PM2.5 排放，有效实现低碳交通。近年来，LNG 卡车产业成为国家重点发展的产业方向，受到各级政府和相关部门的大力支持。

2. 汽车物流商业模式与技术应用创新与产业链重塑

公路物流以其庞大规模和极为重要的市场地位，成为节能减排的重点领域。我国公路物流市场巨大，全国货运车辆90%以上为个体运力，呈现出竞争激烈、市场分散、服务单一、总体运营水平低的特点。2013 年，国家对经济增长方式进行战略性调整，货运物流低端服务供给过剩，而市场高端需求旺盛的行情进一步显现。公路物流业开始从粗放经营、混乱经营向集约化、精细化、规范化转变。未来 10 年，以 LNG 卡车等新装备、新技术的应用将成为公路物流产业链重塑的核心，成为公路货运物流、金融资本深度融合的重要契机。

目前，中国已是世界范围天然气汽车发展速度最快的国家之一，是世界第六大、亚太地区第四大天然气汽车市场，并有着巨大的增长潜力。针对当前道路运输中燃油车占主体的现实，LNG 以其优越性能奠定了应用基础。今后 10 年，将是 LNG 卡车在道路运输领域扩大市场份额、助推节能减排的宝贵时期。

1）绿色物流是循环型物流

传统物流为"正向物流"，只重视从资源开采到消费需求，而忽视废旧物品、再生资源的回收利用所形成的逆向物流。逆向物流是一种包含产品退回、物料替代、产品再利用、废弃处理、再处理、维修与再制造等流程的物流活动。这是一个低成本、经济高效的从消费点返回到物流起点的过程，是以实现回收和适当处理为目的的物流活动，通过资源循环利用、能源转化，提高供应链整体绩效。

2）绿色物流是共生型物流

传统物流往往以对环境与生态的破坏为代价实现物流的效率化。绿色物流则注重从环境保护与可持续发展的角度出发，求得环境与经济发展共存。绿色物流改变原来经济发展与物流之间的单向作用关系，抑制物流对环境造成的危害，形成促进经济和消费生活健康发展的现代物流系统。

3）绿色物流是资源节约型物流

绿色物流不仅注重物流过程对环境的影响，而且强调对资源的节约。企业在经营过程中，不仅应关注流通和制造的成本，还应关注物流环节产生的成本，利用市场信息，最大限度地减少资源浪费。

3. 传统物流对环境影响的副作用

1）运输对环境的影响

运输是物流活动中最重要、最基本的活动。运输过程中燃油消耗和油料污染及交通运输产生的大量噪声、交通事故（如油轮触礁导致原油泄漏等）是物流作业造成环境污染的主要原因。不合理的货运网点及配送中心布局，会导致货物迂回运输。即时配送（JIT）虽能增强敏捷性，实现零库存，但实施 JIT 必然会使运输从铁路转到公路，大量使用汽车运输，而影响环境与生态。

2）储存对环境的影响

储存和运输一样，是物流活动的基本功能，它解决商品生产与消费在时间上的差异。但若储存方法不当，储存货物腐烂变质，尤其是化学危险品泄漏，会对人和周围环境造成严重的后果。

3）包装对环境的影响

包装具有保护商品品质、美化商品和便利销售及运输等作用，但现在一些商品的包装材料，如塑料袋、玻璃瓶、铝制易拉罐等会给自然界留下长久污染。大量使用一次性包装（如木箱），不仅消耗了有限的资源，处理这些废弃物还要消耗大量的人力、物力、财力。

4. 我国绿色物流在发展中存在的问题

我国自 1979 年引入物流概念以来，物流行业已经取得了很大发展，但物流活动也对环境造成极大的负面影响。目前，我国绿色物流发展还存在一定的问题。

1）物流基础设施的绿化水平不高，信息技术落后

我国物流行业目前还是一个比较稚嫩的行业，物流基础设施的配套性、兼容性还比较差，物流技术装备水平低，其主要表现在：

运输方式之间、不同地区运输系统之间的相互衔接的枢纽设施方面缺乏投入。水运、民航运输的潜在优势没有充分发挥，运输系统缺乏周密科学的设计，对环境的重要影响因素没有引起足够的重视。

仓储设施落后，库容体积小而分散，各种综合性货运枢纽、物流基地、物流中心的建设发展缓慢。

物流中心的经济效益不高，存在着严重的资源和人力浪费。机械化、自动化水平不高，严重影响物流效率。如在使用的搬运工具中，人工搬运车、手推叉车和普通起重设备占到70% 以上，而可视叉车等现代化的搬运工具却很少。技术水平和信息化水平不高。

管理体制存在障碍。物流的运作跨越不同的行业和地区，而管理属于不同的政府职能部门，各职能部门对现代物流缺乏统一协调的战略认识，目前还没有形成专门的物流部门来规

划物流发展，造成物流资源的分散和浪费。政府对物流产业的发展前景没有前瞻性的思考，在一定程度上还存在着放任自流的现象。由于我国绿色物流的理念形成不久，许多物流企业还没有完全形成发展绿色物流的概念，没有真正具有超前意识去承担社会责任。

5. 绿色物流的建立

1）产品的设计

首先选取绿色材料，这是一个复杂的问题：一是绿色材料无明确的界限；二是选用材料，不能仅考虑其环保，还必须考虑产品的功能、质量、成本等多方面的要求。企业可以通过绿色供应链设计不相同的产品，开发能使环境受益，能为供应链下游成员带来环境成本更小的产品或工序。这样可能会提高企业成本，但却可以降低整个供应链的成本。

2）绿色包装

绿色包装是指采用节约资源、保护环境的包装。绿色包装的途径主要有：促进生产部门采用尽量简化的以及由可降解材料制成的包装；在流通过程中，应采取措施实现包装的合理化与现代化，如用模数化提高标准化，以利于实现包装的大型化和集装化；采用周转包装，多次重复使用；开发新型的包装材料和包装器具，更好地满足绿色包装所要求的"3R1D"（Reduce Reuse Recycle Degradable）原则。

3）绿色仓储

绿色仓储要求仓库布局合理，以节约运输成本。布局过于密集，会增加运输的次数，从而增加资源消耗；布局过于松散，则会降低运输的效率，增加空载率。同时要减少物流仓储系统本身对周围环境的不利影响，如设备噪声、移动设备的振动、烟尘污染、设备的油渍污染、视觉污染等。

8.2 汽车物流行业发展展望

8.2.1 我国汽车物流行业发展趋势

1. 市场规模将继续扩大

从专家分析来看，我国汽车工业 2014 年的增长速度将会高于 GDP 增长速度，达到 10%，因而汽车物流入厂和整车两大业务规模将随之增加。随着物流业务向上游零部件企业延伸，售后市场业务快速增长，二手车及横向机电制造等物流业务由探索到实践。整个汽车物流行业市场规模一定会高于汽车工业发展速度。

2. 竞争力将进一步提高

经过十年的快速发展，汽车物流企业积累了经营实践经验，国际的交流合作，推动了企业在全面了解国际发展趋势的同时，更多结合现实情况，由管理型向技术引领型转变，并且将更加重视企业文化建设；行业资源整合深化，综合运输体系建设成为重点；在市场强大需求推动下，在行业组织协调下，汽车物流行业在贯彻标准化方面将会明显进步，并带动整个物流行业的标准化工作；行业人才培养工作将会系统化；企业业务链条将继续在上下游延展，横向业务整合速度加快，新的业务领域也有所拓宽。

3. 市场格局稳中有变，行业集中度提高，整合和分化更为清晰

一是在汽车成长性市场发展中，产业格局不会出现大的整合，相应的物流市场布局不会有大的变化，但新的产业布局区由于各方物流力量进入，给原有物流体系带来新的挑战和机遇。作为东风汽车总部所在地的武汉地区，由于通用汽车和大众汽车等品牌主机企业入驻，物流格局变化或许最为明显。

二是不同企业物流业务差距拉大。品牌好的企业，物流质量高；品牌差的企业，物流质量低。因而不仅物流保障能力差距拉大，而且费用成本差距也将拉大。与企业管理密切相关的物流业务水平彰显了各汽车品牌的竞争能力。

三是无主机企业背景的物流企业，将通过两个方向实现自身价值：一个方向是通过不同集团间的网络和渠道建设，实现行业资源共享；另一个方向是在物流环节中发挥区域优势，做精做专。

四是外资企业在中国市场的物流发展战略，将会由进入市场向承接中国企业转变。

4. 跨界整合、电商等新型商业模式以及现代物流技术推动企业创新

如火如荼的电商大战，从一个侧面反映出电子商务在改变流通方式，对汽车物流行业发展具有借鉴意义。劳动力成本的上升，技术替代人力，将推动物流行业由劳动密集型向技术密集型转变。汽车产业作为民生产业，相应的物流业务具有集中度高、规模大、效益好的特点，如能应用现代物流技术，同时借鉴电商模式，加强与关联产业的跨界合作，不仅能推动企业的技术进步，而且能推动整个物流行业快速发展。

8.2.2　我国汽车物流供应链的未来发展趋势

1. 目前中国汽车市场的三个突出特点

汽车物流是集汽车零部件及整车的运输、仓储、包装、保管、搬运、改装及物流信息于一体的综合性管理行业。中国的汽车物流发展还处于起步阶段，降低物流成本已经成为汽车产业的第三利润增长点。以港口码头为载体，汽车整车及零部件分拨、汽车增值服务等为一体的中国汽车市场目前表现出了三个非常突出的特点。

第一个特点，价格战空前激烈。一些汽车企业为了提高品牌的市场占有率，开始使用价格战。比如某品牌汽车在价格战中有几十万元的降价。在他们降价抢占市场的过程当中，没有想到最后是一发不可收的。开始是主机厂主动降价，最后是经销商被迫让利。

第二个特点，经销商的库存居高不下。中国汽车流通协会统计了上千个 4S 店的数据，做了一个每个月的库存系数统计。2012 年最高峰是 2 月份，库存系数达到 2.32，6 月份达到 1.98。按照国际惯例，库存系数在 0.8~1.2 之间是合理的区间，超过 1.5 就进入警戒线。经销商的库存去年达到了空前的高度，造成的直接后果就是经销商的财务成本激增。

第三个特点，经销商网点、渠道过密，这也是影响中国汽车市场、影响经销商行业发展的问题。2012 年，汽车的各个主机厂渠道建设的速度远远超出汽车生产速度，超过了 20%以上。在某个城市，某一品牌的网点达到 25 家。2013 年的汽车市场中最惨烈的现象就是一个品牌在同一个区域内自相残杀。

2. 精益物流成为汽车制造物流未来发展趋势

20 世纪 70 年代，汽车物流包括汽车制造前的零部件配送，库存积压是汽车物流运营成

本高的主要原因之一，库存高一直是汽车领域的一项难题，丰田提出"零库存"概念，但现在能做到"零库存"的国内物流企业不多。做得好的如大众体系，采用的办法是占用钢材仓库的库存存量，虽然仓库在大众，但库存量并不记在大众账上，出库入库记入钢材厂的库存，因此，汽车生产厂商无论是自己的仓库还是租用仓库，库存均算在钢材厂上，从而做到"零库存"。总体来看，今后汽车物流要向精益物流发展，并不断提高供应链水平，不仅是企业之间的竞争，更重要的是供应链的优化组合。

汽车物流的发展离不开中国汽车市场的大环境，为了保持汽车市场能够可持续发展，国家相关部门也相继出台了一系列刺激政策，使得中国汽车市场出现一个爆炸式的增长。但很多汽车企业进入 2011 年以后，只出现微增长。依靠政府出台刺激政策不是长久之计，汽车市场要保持健康可持续发展。

（1）充分发挥金融杠杆的作用。中国的汽车消费信贷及融资租赁的比重仅仅占到中国汽车销售的不到 15%。在国外，包括在北美、欧洲其比重高达 70%～80%。因此，充分发挥金融的杠杆作用，对于扩大销售、促进消费是有利的。

（2）搞好二手车流通。2012 年全国二手车交易量是 480 万辆，与美国市场相比，相差 10 倍。2012 年，北京市场二手车交易对新车的贡献度达到了 60%。搞好二手车流通，提高二手车交易，加大报废更新的政策支持力度。这需要政府出台一系列政策。2012 年以前，我国汽车市场始终处在卖方市场，生产厂商更关注的是如何提高产能、扩大产量，保证供给。其实重生产轻报废。有的专家认为，到 2015 年中国汽车保有量要超过美国，这里恰恰说明我们没有关注到报废。美国的市场每年在生产 1 000 多万辆新车的同时，会有 1 000 多万辆的旧车淘汰报废，因此才能形成良性的市场。尽管每年政府拿出 10 个亿人民币作为补助，但是还远远不够。

（3）要努力的开拓农村市场。中国城市的汽车拥有量以及道路状况表明，汽车的城市市场发展空间已不是很大。但是，拥有近七亿人口的农村市场，将是一个具有巨大潜力的广阔市场。从 2012 年开始，中国的汽车市场已经开始形成买方市场，或者说买方市场的格局已经初步形成，这标志着中国的汽车市场开始走向成熟。

整车物流的关键在于合作，既有汽车物流企业之间的内部竞争，又有铁路、水运等对公路运输日益逼近的威胁。而国际物流商的大举进入中国，更让汽车物流产生求蜕变、求生存的危机感。整车物流的本土化特征体现为汽车物流企业的内部整合、互惠、互补带来了部分缓冲。竞争与合作是矛盾的统一，中国的汽车物流企业一定会在残酷的经营现状面前，理性地寻求生存和发展的道路，顺应汽车物流市场求变、求精的趋势，在竞争中寻求合作，在合作中培养自己的核心竞争力，做强做大。

另外，从以整车生产商为核心的产业链来看，汽车物流业务运作主要包括零部件的采购物流、入厂物流、整车与备件的销售物流以及废弃物的回收物流四大环节，要求各个环节之间能够平滑衔接。尤其是零部件入厂物流，既要与汽车制造厂的生产节奏相匹配，又要协调庞大的供应商群体，其最能体现汽车物流的复杂性和专业性。随着汽车工业生产的全球化以及竞争的加剧，汽车制造物流未来发展方向主要有以下两个方面。

第一，供应链方式下的全球采购物流和模块化供应体系。随着汽车行业分工逐渐向纵深方向发展，零部件的生产和配送功能逐渐从制造企业中剥离，整车企业和零部件企业的分工模式逐渐呈现专业化。伴随着整车和售后物流体系的社会化，供应链采购模式是供应商及时了解整车制造厂的生产需求和发展规划，然后预测未来需求量，最后制订相应的生产计划和送货计划。零部件产业的模块化供应将成为主流，在整条供应链上零部件供应商的角色不再停留在传统的样品加工商，而是会更多参与到汽车厂商的生产设计当中，与整车制造商形成强强联手。

第二，精益生产方式下的零部件入厂物流。由于汽车工业生产本身的复杂性，汽车生产既要防止生产延迟，又要零部件库存最小化，因此汽车行业必须推行精益生产方式，连续不断地向生产线边准时供货，这就要求零部件入厂物流能根据生产节拍将上万种零部件准确地运送到消耗点。为实现及时生产，今后的零部件入厂物流会采用更多的"直送工位"方式。制造商与供应商之间建立信息通道，并将精益生产方式依次向下游的供应商顺延，以实现整条供应链的及时供货。精益生产方式要依靠供应链采购体系与汽车制造物流 IT 系统整合才能实现，参见图 8-1。

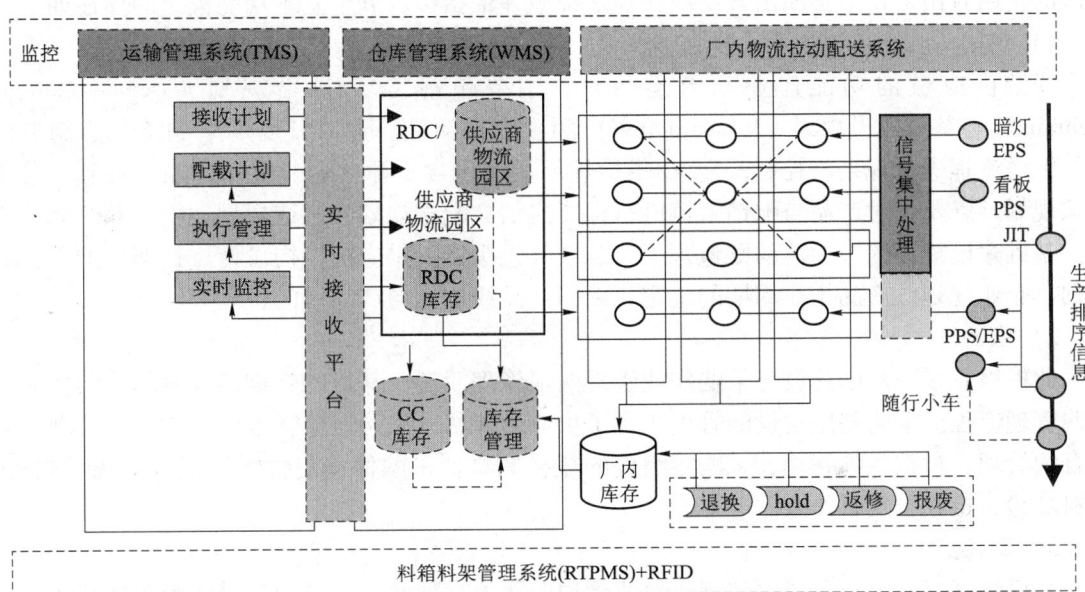

图 8-1　汽车制造物流一体化 IT 信息系统整合架构

8.2.3　汽车物流供应链运作参考模型

1. 供应链运作参考模型（SCOR）

1996 年，PRTM（Pittiglio Rabin Todd & McGrath）和 AMR（Advanced Manufacturing Research）以及超过 65 家的企业共同成立了供应链协会（Supply Chain Council，SCC）。该协会成立的目的是发展一个跨产业的标准供应链模式，以帮助企业沟通、建立供应链的基本规范。SCC 提出的标准供应链模式为 SCOR（Supply-Chain Operations Reference-model）。

SCOR 的作用：有效地评价企业的业务流程，比较某企业与行业内外其他企业的绩效差别，促进特定竞争优势的发展，通过标杆法提高企业管理水平，量化改革后带来的效益，帮助辨别最能适应特定业务流程需要的软件。

SCOR 的组成部分：对复杂管理业务流程因素的描述标准，用于和客观的、企业外部参考点的流程绩效比较的标杆法标准，对第一流管理实践的描述体系，能保证最优实施效果的软件产品。

SCOR 的构成；流程参考模型将许多优秀的企业流程重构、标杆法和流程度量等概念集成进了一个跨功能的框架（企业流程重构，标杆法，最优实践分析，流程参考模型）之中。

SCOR 是一套主张透过五项流程观点、绩效评估指标建立与提供业界最佳实务（Best Practice）来协助企业建立本身供应链架构的工具。以由上而下（Top-Down）的方式逐步推展供应链架构，并且互有联结。以五大流程为主干，描述每个作业流程应进行的供应链分析，而每个作业流程会提供相对应的参考绩效指标，也会有业界最佳实务描述该作业流程目前在业界中较好的管理手法或系统工具。

SCOR 模型包括五个供应链基本流程：规划（Plan）、采购（Source）、制造（Make）、配送（Deliver）和退货（Return）。其揭示了供应链运作中各组成要素之范围和参考作业，并协助使用者由上往下推演出各层级作业之绩效评估指标。五个基本功能模组的描述如下：

1）规划

联结供应链的功能作业与营运目标，主要包括需求/供给规划（Demand/Supply Planning）与基础建设规划（Infrastructure）两项管理活动。为对其后的采购流程、制造流程与配送流程进行规划与控制，需求/供给规划活动包含了评估企业整体产能与资源、总体需求规划，以及针对产品与配销管道进行存货规划、配送规划、制造规划、物料及产能的规划。基础建设规划的管理活动则包含了自制或外包决策、供应链架构设计、长期产能与资源规划、企业规划、产品生命周期的决定、新旧产品线规划与产品线的管理等。

2）采购

此模组有采购基础建设与采购作业管理两项管理活动，其目的是描述一般的采购作业与采购管理流程。采购基础建设的管理包含了供应商评估、采购运输管理、采购品质管理、采购合约管理、付款条件管理、采购零组件的规格制订。采购作业包含了寻找供应商、收料、进料品检、拒收与发料作业。

3）制造

此模组具有制造基础建设与制造作业管理的两项管理活动，目的是描述制造生产作业与生产管理流程。制造作业管理包含了领料、产品制造、产品测试与包装出货等。制造基础建设的管理包含了工程变更、生产状况掌握、生产品质管理、现场排程制订、短期产能规划与现场设备管理等。

4）配送

此模组包含订单管理、仓储管理、运输管理与配送基础建设的管理等四项活动，其目的是描述销售（sales）与配送（distribution）的一般作业与管理流程。订单管理作业包含了接单、报价、顾客资料维护、订单分配、产品价格资料维护、应收账款维护、授信与开立发票等流程。仓储管理作业包含了拣料、按包装明细将产品包装入柜、确认交货地点与运送货物等流程。运输管理作业包含产品运输方式安排、进出口管理、货品安装适宜规划、进行安装与产品试行（例如，销售大型机器给顾客，需先安装完毕，然后进行试车）。配送基础建设的管理包括配送通路的决定与设计、配送过程中的存货管理、配送品质的掌握与销售的管理政策。

5）退货

以退回的货品的属性分，包括不良品、间接物料（MRO）、过剩成品。以退货作业牵涉的对象层面分，包括顾客面作业、供应商面作业。以对于退货的回应方式，包括核可作业、退货排程、退换作业、销毁作业。

2. 案例分析：基于 SCOR 模型建立汽车零件供应流程库

从每一种零件的生命周期来看，经历了向新的创新供货，向售后市场供货，供货量逐渐提高直至整车厂停止使用该零件，然后零件生产逐渐减少到依靠库存向售后市场供货等一系列阶段。显然，在不同的阶段里，面向不同的客户（如整车厂、售后市场（零配件销售商、配件批发商、维修站等）），零件的采购、生产、交付的概念不是一成不变的。因此，整车厂需要建立一套体系，根据所有零件的特性、订单的种类和客户的类型，对供应方式进行合理的分析和管理，而 SCOR 正好提供了分析框架：① 运作模式（价值定位，核心竞争力，外购/自制决策，生产能力合理化）；② 绩效目标和标杆（交货周期，质量，顾客满意度，成本等）；③ 供应链最优的管理流程（规划，外购，制造，交货等）；④ 系统和支持工具；⑤ 组织和决策。从全球制造地理位置的汽车零部件产品流形成的 SCOR 模型供应链及其具体边界层次模型见图 8-2。

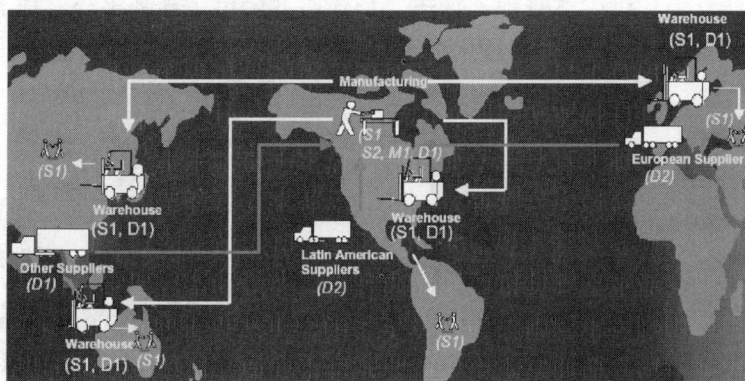

(a)

(b)

图 8-2 SCOR 模型供应链及其特定边界层次模型

(a) 从全球制造地理位置的汽车零部件产品流形成的 SCOR 模型供应链；

(b) SCOR 有着与其范围对应的特定边界层次模型

8.3 汽车物流与供应链新技术集成与创新

8.3.1 汽车物流新技术集成创新

1. 我国汽车物流未来技术集成创新发展趋势

汽车物流与供应链集成创新是利用各种信息技术、管理技术与工具等，对各个创新要素和创新内容进行选择、集成和优化，形成优势互补的有机整体的动态创新过程。集成创新强调灵活性，重视质量和产品多样化。

1）汽车物流技术的集成与创新

以物联网、车联网（传感技术＋互联网络）技术应用；商品车物流、零部件物流的实时跟踪服务（参见图 8-3）以及实时电子交接系统及云物流（云计算＋供应链＋电子商务）技术应用；通过云计算集成供应链管理、物流、货代服务的电子商务平台，成为需求客户与物流供应商的桥梁（参见图 8-4）。新技术的集成与创新将提升现代物流企业内涵，更好地满足客户需求。

图 8-3 物联网技术在汽车物流中的应用实例

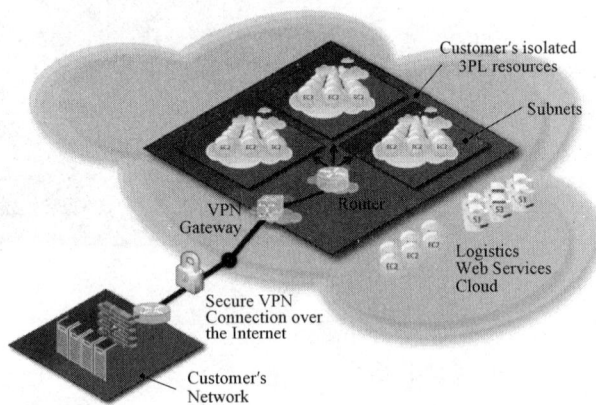

图 8-4 云物流技术在汽车物流中的应用实例

2）某汽车物流行业标杆企业"十二五"规划的物流信息技术集成创新应用的十大关键技术

（1）运输管理系统优化。智能调度运输管理系统软件开发、运筹学算法应用等。

（2）驳运车车载信息处理系统优化。关键参数、关键部位视频采集处理，车载 RFID 感应系统，车载 3G、WiFi 移动通信等。

（3）仓储管理系统优化。商品车出入库自动扫描（基于 RFID），驳运车出入自动扫描（基于 RFID），库存实时自动盘点（基于 RFID）。

（4）物流资源计划系统优化。基础数据、制造工艺计划、制造能力计划、生产需求平衡计划等。

（5）合同/结算管理系统优化。客户应收账款、供方应付账款等。

（6）分供方管理系统优化。职能部门管理、分供方运作管理、分供方财务管理等。

（7）物流可视化系统优化。整车客户应用、整车内部应用、零部件物流板块可视化集成等。

（8）物流设施架构系统优化。虚拟应用服务器集群、虚拟数据库服务器集群、虚拟存储设备集群，异地备用系统、智能式系统运维监控等。

（9）车辆定位系统（GPS）。系统扩容、GIS 信息应用等。

（10）数据交换平台。数据仓库基础架构、调整扩容、ETL 工具应用、商业智能工具决策支持系统等。

2. 汽车物流技术集成创新方法

1）开展虚拟经营——以"虚"务"实"

目前，国外许多汽车物流企业已经开始采用现代化的电子手段来进行信息的处理与对客户的服务。越来越多的新技术被物流企业所采用，如电子数据交换（EOI）、企业运输管理网络服务（web—ETM）、仓库管理系统（WMS）。但是，对于中国汽车行业物流而言，首先面临的一个现实问题是资金不足，因此，电子化、信息化、网络化的路程还很漫长。为了最大限度发挥自身的优势，弥补自身的不足，物流企业之间以及物流企业与其他企业之间可以建立虚拟经营。所谓虚拟经营，实质是向外部借力，通过整合外部资源，为我所用，从而拓展自己的发展空间，利用外部的能力和优势来弥补自身的不足和劣势。虚拟经营的企业，能够在组织上突破有形的界限，仅保留最关键的功能，而将其他的功能虚拟化，最终在竞争中最有效发挥有限资源的作用。其精髓是将有限的资源集中在附加值高的功能上，而将附加值低的功能虚拟化。

2）虚拟经营的五种方式

（1）外包加工的"虚拟生产"。

即企业自己不投资建设生产场地，不装备生产线，而把产品外包给其他的生产厂家生产。运用品牌优势，与其他生产企业进行联合，创造企业的品牌产品。

（2）共生。

即企业本身并不擅长某一方面的工作，但基于成本或保密的考虑，又不愿将业务外包，于是，几个企业可以共同组成一个联合作业中心，共同负责这项工作。如银行业的咨询资讯管理，往往由几家银行成立专门处理电脑资讯业务的单位，既可以达到保守商业秘密的目的，又可以达到节省成本的目的。

（3）战略联盟。

指拥有不同关键资源的几家汽车制造企业，为了彼此的利益而结成的联系，以创造竞争优势。

（4）虚拟销售网络。

即汽车制造企业总部对下属销售机构解放"产权"关系，使其成为拥有独立法人资格的销售公司。销售公司自主经营、独立核算。

（5）部门虚拟化。

我国目前的汽车制造企业在引进国外先进技术和管理经验的同时，可以考虑把一些具有管理职能的部门分包出去，由国内外有经验的专业公司进行管理，这也不失为一种很好的尝试。

虚拟经营往往更注重短期利益，一旦目标实现，随即解散虚拟组织，为了新的目标，又重新组合虚拟组织。因此，虚拟经营具有高弹性特点，可以为我国的汽车物流企业的战略转型提供新的思路。对于那些"大而全""小而全"的企业，可以运用虚拟经营的功能模块，保留并引入具有竞争能力的功能模块，剥离那些非核心的功能模块，实现企业的精简高效，从而提供汽车制造企业的竞争能力和生存能力。

3）培养预见能力——以"静"制"动"

汽车制造企业管理层必须要有远见，建立对未来的假设，培养适应产业发展所需的预见能力，依靠这种能力，企业就能够把握甚至控制所在产业的发展方向，从而掌握自己的命运，可谓以"静"制"动"。企业预见能力的培养，需要满足以下基本要求。

（1）摆脱现有市场观念的束缚。

汽车制造企业供应链物流整合的发展空间存在诸多的不可预知性，但这并不是妨碍企业培养预见能力的原因。阻碍企业培养预见能力的根本原因，往往是由于企业战略制订者难以摆脱现有市场观念的束缚。

（2）重视多样化的整合。

任何企业或业务部门，都会存在部门盲区，不可能靠自己的力量来正确地预见未来。因此，企业必须具备开放的观念，通过整合跨部门、跨行业以及跨区域的力量，最大限度地捕捉未来的发展轨迹。

（3）超越"顾客导向"。

企业要具备竞争未来的能力，就不能满足于"顾客导向"的原则，因为顾客往往并不具备预见未来的能力。目前，多数汽车制造企业还是在提倡顾客导向，以满足顾客的需要为己任，有时不惜牺牲自己未来的发展机遇。真正有创见的企业，应该超越"顾客导向"，引导顾客走向他们想去但不知在哪里的地方。

4）建立全球战略——以"近"致"远"

伴随着全球经济增长，全球物流将会得到极大发展，我国的汽车制造企业在面临巨大发展机遇的同时，也会面临种种挑战。汽车供应链物流整合必须突破地域、行业的樊篱，以全球为着眼点，只有这样，才能最大限度地抓住机遇，规避风险。在具体战略的选择上，首先应该以中国为主要整合市场，获得本地竞争优势；再以"近"致"远"，争取全球竞争优势。未来汽车物流发展将具有信息化、自动化、网络化、智能化等特征，因此，我国汽车制造企业供应链物流整合也必须与时俱进。

8.3.2 汽车制造物流技术集成创新方法

1. 先进的物流技术集成创新方法

零部件入厂物流与汽车制造厂的业务模式相匹配非常重要，最能体现汽车零部件物流的复杂性和专业性。许多整车物流的运作形态基本是"背对背"，商品车装上轿运车、滚装船或铁路专列，接下来的整个运输过程，客户是看不见的。而汽车零部件物流则是"面对面"，零部件运输、仓储乃至物料上线的全过程，基本都在客户的掌握之中。安全、精益的目标是整个零部件入厂物流的优化核心。为了满足主机厂客户要求，制造物流必须通过科学、细致的规划设计，并对制造物流实施一整套的物流技术集成创新，才能成功打造汽车制造物流的样板。

我国汽车制造物流某标杆公司在制造物流中应用了物流新技术集成创新：使用 AGV 智

能化导引拖车上线配送模式，取代效率差、污染高的铲车，在提高车间操作安全性的同时，劳动生产率提高了 20%；电子拉动系统电子拉动（EPS）/生产拉动（PPS）替代传统的巡线拉动，体现了少人化、精益化的物流管理理念，同时，生产线要货的均衡性及准确性提升了 15%；SPS 台套配送技术结合 PTL 目视化拣选系统，既满足了生产线柔性化生产的需求，又通过信息技术手段满足了配料操作简约化的要求；PFEP（Prepare For Every Part）规划思想渗透至每个零部件的梳理优化，通过在线料架及上线包装的改进，大幅节约在线工位，为多车型生产提供了硬件基础；AGV（自动导航小车，参见图 8-5）的应用以及结合 SPS 配料+AGV 上线的新模式，实现了制造物流向自动化技术发展的飞跃。劳动生产率提高了 20%，移动设备的应用降低了 14%。

（a）　　　　　　　　　　　　　　　　（b）

图 8-5　AGV（自动导航小车）在汽车制造物流领域中的应用实例

（a）AGV 应用于汽车行业；（b）AGV 应用于仓储行业

　　AGV 目前在物料运输领域应用已有 60 多年。第一辆 AGV 诞生于 1953 年，由一辆牵引式拖拉机改造而成，带有车兜，在一间杂货仓库中运输货物。20 世纪 70 年代，基本的导引技术是靠感应埋在地下的导线产生的电磁频率，指引 AGV 路径行驶。20 世纪 80 年代以来，AGV 系统已经发展为生产物流系统中最大的专业分支之一。目前，经过汽车制造企业针对制造物流的要求，已有多种类型的牵引式 AGV 经过改进被用于汽车制造物流领域，并出现产业化发展的趋势，成为现代化企业制造物流自动化装备不可缺少的一部分。

　　AGV 控制系统采用成熟可靠 AGV 专用控制单元，确保运行稳定性和可靠性。整个系统高度集成，并且提供了丰富的外部数据接口，具有良好的扩展升级能力以及应用于不同环境的适应能力。AGV 驱动系统采用成熟可靠的 AGV 专用驱动单元，驱动总成为弹簧悬挂式，能适应高低不平路面，从而确保按路线稳定运行。

　　目前我国汽车行业中正在使用 AGV 的厂家有：东风日产（总装、车身、发动机、树脂、焊接、冲压、仪表盘等），上海大众动力（总装、总成、门线、副车架、后桥、底盘、变速器等），郑州日产（总装、车身、内饰、前后悬架等），东风本田（发动机、焊接、内饰等），上海通用（底盘、内饰、发动机、门板等），一汽丰田（仪表盘、内饰等），长安标致雪铁龙（总装、门板、发动机等），江铃（总装、焊装、发动机等），江森、延锋等汽车配件生产厂家（座椅、车灯等）。

2. 优质高效的汽车制造物流技术应用实例

1）汽车零部件物流入库

（1）自动分拣辊道：配有无线扫描系统，可实现小包装零件自动化入库分拣（参见图8-6）。

（2）移动办公台：配有信息系统，应用于零件入库、资产跟踪、账务盘点等环节（参见图8-7）。

图8-6 某企业汽车制造物流自动化入库分拣

图8-7 某企业汽车制造物流移动办公台

2）汽车零部件物流存储

（1）自动传输设备：实现自动化输送，降低行走距离及劳动负荷（如图8-8所示）。

（2）垂直升降台：考虑人机工程，避免员工长时间弯腰取件，降低劳动负荷（如图8-9所示）。

图8-8 某企业汽车制造物流自动传输设备

图8-9 某企业汽车制造物流垂直升降台

3）汽车零部件物流上线

（1）AGV：自动化程度高，实现高效、经济、灵活的无人化生产（如图8-10所示）。

（2）安东系统：通过指示灯和提示音及时地显示上线车辆状态。

（3）灯光拣选：有效提高员工拣选效率和准确率（如图8-11所示）。

图 8-10 某企业汽车制造物流 AGV 无人化

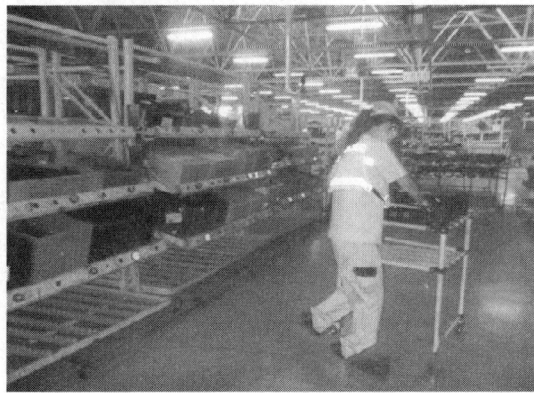

图 8-11 某企业汽车制造物流灯光拣选

8.3.3 汽车零部件物流运输过程透明化管理及案例分析

1. 汽车零部件物流运输行业现状分析

1）汽车零部件物流发展现状概述

近年来，随着我国汽车产业蓬勃发展，汽车零部件行业迅速崛起，汽车零部件物流也发展到了一个关键阶段。根据工业和信息化部数据，2008 年我国汽车整车产业共实现总产值11 478.08 亿元，同比增长 7.83%；汽车零部件行业工业总产值达到 9 480.75 亿元，同比增长 23.85%。

汽车零部件行业的迅猛发展，为我国汽车零部件物流市场带来了巨大的需求。汽车零部件物流需要协调汽车供应链上零部件供应商、汽车制造商、汽车分销商和物流公司及最终消费者间的零部件需求，提供汽车产业链的零部件入厂供应物流、厂内物流和售后服务配件物流服务，是一个集现代化仓储、运输、搬运、包装和流通加工在内，结合物流信息进行一体化管理的行业，也是国际上公认的最复杂、最具专业性的物流之一，更是一种具有高附加值的行业。

我国汽车物流起步较晚，20 世纪 80 年代才开始出现专业的仓储和运输企业进行汽车整车物流，对汽车零部件物流的涉及更少。加入世贸组织后，我国汽车产业受到了前所未有的挑战，整个汽车行业进入了微利时代，各大生产厂商都面临着降低成本的压力，而物流则被称为汽车产业新的利润源泉。因此，汽车物流不仅要满足汽车生产企业的生产需求，还要以最低的成本、最少的消耗和最快的反应来适应行业的发展变化。

汽车零部件制造物流是汽车物流的重要组成部分，是汽车物流系统良性运作及持续优化的关键环节。根据有关数据，中国物流行业的社会物流平均成本占社会总产值的 18%，汽车零部件物流成本占到产品成本的 16%，而欧美汽车物流行业成本为 8%，日本甚至可低至5%。因此，我国的汽车零部件物流发展还处于相对滞后、成本偏高的起步阶段，其成本有着很大的压缩空间。汽车零部件物流成本每降低 1%，就可节约 800 多亿元。由此可见，优化汽车零部件物流过程，减少物流成本，对降低汽车生产成本将带来显著的影响。

2）汽车零部件物流运输问题分析

我国不断扩大的汽车生产市场和逐渐发育成熟的汽车消费市场，对整个汽车物流行业提出了更高的要求。目前，我国汽车零部件物流运输行业主要存在以下几个问题。

首先，现有汽车零部件物流运输企业规模性、集约性都比较低，无法统一协调调度，造成管理难度大、物流环节资源配置效率低下、物流成本上升等问题。传统的汽车零部件物流大多采用供产销一体化的自营物流模式，自行完成或委托运输公司完成物流运输。即制造厂商先向汽车零部件供应商提供需求信息，然后由制造厂商循环取货或零部件供应商直接送货。而汽车零部件生产物流体系庞大、种类繁多，不同零部件的供应商分布在全国各地，运作发展状况也参差不齐，缺乏规模效应，运输成本难以降低。加上我国很多物流企业是从传统的仓储、运输企业转型而来，整体水平不高，往往出现车辆缺乏统一调度、物流环节重复、资源配置浪费的现象。

同时，我国汽车零部件物流行业信息系统不够完善，及时性差，供应链流程长，导致库存管理成本升高。有些生产厂的库房至今仍采用人工信息管理的方式，时效性和准确性都相对落后，大量冗余库存占用了资金，订货前置时间延长，仓库利用率低，成本虚高。一旦供求双方的信息不能及时交换，生产计划的调整就无法沟通，给生产供应造成隐患，导致整车生产厂的供应物流管理难度加大，零部件库存不断增加，成本上升，影响整体物流效率。

汽车工业的不断发展，促使汽车生产厂商改进生产模式以适应激烈的市场竞争，一些更先进的生产方式被应用到了生产中，如订单式、JIT（Just in Time）即时生产模式等。JIT模式下的汽车生产厂商，要求零部件供应商按照其生产节奏和生产需求量供货，由汽车生产厂的供应部门或供货商实施"直送工位"的JIT配送，以实现零库存，最大限度地减少汽车生产企业的风险，保证生产线稳定，降低汽车的生产成本。这就需要汽车零部件物流的运输链的及时性得到保证，在管理上具有更专业的信息技术手段和水平，这是传统的、依靠扩大库存来保证生产的汽车零部件物流无法满足的。所以，必须有一种更加先进的汽车零部件制造物流技术，形成共享的信息平台，实现信息对接，来配合包括JIT生产模式在内的现代汽车生产方式。

另一方面，汽车零部件物流在运输过程中的安全性和可靠性也需要关注。汽车零部件的品种繁多，生产厂商地域分布广阔，在由供应商向整车生产厂运输的过程中，不恰当的运输设备，运输装卸不合理等操作都会导致汽车零部件的丢失或损坏。并且，在没有配置信息交互设备的物流运输过程中，不能清楚地知道在途货物的总量与运输状况，运输车辆在线路上如果发生超载超限等违规行为，管理者都不能及时了解，这就为零部件物流的在途运输埋下了安全隐患，一旦出现突发状况，就可能直接影响整车生产厂的生产作业。为此，供求双方可能要为不可控的情况准备过量库存，或者为加急运输付出高额的费用。

因此，汽车零部件物流运输中需要解决的问题，主要集中在如何提高整个汽车零部件供应链的效率和管理水平，如何降低物流成本、增强稳定性，以及保证运输过程安全可靠等方面。

2. 运输过程透明化对汽车零部件物流运输过程管理的作用

运输过程透明化理念主要指借助GPS全球定位系统、互联网络、移动通信技术和数据库技术等手段，增加运输企业对运输过程中车队的控制力度，对货物状态的监控透明度，以及通过对运输环节的掌控，减少冗余环节，降低运输成本，提高车辆运行效率，最大限度地满足客户要求。针对汽车零部件物流运输中物流效率、经济效益的提高，物流成本的降低和安全性、可靠性的保证，运输过程透明化可以起到显著的作用。

汽车零部件物流运输过程透明化是其信息化的具体实现。现代物流运输系统必须建立在信息化的基础上。汽车零部件物流过程中存在的大量客户、供应商和承运方的数据，均可以在 GPS 监控系统中以互联网为平台，使用标准的数据结构进行交换，并且通过应用移动通信系统，运输车辆也被纳入到了运转的信息链中。

1）运输过程透明化对汽车零部件物流运输经济效益的提高

要提高汽车零部件物流运输的经济效益，必须采用更加合理有效的现代管理技术手段，对物流运输过程的规划调度和管理、运输方式的选择和信息系统设计等方面进行改进。

运输过程透明化的 GPS 监控系统，能够帮助优化整车生产厂商和零部件供应商的资源配置管理，提高利用效率。零部件供应商根据整车生产厂商的订单发送货物后，GPS 监控系统下的物流供应链上各个环节的具体数据都可以在 GPS 监控管理中心及时得到，并将分析整理后的数据应用到对各项资源占有的分配中去。利用现代的互联网和通信技术，供求双方的信息交互及时，对市场需求的变化可以做出快速的反应，及时调整生产计划，从而保证生产稳定。同时，减少零部件库存量，提高整体物流效率。另外，GPS 监控系统与运输公司现有的信息化系统模块对接，使监控系统的数据与公司的相关管理系统紧密结合，提升整体管理能力。

运输过程透明化的 GPS 监控系统，可以优化物流运输过程，降低汽车零部件物流运输的成本。通过车载终端得到的物流运输链上的数据，对汽车零部件运输链数据化和模型化，管理者就能够方便地展开运输过程优化工作，结合各个环节的实际情况，对运输链有针对性地做出调度安排和调整。如在使用速度更快的运输方式以缩短运输时间，和适当延长运输时间以降低运输费用之间做出合理的选择等，实现既保证生产的顺利开展，又使运输系统的成本较低的最优方案。

运输过程透明化的 GPS 监控系统，能够提高运输系统的及时性。在 GPS 管理平台上，可以实时监控零部件运输的在途时间和到货时间，而这两个时间数据是衡量运输效果的重要指标。到货的准确性和运输时间的长短，不但决定着零部件周转速度的快慢，还会对生产的顺利进行产生重大影响。由运输不及时造成的用户缺货，很可能会对汽车生产企业造成巨大的经济损失。JIT 生产模式下的现代汽车生产，就是要求实现零库存量的"即时生产"。运送到的汽车零部件直接投入生产，不入库存放，这就对运输系统及时性有很高的要求。运输过程透明化的 GPS 监管系统，对汽车零部件物流运输的所有车辆实施 24 小时不间断监控，随时掌握车辆行驶路线、在各个区域内的行驶速度等参数，再结合 GPS 地图定位，确定运输车辆所在位置，准确地计算到达目的地需要的时间。这样，根据监控系统反馈的数据和计算结果，管理者可以控制物流运输过程的速度和进程，在安排取货和到货时间方面做好车辆调度，保证物流运输的及时性，提高系统经济效益。

2）运输过程透明化对汽车零部件物流运输安全性、可靠性的保证

汽车零部件物流运输过程中的安全性和可靠性，主要表现在运输过程途中物品的安全装卸、减少损坏和丢失，以及运输车辆行驶安全等方面。

运输设备不合适、装卸不合理等情况都可能导致被运送汽车零部件的丢失和损坏，因此应该根据被运零部件的特性，如重量、体积、贵重程度及物理化学性质（易碎、易燃）等，选择安全可靠的运输方式。运输过程透明化的 GPS 监控系统终端上结合了摄像等功能，可将货物状态的图像等参数传回到监控中心，管理者在监控平台上就可以对物流运输过程中的

货物安全性进行监控。

运输过程透明化的 GPS 监控管理系统还对在途运输车辆的行驶状态实时动态追踪。事先设定运输车辆行驶路线后，行驶途中的加油点、休息停车点、卸货点都能在地图上标注，司机的驾驶状态等运行信息在监控端也可获得。一旦发生运输车辆超载超限、偏离路线或异常停车等情况，监控中心都能及时发现并做出报警反应，以减少司机不当操作引起的安全问题。同时，长途运输过程中，司机很容易疲劳驾驶，导致交通事故发生，威胁运输安全。所以，对于一些重点的汽车零部件发运过程，系统可以绑定追踪。运输过程透明化系统的实际操作中，通常有个预采集优化线路的过程。通过事先驾驶车辆，把一条线路起点和目的地之间的道路情况摸透，找出最佳的运行路线，并把线路上事故多发地段的信息提前标注在系统里，作为预警信息来设定报警区域、减速路段等，为路线正式运输做安全保障。这样既方便了司机的工作，管理者也可以监督运输过程的安全情况，确保汽车零部件物流运输的可靠性。

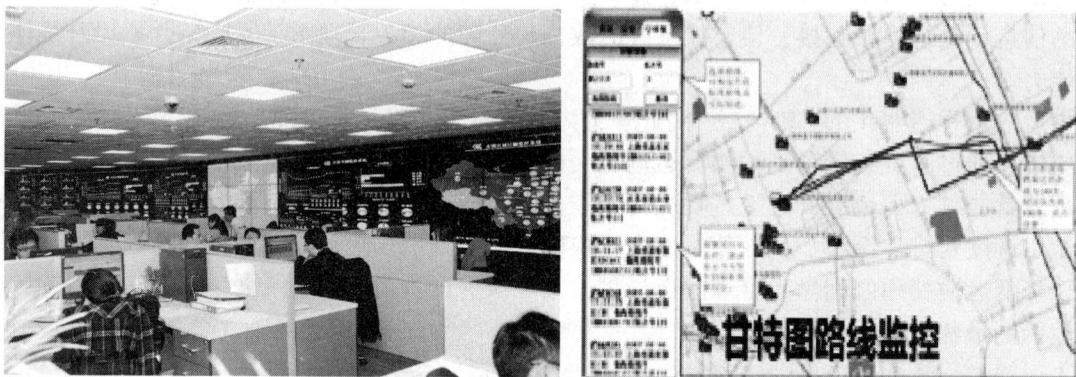

图 8-12　安吉汽车物流可视化管理全景图

3）运输过程透明化的应用案例

可视化管理

安吉汽车物流公司对物流路况、天气信息、主机厂订单和发运情况、每日订单下单情况、遗留情况、调度情况、出库情况、发车现场视频监管与业内业外计划联动，实现调度预计功能在全国地图上显示。安吉汽车物流公司主要业务点的订单和运力情况，为调度决策提供依据，调度指令快递化，查询根据车辆调度的主要信息，能够犹如目前市面上的快递查询系统一样，准确跟踪发运商品车的物流节点，实施物流信息全过程监控。准确跟踪发运汽车及零部件的物流节点信息在全国地图上，显示安吉物流主要业务点的订单和运力情况，为调度决策提供依据。

4）运输过程透明化对汽车零部件物流运输行业的价值

在汽车工业飞速发展、行业竞争愈加激烈的今天，以汽车零部件物流为重要组成部分的汽车物流业水平的充分提高已受到越来越大的关注。汽车零部件物流行业的信息化、规模化、集约化发展，物流成本的降低，零部件物流的安全、可靠性增强，直接关系到汽车工业的进步。如何通过优化物流运输链的效率和资源配置，最大限度降低物流成本和汽车生产成本，满足现代汽车 JIT 生产模式的需求，将对汽车零部件物流运输行业未来的发展产生重要的影响。

运输过程透明化，就是让汽车零部件物流的整个运输过程全程处于管理者的监控之下，使运输环节管理透明，调度变得科学，更加有效地控制物流成本，提高物流过程的及时性，保障安全性和可靠性，让汽车零部件生产商和整车生产企业都得到更好的经济效益，最终促进汽车工业的发展。运输过程透明后，可以为实现汽车工业的飞速发展注入强劲的动力，无论是实现其运输链的优化升级，物流成本的最小化、经济效益的最大化，还是安全性保证，都跃上了一个新的台阶。实现运输过程透明化，让现代技术服务于物流行业，对汽车零部件物流运输业和整个物流行业的运输企业的发展，都有重大的现实意义。

知识拓展

案例：上海通用有效实施低碳供应链关键要素分析

供应链是对服务与效率两个因素的"权衡"，而低碳供应链是在服务与效率的基础上加入了新的因素——碳排放。上海通用汽车公司（以下简称上海通用）作为一个有影响力的企业，其低碳供应链的管理实践具备一定的标杆作用，对中国制造业的低碳实践具有一定的指导意义。

上海通用构建低碳供应链方面已积累了实践经验，并且得到了世界知名环境检测机构德国莱茵技术监督协会（TUV）与美国世界环境中心（World Environment Center USA）的认证。上海通用低碳供应链项目成功的四大关键要素是：首先，不墨守成规照搬既有的低碳体系，创新性地构建低碳活动。其次，低碳理念融入整个经营活动中。再次，在低碳供应链建设中强调知识的内化。最后，在低碳供应链建设中，要特别破除实现碳排放碳目标一定增加供应链成本的观念，相反，在很大程度上，低碳供应链可以促进供应链的效率的提升，并降低供应链的成本。

一、创新性开展低碳供应链构建活动

现在企业低碳运营主要依据是 ISO14064 标准框架模式与 PAS2050 标准。其中，前者主要针对拥有明确组织边界的低碳管理模式，而后者则是基于产品生命周期的低碳管理模式。但是，低碳供应链都不能直接运用这两个体系。原因是，供应链是跨组织的活动，所以不能直接使用具有明确组织边界的 ISO14064 体系；供应链的运营，比如仓储、运输等，不适合基于产品生命周期的 PAS2050 标准。所以，上海通用构建低碳供应链活动既不是照搬 ISO14064 标准框架模式，也不是照搬 PAS2050 标准，而是结合本企业的供应链结构和组织架构进行的。具体方式是：首先是对整个供应链物流环节进行碳盘查。其次是建立低碳供应链的 KPI（关键绩效指标）体系；然后是为各碳源建立低碳供应链控制模型，确定改进措施，实施改进计划。

在供应链碳盘查阶段，上海通用首先委托世界知名的第三方碳检测机构进行碳盘查。第三方检测机构首先根据上海通用供应链结构确定碳盘查边界，确定了十二大碳源。十二大碳源又分为重碳区与轻碳区，并分析了碳源与其他部门的相关性，又分为直接碳源与间接碳源。进而对各碳源的可控性、降碳潜力、降碳的难易程度以及实现的优先性进行了分析。碳盘查之后，上海通用与第三方碳检测机构共同商讨，建立低碳供应链的体系，建立碳排放的

供应链模型，并提出各种改进建议和改进措施。上海通用管理层采纳了这些建议，各部门提出了改进计划与方案并着手实施。

二、把低碳理念融入整个经营活动中

把低碳理念融入整个经营活动中就是在进行各种商业决策时，要把对碳排放的因素考虑进去。例如整个整车运输网络调整的战略性决策时要考虑增加或减少的碳排放，在合理分配各种运输方式的比例时充分考虑碳排放；在选择第三方物流供应商时，运输车型是否符合碳排放标准是重要的因素之一。

为了避免低碳供应链的活动陷入运动式的模式，上海通用设立了低碳供应链的 KPI 体系，规定了碳排放的 KPI 指标，因此，各部门在进行决策时都要考虑对碳排放的影响。

建立低碳供应链的 KPI 体系是对原有上海通用供应链 KPI 体系的补充，并不是另起炉灶。上汽通用原有的平衡记分卡分为财务、客户、内部流程等，覆盖了生产力与增长、内外部客户、计划与控制、供应商服务管理、物流管理等，在物流管理中包括打造绿色物流一项。低碳供应链 KPI 就是细化原有的指标。在细化指标时区分了直接碳源与间接碳源。直接碳源的 KPI 指标设计尽量做到能量化，能横向和纵向进行比较；而间接碳源的 KPI 指标尽量使用原有的、能反映对碳排放有影响的指标，如生产计划变动比例、紧急采购订单比例等。在考虑指标的标准时，上海通用没有采取一刀切的方法，而是根据 2015 年的降碳目标逐年分解，并且考虑到各碳源降碳潜力与部门可控性等因素，为每个部门设立了合理可行、可实现的降碳目标。

三、在低碳供应链建设中强调知识的内化

在整个项目的进行中，上海通用非常强调知识的内部消化吸收。一些咨询公司的咨询方案由于理解深度与准确性的问题，往往没有达到预定的目标，并且相关的知识并没有留在企业。上汽通用特别注意这一点。在整个项目的实施中，上汽通用定期或不定期与咨询公司的专家进行沟通。这种沟通是不厌其烦的，直到完全准确理解咨询报告中的含义。上汽通用的有关人员详细询问了每个碳源的碳排放计算公式，了解其计算原理、公式中各参数的由来。对于碳排放的供应链模型更是不放过其中任何一个疑问，随时与专家沟通，从而做到对模型的原理、模型的计算过程和参数心中有数。

由于对咨询方案准确和深入的了解，上海通用没有完全照搬专家的改进意见而是制订了自己的改进方案与改进计划，因为上海通用人员更加了解公司的实际情况，制订的改进方案与计划更切合企业的实际情况，更有实施的积极性，这保证了改进方案与计划的预期效果。此外，上海通用通过这个项目也培养了一批碳排放专职和兼职人员，这批人员自己随时了解企业碳排放的情况。上汽通用把外部的知识变成组织自己的知识，实现了知识的内化。

四、效率提升的手段

传统的供应链优化是考虑效率与服务两个方面的约束，以此得到企业所认可的优化结果。低碳供应链的优化就是在传统基础上增加了碳排放的约束，而得到的一个优化结果。所以，其建立的低碳供应链的碳排放绝不是最低的。因为如果实现最低的碳排放，会引起成本增加、服务变差。例如海运中降低船舶运行速度能有效地减少碳排放，但会使海运的时间变得更长。研究表明，降低碳排放会引起供应链中库存成本、仓储成本的增加。所以，上海通用构建低碳供应链不是单纯的降低碳排放，不是为了降碳而降碳，而是以降低碳排放为契机

对供应链的一个优化过程。降低碳排放是目的，也是促进供应链高效化的手段。因此，上海通用没有因为降低单车平均碳排放目标而增加物流的运作成本，在仓储与运输环节，由于低碳项目所要求的规模运作反而降低了物流的成本。

五、结论

实现供应链的低碳化的目标是一项长期的、需要脚踏实地行动的工作，如果行动中某些方面出现缺失，就会导致企业花费了时间、人力和财力，却无法实现最终的目标。上海通用总结的低碳供应链项目成功的四大关键要素，其重要的一点是，企业如何把这些关键要素实施，并进行比较深入的分析。上海通用实施低碳供应链的成功经验应该对一些准备降低碳排放的企业有很好的借鉴作用。

本章小结

本章主要介绍了汽车制造物流信息系统的发展概况，重点介绍了汽车物流的扩展、绿色物流、汽车物流与供应链整合、加快汽车物流供应链响应速度。汽车物流展望包括加快汽车物流供应链标准化和信息化、汽车物流供应链运作参考模型、汽车物流与供应链新技术集成与创新、汽车物流集成与创新实例分析。

思考与习题

1. 绿色物流的概念及优势是什么？
2. 如何加快汽车制造物流供应链响应速度？
3. 汽车制造物流的信息化和标准化有何意义？
4. 用你所学知识谈谈汽车制造物流的集成与创新。
5. 实施 SCOR 模型过程中，有哪些分解指标与绩效考核？